LYON
vu
DE FOURVIÈRES.

Esquisses
Physiques, Morales et Historiques.

A LYON
CHEZ L. BOITEL EDITEUR IMPRIMEUR
Quai S.t Antoine, 36,
et tous les Marchands de Nouveautés.

LYON
vu
DE FOURVIÈRES.

LYON. — IMPR. DE L. BOITEL.

LYON
VU
DE FOURVIÈRES.

ESQUISSES PHYSIQUES, MORALES
ET HISTORIQUES.

A LYON,
CHEZ L. BOITEL, ÉDITEUR-IMPRIMEUR,
Quai Saint-Antoine, 36.
ET TOUS LES MARCHANDS DE NOUVEAUTÉS.
—
1833.

Lettre à l'Éditeur.

Vous m'avez demandé, mon cher éditeur, une préface pour votre livre, et toutes mes excuses n'ont pu satisfaire votre flatteuse importunité. Je comprends qu'il serait de bien mauvais goût de renouveler ici ces protestations modestes que le public, esprit fort, se fait un point d'honneur de prendre pour des minauderies hypocrites. Mais il faut cependant que je dise à vos lecteurs que je me suis récusé pour la tâche honorable que votre amitié m'imposait, car ils ne comprendraient pas la bizarrerie que va présenter un ouvrage destiné à combattre la centralisation littéraire, et dont les premières pages sont écrites par un homme pénétré profondément de l'impossibilité ACTUELLE de la décentralisation littéraire ; il faut que la responsabilité de cette bizarrerie retombe sur vous et non sur moi, puisque c'est vous qui l'avez voulue.

Et d'ailleurs, le lieu d'où je vous écris, est-il de nature à inspirer les lignes parfumées dont vous avez besoin pour le frontispice d'un livre destiné à figurer dans les salons de vos jeunes comtesses de Bellecour, et de vos élégantes banquières de St-Clair? Dieu sait la distance qu'il y a entre ce monde brillant du chef-lieu de la province et ma pauvre cellule de prisonnier! Triste et sombre boudoir où n'entre jamais un jupon, si ce n'est celui des bonnes sœurs auxquelles je traduis le latin naïf de l'Imitation de Jésus-Christ! Dieu seul, dis-je, connaît la distance qu'il y a entre moi et votre monde fashionable, car, pour mon compte, j'ignore tout-à-fait cette région superlative de votre société lyonnaise, et jamais mon pied profane n'en a troublé l'auguste et décent ennui. C'est encore là un obstacle sérieux à l'accomplissement de votre désir : entre moi et vos nobles et riches lecteurs, il y a un abîme qu'il faut que je franchisse à tâtons, fort embarrassé de savoir comment et où je tomberai, et sûr seulement de tomber.

Mais peut-être il vous a paru piquant de me tirer de mon cachot pour me traîner, moi sauvage, tout au milieu de vos salons, de me faire débiter là quelque lourde et ridicule harangue de politique, à peu près comme dans le vaudeville, les belles dames forcent Vert-Vert, l'ingénu, à psalmodier son noël de couvent, avec l'accompagnement d'universels éclats de rire. — Quand cela serait, comme j'en ai le soupçon, encore suis-je obligé d'obéir, car un éditeur est une puissance aujourd'hui, et la presse n'a pas pu prendre la souveraineté du monde sans vous en donner une large part. De Ladvocat, ou du duc souverain de Modène, lequel est le plus puissant, je vous prie? — Certes, ce n'est pas l'homme couronné.

Je vous obéis donc, souverain dispensateur de la

publicité, c'est-à-dire aujourd'hui, de la puissance, de la richesse, de la gloire, et j'entre dans mon sujet, qui est la décentralisation littéraire.

Quand je déclare ici que je ne crois pas à la décentralisation, ce n'est pas, certes, que je sois disposé à blâmer les efforts de ceux qui travaillent dans ce but, et particulièrement vos travaux et ceux de vos amis. Mais il me semble qu'on travaille dans une fausse direction, et qu'on n'arrivera à rien en prenant l'œuvre au rebours, comme je crois que vous faites, avec des intentions auxquelles j'applaudis de tout mon cœur.

Il s'est fait dans les départemens, depuis la révolution de 1830, une foule de tentatives pour créer sur les divers points du pays un instinct littéraire local, un sentiment des arts, sincère par son originalité. Beaucoup de jeunes gens quittèrent Paris vers cette époque, soit pour rédiger les journaux nouveaux nés de ce mouvement politique, soit pour remplir des fonctions publiques, soit pour exercer d'autres professions libérales ; il y eut alors une émigration d'esprits éclairés, dont Paris se ressentit très-distinctement. Ces jeunes gens, qui presque tous s'étaient formés à l'école du GLOBE, et avaient approché plus ou moins de la presse périodique, qui avaient suivi avec attention les leçons de MM. Villemain, Cousin et Guizot et qui, en dernier lieu avaient assisté à la première élaboration des idées saint-simoniennes, cherchèrent à utiliser et à perpétuer l'espèce d'illustration et la supériorité très-réelle qu'ils apportaient dans des provinces où la jeunesse même était encore fort en arrière de la ligne intellectuelle devenue vulgaire à Paris. Chacun d'eux voulut fonder sur son terrain l'indépendance de l'art, une sorte de centre littéraire, une colonie émancipée dès le premier jour, et, tout pénétré lui-même des mœurs et des idées de Paris, se donna la tâche de soustraire la province, où son avenir allait se développer, à l'influence de cette métropole de l'intelligence et du savoir.

Il parut alors plusieurs recueils purement littéraires de Revues où la critique et des œuvres originales se déployèrent librement ; les journaux politiques agrandirent leur format pour faire place au feuilleton ; il n'est pas un chef-lieu de département qui n'eût son Janin et son Balzac, dont la célébrité locale éclipsait, à dix lieues à la ronde, la renommée des grands astres de Paris.

Cependant, qu'est-il résulté de toute cette agitation d'esprit et de plumes ? Quel ouvrage durable a-t-elle produit ? Quel écrivain supérieur en est-il sorti ? Quelle ville littéraire s'est signalée dans cette grande révolte contre la métropole ?

Je ne crois pas que vous puissiez me citer aujourd'hui un seul écrivain hors de Paris qui ait quelque chance, je ne dis pas d'immortalité, qui est-ce qui pense à l'immortalité dans ce siècle de feuilletons? mais de célébrité posthume. Je ne crois pas qu'il existe dans les départemens une école littéraire qui ait sa couleur propre, et une tendance locale et particulière. Il est remarquable même que Toulouse, la cité de Clémence Isaure, a vu d'année en année s'obscurcir l'illustration de ces vieux jeux floraux, et ces prix botaniques que Victor Hugo ne jugeait pas indigne de remporter, il y a quelque dix ans, ne trouvent pas aujourd'hui pour les disputer le moindre rimailleur de province. Ces fleurs fanées resteraient sur leurs tiges, si M. Bignan, l'éternel lauréat, ne prenait la peine de les cueillir ; mais notez encore qu'il les cueille en grand seigneur, par la poste, et sans se déranger de Paris.

Je trouve un point de démonstration qui est délicat à traiter, mais qui est trop frappant pour qu'il me soit permis de le négliger.

Lyon est certainement la ville de France où s'est opéré le mouvement d'esprit le plus rapide depuis la révolution de juillet, vous l'avez dit avec vérité dans votre prospectus. Eh bien ! à Lyon, où tous les genres ont été essayés, qu'a-t-on fait qui soit de bonne et durable littérature ?—Je vais dire des noms propres, parce qu'il le faut.

Vous avez eu ici Mme Desbordes-Valmore, le plus grand poète dont le sexe qu'on appelle beau puisse se glorifier; Mais Mme Valmore n'est pas un écrivain de province ; elle n'est pas plus Lyonnaise que Rouennaise ; Mme Valmore se fait imprimer à Paris, et quand elle était ici, à peine si, à part quelques amis intimes qui appréciaient son noble et aimable caractère, autant qu'ils admiraient son talent, à peine si personne se doutait que nous avions parmi nous l'un des plus purs poètes élégiaques qui aient attendri notre raide et sec idiôme.

Vous citez ensuite M. Kauffmann, qui a de l'esprit et de la sensibilité, qui a fait de beaux vers souvent, mais à la hâte, négligemment, sans sévérité, sans travail, et par conséquent sans correction ; — puis, MM. Berthaud et Veyrat, jeunes gens qui ont de la chaleur et de la facilité, mais qui prodiguent avec les élans d'une verve sincère les exagérations les plus bizarres de pensées, de figures et de style; style incomplet du reste, presque toujours incorrect, et où le défaut d'études et de bonnes habitudes littéraires se fait sentir à chaque vers ; style qui n'a qu'une forme, dont Barthélemy à fourni la moitié et Barbier la seconde. On ferait cent ans des vers pareils, en promettant toujours un grand talent, sans jamais tenir parole.

Vous ajouterez M. Bertholon qui a publié deux ou trois chansons d'un fini et d'un goût très-remarquables, mais qui s'en est tenu là (1).

Il me serait facile de trouver encore à Lyon des noms et des talens parallèles ou égaux à ceux que je viens de rappeler ; mais tous me conduiraient à la même conclusion, savoir : qu'avec des qualités naturelles fort distinguées, ces écrivains manquent généralement de quelque chose sans quoi il n'y a pas dans la langue française de succès étendus et solides.

Je vais tâcher d'expliquer ma pensée et de la justifier en même temps.

Si nous sommes, grâce à Dieu, *délivrés des Grecs et des Romains*, il faut espérer aussi qu'il ne sera plus question de cette école, ou plutôt de cette coterie cavalière et tranchante qui entra dans le monde littéraire en déclarant que depuis des siècles nous marchions à quatre pattes, et que poliment elle venait nous dresser, comme disait Catherine-la-Grande, sur nos pieds de derrière ; qui, parce que M. Jouy est un fade et lourd écrivassier, crut devoir inventer une espèce de littérature sauvage, plus semblable aux grognemens inarticulés d'une bande de Sioux qu'au langage

---

(1) Je ne puis analyser ici le talent de quelques autres personnes qui ont écrit dans des genres divers, mais sans accepter les charges et les avantages de la publicité. Des raisons particulières m'empêchent de nommer un tout jeune homme qui a publié quelques morceaux brillans des qualités les plus rares à cet âge, et auquel un bel avenir est promis si les circonstances le poussent dans l'activité littéraire de Paris.

élégant de la société la plus policée du monde. Ces dandys de l'intelligence ont succombé sous le ridicule de leur impuissance. L'arène des lettres leur a été laissée large et libre ; ils y sont venus gambader, parader, nous parler longuement avec un certain pathos, ou plutôt dans un patois qui leur est particulier, de la régénération de l'art, de la restauration de la langue, de leurs PASSIONS DE JEUNES HOMMES, des cauchemars de LEURS CŒURS D'AÏEUX, et finalement ils s'en sont allés, chassés par les sifflets, dès que le public, un peu étourdi d'abord par leur imperturbable aplomb, fût revenu de sa surprise, et les eût jugés de sang-froid.

L'école ROMANTIQUE, une fois enterrée, il est resté démontré, comme autrefois, que la langue française est l'idiôme le plus délicat, le plus savant, le plus difficile ; qu'elle ne peut permettre une incorrection que sous peine d'une faute de logique ; qu'elle a pour mérite unique et suprême la clarté, et qu'elle ne donne une grande réputation d'écrivain qu'à l'homme qui a une grande puissance de raisonnement.

Enfin, que le peuple français étant intelligent et spirituel plutôt que passionné, celui-là serait toujours le bien-venu parmi nous qui éviterait d'être vulgaire et trivial en restant simple et clair par l'expression.

Il est bien sorti de ce grand mouvement, ou plutôt de la terrible vérité de notre histoire depuis quarante ans un résultat incontestable, la chûte de beaucoup de conventions vieillies, de fictions, de passions académiques qui n'excitaient plus que des émotions de lettrés ; les ames, remuées par tant de profondes et poignantes secousses, trouvaient plates et pâles ces peintures replâtrées de l'antiquité qui faisaient, depuis Corneille et Boileau le fond de notre littérature ; et puis un autre public, un auditoire immense et nouveau, est entré dans l'amphithéâtre et veut des vérités plus rapprochées de lui. On s'est donc attaché à la vie réelle, aux mœurs contemporaines, aux passions vivantes. C'est là ce qu'on peut appeler l'innovation littéraire de notre époque, et certes, elle est loin d'être complète. Mais, croyez-le, Shakspeare et ses imitateurs y ont fait bien moins que Robespierre et Napoléon : les passions et les arts se sont fait peuple, parce que le peuple s'est fait artiste, parce que le peuple a conquis son droit de bourgeoisie dans le monde de l'intelligence et des passions civilisées.

Mais parce que la matière sur laquelle l'art opère s'est modifiée en quelques points, l'instrument dont l'art se sert est-il changé ?

Pas du tout, la langue garde ses vieilles formes, son ancienne délicatesse, son impérieux besoin d'élégance et de clarté. La France, en grandissant, n'a pas cessé d'être la France, c'est-à-dire, le pays du bon goût. Il n'y a pas de succès populaire parmi nous sans cette indispensable condition ; rien n'y réussit ni dans les grandes affaires, ni dans les moindres, si l'on néglige cette qualité de l'élégance qui est, malgré toutes les coteries singes des mœurs étrangères, notre caractère naturel et indestructible. Pensez-vous, Monsieur, que ce soit là un instinct de frivolité dont nous devions rougir pour notre pays ? — Je crois, moi, que c'est un des plus heureux instrumens de propagation dont nous ayions été doués pour accomplir notre noble mission française de civilisation universelle et d'affranchissement.

La France a deux instincts profonds et qu'elle seule possède : une philosophie hardie à aborder la vérité pratique dans la politique ; c'est-à-dire, la vérité dans les grandes choses ; et en second lieu, le bon goût, qui est la vérité dans les petites choses. Ce sont ces deux instincts, aidés de l'instinct guerrier, qui ont changé et achèveront de transformer la face du monde.

Eh bien! cette élégance du langage écrit qui naît de l'élégance des mœurs privées, se trouve encore renfermée dans le peuple de Paris, ou dans le peuple qui vit de Paris. On a beau porter à Lyon et à Bordeaux des habits faits par Staub et des cravates toutes semblables à celles qui se voient au balcon de l'Opéra, cela ne fait pas qu'il y ait une société française hors de Paris.

Je crains de me jeter dans de nouvelles dissertations métaphysiques pour vous prouver cette vieille vérité, que la littérature de chaque époque et de chaque lieu reflète comme un miroir fidèle la société au milieu de laquelle elle se forme et grandit. Je prends donc encore sous ma main un exemple qui fasse d'un trait la démonstration dont j'ai besoin.

Il y a à Lyon bon nombre de jeunes gens qui écrivent dans le PAPILLON et ailleurs des NOUVELLES, de petits romans et des poésies, où ils peignent avec des couleurs qu'ils voudraient bien rendre vraies des passions d'amour, par exemple; ils placent leurs héros et leurs héroïnes dans un monde *fashionable* qui a au moins le mérite de l'originalité; et puis ils font agir et parler tout ce monde-là du mieux qu'ils peuvent; s'ils réussissent, il faut les féliciter d'avoir si bien calqué leur petit travail sur les œuvres légères des maîtres de Paris en fait de menue littérature; mais s'ils échouent, s'ils vous offrent quelque pitoyable caricature de mœurs, de style et de passions, plaignez-les sans leur en vouloir, car ils ont peint à tâtons, et fort innocemment des choses qu'ils n'ont jamais senties ni vues.

Il y a, à votre petit théâtre des Célestins, un acteur

dont j'ignore le nom, et qui est chargé des rôles qu'on appelle, je crois, les jeunes-premiers, ou les amoureux; ce sont les rôles de dandys, d'élégans, de jeunes gens de bonne compagnie. Ce pauvre acteur, qui vraisemblablement n'a pas mis une fois en sa vie le pied dans un salon et qui ne paraît jamais sur la scène en toilette de ville sans avoir des éperons à ses bottes, prend des peines infinies pour se donner de la grâce, de l'aisance, de l'àplomb, et certes, il ne se doute guères, l'honnête garçon, qu'alors il soit si grand comique pour vingt ou trente des spectateurs.

Ce pauvre jeune homme ne sait ni s'asseoir, ni rester debout, ni parler, ni se taire ; il n'y a pas un de ses gestes qui ne soit ridicule d'affectation maniérée; et certes M. Scribe rirait bien s'il voyait ses héros élégans si péniblement transformés en lourds séminaristes galans.

Eh bien ! qu'ils me le pardonnent, voilà quel est à peu près le maintien littéraire, l'allure, le style de vos jeunes écrivains; voilà la triste figure qu'ils font dans la toilette sentimentale dont ils s'accoutrent pour nous émouvoir. — Il peut y avoir de la passion sous cette forme disgracieuse, mais ce n'est pas de la passion française; ces femmes sont des Canadiennes ou des grisettes qui veulent singer les grandes dames, ces jeunes gens sont des écoliers de province qui font leur première déclaration.

Comment pourrait-il en être autrement? Où auraient-ils pris cet atticisme de la langue et des mœurs qui ne se trouve que dans ce petit monde d'élite qui peuple les salons de Paris, de Londres et de Pétersbourg?

Je crains bien d'avoir l'air de ce provincial des Voitures versées qui veut que tout se fasse *comme à*

Paris ; il faut donc que j'explique ce que j'entends par *Paris.*

Paris n'est pas la rue St-Denis, ni le tranquille Marais, ni l'ennuyeuse et sotte coterie du faubourg St-Germain; Paris est un certain nombre de salons, cinq ou six cents peut-être, qui se tiennent presque tous les uns aux autres par quelques relations communes, à peu près comme les anneaux d'une chaîne, et où se trouvent tout ce qu'il y a en Europe d'hommes et de femmes d'esprit qui se cherchent et se rencontrent pour jouir ensemble de cette civilisation perfectionnée, qui donne de la grâce à toute chose, et d'où sont bannies toutes les aspérités de la vie. C'est dans ce cercle où toutes les nuances de l'esprit et toutes les formes du talent, se joignent, se touchent, se modifient par le contact, que se résument aujourd'hui et la vieille société française si célèbre par sa perfection infinie, et la société européenne représentée par tous ces étrangers qui viennent demander à Paris du plaisir et du mouvement intellectuel. Là se réunissent les hommes de toutes les professions, de tous les âges, de toutes les fortunes, à la seule condition d'avoir cette civilisation des manières qui est plus ou moins qu'une vertu. — C'est de ce monde-là, plus grave, il faut le dire, mais aussi plus vrai et plus passionné que la vieille société française, que sortent aujourd'hui tous les ouvrages d'art et de littérature; c'est ce monde là qui impose son allure à l'intelligence contemporaine, parce qu'il renferme et résume ce qu'il y a de plus jeune, de plus énergique, de plus fort dans toutes les branches de l'art, parce que c'est là que vient se jeter tôt ou tard tout homme qui a de l'activité d'esprit, toute femme qui se sent appelée à des succès d'esprit ou de grâce personnelle.

C'est aussi, mon cher éditeur, ce monde-là qui manque et manquera long-temps à vos écrivains départementaux. Vous voulez avoir une littérature locale ! commencez donc par vous faire une société locale. Vous voyez bien que sans cela, vous serez toujours réduits à imiter plus ou moins fidèlement le travail de vos modèles de Paris ; les uns parce qn'ils ont vécu dans la métropole et en ont pris toutes les habitudes, les autres tout simplement parce qu'ils croient que c'est ainsi qu'on fait par une règle fixe et prédéterminée.

Vous manquez donc complètement d'impressions individuelles, de passions sincères, et par conséquent de vérité ; vous imitez, vous calquez, vous écrivez de mémoire, mais il ne sort rien de vous, de votre *réalité*, c'est toujours Paris que vous copiez de près ou de loin avec plus ou moins d'exactitude. De là vient cette teinte uniforme et fade qui, malgré tous les efforts d'esprit, malgré toutes les violences de style, les exagérations, les bizarreries de figures, rend toutes ces œuvres de seconde main, ce qu'il y a de plus triste, de plus monotone et de plus assoupissant.

Dites-moi, je vous prie, s'il y a un mot de réalité dans tous les contes d'amour romanesque que vous nous faites chaque semaine. Où diable prenez-vous cet amour, puisque vous n'avez pas de femmes !

Vous n'avez pas de femmes, mon cher éditeur, voilà votre malheur. On dit, car pour moi je n'en sais rien, qu'il y a ici une vingtaine de ces charmantes créatures (je dis de celles dont l'esprit se hausse à quelque chose de mieux qu'à *distinguer un pourpoint d'avec un haut-de-chausse*) ; mais la plupart, effarouchées par le tintement de vos écus et l'odeur de vos épiceries, prennent leur vol vers Paris dès que novembre approche, et si elles reviennent au printemps, c'est pour se sauver bien vite dans quelque sauvage campagne où elles rêvent tout l'été des bals de Paris. Les autres se tiennent cachées on ne sait où, lisant beaucoup et se rongeant l'esprit dans leur solitude forcée. — On aperçoit de temps en temps dans les loges de votre théâtre d'angéliques et spirituelles figures, jolies, ma foi, plus qu'on ne se permet de l'être à Paris ; mais c'est une pitié de voir ces charmans visages faisant une moue effroyable d'ennui et de lassitude, fatiguées comme des ames en peine, et promenant d'un air endormi de beaux yeux autour de la salle, comme si elles cherchaient quelqu'un à qui elles pussent dire ce qu'elles ont sur le cœur. Mais, hélas ! tout ce qu'elles rencontrent ce sont d'imperturbables lorgnons, braqués sur elles, et qui leur font l'honneur de les trouver jolies, à peu près autant que les filles de l'orchestre ! — C'est une chose, je vous le dis, pénible et lugubre à voir, que ces ravissantes figures qui promettent tant d'esprit et de sensibilité, ainsi désolées par l'ennui et le désœuvrement. — De votre côté, vous autres *jeunes hommes d'intelligence et de cœur,* vous êtes dans quelque coin de la salle, contemplant ces anges en purgatoire, poussant de gros soupirs, et bâtissant de loin, sur les suppositions que votre belle imagination crée, une infinité d'incidens romanesques, qui s'écroulent comme un château de cartes, quand votre inconnue prend son schall et s'en va.

Dites-moi si tout cela n'est pas le dernier degré de la stupidité ! Que faites-vous chacun dans votre coin et pourquoi, puisque vous avez la même pensée, le même champ intellectuel, pourquoi ne pas vous rapprocher et marcher ensemble ?

« Ah ! les mœurs ! »

Voilà précisément ce qui fait que vous n'avez point de

littérature, c'est que vous avez trop de mœurs, ou du moins, des mœurs si sauvages, si sombres, si renfermées, que vous vous ennuyez toute l'année le plus chrétiennement du monde. Il est amusant, par exemple, de voir sous vos beaux ombrages de Bellecour, les jours et aux heures de grande promenade, tous ces groupes de jeunes femmes, plus fraîches et plus roses que dans aucune ville de France, entourées et gardées d'un air sournois et menaçant par des vieillards mâles et femelles, comme si tous ces pauvres jeunes gens qui passent et repassent en jetant de longs et tristes regards, allaient dévorer ces jolis petits troupeaux. Je ne sais pas vraiment ce que les mœurs gagnent à cela, et permettez-moi de vous faire remarquer que c'est une grosse indécence que d'agir comme si un homme bien élevé ne pouvait adresser la parole à une jeune femme sans la violer. — Pour moi, je vous l'avoue en toute sincérité, cette pruderie choquante me paraît couvrir une immoralité très-raffinée, et au vrai, je ne crois pas que les mœurs soient plus pures dans une société ainsi enchaînée et cadenassée; c'est changer simplement en débauche ce qui ailleurs est de la politesse aimable, ou tout au plus de la galanterie. Pour éviter un roman de cœur entre deux jeunes gens, vous faites commettre cent adultères très-préjudiciables aux intérêts des familles, et très-scandaleux pour les gens dont l'œil sait percer cette enveloppe hypocrite de sévérité et de pruderie.

Je ne veux pas m'étendre plus longuement là-dessus, mais vous savez aussi bien que moi ce qui en est. Vous savez si les maris se font faute de maîtresses attitrées, et les jeunes gens de plaisirs encore moins décens.

Vos femmes ici ne consentent à s'humaniser que quand

elles ont formellement et authentiquement passé la quarantaine : entre nous, c'est une concession dont on leur sait peu de gré. Il en résulte que les jeunes gens sont forcés de chercher ces sentimens de passion qui créent le beau littéraire dans le monde des filles entretenues; et pour dire la vérité, ce n'est que là qu'ils peuvent trouver cet indispensable aliment. Mais Dieu sait comment s'en trouvent leurs productions et quelle vérité il y a dans l'expression de ces fausses passions!

Vous voyez qu'en résumé, vous ne ferez pas une littérature locale sans fonder d'abord d'autres habitudes et d'autres mœurs. Mais comment y parvenir, comment créer hors de Paris cette civilisation de détail qui renferme exclusivement cette condition de l'élégance française, sans laquelle on n'est rien en France, sans laquelle la France ne peut rien sur l'Europe !

J'ai peur que vous ne vous moquiez de mon idée fixe ; mais je dois cependant déclarer que dans mon intime conviction la décentralisation littéraire n'arrivera qu'à la suite de la décentralisation politique.

Lorsque des institutions libérales appelleront sur tous les points du pays l'activité des hommes éclairés, lorsque l'élection appliquée à toute chose forcera les jeunes gens à se faire une carrière par les suffrages de leurs concitoyens et non par le bon plaisir des puissans de Paris, lorsqu'il faudra, pour devenir quelque chose, donner sur les lieux mêmes de longues preuves de capacité et de moralité, et non pas fréquenter les salons des ministres, vous verrez cesser tout à coup ces émigrations périodiques de jeunes gens et de jeunes femmes qui courent après les uns les autres, et courent tous après les plaisirs et la fortune qu'on trouve à Paris.

Alors la discussion des intérêts locaux, les luttes de

l'ambition, le besoin de briller là où la réputation pourra servir à quelque chose, donneront à la presse départementale une activité inconnue jusqu'ici ; et comme un besoin de l'esprit fait naître tous les autres, la nécessité de se délasser des discussions sérieuses fera naître une littérature légère. Les alliances politiques, les liaisons de partis créeront des relations de salons ; toute cette partie brillante de votre population qui court chaque année s'amuser et intriguer à Paris, restera parmi vous comme un sujet d'émulation ; on aura mille occasions de se voir, de se rencontrer, de se connaître ; et chaque ville de département deviendra un centre réel auquel se rattacheront tous les élémens de vie et de civilisation qui seront autour d'elle.

Je ne dis pas que cette société nouvelle ait jamais tout l'éclat de celle de Paris, mais certainement elle aura pour les gens du pays plus de charme et surtout moins d'inconvéniens.

Si je ne craignais pas cette accusation de fédéralisme qu'on a jetée contre les hommes de mon opinion, je citerais l'exemple de l'Allemagne et de l'Italie, où toute ville, si peu importante soit-elle, vit d'une existence littéraire tout individuelle, possède son académie, son musée, son athénée et ses illustrations locales.

La révolution française ne sera complète et nous ne serons à l'abri de ces grandes et terribles secousses qui viennent du centre, que quand la nation sera entrée ainsi en pleine possession d'une vie libre et paisible, où le progrès pour être calme dans sa marche n'en sera pas moins rapide et moins assuré. C'est alors seulement que le principe de la souveraineté populaire règnera dans toute sa vérité, parce que toutes les forces et toutes les intelligences prendront leurs places et leurs fonctions légitimes. N'attendez pas cette dernière civilisation aussi long-temps que toutes les individualités actives iront se perdre et se confondre dans un seul point du pays ; car du combat sans fin de toutes ces forces, naît l'agitation fébrile qui du cœur se communique aux extrémités. Jetez dans un creuset les élémens chimiques les plus inflammables, mettez tout cela en contact pressé, et vous verrez quelles explosions produira votre expérience.

Ainsi, Monsieur, si vous et vos amis voulez la décentralisation et l'indépendance littéraire, unissez-vous à nous pour obtenir la décentralisation politique ; que toutes les plumes intelligentes travaillent au triomphe de cette souveraineté populaire qui est la source de tout progrès, c'est-à-dire la ruine des fictions monarchiques et une représentation rationnelle et fidèle de la nation. — Le moment est heureux pour cela : nos longues et pénibles expériences politiques ont du moins produit ce résultat, que tous les hommes éclairés et consciencieux de tous les partis veulent la même chose sous des noms différens. Il n'y a pas un homme de bon sens et de bonne foi, (j'ajouterai, pas un homme courageux, car il est des gens qui ont peur sincèrement de la volonté du plus grand nombre, c'est-à-dire de la vérité, et qui se rattachent à des fictions, c'est-à dire au mensonge, comme à un moyen d'ordre et de salut); il n'y a pas un homme d'esprit et de cœur qui appuie ses prétentions sur une autre base que la représentation sincère des vœux du plus grand nombre et le perfectionnement de l'esprit public, du sentiment civique dans les masses.

Que chacun donc mette la main à ce travail avec zèle et dévouement, et l'œuvre de 89 ne tardera pas à être achevée.

Pardonnez-moi, monsieur, et faites-moi pardonner de

vos lecteurs, pour avoir saisi l'occasion de plaider encore ici cette cause ; je l'ai fait bien lourdement, parce que je sentais que ce n'était pas le lieu, mais j'ai voulu vous complaire, et je compte sur ceux qui vont remplir les pages de votre livre qui suivent celle-ci pour la faire excuser et oublier.

ANSELME PETETIN.

Prison de Perrache, le 3 juillet 1833.

LYON

vu

DE FOURVIÈRES.

Notre-Dame de Fourvières.

Souvent, le cœur flétri par le triste aspect du présent, je me suis rejeté dans le passé pour interroger les annales des peuples que la main de la Providence a effacés de la terre, et pour demander quelques souvenirs à leurs monumens. A travers cette longue vie du genre humain, vous ne pouvez faire un pas sans heurter la mort, mais du moins ces augustes débris ont une voix secrète et mystérieuse qui élève votre ame vers celui qui dispose à son gré des choses d'ici bas, et vous apprend à regarder en pitié ces agitations des hommes et si vaines et si éphémères.

Souvent aussi je me suis plu à comparer notre politique, nos institutions, nos mœurs et nos goûts, aux institutions, aux mœurs et aux goûts de nos ancêtres. D'utiles réflexions naissent alors dans l'esprit; c'est ainsi qu'à la vue de cette colline, premier berceau de la ville de Lyon, vous voyez, chez les anciens, un vaste horizon, la beauté du site, la salubrité de l'air, considérés comme de grands avantages et un bienfait des dieux, sous la protection desquels les cités étaient placées. Les Hébreux, les Grecs et les Romains, inspirés par ces pensées religieuses, élevèrent leurs temples et leurs cités sur le haut des collines, tandis que les spéculations commerciales, auxquelles se rattachent aujourd'hui toutes les idées politiques des nations modernes, ont fait établir les villes dans les plaines, sur les bords des rivières ou des fleuves. Dans ce qui ne semblerait d'abord qu'un caprice du goût et de la coutume, les anciens trouvaient encore un avantage que nous ne pouvons apprécier aussi bien qu'eux, celui d'avoir des points de défense contre les invasions des ennemis (1).

Les peuples des Gaules surtout s'étaient retranchés dans les lieux élevés, pour avoir comme autant de boulevards à opposer aux armes des Romains. Les noms même de leurs villes rappellent ce dessein de leurs premiers fondateurs; Augustodunum, par exemple, Lugdunum, etc., sont synonymes d'élévation d'Auguste, de haute dune. Mais Lugdunum principalement dut attirer les regards et l'attention par cette croupe magni-

---

(1) Fortis, *Voyage pittoresque et historique à Lyon*, t. II, *passim*.

fique qui s'assied en reine sur deux grands fleuves, et pouvait présenter quelque ressemblance, par le rapprochement des montagnes prochaines, avec la ville éternelle aux sept collines. Aussi le séjour de Lugdunum fit-il les délices des préfets, des gouverneurs, des empereurs romains, et fut-il célébré par leurs poètes.

Dès les temps où l'art de la navigation, encore dans son enfance, était si imparfait que le timide pilote, cotoyant la Méditerranée, considérait les Colonnes d'Hercule comme les limites du monde, Lugdunum, placé au confluent des deux fleuves, attirait des colonies d'étrangers qui apportaient dans cette cité le commerce, les richesses, le luxe et les arts qui les accompagnent (1). Le commerce des Ségusiens, ou anciens habitans du Lyonnais, du Forez, etc., était alors très-productif. On voyait dans leurs marchés, tenus sur le *Forum Vetus*, les Rhodiens, les habitans de Massilie, les Aquitains, les Ligures, et beaucoup de négocians actifs, venus de toutes les parties du monde. Les marchandises y étaient aussi très-variées. Comme le luxe et l'ardeur belliqueuse des Gaulois avaient toujours fait beaucoup de bruit, on apportait au Forum ségusien des armes supérieurement trempées et même ciselées avec art. Les dépouilles de plusieurs animaux, tels que le lion, l'élan, le

(1) *Voyage pittoresque*, etc., *loc. cit.*

cerf, le buffle, étaient les principaux ornemens de ces armes. On vendait aussi des boucliers peints de mille couleurs éblouissantes. C'était un spectacle assez curieux de voir les guerriers se mêler aux négocians pour acheter les armes qui leur plaisaient le plus (1).

Ces objets, le plus souvent fabriqués dans les pays lointains, se vendaient aux marchés de Lugdunum. Plus tard, les originaires mêmes des pays et les habitans des contrées voisines, approvisionnèrent les magasins du *Forum Vetus*.

Les habitans de l'Ibérie apportaient leurs aciers si fortement trempés; les Bituriges y étalaient le brillant étamage dont ils furent les inventeurs; les Edues y venaient avec leurs ustensiles artistement plaqués; les Ligures fournissaient les choses de première nécessité (2).

On y vendait des parfums, de l'encens, de l'ivoire et des pierres précieuses des Grandes-Indes; des tableaux, des pierres gravées, des statues en bronze ou en marbre, des trépieds de Corinthe et d'Athènes, étaient apportés dans ces foires par les marchands de la Grèce, de Marseille et de Rome. Il s'y trouvait encore des chevaux de Perse, des lions, des tigres, des panthères et des oiseaux d'Afrique.

---

(1) Clerjon, *Histoire de Lyon*, tom. 1.
(2) *Histoire de Lyon*, loc. cit.

La diversité des nations commerçantes de toutes les contrées de l'univers excitait la curiosité autant que les productions de l'industrie et des beaux arts. Les costumes romains, grecs, égyptiens, orientaux, formaient un contraste piquant avec ceux des différentes nations gauloises, et surtout ceux des Germains, remarquables par leurs habits couverts de fourrures, leur taille gigantesque et leur longue chevelure (1).

Le *Forum Vetus*, embelli par le palais des empereurs, par des aqueducs, par un grand nombre de fontaines et d'habitations somptueuses, présentait aussi des temples magnifiques. Les matrones ségusiennes avaient une grande vénération pour la déesse Segusia ou Segusiana, qui désignait à la fois Cérès et Vénus. Elles la révéraient, parce que, d'un côté, elle présidait à la fertilité des guérets; d'un autre côté, les bonnes mères de famille l'invoquaient avec ferveur, parce qu'elle devait les empêcher d'être stériles et conserver la santé de leurs enfans au berceau. Un poète lyonnais, d'un talent frais et pur, parle en beaux vers de ce culte de Ségesta ou Vénus :

Là, quand l'erreur encore enchaînait les mortels,
La reine de Paphos eut, dit-on, des autels;

---

(1) *Voyage pittoresque*, etc., *passim*.

Profane sanctuaire, où la blanche colombe,
Sous la main d'une vierge, expirante, succombe ;
Vains autels où les vœux de mille adorateurs
Se perdaient dans les airs avec l'encens des fleurs,
Où la divinité qu'invoque l'innocence
Demande une victime à la main qui l'encense.

(F. COIGNET, *Fourvières*, élégie.)

Cette tradition a fait croire que la colline où se trouvait la statue de la déesse a reçu son nom d'elle, et qu'elle fut appelée *Forum Veneris*. Mais les auteurs les plus graves prétendent avec raison que le *Forum Vetus* fut désigné par ces deux mots *For-Vieil*, d'où nous est venu le nom moderne de *Fourvières*.

Lorsque César eut soumis les Gaules à la domination romaine, ses fières légions apparurent sur les rives paisibles de l'Arar, et non loin de là, ce vaillant capitaine traça leur camp avec la pointe de cette terrible épée qui subjugua trois cents peuples et défit trois millions d'hommes. Plusieurs même de ses cohortes s'assirent sur la colline du *Forum Vetus*, au milieu de ses jolis vallons ; on voit encore les traces des fossés qu'elles creusèrent autour du camp et les ruines des fortifications qu'elles construisirent.

Dans la suite, les Viennois, refoulés devant les populations Allobroges, qui se précipitaient en désordre du haut de leurs montagnes, vinrent se réfugier au confluent du Rhône et de la Saône, où ils dressèrent des tentes (1). Un des plus illustres guerriers de Rome et le protégé de César, Lucius Munatius Plancus, aidé de ses soldats et de ces Viennois fugitifs, fonda sa nouvelle colonie destinée à devenir sous Agrippa le centre et la citadelle des Gaules, et le point de communication de ces quatre grandes voies qui traversaient les Gaules, des Alpes au Rhin, de la Méditerranée à l'Océan.

Le premier soin des gouverneurs de Lugdunum fut dès lors de rendre cette ville agréable; les habitations principalement avaient besoin d'eaux salutaires et abondantes; il en fallait pour les maisons, les jardins, les thermes, les édifices somptueux qui commençaient à couvrir le *Forum Vetus*. Aussi les aqueducs furent l'important ouvrage dont les Romains s'occupèrent d'abord. Ils les regardaient comme une chose indispensable aux besoins et à l'embellissement des cités (2). Les immenses travaux qu'on fit pour conduire les eaux du Mont-d'Or et du Mont-Pilat jusque sur la colline du *Forum Vetus*, peuvent faire juger de l'importance que l'on mettait à procurer cet avantage à la ville de Lyon. Les Romains y construisirent successivement plusieurs aqueducs. Ils

---

(1) Poullin de Lumina, *Histoire ancienne et moderne de l'église de Lyon*.

(2) Clerjon, *Histoire de Lyon*, etc., tom. 1.

portèrent d'abord leurs vues sur les eaux du Mont-d'Or, les plus rapprochées de Lyon; elles furent recueillies par deux branches d'aqueducs, dont l'une partait de Poleymieux, et s'étendait jusqu'à Saint-Didier, en traversant les collines qui ont leur penchant sur la Saône.

L'autre branche, partant de Limonest, allait jusqu'à Saint-Didier; là, se réunissant à la première, elle ne formait plus qu'un seul aqueduc qui passait à Ecully, aux Massues et à Saint-Irénée. On en voit encore quelques restes à l'embranchement du chemin de Francheville et de Tassin. Quels obstacles ne fallut-il pas surmonter! Outre les rochers, les lieux escarpés, les ruisseaux, les terres molles ou les marécages, les eaux devaient traverser plusieurs vallons d'une grande profondeur, et c'est là que paraissait être l'écueil de cette grande entreprise. On ouvrit donc une tranchée de cinq pieds de large et d'environ dix pieds de profondeur, dans laquelle on établit un canal voûté. Ce canal, entouré d'un massif de maçonnerie, était enduit d'un ciment de briques pulvérisées, dont la solidité égale celle des pierres les plus dures. Il était pratiqué dans la terre; on avait placé, de distance en distance, des portes de fer, en forme de trappe, dans la voûte du réservoir et dans celle de l'aqueduc, pour les nettoyer et les réparer.

Des réservoirs, placés à différentes distances,

étaient destinés à contenir des eaux surabondantes. Lorsque, par l'effet des pentes du terrain, l'aqueduc était hors de terre, on l'élevait sur un mur de maçonnerie de six pieds d'épaisseur, mais pour une hauteur plus grande on construisait des arcs et des piles. Ces constructions sont les ponts-aqueducs que nous apercevons encore dans plusieurs vallons, depuis St-Chamond jusqu'à St-Irénée. La largeur des arcades, la grosseur des piles et leur hauteur dépendaient de l'élévation. L'ingénieux usage des siphons de chasse et des siphons de fuite, fut le moyen employé pour faire traverser les eaux d'un vallon dans l'autre. On fit à la sommité de chaque vallon un réservoir dans lequel l'aqueduc versait ses eaux. Le mur de face, du côté du vallon, avait neuf ouvertures presque ovales, par lesquelles passaient autant de tuyaux de plomb, couchés sur des arcs rampans et ensuite sur des massifs de maçonnerie. La pente était réglée d'une manière uniforme, jusqu'au pont sur lequel ils traversaient le fond du vallon. De là, ces tuyaux remontaient le côté opposé, également couchés sur un autre massif de maçonnerie, et ils versaient ensuite leurs eaux dans un autre réservoir placé en face sur le haut de la colline. Dans le fond du vallon, le pont qui supportait les siphons était construit et disposé dans les mêmes proportions que les ponts-aqueducs, mais il avait une largeur quadruple;

ses piles, percées en arcades, formaient un passage ouvert sous le pont.

La quantité d'eau qu'un seul aqueduc portait ainsi sur la partie la plus élevée de la colline de Fourvières était prodigieuse. Ces eaux retombaient en cascades, en jets magnifiques, dans les fontaines, dans les maisons des particuliers, et au milieu des ombrages dont les Romains se plaisaient à orner leurs habitations (1).

Et maintenant que le souffle de Dieu a enlevé de la terre ces fiers dominateurs du monde, à peine si quelques débris épars de leurs monumens se montrent à nos yeux pour attester qu'ils furent là. Le pâtre insouciant s'assied quelquefois et chante sur ces restes d'une gloire déchue, sans se douter qu'il foule à ses pieds tant d'éclat et de splendeur!

A ces grands ouvrages romains se joignit encore le Forum que Trajan, qui cependant ne vint jamais à Lugdunum, fit élever sur la montagne de Fourvières. On sait jusqu'à quel point cet empereur porta le goût de la magnificence dans les édifices qu'il fit construire, d'après les plans du célèbre Apollodore (2). La fameuse colonne qui

(1) *Voyage pittoresque*, etc., tom. 2, *passim.* Clerjon, *Histoire de Lyon*, tom. 1. *Voyage de Polyclète à Rome*, par Théis, tom. 1.

(2) *Voyage pittoresque*, etc.; le P. de Colonia, *Histoire litt. de Lyon*, tom. i.

subsiste encore, les basiliques, le grand théâtre, le cirque, le port d'Ancône, en sont des preuves éclatantes et témoignent du désir qu'il avait d'éterniser sa mémoire.

Le Forum qu'il venait de voir achever à Rome, était une grande place carrée où se tenait le marché de tous les objets importans; sans cesse on y apercevait étalé ce qu'il y avait de plus précieux; on y vendait à l'encan le butin fait sur les ennemis, et l'on y adjugeait à des entrepreneurs les diverses branches du revenu public. On y faisait aussi les élections, on y donnait des jeux au peuple romain; enfin c'était là qu'il délibérait sur les intérêts de l'état et qu'il prononçait sur le sort de l'univers (1). Ce Forum était tout environné de grands portiques appuyés les uns sur les autres, et qui soutenaient des galeries ornées d'un grand nombre de statues et de figures d'étendards dorés (2). Au milieu se trouvait la colonne Trajane : cet ouvrage, dit Ammien-Marcellin, était le plus beau qui eût jamais existé sous le ciel, et il était digne des regards et de l'admiration des dieux mêmes.

Trajan voulut qu'il y eût un monument semblable dans la métropole des Gaules, et il fut construit vers l'an 98, selon le calcul de Poullin

---

(1) *Voyage de Polyclète*, loc cit.
(2) Colonia, *Hist. litt. de Lyon*, t. i.

de Lumina. Ce bel ouvrage fit pendant sept ans l'admiration des peuples, mais l'année 840 vit s'écrouler, au milieu des lamentations des Lyonnais, ce Forum où toutes les marchandises de l'univers étaient si souvent étalées, et qui attirait toutes les nations commerçantes. La chute d'un monument que les barbares du nord, que les Sarrasins et les guerres civiles avaient épargné, jeta dans les esprits de ces temps-là la crainte de grandes calamités.... (1) Florus, diacre de l'église de Lyon, déplore les malheurs de la France et de notre ville dans plusieurs poèmes qui sont venus jusqu'à nous. Les chroniqueurs parlent du Forum comme d'un ouvrage admirable et merveilleux, et rapprochent avec effroi cette catastrophe de la mort de Louis-le-Débonnaire et d'Agobard, archevêque de Lyon, arrivée la même année.

Les ruines de ce monument profane devaient aller orner les autels du Dieu saint. Là où avait été honorée par de honteuses fêtes l'impudique déesse du paganisme, une vierge douce, chaste et pure, devait recevoir des vœux et un

(1) L'auteur de la nouvelle *Histoire de Lyon* attribue la chute du Forum à un éboulement de terrain ; Poullin de Lumina pense qu'il tomba, parce que les habitans de Fourvières étant descendus dans la plaine, on avait négligé de le réparer.

culte solennel. En 814, par les soins religieux de Leydrade, archevêque de Lyon, un modeste oratoire fut construit en l'honneur de la mère de Jésus-Christ. Olivier, doyen des chanoines de St-Jean, fit ajouter à cet oratoire une chapelle en l'honneur de St-Thomas de Cantorbéry; mais n'ayant pu achever son entreprise, le doyen son successeur, l'archevêque Jean de Bellesme (ou aux Belles-Mains), et le chapitre, dotèrent cette église dont le prévôt de St-Jean devait être le chef. Le nombre des chanoines fut ensuite fixé à dix; les deux dignitaires étaient le sacristain-curé et le chantre.

Cette chapelle fut construite en partie des débris du Forum qui était encore un objet considérable et d'une grande valeur, puisque l'archevêque, souverain de Lyon, crut devoir s'en réserver la propriété par un acte authentique. Cet acte porte qu'en accordant la permission de fonder une collégiale à Fourvières, il permettait aux chanoines d'employer les matériaux qu'ils trouveraient sur le terrain cédé, à l'exception des blocs de marbre ou de pierre de Choin qui furent réservés pour l'église de St-Jean. Lorsqu'on visite cette basilique, on y découvre des blocs énormes de pierre de taille absolument intacts, qui portent encore des traces du ciseau des Romains.

Cette chapelle rappelait le séjour à Lyon de Thomas Becket, primat d'Angleterre. Victime innocente des fureurs et de la haine de Henri II, il s'était réfugié dans les murs de Lyon, ville neutre et soumise alors au chapitre de St-Jean. Reçu ensuite dans l'abbaye de Pontigny, sur les confins de la Bourgogne et de la Champagne, il vivait paisible et retiré avec les religieux de ce couvent, lorsque de nouvelles vexations le repoussèrent vers notre cité. On rapporte que Guichard, alors archevêque, et le doyen Olivier, s'entretenant un jour avec lui sur la place de St-Jean, lui montrèrent la nouvelle église qu'ils faisaient construire au sommet de la montagne de Fourvières. Ils lui dirent en souriant que leur dessein était de la faire consacrer sous le titre du premier martyr qui aurait la gloire de verser son sang pour Jésus-Christ et son église; que ce serait sous son nom même qu'ils en feraient la dédicace s'il avait un jour ce bonheur (1). L'illustre exilé, proscrit et malheureux, dut accepter l'augure! Cependant il s'était retiré à Sens, dans une pauvre hôtellerie, jusqu'au jour où, trompé par une paix simulée, et joyeux de se retrouver au milieu de ses fidèles, il revola sur le sol perfide de l'Angleterre. Une mort cruelle l'y attendait, mais qu'importe le trépas au chrétien qui retourne à l'éternelle patrie? Henri avait parlé, et deux

---

(1) Colonia, *Histoire de Lyon*; Clerjon, *Histoire de Lyon*, tom. II.

mots mal compris, plus servilement interprétés, furent un prétexte à quatre sicaires courtisans pour aller immoler Thomas au pied de l'autel de sa cathédrale (1170). Soixante-dix ans avant lui, le docte et vertueux Anselme, fuyant le ressentiment de Guillaume-le-Roux, était venu chercher un asile sur cette terre lugdunaise si généreuse et si hospitalière. Thomas n'y fit pas un aussi long séjour; mais combien cet illustre exilé ne dut-il pas être sensible aux respects et aux égards touchans dont ses vertus et ses nobles infortunes furent toujours environnées!... Lorsque sa tendre piété, son zèle et ses vertus épiscopales l'eurent fait mettre au nombre des saints par Alexandre III (en 1173), Guichard et Olivier, fidèles à leur engagement donné, mirent sous son invocation l'église paroissiale de Fourvières. Son nom était en grande vénération parmi les chanoines, et tout ce qui rappelait sa mémoire devenait pour eux un objet sacré.

A la fin du 14e siècle (1382), on trouve un acte capitulaire par lequel le chapitre ordonne le rétablissement de la maison de Cantorbéry, située dans le cloître, en face de la grande église et dont le mur venait de tomber. Un autre de l'an 1476 nous apprend que Louis XI, étant à Lyon, fit don à la chapelle de Notre-Dame de Fourvières, et à l'église paroissiale de Saint-Thomas, des gardes et rentes de Saint-Symphorien-le-

Château, pour acquitter la fondation d'une messe qui serait célébrée chaque jour à la chapelle de Notre-Dame.

En 1562, cette chapelle fut ruinée, aussi bien que les maisons des chanoines, par les mains des protestans; mais le zèle des Lyonnais fit bientôt disparaître la trace de ces ravages.

Vers le même temps, des savans et des artistes, attirés à Lyon par les encouragemens que cette ville leur offrait, y accoururent de plusieurs contrées; et lorsque la religion chrétienne, sous la protection de laquelle cette ville s'était peuplée dans le moyen âge, vint inspirer le génie des arts et rallumer le flambeau des sciences, Lyon fut une des premières cités de France où l'on en vit jaillir des étincelles. Des auteurs ont écrit qu'il existait dans son enceinte une société littéraire appelée l'académie de Fourvières, du lieu où elle tenait ses séances. Nicolas de Langes, premier président du parlement de Dombes, et lieutenant-général de la sénéchaussée de Lyon (1570), aurait été le Mécène des Symphorien Champier, des Dolet, des Voulté, etc., et autres gens de lettres que sa maison, appelée de son nom l'Angélique (aujourd'hui le pavillon Billion), aurait reçus pour leurs divers exercices. Malheureusement ces assertions, que les historiens de notre ville ont répétées l'un après l'autre, ne soutiennent guère l'examen de la critique. Un membre distingué de l'académie actuelle de Lyon, M. Breghot du Lut, a publié sur cette matière des réflexions fort exactes et fort judicieuses.

« Nous observons, dit-il, qu'il n'est pas certain que les hommes de lettres qu'on nous cite, aient fait partie de cette réunion, quoique la plupart de nos historiens le disent expressément, et entre autres le P. de Colonia (Hist. littér. de Lyon, tom. II, page 466 et suiv.), qu'on croirait avoir eu des mémoires particuliers sur ce sujet.

« Le seul monument authentique qui nous ait été conservé de l'existence de cette académie, est une lettre d'Humbert Fournier, datée de 1506, adressée à son ami Symphorien Champier, insérée à la suite d'un recueil d'opuscules latins de ce même Champier, imprimé à Lyon l'année suivante, et que le P. Ménestrier a presque entièrement traduite dans sa bibliothèque curieuse (Trévonx, 1704, 2 vol. in-12, tom. II, pag. 120-126). Mais, dans la lettre dont il s'agit, Humbert Fournier ne désigne, comme assistant aux assemblées littéraires de Fourvières, que le médecin Gonsalve de Tolède (et non pas de Cordoue, comme l'a dit par distraction M. Fortis, dans son voyage pittoresque de Lyon, tom. II, page 355), originaire d'Espagne, élu pour le roi en l'élection de Lyon, auteur de plusieurs ouvrages aujourd'hui oubliés, et un théologien nommé André Victon, qu'il appelle *son Socrate*, et dont il **exalte** avec emphase les vertus et les talens. Par une autre lettre insérée au même recueil et datée aussi de 1506, Humbert Fournier nous apprend que Jean le Maire de Belges, poète et historien, dont on sait que Clément Marot fut le disciple, avait assisté auparavant aux exercices académiques de Fourvières. Ce sont là les seuls membres de cette académie qu'il indique et qui nous soient connus. Symphorien Champier ne pouvait en être; car autrement son ami ne lui aurait pas envoyé la description détaillée du lieu où se tenaient les assemblées, et ne lui aurait pas rendu compte des exercices auxquels on s'y livrait. Quant à Voulté, il ne vint qu'en 1536 à Lyon, où il séjourna environ deux ans, et Dolet, qui y vint aussi vers la même époque, n'était pas encore au monde lorsque Fournier écrivait les lettres que **nous** venons de citer, puisque ce célèbre imprimeur ne naquit qu'en 1509. Voulté nous parle bien de plusieurs gens de lettres qu'il voyait fréquemment à Lyon, tels que Jérôme Fondulo, Christophe de Longueil, Villeneuve, Guillaume de Choul, Guillaume et Maurice Sève, Benoît Court, les Fournier, les Dupeyrat, etc.; mais nulle part il ne fait mention des réunions académiques proprement dites, et encore moins de réunions de ce genre qui eussent lieu à Fourvières. Ce n'est que par une conjecture purement gratuite que le P. de Colonia, et, après lui, tous nos historiens, sans en excepter un seul, supposent que presque tous les littérateurs qui étaient à Lyon dans le seizième siècle, ont fait partie, ensemble ou successivement, de l'académie de Fourvières....

« Dans le vrai, l'académie de Fourvières, si toutefois elle mérite ce nom, n'était qu'un cercle de quelques amis qui s'occupaient ensemble de littérature, tel qu'il y en a eu dans tous les temps qui ne furent point des époques de barbarie; et il y a loin de là une académie semblable à celles qui existent de nos jours, institutions permanentes, assujetties à des statuts et autorisées par le gouvernement.

« Il n'est pas non plus bien certain que la maison possédée depuis, vers la fin du seizième siècle, par Nicolas de Langes, où il rassembla beaucoup d'inscriptions et de monumens d'antiquité, et où il recevait volontiers les savans et les gens de lettres, soit la même que celle où, au commencement du même siècle, se réunissaient Humbert Fournier, et ses amis Gonsalve de Tolède et André Victon, pour s'y livrer à l'étude et à des entretiens scientifiques. (1) »

Il y eut peut-être aussi comme une seconde académie de Fourvières, dans la mission de Jean de Talaru, située près de l'église, où il cul-

---

(1) *Lettres Lyonnaises. Mélanges*, p. 406-8.

tivait avec excès la poésie et les lettres, et où probablement il réunissait une société choisie de personnes qui partageaient ses goûts.

Depuis cette époque, l'histoire ne fournit pas sur Fourvières des documens qui aient quelque importance. Nous remarquerons seulement qu'en 1747 on forma le projet d'agrandir la chapelle. Le consulat permit au chapitre de Fourvières de démolir une pyramide qui, de la place des Terreaux, avait été transportée sur la plate-forme joignant la chapelle de Notre-Dame (en 1663). Ce fut à la charge d'employer les matériaux aux nouvelles constructions pour l'agrandissement de cette chapelle. La nouvelle construction fut bénite en 1751, avec la solennité de neufs samedis consécutifs, dont les offices furent célébrés par le clergé de l'église primatiale et collégiale de la ville et des deux séminaires de Saint-Irénée et de Saint-Charles. La chapelle avait alors un prébendier titulaire, et pour aumôniers, tous les jours, autant de prêtres séculiers et réguliers qu'il y a de momens pour dire la messe depuis quatre heures du matin en été et cinq en hiver, jusqu'à midi en toute saison.

Vint enfin cette époque désastreuse où rien ne fut laissé intact, où fut jurée la destruction de tous les monumens qui portaient avec eux le souvenir importun du passé. Fourvières fut épargné; seulement, pendant la terreur, ses portes furent fermées; et *ses chemins pleurèrent, parce que personne ne venait à ses solennités*. Mise en vente avec les biens dits nationaux, la chapelle devint la propriété d'une demoiselle ***, et fut desservie par deux chapelains constitutionnels. Lorsque, sous l'empire, le prêtre catholique eut recouvré le libre exercice de ses droits, M. l'abbé Caille, ancien chapelain, engagea plusieurs fois, mais infructueusement, M. Courbon, vicaire-général du diocèse, à racheter cette chapelle que chaque jour on voyait perdre de sa vénération, par suite de la dépendance de ses desservans à l'égard de la propriétaire.

En 1805, le séjour de Sa Sainteté Pie VII dans notre cité, et l'espoir que ce digne pontife bénirait le pieux monument, décidèrent M. le vicaire-général à présenter M. Caille à S. E. Mgr. le cardinal Fesch, archevêque de Lyon, pour qu'il lui soumît lui-même son heureuse pensée. La proposition fut agréée, et M. Caille autorisé à réaliser son projet. Une quête qu'il fit parmi le clergé produisit dans un seul jour 18,000 fr. La chapelle fut achetée; Pie VII vint sur la colline visiter le lieu où souffrirent les premières victimes de la foi chrétienne dans les Gaules, et consacra la chapelle de Fourvières. Une inscription placée dans la nef de Saint-Thomas, conserve la mémoire de cette solennité.

Sa Sainteté se rendit ensuite dans la maison de

M. Caille, et, du haut de sa terrasse, elle bénit la ville de Lyon, pendant que le bruit du canon et le son de toutes les cloches retentissaient dans l'air. M. Caille fit graver dans son salon les armoiries de Pie VII avec la date de l'année. Une inscription fut aussi gravée sur sa porte d'entrée; on y lit :

HINC PIUS SEPTIMUS PONTIFEX MAXIMUS CIVITATI
LUGDUNENSI FAUSTA PRECATUS EST.
ANNO MDCCCV.

Dès lors la piété se hâta de fréquenter encore plus souvent ces lieux révérés. Et de nos jours aussi, elle ne cesse d'y répandre des prières avec des larmes. Là, vient s'agenouiller la jeune mère qui demande pour son enfant la sagesse et la vertu; pour sa fille, au cœur chaste et pur, la modestie et l'innocence. Là, vient encore celui dont l'ame est flétrie par le deuil, ulcérée de remords et bourrelée par le repentir. Je n'oublierai jamais qu'un jour, à l'heure où les ténèbres luttent avec la lumière, je vis se glisser dans l'ombre de la chapelle silencieuse un jeune homme en vêtemens noirs, à la démarche tremblante et au visage chargé de tristesse; sans doute son ame nourrissait bien des douleurs; je l'aperçus qui plaçait contre un mur quelques lignes où se révélait tout le secret de son cœur; les voici :

Le crime a rembruni le tableau de ma vie,
Partout je suis atteint du remords déchirant,
Partout !... mais dans les cieux un astre consolant
    Se lève, et mon ame adoucie
    Sent renaître le doux espoir.
A ces traits éclatans, de la douce Marie,
    Mortels, connaissez le pouvoir.
  Des passions l'implacable furie
    Peut-être agite votre cœur ;
Peut-être du plaisir la trompeuse douceur,
Comme moi, vous retient au bord du précipice ;
  Hélas! bientôt vous verrez l'artifice.
Que ne puis-je à vos cœurs épargner des regrets !..
    A mes vœux montrez-vous propice,
O vous des affligés douce consolatrice.
O Marie! ajoutez à vos nombreux bienfaits
Celui de mettre un terme à ma longue malice.
Puissent de votre fils les foudres courroucés
Sommeiller dans ses bras armés par sa vengeance,
Et moi-même, étranger aux plaisirs insensés,
Puissé-je publier partout votre clémence!

                        E.

Qui nous dira ce qui venait de se passer entre le ciel et cette ame navrée de douleur? Qui nous dira aussi tous les chagrins assoupis, toutes les peines calmées, tous les forfaits arrêtés, tous les crimes expiés, au pied de cet autel d'une vierge? Demandez-le à ces *Ex voto* sans nombre qui redisent tous quelque ineffable don de la reine des cieux. Demandez-le encore à ces petits vaisseaux suspendus à la voûte du temple, et qui annoncent que quelques matelots sont venus déposer leur offrande à Marie, douce étoile qui calme les flots de la mer, ainsi que les tempêtes qui s'élèvent dans le cœur des hommes. Demandez à ce patriarche des champs qui vient courber devant elle son front sillonné par la vieillesse et le travail, s'il ne retourne pas avec une secrète joie à ses labeurs accoutumés, et si les longues fatigues qu'il devra essuyer ne lui deviennent pas plus légères? Enfin, demandez à cet immense concours de fidèles, de tout rang, de tout sexe, de tout âge et de tout pays, s'il n'a pas toujours ressenti la haute protection de la vierge de Fourvières.

On aime à voir autour de sa chapelle se réunir les deux extrémités de la vie humaine. Quelques prêtres blanchis dans les travaux de l'apostolat, y apprennent à bien mourir, et préparent le compte terrible qu'il faudra rendre à Dieu de leur administration. Un asile pieux reçoit sur cette colline sacrée de pauvres filles qui sont nourries et élevées jusqu'à l'âge de dix-huit ans. Cet asile, c'est la *Providence;* il rappelle celui qui donne leur pâture aux petits oiseaux, et leur éclat aux lis des champs. Des vierges modestes, appelées du simple nom de *sœurs,* et mères sans connaître la maternité, y forment, dans le silence du cloître les épouses des enfans des hommes. Là aussi, des femmes vertueuses, façonnnent au savoir et à la vertu de jeunes vierges, heureuses de leur âge et de leur innocence, et qui peut-être s'élancent en pensée au milieu des vanités humaines qu'elles regretteront d'avoir échangé contre leur vie tranquille, leurs études et leurs jeux.

Je ne puis concevoir qu'on ait eu, dans ces derniers temps, l'étrange dessein de changer Fourvières en une place d'armes. Hommes d'un jour que vous êtes, ne vous reposerez-vous que lorsque vous aurez fait de la France comme un vaste camp? Ne laisserez-vous pas au repentir un lieu où il lui soit libre au moins de pleurer à l'écart ses fautes passées, et d'implorer l'aide du Très-Haut pour se soutenir ensuite dans la vie?

———◦◦———

Ainsi je repassais dans ma mémoire les souvenirs du passé et les pensées du présent. Assis sur ce haut mur qui termine la terrasse de Fourvières, je me livrais à mes méditations solitaires, et que favorisaient le calme et la fraîcheur du soir. J'avais sous mes pieds la seconde ville de France; je distinguais ses places, ses rues, ses édifices, j'embrassais tout Lyon d'un seul coup-d'œil. « C'est, me disais-je avec M. de Fortis, c'est dans cette étroite enceinte que les intérêts, les passions animent quelques milliers d'hommes; ils ont connu leurs forces et ont formé un faisceau qui les a centuplées. Ils ont découvert toutes les richesses de la nature, et ont enfanté toutes les merveilles des arts. Une petite colonie de citoyens a acquis dans toute l'Europe la célébrité et l'empire que donnent l'industrie, le génie et les richesses.

Là, sont réunis l'excès de la misère et de la grande opulence; les vertus les plus rares à côté des vices les plus hideux, le génie et la stupidité, la piété la plus exaltée et la plus froide irréligion. Dans les différentes scènes de ce grand tableau, l'on aperçoit dans l'ombre la main généreuse de la charité qui se cache pour soulager l'infortune; et tout près de là, cet homme dont le cœur est desseché par l'égoïsme, et qui spécule sur la misère du peuple.

Combien d'édifices et de monumens de divers genres ont été successivement élevés et détruits sur cette colline; combien de peuples différens se sont succédé; que de générations dorment entassées les unes sur les autres! La cendre des Gaulois, des Grecs, des Romains, est confondue dans ces lieux avec celle des Bourguignons. Aux nations du moyen âge ont succédé des colonies de Français, de Suisses, d'Italiens et d'Allemands. Les débris du chapiteau ou du vase corinthien, de la mosaïque et de la statue romaine, sont confondus dans le sein de la terre, avec la hache gauloise et l'armure que le chevalier chrétien rapporta de la Syrie.

De combien de grands évènemens cette colline n'a-t-elle pas été le théâtre? Des princes, des empereurs, des rois, y sont venus recevoir l'hommage des peuples, dicter des lois, élever des monumens de leur puissance. »

Mais l'airain sacré, lugubrement ébranlé dans le haut clocher de Notre-Dame, annonça la prière que l'église récite sur ses enfans qui ne sont plus. Je surpris des larmes dans mes yeux au souvenir de ce bon vieillard, ravi trop tôt à ma jeunesse, et qui exhala sa belle ame auprès de cette chapelle. Trois ans passés, la même cloche donnait le signal de sa mort !...

François-Zénon Collombet.

LYON VU DE FOURVIÈRES.

C'était le onze juin 1833 ; j'allais je ne sais où, devant moi, sans savoir, et comme on va devant soi, la tête pleine de tristesse ou de joie, roulant une idée inconnue, confuse et qui passe dans l'intelligence comme un noyé dans l'eau du fleuve, ne laissant, l'idée, aucun souvenir ; le noyé, pas de trace. Sur la proposition qui me fut faite par mon ami l'éditeur, nous montâmes, lui et moi, sur le plateau de Fourvières. Il s'agissait de voir Lyon, de là-haut ; Lyon amoncelé, accroupi, maisons sur maisons, jetées pêle-mêle, hautes et basses, noires et grises, blanches et bariolées, tatouées d'enseignes, longues, carrées, octogones, triangulaires ; tout cela groupé sans ordre entre le Rhône et la Saône, appelé ville, appelé Lyon.

Et d'abord, chemin faisant, mes yeux m'ayant dévancé à Fourvières, ils furent vivement choqués de l'espèce d'observatoire que M. Gouhenant y a planté. Depuis que cette grande tour carrée est là-haut, il n'y a plus de poésie dans la vieille chapelle aux miracles ; le coteau de Fourvières est applati, écrasé ; la chapelle de la Vierge touchait au ciel, la tour Gouhenant l'a refoulée vers la terre. S'il ne fallait que douze francs pour faire démolir la tour Gouhenant, je ne dînerais pas pendant six jours, et le septième la tour Gouhenant serait démolie. Cette grande masse de moellons sur la jolie côte de Fourvières, est comme un pied de cheval sur la gorge d'une femme : c'est de la barbarie.

Pas à pas, nous atteignîmes, mon ami et moi, la petite terrasse où nos regards étaient montés si vîte ; et, les bras croisés, l'œil dans l'espace, notre pensée roula de là-haut sur la ville entassée à nos pieds.

Lyon est bizarre, vu de Fourvières : on dirait un monstre rabougri, plié sur lui, tordu dans ses larges écailles, se chauffant le dos au soleil, se baignant à la pluie ou se séchant au vent. On se demande si ce sont des décombres, des roches anguleuses, pointues, les ruines de quelque autre Palmire qui dorment là-bas. On se fait d'autres questions aussi folles, aussi désordonnées, et le désordre et la folie de ces questions sont au-dessous de la folie et du désordre de Lyon, vu de Fourvières. — Vous vous êtes promenés quelquefois au Jardin des Plantes, peut-être ?... Eh bien, montez à Fourvières, et regardez le Jardin des Plantes, ses grands arbres verts, ses accacias en fleurs, ses belles allées, voyez tout cela dans un cercle de maisons grises, noires, brunes, trouées de fenêtres : c'est comme un basilic dans un vase ébréché. Il n'y a plus ni allées, ni arbres verts, ni accacias en fleurs, c'est ce que je vous ai dit, et pas autre chose.

Certes, s'il fallait rendre toutes les pensées qui naissent à Fouvières, dire toutes les choses que l'œil embrasse de cette hauteur, depuis les Alpes jusqu'aux montagnes du Dauphiné ; et de tout cela faire un récit exact, ordonné, je briserais ma plume, — ou j'irais me coucher.

La cathédrale était en face de nous, ses trois aiguilles en l'air comme des pointes de glaives rouillés : son cadran nous regardait et nous regardions son cadran.—Elle nous semblait petite et mesquine la cathédrale de St-Jean : on eut dit une de ces pendules modernes, encadrée au clocher d'un tableau de chartreuse.

Tenez, voici encore une grandeur également abaissée, pour qui la voit d'ici. Il y a sans doute une immense différence entre le Louis XIV en bronze de la place Bellecour, et un homme de génie; oui, il y en a une immense que l'on n'a pas songé à établir parce qu'elle est dans toute intelligence, casée, alignée, enracinée. Il y en a une cependant que peu de personnes ont remarquée, et qui, l'autre jour, se pendit aux lèvres d'un marchand de jouets d'enfans. La voici : C'est miraculeux, disait-il, cassant des noix sur sa porte ; c'est une chose remarquable! plus on est loin d'un grand homme, plus il paraît grand; approchez-le, c'est un homme comme un autre, cinq pieds cinq pouces, plus ou moins; tandis que plus on est loin du Louis XIV en bronze de la place de Bellecour, plus il paraît petit; ce que c'est que de nous pourtant, et des rois de bronze! »

Le marchand de jouets d'enfans a raison, et sa logique, assise aux pieds du clocher de Fourvières, ne laisse rien à répliquer. J'ai vu notre Louis XIV de là-haut, et il m'avait tellement l'air d'un singe à cheval sur un chien, que j'ai tremblé pour ses jours, en voyant un milan qui tournait au-dessus de lui, prêt à descendre et à l'accrocher de sa serre.—Qui sait pour qui le milan le prenait ? pour un moineau peut-être!

Il y a une magnifique promenade ombragée de tilleuls sur la place de Bellecour; eh bien qui s'en douterait ici? on dirait d'une haie vive.— Ce qui prouve aussi qu'il y a beaucoup d'analogie entre les tilleuls et les rois de bronze.

Qu'on ne me demande pas pourquoi je parle ainsi de Lyon; c'est de Fourvières que je vois cette ville, et c'est à Fourvières que j'écris. Que l'on monte à Fourvières, et que l'on compare: mon récit et mes tableaux sont exacts; on pourra s'en convaincre.

Il y a pourtant quelque chose que l'on aime à voir de Fourvières et que l'œil embrasse plus complètement, c'est cette bordure de châle immense étendu sous l'horizon, c'est le quai de Saône tordu en fer à cheval, et regardant passer la rivière, le quai de Saône grave et majestueux ! Prolongez-le sur la Croix-Rousse et sur Perrache, et vous diriez un géant appuyant sa tête sur la montagne et couvrant la plaine de son corps. Du moins c'est ainsi que j'ai vu tout cela, moi, et il ne m'a pas été donné de le voir différemment; vous monterez à Fourvières, vous; et vous verrez aussi, et, si comme moi vous n'avez rien de mieux à faire, écrivez ce que vous avez vu : cela vaudra bien d'assister à une revue générale de la garnison, à l'exécution d'un pauvre diable ou à la lutte athlétique de MM. Esbrayat et Coulomet.

Vous regarderez la Guillotière aussi, la Guillotière qui fait queue au bout de son pont pour entrer dans la ville, par ordre de numéro, maison par maison ; — la vieille folle !

Si j'étais la Guillotière, moi ! au lieu de m'étrangler aux barrières de Lyon, je m'en éloignerais à toutes jambes, et j'irais m'étendre là-bas, dans ces plaines fertiles et peuplées d'arbres; j'ouvrirais au Rhône un bassin par lequel il m'arriverait, et je me ferais alors et tout à mon aise des rues larges et aérées, qui n'entraveraient ni la respiration des hommes, ni la circulation des voitures; — et dans cent ans, ce serait Lyon qui viendrait à moi; Lyon épuisé, haletant, poussif, rendant l'ame, demandant de l'air à ses grandes maisons enfumées.

Mais je l'ai dit, la Guillotière est une vieille folle. Les faubourgs sont comme les courtisans, ils se pressent aux portes de la grande cité, de la cité-mère, ils guettent aussi un regard de protection.

En quittant la vieille église, je remarquai sur sa porte principale deux affiches que la spéculation y avait collées : la spéculation ne se souviendra jamais que le Christ chassa les marchands du temple. Voici le premier de ces placards. Je laisse à mon imprimeur le soin de le reproduire fidèlement sur le verso de cette page.

Et au-dessous de celui-là, celui-ci :

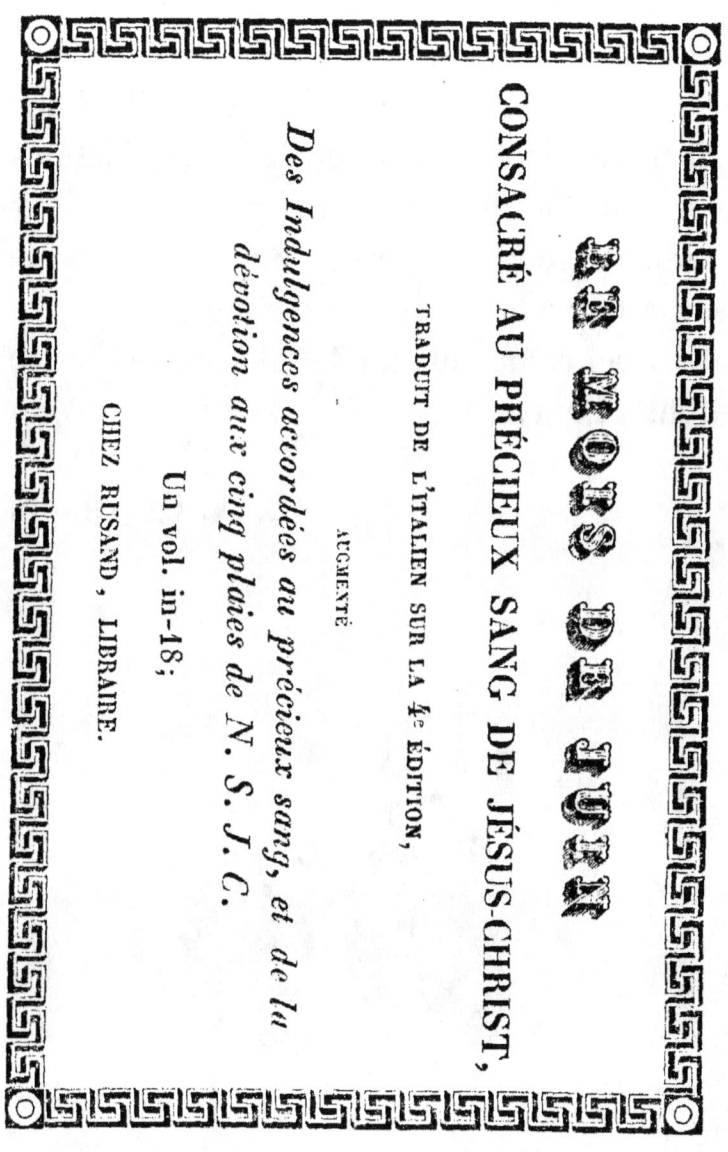

Que ces deux affiches renferment de choses ! devinez-les. Quant à moi je ne m'étonne plus des miracles de Notre-Dame de Fourvières.

Un pauvre vieillard était assis à la porte de la

chapelle. Il était venu de St-Foujoux (cinq lieues de Lyon) pour prier la Madone de le délivrer d'un rhumatisme. Les portes de la chapelle étaient fermées, et le fidèle de St-Foujoux était triste. Nous lui conseillâmes des frictions et de la flanelle; je l'ai revu depuis, il était parfaitement guéri et portait un cierge à Marie pour la remercier de son assistance.

Et voici comment, au 19e siècle, les miracles se font à Fourvières.

L. A. BERTHAUD.

FOURVIÈRES
VU DE LYON.

Ave, Maria!

Au dessus de Lyon, la ville commerçante où s'agitent tant de passions et tant d'intérêts, où se heurtent incessamment l'égoïsme et la misère, où s'étalent l'opulence dédaigneuse et la pauvreté opprimée, il est un asile de silence et de mystère qui projette sur nous son ombre protectrice. Asile connu des ames pieuses qui se sont fait un monde hors du monde qui les froisse, des affections qui s'élancent loin des sensations vulgaires, des rêves qui par-delà cette vie s'élèvent sur les ailes de la foi à un avenir de bonheur.

Oh! ne les méprisez point! vous tous qui ne croyez pas; ne les méprisez point! car elles ont des jouissances à vous inconnues, des extases moins grossières que les vôtres, des vertus plus pures et moins terrestres; ne les méprisez point!

Car elles ont trouvé dans cette religion du cœur, dans cette alliance mystérieuse entre Dieu et elles, elles ont trouvé un allégement à leurs souffrances, une consolation à leurs malheurs.

Et moi, qui vous écris ces lignes, n'ai-je point aussi éprouvé dans mes jeunes années cet indicible plaisir ; n'ai-je point eu dans ma vie des instants que rappellent en vain mes regrets, où mes croyances naïves et enfantines ont épuisé dans le silence des églises et dans le bonheur des mystères, ces heures rapides de jouissance que mon ame rebelle ne peut plus trouver ni comprendre. Car j'ai cru que je devais, moi aussi, échanger les rêves du premier âge contre ceux de la jeunesse. J'ai cru que mes lèvres ne devaient plus chanter des hymnes d'adoration, mais des chants d'amour ; que ma pensée ne devait plus s'ébattre qu'auprès des anges de la terre et abandonner à d'autres les anges du Ciel.

Fou que je suis !

Mes chants d'amour sont morts sans nul retentissement ; nulle oreille n'a accepté leurs soupirs, nulle bouche n'a dit un mot pour leur répondre.

Comme les anges du Ciel, les anges de la terre ne m'ont apparu que dans des songes. Les premiers ont toujours été pour moi tout-à-fait inoffensifs ; et les seconds, j'ai pu le reconnaître, sont très-capricieux et par fois très-méchans.

Ainsi va l'homme dans la vie, voyant se faner

toutes les fleurs que Dieu a semées sur sa route avant qu'il ait pu jouir de leur corolle embaumée. Mais une lui reste; une seule il est vrai, qui tour à tour décore le berceau de l'enfant, se pose au sein de la jeune mariée et se mêle encore aux cheveux blancs du vieillard.

C'est la Poésie !

Fourvières est son séjour, et quoique belle et heureuse elle n'a pas craint d'aller se mettre côte à côte avec les plus grandes misères humaines ; elle a posé les pieds de son église sur la colline qui cotoye nos murs, et là elle s'est assise, regardant couler à ses pieds les eaux de la Saône, limpides comme son ame, regardant à peine passer tout ce qui passe autour de nous, choses ou hommes.

Elle n'a point de mépris pour ceux qui la méprisent, elle n'a point d'oubli pour ceux qui l'oublient; car ils ont sa première pensée, son premier amour, ses premiers soupirs qui chaque jour s'élancent vers le ciel. Et puis d'une main elle bénit ces fous que la société rejette, elle qui souvent est cause de leur malheur, elle qui a usé leur existence, qui a acheté leur corps ou flétri leur ame de son dédain et de son sot orgueil; de l'autre elle bénit encore ; elle bénit ceux qui sont déjà heureux; car ils ne connaissent de la vie ni le tumulte insolent, ni la folle joie, ni les hardies et insouciantes paroles, ni le blasphême qui irrite Dieu, ni la médisance qui irrite l'homme.

Je ne sais, et vous qui lisez ces lignes, vous en rirez peut-être ; je ne sais, mais il me semble que comme le bon Ducis, je voudrais porter cette image de femme sur mon cœur à côté d'autres images également aimées, et confondre mon adoration pour l'une avec mon amour pour les autres.

Dites : vous est-il jamais arrivé un de ces jours que votre ame était triste et désespérée ; et certes ces jours-là sont fréquens dans la vie ; vous est-il jamais arrivé de vous promener, seul avec vos pensées qui vous rongeaient le cœur, sur le quai qui s'alonge près de la rivière ou sur cette place dont vous avez écrasé l'éternelle grandeur par la statue d'une grandeur passée, et quand vous leviez vos yeux chauds de larmes pour vous extasier à ce tableau qui se déroulait devant vous doré des premiers rayons du matin ou assombri par un nuage ; qu'avez-vous vu tout d'abord ? qu'avez-vous admiré ? Est-ce cette rivière qui comme toutes les autres coule sans savoir qui lui a dit de couler ? est-ce cet échafaudage de maisons qui posent mutuellement leurs pieds sur la tête de leurs inférieures, image des classes et des générations humaines ?

Non, ce n'est point cela : votre regard s'est fixé d'abord sur ces flèches ciselées, sur ces rosettes arrondies, sur ces clochers à jour que supporte votre cathédrale et de là comme d'un piédestal il s'est élevé plus haut; il a vu un édifice simple ne regardant la ville que par des croisées étroites et mesquines ayant au sommet d'une modeste tourelle une croix plus modeste encore, et ne s'ouvrant point du côté du bruit, symbole sévère de sa sainteté et de son amour pour la retraite. A gauche, plus grandiose, plus vaste, se découvrait à vous un asile où viennent mourir au monde les malheureuses que la société avait fait mourir à leur vertu; à droite cette institution des sourds-muets dont le dédain d'une civilisation de dix-huit siècles avait laissé l'éducation à faire à un homme seul, à l'Abbé de l'Épée, fils et digne fils de Christ. Puis, entre deux Fourvières!!

O Fourvières! que tu es bien là au-dessus de nous, entre ces malheureuses qui ont appris à rougir, et ces orphelins auxquels les mots ont donné la pensée; que tu es bien! que je t'envie ta solitude! que je t'envie la beauté de ton site!

N'y a-t-il point une grande idée dans cette poésie qui domine Lyon, la prosaïque ville; dans ces deux souveraines misères assises à côté de la souveraine charité et qui prient ensemble pour Lyon, la ville riche et orgueilleuse.

Lyon, toi qui ne crois à rien, qu'à tes richesses et à ton bonheur d'un jour; Lyon, toi qui comptes ta vertu par ton or, oh! tu es trop heureux d'être sous la protection des deux plus grandes infortunes de la vie, consolées par la grande charité du christianisme.

Dites : n'avez-vous pas eu toutes ces pensées ; et ne vous êtes-vous point laissé entraîner vers vos années mortes à la vie, mais vivantes encore dans votre souvenir ? n'avez-vous pas rappelé à votre imagination toutes vos premières croyances ? n'avez-vous pas un instant oublié les malheurs de la terre, les illusions déçues, les projets abandonnés, tous vos rêves dorés obscurcis par l'existence? n'avez vous pas oublié tout ce qui bruit autour de vous, tout ce qui crie et ce qui blasphême, tout ce qui se traîne dans les ordures de la civilisation, pour n'avoir qu'une seule joie, qu'un seul bonheur, bien court mais bien vrai, un élan de l'ame, un parfum de poésie et d'amour qui monte vers le ciel comme l'encens de l'autel?

Voilà ce que me fesait éprouver Fourvières vu de Lyon, Fourvières vu à travers les misères de la société, Fourvières vu à travers notre horizon sombre et noir, comme une étoile au ciel.

Mais cela était trop beau, trop idéal, trop pur pour nos spéculateurs de Lyon. Cela ne leur rendait à eux ni or ni plaisir, cela n'était point pour eux un édifice à louer ou à vendre ; c'était un monument; un monument! mais un monument est une anomalie dans une société bien constituée! mais un monument est inutile dans le monde!

Alors ils se sont mis à l'ouvrage. Ils ont planté un observatoire qui pouvait produire 20 sous par personne, à côté de Fourvières qui ne leur produisait rien.

Ils ont suivi en cela les nombreux exemples que leur ont donné, à diverses époques, les dignes administrateurs de notre cité. N'ont-ils point mis deux maisons de santé à côté de leur jardin des Plantes, deux maisons de santé d'un revenu net de 15 à 20,000 fr.

N'ont-ils point collé des petites boutiques, éclairées de petites fenêtres, occupées par de petits marchands, sous les portiques de leur Grand-Théâtre?

N'ont-ils point laissé à côté de l'Hôpital, la Boucherie?

N'ont-ils point jalonné les Tilleuls d'une maison de briques et de planches couverte en belles tuiles, laquelle maison sert de corps-de-garde, face à face à une tente qui sert de café.

Les marchands de Lyon en ont fait autant : seulement la spéculation n'a point été heureuse.

Quand leur vint à ces spéculateurs déhontés cette malencontreuse idée; quand ils élevèrent cette tour carrée, d'un genre bâtard et sans nom, cage blanchie et barraudée à jour; le clergé eut grande peine et grande douleur, et certes le clergé eut raison; car c'était mettre à côté du trône de Dieu le trône des hommes; car c'était vouloir jeter la boue du monde jusque sur le manteau d'une vierge. Mais aujourd'hui que la tour est à vendre, le clergé va l'acheter, dit-on, le clergé va jeter à bas le petit clocher, la petite église, notre possession à nous et non la sienne ; le clergé va élever à nos frais un grand clocher, une grande église.

Le clergé a peur de la poésie, ou bien il veut spéculer sur un plus vaste emplacement.

Aussi nous assure-t-on que déjà les plans ont été faits, qu'ils sont larges et spacieux, qu'ils sont magnifiques comme ceux du Grand-Théâtre, et que le même architecte, architecte de grand renom et de grande réputation, dirigera les travaux de la nouvelle *bâtisse*.

Cette modeste chapelle que nous avons vue quelquefois pleine de vrais chrétiens, cette chapelle qui nous plaisait jusque dans son irrégulière construction, dont nous aimions la teinte grise et blafarde, le portail lourd et écrasé, le toit chargé des nids des hirondelles et des passereaux du Seigneur, sera désormais une grande église ayant maître-autel et jubé, ayant chapelle à droite, chapelle à gauche, des murs bien blancs, bien reluisans, des colonnes et un frontispice.

Mais la poésie, on n'en a que faire ! mais la vieille habitude de voir Fourvières humble et sublime, de voir Fourvières tel que l'ont vu nos pères, vous direz adieu à la vieille habitude !

Ah! si ma voix pouvait être entendue, si je pouvais donner un avis profitable peut-être, mais qui sera certainement dédaigné, je dirais :

« Vous voulez faire de Fourvières ce que l'on
« a fait de Lyon, changer son air vieux et res-
« pectable, son manteau de quelques siècles, con-
« tre un beau corsage et de grandioses atours ;
« alors il en sera ce qu'il en a été de tous les mo-
« numens qu'on a voulu *réformer*. La poésie l'a-
« bandonnera. Au nom de nos vieilles affec-
« tions, de notre sincère amour pour cette vierge,
« ne vous faites pas la bande noire du christia-
« nisme! ne démolissez pas toute poésie, pour
« mettre des pierres à la place :

« La croix de bois, l'autel de pierre,
« Suffit aux hommes comme à Dieu. »

Ernest Falconnet.

LE PÈRE THOMAS.

> La belle Bourbonnaise,
> La maîtresse de Blaise,
> Elle est mal à son aise,
> Elle est sur le grabat.
> Ah! ah! ah! ah! ah! ah!

Vous le connaissez.....tout le monde le connaît à Lyon; c'est l'homme du terroir, le premier comédien de nos premières années.

Autrefois il avait un théâtre aux Brotteaux; il y jouait ses pièces à lui, car il est auteur et acteur, le père Thomas. C'est le Molière des ouvriers et des cuisinières, des conscrits et des bonnes d'enfans. Il représente le peuple à lui tout seul, il le résume en sa personne. Comme il l'a étudié, le peuple, comme il nous le rend avec son langage et son allure, avec ses misères si profondes et si nombreuses, et ses joies si vives mais si courtes! Il nous le montre au cabaret, oubliant tout, créanciers et termes à payer, grands soucis du ménage, chansonnant ses maîtres,

battant sa femme, plus souvent battu et trompé par elle, et finissant toujours par trinquer avec celui qui le trompe et celle qui le bat. Voilà le fond de toutes ses pièces à lui, avec mille gaillardises, mille quiproquos, mille équivoques, toujours comprises, toujours senties par son public rieur et ébahi. Ce qui témoigne beaucoup en l'honneur des mœurs de la foule.

Vous allez crier peut-être au paradoxe, eh bien! n'importe, je dois le dire ici: Thomas est le premier homme qui ait compris le drame moderne. Il a ramené l'art dramatique à la vérité de la nature et ceci bien avant Talma; il n'a pas emprisonné son imagination dans les règles d'Aristote, heureux qu'il est de ne pas les connaître. Aussi a-t-il fait voyager ses héros, Arlequin et Cassandre, d'un monde à l'autre, de la terre à la lune. Il s'est fait un théâtre neuf, un théâtre à lui, sans unité de tems ni de lieu, avec des actions en relief, coups de poing et coups de pied; il a fait enfin un théâtre tel que l'ont rêvé plus tard Alexandre Dumas et Victor Hugo. Voilà Thomas homme de génie, Thomas créateur de l'école moderne, Thomas qui a commencé sur un théâtre boueux, comme Shakspeare, et qui n'a pas voulu aller aussi loin que lui.

Et puis trouvez donc un auteur, trouvez donc un acteur qui, dans cette double carrière que le père Thomas a si honorablement parcourue, ait jamais eu un public aussi nombreux, aussi constant, aussi animé que le sien. Oui, trouvez donc un auteur qui ait composé plus de pièces que lui, et cela sans compter une seule cabale, une seule chûte. Trouvez donc un acteur que les sifflets, les triomphes d'un rival, les feuilletons des journalistes, n'aient jamais empêché de dormir. Je ne connais que deux oreilles d'artiste qui n'aient jamais entendu le bruit aigu d'une clé forée, ce sont les oreilles du père Thomas. Je ne connais qu'un seul artiste que les succès de ses confrères fassent rire, c'est le père Thomas. Je l'ai vu faire cercle autour d'un escamoteur, et l'applaudir de sa grimace, attendant patiemment qu'il eut fini sa pièce pour commencer la sienne. Je ne connais qu'un seul artiste qui ne lise pas les journaux, c'est le père Thomas; il a trop d'esprit pour y croire. On dirait qu'il sait comment les articles se font.

Mais aujourd'hui il n'a plus de théâtre, le père Thomas. Son habit s'est usé, sa figure s'est ridée, et sa bourse aussi. Pauvre père Thomas! il a eu ses vicissitudes; il a passé à travers bien des orages, il a vu la république, l'empire et la restauration. Et il a su se faire un masque pour toutes ces époques, parlant gloire et bataille dans l'une, parlant morale et religion dans l'autre, et bouffon dans toutes.

Il est philosophe, le père Thomas : aussi les

revers ont-ils glissé sur son ame comme la pluie sur le chapeau ciré d'un cocher de fiacre. Sa gaîté, voilà son pain de chaque jour.

Non : il n'a plus son étroit théâtre de planches, le pauvre père Thomas. C'est vrai ! plus de pavé en sapin, plus de maisons de toile et d'ocre, pas un mauvais lambeau de ciel, non plus rien de tout cela. Le jardin de Tivoli, naguère si animé, est triste et désert; il ne lui reste plus que la contredanse et la walse à un sol. Les Brotteaux ont bien perdu en perdant le père Thomas; il en était la joie depuis si long-temps !

Sa scène s'est agrandie au père Thomas, elle est à présent sur la place publique ; pour décors, il a de véritables maisons en pierre, un véritable pavé en pierre, un véritable ciel bien élevé, bien azuré. Quel théâtre lutterait avec le sien.

Voilà ce qu'il se dit, le père Thomas; car il est philosophe, il voit en perspective pour ses maux l'hôpital, et pour ses vieux jours la Charité.

Cherchez-le à travers la ville. Il est partout. Comédien multiple, pas plus fier sur son théâtre que sur un tréteau, sur un tréteau que sur le pavé anguleux, il descend de l'échelle dramatique aussi facilement qu'il y monte, sans amour-propre, sans vanité, le grand artiste !

Allez à Bellecour, à midi, vous le trouverez le soleil sur sa tête, le chapeau sur l'oreille, la grimace à la bouche, le nez au vent, soldats du poste voisin, gamins, femmes de chambre et tous les oisifs du quartier à ses côtés, foule bizarre rangée, groupée autour de lui. Il la tient cette foule, il la captive par ses lazzis, il en dispose à son gré, il lui vend de l'orviétan pour les dents et les cors aux pieds, de la pommade pour les cheveux et les moustaches, il lève les taches ou les agrandit, il chante, et joue du violon sur une seule corde, comme Paganini, ni plus ni moins; il parle, il grimace, il rit et fait rire de pauvres diables comme lui, et il vit de ces pauvres diables. Telle est l'histoire de toute sa vie.

Allez aux Terreaux! son spectacle est là, tout à côté de l'endroit où s'élève l'infamant poteau, où se dressait avant Juillet la sanglante guillotine avec ses deux bras rouges et armés d'un couteau triangulaire. C'est là qu'il bouffonne. Il fait oublier tout cela à ses spectateurs.

Courons ailleurs, au quai St-Antoine, n.º 36, sur cette estrade où il était hier, où il ne sera plus demain, voilà le père Thomas. Regardez : il est l'aiguille aimantée de ce Cosmorama. Il attire le passant à lui, il l'arrête, il le prend et le jette dans son spectacle : telle est l'éloquence de sa grimace, de son archet et de son chant.

Et le soir, dans les cafés, qui vient suspendre votre partie de dames, d'écarté ou de dominos; qui vient arrêter sur vos lèvres le verre de bière à la mousse écumeuse; c'est encore le père Thomas qui vous apporte son franc rire, sa loyale figure et sa *Bourbonnaise* favorite.

Il est partout le père Thomas! je l'ai même vu en représentation dans une toute petite ville des environs, à Rive-de-Gier, mon humble patrie, mine de charbons, terre aussi peuplée dans ses entrailles que sur sa surface. Eh bien! je l'ai vu là se faire le compère, le pasquin, le valet d'un escamoteur qui se décorait du titre de physicien, je l'ai vu là, ce qui m'étonne encore, consentir au second rôle, lui qui pouvait remplir le premier. Car c'était bien lui qu'on était venu voir, lui qu'on était venu entendre, devancé qu'il était par sa réputation lyonnaise.

Et si de l'homme public nous passons à l'homme privé, l'artiste honore autant le citoyen que le citoyen honore l'artiste. Son propriétaire de la rue Raisin l'estime et lui presse la main tous les six mois. Le cabaretier du coin lui fait crédit, et les voisins se louent de lui pour la propreté qui règne sur son carré, pour l'ordre et la tranquillité de son intérieur. Aussi est-il poli avec eux, aussi en descendant son escalier à colimaçon les salue-t-il avec un sourire. C'est un excellent camarade, jamais un banquiste ne s'est adressé vainement à lui. C'est un excellent père de famille, il s'est laissé battre et ruiner par ses enfans; il a marié sa fille avec le meilleur sujet de sa troupe, alors qu'il avait une troupe, avec Roberto-Diavolo, premier voltigeur d'Europe. Il en est fier. Mais voyez l'ingratitude!.. son gendre, véritable hercule, le lendemain de ses noces, lui enfonce dans son ivresse deux côtes, et lui tue son cheval blanc! son cheval blanc, la seule bête qu'il aimait au monde. C'est un excellent citoyen, il paie ses contributions, loyer et patente; il monterait sa garde au besoin. Que voulez-vous de plus! Bizarre alliance! tout cela se voit réuni dans un auteur, dans un acteur, dans un être à imagination vive, dans une tête d'artiste.

Il y aurait à vous raconter une foule de détails intimes, une foule d'anecdotes piquantes dont fut semée cette existence aventureuse. Mais la vie de l'artiste est **murée.** Nous devons seulement ici, dans l'intérêt de la réputation de Thomas, détruire les faux bruits qui courent sur l'état de sa fortune. Les uns le croient riche et propriétaire, et partant avare et ambitieux; les autres attribuent sa chétive situation à l'inconduite et au jeu. Double erreur! Voici la vérite, car semblable opinion pourrait empêcher bien des bourses généreuses de s'ouvrir pour lui, pour lui qui ne demande rien et qui a besoin de tout, pour lui qui nous a tant fait pleurer *de rire,* et qui ne nous fera jamais pleurer de pitié.

Thomas s'est marié deux fois. Sa première femme n'aimait que le vin; sa seconde n'aime que lui. L'une fut prodigue de ses deniers, l'autre en est économe. Aussi Thomas dit-il gaîment qu'il aurait bien dû commencer par la seconde ; car il serait riche à cette heure. Il n'aurait pas la misère pour aujourd'hui, la misère pour demain, et son asthme pour toujours ; son asthme que son art seul lui fait oublier ; son asthme, le malheureux ! qu'il ravive chaque soir aux Terreaux ou à Bellecour, à chanter ou à parler en public.

En rie qui voudra ! moi, je l'aime, le père Thomas, ce fou du peuple, ce *Triboulet* d'un souverain déguenillé. C'est l'homme de mes jeunes années, la joie de mon enfance. Oh ! comme alors j'étais heureux quand mon bon père me promettait ce théâtre de planches, en plein vent, ce Tivoli des Brotteaux dont le père Thomas était l'ame ! Oui, mon cœur bondissait à ce plaisir en perspective, comme plus tard il a bondi au premier rendez-vous d'amour, comme il bondira un jour aux pudiques craintes de ma jeune fiancée et aux premières caresses de notre premier-né. Voilà pourtant comme passe la vie, d'émotions en émotions ; c'est la liqueur qui coule goutte à goutte jusqu'à la dernière. Heureux ceux qui s'endorment avant d'avoir épuisé le filtre des jouissances !

En rie qui voudra ! oui, que m'importe ! Moi, je l'aime, le père Thomas, avec son habit rouge à gros boutons et à larges basques, sa longue queue rouge et ses grandes lunettes rouges. Je l'aime avec ses mobiles grimaces, son archet comique et son éternel violon. Je l'aime avec sa belle *Bourbonnaise,* ce chant qui ne vieillit pas, ce chant où s'infuse tout son talent, où joue toute sa physionomie. C'est son *di tanti palpiti* à lui; c'est le morceau de prédilection de son parterre; c'est toute sa réputation, en un mot.

Jamais je ne l'ai rencontré sur une place publique ou sur un quai, sans augmenter de ma personne la foule qui l'entourait béante et rieuse. Je rajeunis en face de cet homme, mon point de départ, à moi. Son masque me rend tout mon passé d'enfant, toutes mes joies naïves et folles, tous mes plaisirs d'innocence et de candeur. Je redeviens son public d'alors, je me prends à rêver de Victoire, ma bonne d'autrefois, joyeuse fille dont le gros rire, né d'une gaillardise, était le signal de mon rire ingénu.

Merci, Thomas! merci de tes enchantemens. Avec toi disparaît le positif de ma vie actuelle; avec toi renaît mon âge d'or; avec toi je recommence à vivre; avec toi j'oublie le présent et l'avenir.

Merci, Thomas!

Léon Boitel.

UN CONCILE A LYON

En 1330,

ET

La Mort de St Bonaventure.

C'est un tableau bien vieux, bien gothique, noirci par la fumée, terni par la poussière de six siècles, et qu'il est impossible de restaurer avec un pinceau du dix-neuvième, sans nuire à l'originalité du dessin, sans altérer la teinte des couleurs primitives. J'essaierai cependant de le rafraîchir, à cause de la majesté du sujet et des personnages. Un pape, deux rois, des ambassadeurs et des prélats de toutes les nations traitant dans notre cité les plus graves questions de religion et de politique ; un concile œcuménique enfin, ou, si l'on veut, un congrès général du monde civilisé, voilà l'événement que je retrace ; voici quelle en fut l'occasion :

C'était la fin du 13me siècle. La grande querelle du sacerdoce et de l'empire venait de s'assoupir ; l'Allemagne se reposait sous l'autorité non contestée de Rodolphe de Hapsbourg ; les brandons des Guelfes et des Gibelins s'éteignaient ; les troubles de quelques villes d'Italie ne faisaient rien pour le reste du monde : cette nation n'était plus que la poussière d'un grand peuple. La France était assise au tombeau de Louis IX, partagée entre l'admiration et la douleur ; l'Angleterre, pacifiée par l'arbitrage du saint roi, voyait se calmer la féodalité turbulente, et Edouard projetait d'occuper encore les barons à une autre croisade ; l'Espagne levait la tête à mesure que Jacques d'Aragon humiliait les Maures ; enfin, la chrétienté respirait, et c'était le moment de s'occuper des institutions et des mœurs de cette société immense. Il fallait aussi modérer les associations intérieures qui en étaient, à la vérité, la force et la vie cachée, comme les nerfs dans le corps, ou comme les racines dans la terre, mais qui s'étaient multipliées outre mesure au milieu des malheurs publics. Ce qui avait de la science ou de la vertu était refoulé vers les couvens. On y entrait pour avoir un peu de répit en ce monde en attendant l'éternité.

Tel était le monde civilisé au dedans : au dehors, les Sarrasins avaient repris leurs anciennes possessions et enlevaient les derniers postes des Chrétiens en Asie. Acre tenait encore, mais pour être bientôt enlevée, et le martyre de ses intrépides défenseurs écorchés vifs, allait arracher à l'univers un cri d'indignation et d'horreur. Les croisades étaient toujours une opinion et un besoin; mais l'exécution devenait de plus en plus difficile à la politique, et elle devait l'être avec le plan jusqu'alors suivi. Aux Chrétiens comme aux Grecs, il n'eut fallu qu'un chef; et le fameux vers d'Homère était une vérité dans ce temps comme dans tous les autres!

Mais c'était la Grèce qui attirait principalement l'attention. Michel Paléologue, de retour de Trébizonde, relevait l'empire Bysantin tour-à-tour menacé par les Latins et par les Barbares. Le danger pour cette fois venait de l'Occident. Les Turcs n'étaient pas encore remis de la stupeur causée par l'apparition de Genghis-Kan et de ses Tartares. (Il avait passé comme un torrent sur l'Asie, et s'était perdu dans les sables du désert.) Baudouin II avait perdu Constantinople au sort de la guerre; mais il avait transporté ses droits à Charles d'Anjou, frère de saint Louis, et ce prince venait de prendre possession du trône de Sicile, escorté de mille chevaliers français, pour qui une expédition en Grèce eut été aussi joyeuse qu'un tournois. Michel, pour parer ce coup, malgré la tenacité de son clergé, ménageait une réunion avec l'église latine. Lorsqu'il apprenait par ses ambassadeurs, en cour de Rome, que Charles, retenu par le pape dont il dépendait, suppliait le pontife de le laisser passer en Grèce à la tête de ses Français, se jetait à ses pieds, et à chaque refus mordait de rage et de douleur le sceptre qu'il portait, suivant la mode des rois italiques, il redoublait d'activité, craignant toujours que le lionceau ne brisât sa chaîne ou ne l'arrachât des mains d'un vieillard pour se jeter sur sa proie. Il promit enfin tout ce que le pape voulut, et les bases d'une réunion furent arrêtées.

Un concile devint alors nécessaire pour mettre fin au schisme d'Orient et consommer l'unité chrétienne, comme aussi pour prendre, avec les princes qui y seraient convoqués, les mesures politiques convenables. Mais où devait-il se tenir? C'était la grande question du moment. On voulait une ville au centre de l'Europe, et d'un abord facile pour les députés de l'Asie, du reste, vaste et commode, indépendante, autant que possible, des princes temporels, d'un séjour agréable, d'une température douce, connue par ses mœurs hospitalières. Lyon dut s'offrir à tous les esprits, mais surtout à celui du pape qui avait seul le droit de convocation aussi bien que de présidence. Il n'y avait pas cinquante ans qu'un concile général avait été tenu à Lyon. Innocent IV y avait séjourné sept ans pendant les troubles d'Italie, et il n'avait été bruit que de l'hospitalité généreuse qu'il y avait reçue, comme aussi des magnifiques témoignages de sa reconnaissance. Un pont de pierre superbe s'élevait sur le rhône, à ses frais, et une bulle accordait à perpétuité aux magistrats lyonnais qui iraient à Rome, les droits et priviléges d'hospitalité dans le palais papal.

A toutes ces considérations s'en joignait une autre non moins flatteuse pour notre ville. Le pieux Théalde ou Thibaut, alors pape, sous le nom de Grégoire X, avait été chanoine de Saint-Jean de Lyon ; une ancienne affection l'attachait à cette église, où il a reçu, dit-il, dans une de ses lettres, *des grâces particulières*. Enfin, notre ville devait l'emporter. Rendez-vous y fut donné à tous les princes et prélats, et, en 1274, Lyon se trouva la capitale du monde.

Grégoire y arriva en novembre de l'année précédente et fut reçu avec joie par le clergé et le peuple, gouvernés l'un et l'autre par un Savoyard, Pierre de Tarentaise, d'abord frère au couvent de Saint-Dominique, puis archevêque et comte de la ville, ensuite cardinal, et enfin pape sous le nom d'Innocent V. Ce fut lui qui succéda à Grégoire X, et *il fit ce chemin,* dit un de nos historiens, *en passant toujours par la grande et loyale voie du mérite.* Grégoire logea à l'archevêché qui offrait l'aspect d'un château féodal depuis l'archevêque Humbert. Le cloître des comtes était aussi entouré de murs qui le mettaient à l'abri d'un coup de main. Le palais primatial en était comme la citadelle. A côté s'élevait la majestueuse basilique de Saint-Jean, telle que nous la voyons aujourd'hui, et plus loin la vieille église de Saint-Etienne, autrefois cathédrale, et plus anciennement encore chapelle des rois Bourguignons. Cette masse imposante formait à elle seule une ville dont les donjons, les flèches et les tourelles gothiques se dessinaient sur le gracieux coteau de Fourvières, et se réfléchissaient avec lui dans les eaux de la Saône, comme un paysage vague et mobile.

Le pape, à son arrivée, reçut la visite d'Alphonse d'Aragon, qui venait lui demander la couronne et qui ne la remporta pas, parce qu'il refusait le tribut qu'avait payé le feu roi, Jacques, son père. *Et vint aussi pour saluer en révérence notre Saint-Père, le très-gracieux roi de France, Philippe, dit le hardi.* Ce prince, imitant la générosité de ses prédécesseurs envers le Saint-Siége, fit don au pape du comtat Venaissin; et imitant aussi leur politique à l'égard des grands vasseaux, il eut de longues conférences touchant les différends des comtes et des bourgeois de Lyon, qui n'étaient pas toujours d'accord. Il laissa le sire Imbert de Beaujeu avec des troupes pour la sûreté du concile. Ainsi commença-t-il à prendre pied sur notre terrain et à se mêler de nos affaires : Jusque-là les rois de France étaient seulement suzerains de Lyon ; l'archevêque leur faisait hommage pour les terres en deçà de la Saône, les autres relevaient de l'empire.

Cependant les prélats arrivaient au concile, et le printemps en amena un assez grand nombre pour qu'il fût possible de l'ouvrir. La première session eut lieu le lundi des rogations, après trois jours de jeûne. Il s'y trouva cinq cents évêques, soixante et dix abbés, mille autres prélats mitrés, les ambassadeurs de toutes les puissances et nommément d'Allemagne, de France, d'Angleterre, de Naples, de Sicile et de Chypre (ceux de Constantinople n'étaient pas encore arrivés); des députés de diverses villes, églises et chapitres en si grand nombre, qu'à la seconde session l'on fut obligé d'en congédier beaucoup qui ne pouvaient plus tenir dans l'église de Saint-Jean et qui n'avaient pas le droit d'assister au concile. Au milieu de cette imposante réunion s'élevaient les siéges des ambassadeurs et des patriarches. La chaire du pape était placée sur le jubé, entourée des cardinaux et assistée spécialement d'Atrabon de Fiesque et de Pierre de Tarentaise, deux lumières du concile. Les premières sessions furent consacrées à des questions de discipline et à des discussions de droit canonique. Après plusieurs délibérations importantes sur l'élection des évêques et les ordres religieux, il fut permis aux pères d'aller respirer l'air de la campagne dans un rayon de six lieues, et de s'y reposer jusqu'à l'arrivée des ambassadeurs grecs.

Ils arrivèrent enfin à la Saint-Jean, et firent une entrée solennelle au milieu des prélats qui étaient allés à leur rencontre. Le pape les reçut dans son palais avec toutes les démonstrations de la tendresse paternelle ; il leur donna le baiser de paix, lut les lettres de Michel et de son fils Andronic, scellées de leur bulle impériale et de leurs sceaux d'or, et aussi celles des évêques grecs signées par trente-huit métrapolitains et leurs suffragans.

Cette ambassade fameuse était ainsi composée : pour l'empereur, de Georges, acropolite, logothète ou grand-chancelier ; Panarétus, grand-maître de la garde-robe ; Barréota, grand interprète ; pour le clergé, de Germain, ancien patriarche de Constantinople ; Théophane, métropolitain de Nicée, et le célèbre Jean Veccus, archiviste de Sainte-Sophie, qui, par sa droiture, sa fermeté et son génie, contribua plus que tout autre à la réunion.

Elle eut lieu le 29 juin suivant, dans une séance fameuse où les lettres de créance et de soumission furent lues, la primauté du pape reconnue, ainsi que la procession du Saint-Esprit, deux points de dissidence sur lesquels se rétablit un parfait accord.

C'était la fête de saint Pierre et saint Paul, l'un prince de l'église, l'autre apôtre des nations ; une foule innombrable d'hommes de tous les pays se pressait dans la primatiale lyonnaise, fille tout à-la-fois de l'église romaine et de l'église d'Orient, mère et reine des églises des Gaules, au milieu des saintes images, en quelque sorte sous les regards de tant de docteurs et de tant de pontifes qui l'ont illustrée, sur la tombe d'un peuple de martyrs dont les ossemens tressaillirent. Le pontife romain célébrait, une cour brillante formait son assistance, des prélats grecs et latins étalaient dans les offices le costume des deux nations, également majestueux, quoique de formes différentes.

Les leçons se chantaient tour-à-tour dans les deux plus belles langues du monde, et de ravissans accords unissaient les vers de Nazianze aux hymnes d'Ambroise. Le monde n'avait encore rien vu, rien entendu de pareil. Enfin, le commun *Symbole* est entonné par tous et s'élève comme d'une seule voix et d'un même cœur. Le *Filioque*, trois fois répété sur le ton le plus sublime, devient le signe de l'union, et l'hymne de la paix universelle. Alors des cris de joie, des applaudissemens unanimes, le *Te Deum* dans la basilique, au dehors de bruyantes acclamations du peuple, le son retentissant de l'airain sacré, les pieuses fanfares des troupes françaises se mêlent et se confondent dans les airs. Le père commun des fidèles versait de douces larmes de plaisir, et les comtes de Lyon, fiers d'un si beau triomphe remporté sur leur terrain, érigeaient le monument qui devait en perpétuer jusqu'à nous la mémoire, C'était ces deux croix placées aux deux extrémités du maître-autel de la cathédrale. Saint et pacifique trophée qui n'a point fait couler de sang et qui ne rappelle que celui du salut commun et de la miséricorde divine.

Puisque nous en sommes à cette mémorable journée, je dois parler de celui qui en fut le héros.

Un homme se rencontra au concile de Lyon, d'un savoir éminent, d'une piété plus éminente encore; joignant à la subtilité de l'école et à l'érudition du docteur, l'autorité d'un ancien père et l'onction d'un maître consommé dans la perfection spirituelle; la clarté de ses discussions, la netteté de ses raisonnemens, les charmes et l'entraînement de son langage, lui subjuguaient les esprits et les opinions; la simplicité, la douceur, les grâces, la suavité de sa personne, s'il m'est permis de parler ainsi, mettaient dans sa main tous les cœurs, et sa modestie, plus grande encore que tout son mérite, lui assurait pour toujours cette heureuse possession. Tel était l'illustre cardinal, évêque d'Albane, Jean Fidenza, plus connu sous le nom de *Bonaventure*. François d'Assise le lui avait donné sans s'en douter. Il avait guéri, par ses prières, Jean, encore tout jeune. Sa mère de courir pour lui en porter la nouvelle, et le saint s'écria : *O buona ventura!* et le nom resta à l'enfant du miracle. Dès lors il appartenait au ciel. Il fut frère dans l'ordre alors si célèbre, dont le fondateur lui avait rendu la vie ; il devint général, enfin il mérita la pourpre romaine. Lorsqu'on l'apporta à Bonaventure, on le trouva lavant la vaisselle de son couvent. Ainsi fut-il poussé dans le monde, et le concile de Lyon acheva de le révéler tout entier. Toutes les ressources de son génie furent en œuvre ; il était le théologien et l'orateur de l'assemblée. Qu'ils durent être sublimes les élans de son éloquence ! quel sujet ! quel auditoire ! Les textes de ses discours nous restent, choisis avec un discernement et un à-propos admirable ; ils devaient amener les plus beaux mouvemens........ Mais voilà qu'au milieu des applaudissemens unanimes des Latins et des Grecs, une nouvelle sinistre se fait entendre.... L'évêque d'Albane vient de mourir.... La lumière s'est éteinte au moment de sa clarté la plus vive, le champion de la foi s'est couché à l'ombre de ses lauriers, accablé de fatigue, consumé par l'ardeur d'une saison brûlante et d'un zèle plus dévorant encore. Il ne se relèvera plus. Entendez l'église sa mère qui l'endort du sommeil de paix avec ses chants d'une mélancolie sublime, lui préparant dans l'autre vie un heureux réveil. Voyez la pompe la plus belle, si elle n'était pas la plus triste, dont l'histoire ait jamais parlé; quinze cents prélats, un pape, ses cardinaux, sa cour et les représentans de toutes les cours du monde, tout l'univers pour un seul convoi qui se déploie majestueusement dans notre cité en deuil. Où va-t-il? L'humble couvent des Cordeliers avait reçu l'illustre cardinal, leur église recevra sa dépouille mortelle. C'est là que l'archevêque de Lyon prononce son éloge funèbre, et emprunte à l'Ecriture une de ses plus touchantes images. *David cherche Jonathas après la victoire, et Jonathas ne répond plus à la voix de son ami. Le héros a manqué à l'appel pour la première fois et pour la dernière fois. Je l'ai donc perdu, mon frère Jonathas!* et l'assemblée fondait en larmes; le pontife mouillait le corps inanimé, et méditait cette bulle extraordinaire qui recommandait l'ame de Bonaventure à tous les prêtres de la chrétienté. Mais cette ame est déjà au ciel; bientôt l'église proclamera son triomphe; une basilique nouvelle s'élèvera sur son tombeau; un lyonnais illustre, Jacques de Groslée, en sera le fondateur; un Bourbon, aussi cardinal, en fera la dédicace, et dans la translation des reliques précieuses, Lyon, admirant les prodiges anciens et nouveaux opérés par elles, choisira le Saint pour son patron, par l'organe de ses magistrats et par délibération expresse du conseil de ville.

Qu'ajouterai-je à son éloge ? celui des Grecs unis qui l'honorent sous le nom d'Eutiche; celui de Luther, qui l'appelle un homme éminent en doctrine, en vertu, *vir prestantissimus !* Luther qui ne respecte rien. Mais le vrai mérite épuré, si j'ose le dire, par la mort, ne connaît plus d'ennemis, et force toute langue à son éloge. Nous l'avons vu naguère, en pleurant un Montmorency. Souvent j'ai pensé à cet illustre Français qui fut lyonnais aussi par des actes de bienfaisance exercés ici en 1811; souvent j'ai pensé à lui en rendant hommage au saint italien, qui appartient à notre ville par sa mort et par son tombeau. La mort des chrétiens, selon le langage de l'église, est une nouvelle naissance, leur tombe est le berceau de l'immortalité !

Lyon était destiné cette année à des spectacles extraordinaires. Voilà qu'au milieu du concile et du pieux entrain des conversions, on annonce l'arrivée d'une ambassade des Tartares. On ne doute pas qu'ils ne viennent faire pénitence, et Dieu sait s'ils en avaient besoin!..... Et déjà on calcule les suites de cette merveille. Une nation barbare appelée à la civilisation, des peuplades errantes qui se fixent et qui s'organisent, des villes qui s'élèvent au sein des déserts. Jamais chances plus belles ne furent offertes à la religion et à la politique. Le pape voulut frapper d'abord leurs esprits et ordonna que l'entrée fût pompeuse. Il y envoya sa maison et ses officiers, et alors on vit s'avancer par le pont du Rhône un cortége vraiment bizarre ; des hommes au teint cuivré, à l'œil hagard, au poil roux, vifs et prompts comme leurs montures, secs, sveltes de corsage, et de plus serrés par des ceintures de cuir garnies de poignards, et à côté d'eux chevauchaient gravement, sur des mules au pas lent et sur de pacifiques haquenées, les prélats, notaires et camériers de la chambre apostolique, coiffés de bonnets d'église et vêtus de longues chapes et mantelines qui ne laissaient paraître que le museau et les pieds de chaque monture et le visage du cavalier. On eut dit un détachement de Cosaques au milieu d'une procession. Heureusement, pour couper cette bigarrure et pour servir en quelque sorte de transition, on vit au milieu de cette cavalcade, les chevaliers du temple et de Saint-Jean-de-Jérusalem venus des commanderies voisines et rangées sous les ordres de leurs grands-maîtres qui assistaient au concile. En eux se trouvaient à la fois le moine et le soldat, la tournure européenne et le teint asiatique ; ils avaient le manteau du cloître et la cuirasse du camp, la croix et l'épée, la tonsure et la moustache, et sur le même front l'inspiration de l'homme consacré au ciel et la balafre du guerrier voué à la gloire. Où sont-ils maintenant ces preux de la chrétienté, ces demi-dieux de nos temps héroïques ? L'impétueux templier a disparu, je le sais, comme un guerrier que sa fougue emporte hors des rangs et qui s'y perd au milieu d'une nuée de traits et d'un tourbillon de poussière. Mais l'austère hospitalier, l'intrépide défenseur de Rhodes, l'invincible chevalier de Malte, où est-il?.... Je cherche les successeurs des L'Ile-d'Adam et des Lavalette, je n'y trouve que les comptoirs d'un peuple marchand! Revenons aux Tartares du 13me siècle.

Ils furent présentés au pape qui les reçut gracieusement, et fit interpréter leurs dépêches. On vit alors que cette mission avait un but tout politique, et que le kan cherchait à prévenir une guerre et de justes représailles sur lesquelles le concile général et les ambassadeurs chrétiens pourraient délibérer. Cependant le pape voulut qu'ils assistassent à leur session, bien qu'ils fussent infidèles, afin de leur inspirer des sentimens de respect pour la religion des Européens. Ils furent admis à la prochaine séance et placés sur des siéges aux pieds des patriarches d'Orient. De là ils purent tout considérer, et leurs yeux, accoutumés à ne voir que des hordes sauvages, errantes dans les déserts ou partageant une proie dans une caverne du Caucase, se promenaient avec étonnement sur l'assemblée, dont les personnages, aussi graves, presque aussi immobiles et vêtus de la même manière que les saints des tableaux, des niches et des vitraux de l'église, semblaient faire partie de la décoration du temple, et continuer la tapisserie vénérable qui unissait le ciel à la terre. Un des Tartares fut touché et demanda le baptême, qu'on lui donna après les préparations convenables. A leur départ, ils reçurent du pape des lettres obligeantes pour le kan et de riches présens, parmi lesquels on remarquait de *beaux habits rouges* faits à la mode des Latins, ce qui leur fit grand plaisir.

Le concile eut encore deux sessions consacrées à des constitutions sur la tenue du conclave et sur la croisade. Mais la grande affaire (l'arrangement des Grecs) étant terminée, il ne tarda pas de finir. Le pape se rendit à Lausanne pour une conférence avec l'empereur; les prélats et les ambassadeurs sortirent, et Lyon redevint lui-même. Les Grecs se retirèrent aussi, emportant avec eux la paix et l'unité. Heureux s'ils l'avaient conservée! ils y eussent trouvé la force pour résister à la destruction qui les menaçait au dedans et au dehors; peut-être ils y trouveraient aujourd'hui la vie et l'existence sociale; et le monde n'eut pas été deux fois attristé du spectacle affligeant d'un peuple isolé, désuni, étranger au milieu de l'Europe chrétienne, luttant péniblement entre la barbarie et la mort!

CAMILLE JACQUEMONT.

UNE
ÉMEUTE AUX TERREAUX
En 1790.

Depuis quelque temps, des symptômes alarmans, précurseurs ordinaires des troubles, s'étaient manifestés dans la ville de Lyon. Le 8 juillet, dès les quatre heures du soir, le conseil général de la commune s'assembla dans la grande salle de l'Hôtel-de-Ville. Je n'arrivai à la place des Terreaux que sur les 5 heures et demie. Cette place, ainsi que les cours et les salles de l'Hôtel, était remplie d'une nombreuse populace dans laquelle on distinguait pourtant quelques citoyens d'un rang supérieur et même de ceux que le peuple appelle les *gros*, qui y étaient venus comme moi par simple curiosité. Avant de monter, je voulus me mettre un peu au fait des opinions de la multitude, dont la façon de penser se manifestait d'ailleurs assez ouvertement sur les physionomies. Je trouvai d'abord dans la cour basse qui est en face du bâtiment de la comédie, un peloton de cinq à six femmes accroupies sur des bancs placés tout auprès de la barrière, et dont la plus pâle, en la supposant un peu moins déguenillée, eût très-bien pu servir d'enseigne à la porte de *Rantonnet*. Là, j'appris en passant que ces vilains aristocrates étaient bien impertinens de nous faire payer des impôts qui n'étaient pas de notre goût..... J'eus bien du regret de ne pouvoir assister à toute cette intéressante et patriotique conversation. En montant les degrés qui mènent à la grande cour, je vis une affluence incroyable de citoyens actifs, en jambes nues, en souliers percés, en cheveux sales et en chemises de la quinzaine, qui montaient et descendaient ces degrés sans interruption. Quelques-uns étaient en habit et portaient leur sabre à leur baudrier; mais je n'aperçus point de fusils et je traversai la cour. Elle était occupée par beaucoup de gens qui y formaient des groupes ou s'y promenaient d'un air agité. La nouvelle politique nationale y échauffait d'esprit ce qu'il s'y en trouvait, et le reste du feu se portait sur le sang et sur les humeurs. Quelques mots parvenus distinctement à mon oreille, à travers des flots innombrables de cris et d'imprécations confuses, me firent connaître que la suppression des octrois ne serait pas remise au lendemain. Je fus surtout frappé de l'air sombre de conjuration que portaient tous les visages. Rien ne ressemblait plus à de la consternation; ce n'en était cependant pas. Mais pour qui eut ignoré le motif qui amenait là tout ce monde, il y avait lieu de s'y méprendre. Tout ce peuple ne savait quelle contenance faire : son attitude était embarrassée. N'avez-vous jamais vu des paysans sur le parquet de la chambre de leur ci-devant seigneur ? Ils ne savent où cracher. Tels étaient dans la grande cour de l'Hôtel-de-Ville tous ces citoyens de nouvelle création. Chacun d'eux eut voulu faire croire aux autres que cette enceinte lui était familière, et chacun sentait que ce lieu là n'était pas fait pour lui. De cette gêne résultait un gauche, un ridicule impossible à peindre. On distinguait aussi des figures étrangères qui le paraissaient d'autant plus qu'elles affectaient de ne rien trouver de nouveau dans un lieu que pourtant elles voyaient pour la première fois. J'entendais à droite et à gauche assaisonner les gardes, les employés, les receveurs, de manière à ne laisser nullement douter que la révolution ne fût complète. Enfin je gagnai le vestibule. Des nuées de populace roulaient dans le grand escalier, et je crus qu'il me serait impossible de percer jusqu'à la salle de l'assemblée; je redescendis sur la place; l'attroupement n'y était pas considérable; point de tumulte; beaucoup plus de femmes que d'hommes; elles levaient souvent les yeux, croyant sans doute que la municipalité leur allait à tout moment parler par les fenêtres. Je fis comme elles; je vis le balcon prêt à succomber sous le poids des citoyens dont il était chargé. Mais ce qui me rassura, ce fut le soleil : il était ardent, et je comptai qu'il pouvait enlever par minute une ou deux livres de transpiration nationale à la décharge du balcon. Le respect humain me fit remonter : je ne voulus pas qu'il fût dit que je m'en fusse allé sans voir un échantillon de la séance. Je mis donc ma montre bien avant dans ma poche, et après avoir également pourvu à la sûreté de mon mouchoir et de ma monnaie, je me joignis à la foule... A la porte de la grande salle mon courage s'ébranla : deux mille haleines patriotiques me saisirent à la gorge : jamais je n'aurais cru que la nation sentît si mauvais. Malgré cette très-redoutable sentinelle, je pénétrai jusqu'à douze ou quinze pieds de la table verte que je ne pus jamais apercevoir à cause de la haie vive et compacte dans laquelle elle demeura étroitement emboîtée jusqu'à neuf heures du soir. Il en était alors environ six et demie : j'aimai mieux n'être pas certain de la minute que de consulter ma montre, et cela pour ne pas distraire l'attention de mes concitoyens par de mauvaises pensées. D'ailleurs, comme dit Newton, dans un plein parfait tout est immobile.

On faisait lecture des arrêtés des districts. Tous disaient en substance que, s'étant assemblés avec la permission soit de la municipalité soit du commandant général de la garde nationale, et considérant, que... que... que..., que les barrières leur déplaisaient, ils en demandaient la suppression, sauf à pourvoir au remplacement des octrois par quelque autre impôt, comme, par exemple, un impôt additionnel sur les facultés. Quoique la personne qui lisait eut un très-bon timbre, sonore et moelleux; quoique malgré le murmure continuel d'une multitude insolente qui était venue, non dans le dessein d'assister à la délibération, mais d'en commander une conforme à ses désirs, on ne perdit pas une seule syllabe; il plut à la nation qui aimait son ouvrage de trouver qu'on ne lisait pas assez haut. Des cris impératifs s'élevaient à chaque virgule du sein de la nation : *On n'entend pas! Montez sur la table! A bas le lecteur! Un autre lecteur!* etc....

On demanda le cher M. Carret. Le conseil général de la commune eut la lâcheté de fléchir, ou peut-être ce Carret-là s'empara-t-il lui-même des arrêtés qui n'étaient pas encore lus. Il serait assez croyable qu'il l'eût fait pour donner à ses maîtres une nouvelle preuve de sa soumission.

C'était un plaisir de l'entendre appuyer avec sa voix séditieuse sur les mots, *citoyens, liberté, despotisme*. Avec quelle volupté il articulait : *Trois cent soixante-dix-sept citoyens ont signé !* Et quand il en était aux mots *octrois, impôts désastreux, fermiers, commis, etc., etc.,* comme il caressait ses auditeurs par le ton dédaigneux avec lequel il les prononçait. Et comme il avait l'air de ne rien dire que de juste, lorsqu'il parlait de convertir les octrois en impôt additionnel sur les facultés ! Il fut applaudi. Cependant la nation qui ne voulait qu'une ordonnance suppressive des octrois, se lassa de la lecture des arrêtés. Elle commanda de conclure. On alla aux opinions. Durant cet entr'acte, la nation fit retentir la voûte de la salle de l'expression de sa volonté. *Point d'octrois ! point de barrières ! à bas les gapians ! nous ne voulons plus payer, à bas les barrières, ou nous les brûlons ! pas tant de politique : à bas ! à bas ! à bas ! dès ce moment !* Un opinant dit qu'il fallait renvoyer la conclusion définitive au lendemain.... *Point de demain... Je crois qu'on se moque de nous ; à bas les barrières, aujourd'hui, ce soir, dès à présent !* Parlait-on de discuter ? c'étaient des clameurs épouvantables. L'opinion tendait-elle à supprimer sans délai ? c'étaient des applaudissemens à tout rompre. Au mot seul d'octrois, quel que fut le sens de la phrase où il était prononcé, le vacarme recommençait. De vigoureuses gueules à timbre clair étaient distribuées dans la salle et sonnaient la charge. Le balcon faisait les signaux, en conformité desquels la place, et puis les cours blâmaient ou applaudissaient. M. Dupuys, procureur-général de la commune, prit enfin la parole ; il fit lecture d'un décret de l'Assemblée nationale, duquel il résultait que ni la municipalité ni le conseil-général de la commune n'étaient compétens pour supprimer d'eux-mêmes les octrois. Puis il s'efforça de démontrer à l'assemblée que le remplacement de cette sorte d'impôts était impossible.... A ce mot *impossible*, des clameurs épouvantables se firent entendre. M. Dupuys ne put ajouter un seul mot : *Nous payerons tout ce qu'il faudra*, s'écriaient les uns, *nous payerons dès aujourd'hui, dès ce soir, il y a de l'argent déposé. A bas Dupuys*, criaient les autres, *Dupuys le traître, l'aristocrate!* Il est impossible de se faire une idée des injures, des ordures qui furent vomies pendant près de demi-heure contre ce bon citoyen par une populace soudoyée. Une fureur infernale parut s'être emparée de tout ce monde. La sonnette s'agitait vainement dans les mains de M. le maire ; elle eut le sort de la raison, personne ne l'écouta... Le tumulte ne faisait que s'accroître; des ondulations précipitées me meurtrissaient... je sortis.

Je restai sur la galerie qui conduit de l'escalier à la grande salle : mon intention était de rentrer quand la salle serait un peu moins pleine et que le bruit aurait diminué. Je me tins pour cet effet assez près de la porte. J'entendis des applaudissemens ; ayant demandé quelle en était la cause, on me répondit que M. de Savy s'était trouvé un peu mal, que sa voix s'était affaiblie, et que le peuple l'applaudissait pour lui redonner courage. Voilà ce qu'on me dit ; mais je crois plutôt qu'alors se passait une scène dont je n'ai pas été témoin, que plusieurs personnes m'ont racontée et dont voici le détail : après avoir obtenu quelque peu de silence, M. de Savy essaya de faire comprendre à la multitude que les cris ne servaient qu'à reculer la délibération ; peut-être se contenta-t-il de reprendre la suite de l'affaire : quoi qu'il en soit, le peuple qui ne pouvait guère entendre, soit à cause du bruit qu'il faisait lui-même, soit parce que la voix du magistrat était altérée, lui intima l'ordre de monter sur la table. Déjà, quand d'autres membres du conseil général de la commune avaient parlé, cette même populace avait osé faire la même demande, qui ne lui avait point été accordée. Mais au moins s'était-elle abstenue de manquer ainsi de respect au chef de l'assemblée. A cet ordre audacieux, M. de Savy renforçant sa voix et prenant un air austère où se peignaient le ressentiment et l'indignation ; quoi ! dit-il, est-ce ainsi que vous en agissez avec un homme que vous avez élevé vous-même par un choix libre à la place de maire? Ne m'avez-vous arraché aux douceurs de la vie privée que pour m'outrager publiquement? et depuis quand croyez-vous que votre premier magistrat soit fait pour vous servir de spectacle sur des planches ? Gardez le silence comme vous le devez, et il vous sera facile d'entendre quiconque parlera. M. de Savy était fait pour être aimé de tous les citoyens, quelles que fussent leurs opinions. Son discours fut universellement applaudi. Le b.... pleure, dit quelqu'un que je vis sortir de la salle quelques momens après ; mais nous ne voulons pas pleurer ; il faudra bien que ces...... barrières sautent. Je demandai de qui l'on parlait; c'était de M. Dupuys; la brutale insolence du peuple lui avait arraché des larmes. M'étant, au bout d'un gros quart-d'heure, aperçu que le bruit s'était un peu calmé, je rentrai dans la salle ; mais les clameurs recommencèrent presque aussitôt, et cette fois elles se soutinrent opiniâtrément. Pendant qu'elles duraient, je m'amusai à faire un petit bout de conversation avec un citoyen actif, auquel il me sembla bien que j'avais donné l'aumône le même jour. Je le choisis de préférence parce qu'il me paraissait un des plus ardens à crier, et que cette gueule ne laissait pas de diminuer de quelque chose le rugissement national. Il ne faut jamais négliger les moindres économies; aussitôt cinq ou six autres gueules se turent pour venir se joindre à nous, et formèrent un petit comité passablement tranquille. Monsieur, dis-je à mon homme, je suis un peu dur d'oreille : voudriez-vous me faire la grâce de me dire de quoi se plaignent messieurs les citoyens ? Il faut d'abord que vous sachiez, me répondit-il, qu'il y a des quartiers aristocrates qui sont soutenus par cette coquine de municipalité, et nous voulons leur faire voir que nous ne les craignons pas; ils s'imaginent nous faire payer des impôts à leur fantaisie, et point du tout, c'est nous qui voulons les imposer à la nôtre, et cela n'est-il pas juste ? ne sommes-nous pas les plus forts ? n'est-ce pas aux riches à tout payer ? hé! sans contredit, Monsieur, on n'est peut-être pas devenu citoyen pour rester comme on était. — C'est cela : nous voulons boire quand nous avons soif, et boire à bon marché, parce que nous savons tous que le vin n'est cher que lorsqu'il a payé ces diables de droits... Oui, Monsieur, je suis du quartier St-Paul : c'est un de ceux où il y a le plus de têtes; eh bien! nous avons tous arrêté de favoriser, tant qu'il serait possible, l'entrée franche de tous les vins, parce que quand le peuple pourra choisir, le bourgeois ne lui fera pas la loi. Nous avons même déjà fait une somme pour commencer le remplacement ; nous donnerons tout ce qu'il faudra, mais plus de barrières. Tout ce discours fut assaisonné d'énergiques épithètes que je supprime pour économiser mon temps et mon papier. En finissant la conversation, mon homme ne manqua pas de crier, comme les autres : *A bas les barrières ! point de douane !* D'un côté l'on criait : *Aux armes !* Un peu plus loin on parlait de corde, de lanterne ; les plus modérés voulaient qu'on jetât la municipalité par les fenêtres. Enfin, on reprit la lecture, mais ce fut pour un moment; une voix forte, et partant d'une certaine hauteur, prononça très-distinctement ces paroles : *Point tant de politique! àbas les barrières sur-le-champ! nous l'avons ainsi résolu!* Les cris recommencèrent aussitôt. Mais pourquoi donc tout ce vacarme, dis-je au premier venu?... si l'on veut l'abolition des barrières, encore faut-il qu'elle se fasse régulièrement, sans cela ce serait toujours à recommencer. Cela est vrai, me répondit-on, mais il y avait long-temps qu'on n'avait rien dit (en effet il pouvait bien y avoir cinq minutes); il est bon de leur rappeler de temps en temps leur devoir ; si nous nous taisions, on croirait que nous n'y pensons plus; on se moquerait de nous! oh! oh! nous ne voulons pas être leurs dupes! nous les tenons, nous sommes en force; nous ne sortirons pas d'ici qu'ils n'aient supprimé les barrières. Le bruit s'affaiblit un peu; on se remit à lire, mais on n'entendait pas. Je me glissai vers la porte, et n'assistai pas à la fin de la séance. Il y fut conclu que le lendemain, 9, les cantons délibéreraient sur le mode et la répartition de l'impôt destiné à remplacer les octrois dont la suppression était si fortement demandée par les citoyens....

Le samedi, 10 juillet 1790, les commissaires, nommés par tous les cantons, s'assemblèrent, et il fut conclu que les portes de la ville demeureraient provisoirement ouvertes aux vins, aux bestiaux, au bois et au charbon, sans qu'il fût perçu aucun droit sur ces denrées. Le lendemain, cet arrêté fut affiché par ordre du Conseil général de la commune, qui en donna connaissance à l'Assemblée nationale, en la personne des députés de la ville de Lyon...

Le samedi matin, 17 juillet, on sut qu'il était arrivé un courrier la veille à onze heures du soir. Cette nouvelle avait d'abord alarmé, et déjà les ouvriers s'attroupaient pour s'encourager les uns les autres à ne pas souffrir le rétablissement des barrières, quels que pussent être sur ce point les ordres de l'Assemblée nationale.

Mais bientôt se distribua le *Courrier extraordinaire, ou le premier arrivé*, ou, si l'on veut, *le Courrier de deux sous,* signé *Marcel.* Le peuple y lut le décret de l'Assemblée qui désapprouvait tout ce qui avait été fait à Lyon, Dès-lors les esprits s'échauffèrent. Parut l'avis aux commissaires des sections d'être et de demeurer convoqués pour délibérer sur une affaire importante. Le peuple comprit qu'on voulait leur communiquer les dépêches de l'Assemblée nationale ; il ne doutait pas que celle-ci n'ordonnât le rétablissement des barrières. La fermentation s'accrut; néanmoins aucun excès grave ne fut signalé, et les commissaires réunis à l'Hôtel-de-Ville expédièrent un courrier à l'Assemblée nationale, à laquelle ils disaient, entre autres choses, que si l'on voulait voir les deux rivières de la ville teintes de sang, il fallait rétablir les octrois. Les choses allèrent ainsi jusqu'au jeudi, 22, où la municipalité fit afficher une adresse aux citoyens pour les prévenir de n'apporter aucune résistance au décret s'il venait à être sanctionné. Mais le lundi suivant, l'émeute prit un caractère plus grave, les ouvriers s'étant attroupés, marchèrent, sur les trois heures du soir, à l'Hôtel-de-Ville, en chassèrent la garde bourgeoise et s'emparèrent de quelques fusils. La municipalité, effrayée, s'enfuit par les derrières de l'Hôtel, à l'exception de M. de Savy qui ayant essayé de parler aux insurgés, tomba en défaillance; on fut obligé de l'emporter chez lui. En un instant la populace remplit les cours : elle ne parut cependant pas dans les salles, aux fenêtres desquelles je ne vis que le sieur Berthelet. Cette populace prit quelquefois peur, et alors elle descendait à flots tumultueux les degrés du perron;

mais alors pour un homme on y voyait bien cinquante femmes. L'instant d'après, tout ce monde retournait à l'Hôtel. Cependant les ouvriers couraient la ville. Dans la rue Puits-Gaillot, ils désarmèrent et maltraitèrent M. Duperret, jeune homme de très-bonne mine qui, avec quelques fusiliers de son quartier, se disposait à marcher contre eux. Des enfans enlevèrent les armes du corps-de-garde de la maison Tolozan, quai Saint-Clair. Des compagnies de jeunes garçons marchaient dans les rues, précédées d'un tambour, criant: *Aux armes!* et invitant leurs camarades à les rejoindre pour aller ensuite grossir la foule des combattans. Ces derniers tentèrent de s'emparer de l'Arsenal; mais le quartier de la place de Louis-le-Grand s'étant mis promptement sous les armes, les repoussa, on chargea les canons, le guet à cheval fit une décharge; quatre des révoltés restèrent sur le pavé; les autres s'enfuirent. Bientôt au son de la générale, tous les quartiers furent sur pied; celui de la rue Tupin fit entre autres très-bonne contenance. Ceux de la rue Buisson et de la rue Neuve allèrent les premiers chercher les Suisses. On ne tarda pas à chasser de l'Hôtel ceux qui le remplissaient. Mais les greniers à poudre situés à Serin coururent quelque danger. Ils étaient gardés ce jour-là par une division du quartier de Bourgneuf, sous le commandement d'un capitaine nommé Laforest. Malgré cela la populace de Bourgneuf qui aurait voulu que les poudres fussent au pouvoir des brigands, tira, la Saône entre deux, sur la garde nationale. En vain le sieur Laforest leur criait-il qu'ils allaient assassiner leurs frères, les insurgés fesaient toujours feu ; il y avait des Suisses au quartier ; il leur fallait passer sur le quai de la Saône pour arriver aux poudres et entrer dans la ville. Ils marchèrent en très-bon ordre formant des lignes de douze hommes distantes l'une de l'autre de dix pas, de manière que les balles passaient entre les lignes. Il y eut cependant des momens où ils furent obligés de se coucher pour que le parapet du quai les garantît, et malgré cette précaution deux officiers et un soldat furent blessés. Deux canons furent braqués à Serin, et un très-gros détachement de Suisses avec quelques hommes de milice bourgeoise gardaient le poste des poudres. A l'Arsenal on affuta quatre canons, savoir : un à la place Saint-Michel, un dans la rue Sala, un à l'entrée de la rue des Deux-Maisons, et un au commencement de la rue de l'Arsenal. Deux cents Suisses au moins distribués avec la garde nationale de poste en poste, gardaient toutes les avenues. On adossa à la façade de l'Hôtel-de-Ville deux obusiers chargés à mitraille, et tous les débouchés de la place des Terreaux étaient occupés par de forts piquets, indépendamment d'un corps très-nombreux de Suisses appuyés tout le long de l'Abbaye royale des Dames de Saint-Pierre, d'une partie considérable de citoyens armés placés sur les autres côtés; du guet à cheval, de la maréchaussée, des arquebusiers, de la compagnie franche et du guet à pied. Malgré ce redoutable appareil, et quoique tous les quartiers eussent de bons piquets, et qu'il s'y fît de fortes et fréquentes patrouilles, les insurgés, d'accord avec une partie de la garde nationale qu'on n'avait pu composer avec choix, se transportèrent sur les dix heures avant minuit à divers clochers où ils voulaient faire sonner le tocsin. L'on présume que leur intention était d'exercer le pillage. Ils ne réussirent pas, ils ne purent obtenir une seule cloche. — Ainsi se passa la journée du lundi.

Le lendemain, mardi, dès les quatre heures du matin, le drapeau rouge parut au balcon de l'Hôtel-de-Ville. M. de Foissac, chevalier de St-Louis, à qui, depuis la démission de M. Dervieu, le commandement avait provisoirement été déféré, donnait partout de très-bons ordres. Je ne dois pas oublier un trait de fermeté de sa part qui lui fit la veille le plus grand honneur. Les insurgés étant venus à l'Hôtel-de-Ville, où il était, lui demander des armes, des cartouches et des canons : mes amis, leur dit-il, voilà ma tête, en la prenant entre ses deux mains; mais ressouvenez-vous que je la ferai plutôt servir de boulet dans un canon, que de vous accorder votre demande. Ils se retirèrent pleins d'admiration pour lui. Voilà, dirent-ils, un brave homme; c'est ainsi que doit parler un commandant.

La loi martiale fut proclamée, et la proclamation affichée à dix heures. Les insurgés furent contenus par toutes ces mesures. Quelques justices furent faites. Le quartier de Pierre-Scize fut désarmé, et on lui enleva son drapeau.

Un Lyonnais,
Auteur de *Paris, Versailles et la Province*,
(Mémoires inédits.)

Note de l'Éditeur. — Quoique nous ne partagions pas, dans cette appréciation des faits, la manière de juger de l'auteur de cet article, nous n'avons pas hésité à le placer dans notre mosaïque. Chacun voit à travers le prisme de sa position sociale. Notre livre est un miroir où doivent venir se refléter les couleurs les plus opposées, les opinions les plus divergentes. C'est au lecteur, à travers tant de contrastes, à découvrir la vérité.

PHASES DE LA VIE DES FEMMES.

VOS FEMMES.

> Femmes! femmes! amertumes et
> délices, ciel et enfer!
>
> Moi.

Ceux qui me connaissent, vous diront que mon culte pour les femmes est la religion de tous mes jours, la religion de toutes mes heures.... Ma dévotion tient de celle du Derviche : c'est ma vie.

J'ai plus de quarante ans, et mon cœur en a à peine seize, pour sentir les émotions que les femmes lui impriment. Enfans, j'éprouve pour elles une tendresse de père; toutes jeunes filles, je les adore, sentant que je vais bientôt les aimer; femmes, elles font ma vie riante ou sombre, joyeuse ou triste; mères, c'est une passion qui tient à la fois de l'amour timide et brûlant de l'adolescence et de l'affection d'un fils inquiet et soucieux; vieilles, oh! une femme qui lutte contre l'âge est à mes yeux une image sacrée!. Je ris du rire d'une vieille femme, et, si je la vois pleurer, mon cœur se déchire pour la plaindre et s'ouvre pour la recevoir... Tant d'agitations ont passé par là et blanchi ces cheveux si rares! Tant de douleurs ont brisé ce corps, tant de soupirs ont soulevé cette poitrine affaiblie!... C'est que j'ai encore, de par le monde, dans un petit village des Pyrénées, une bonne, une excellente, une précieuse mère, pour laquelle le ciel reçoit chaque matin mes vœux les plus saints, mes prières les plus ferventes!

Oh! si vous connaissiez ma mère, vous auriez aussi mon respect pour une tête septuagénaire et tremblante... Malheur à qui ne courbe pas son jeune front devant un front ridé! honte et mépris à qui n'ouvre point passage aux pieds chancelans affaiblis par la vieillesse!

Et pourtant, mes lignes d'aujourd'hui auront de l'amertume... L'on me demande des généralités et non des exceptions ; un ami quête auprès de moi des portraits et non un portrait ; il me supplie de ne pas voir avec mes préventions, mais avec ma raison et mes yeux ; il n'acceptera pas un tableau de fantaisie, il a besoin d'un vaste miroir reflétant les images mobiles qui s'agitent autour de nous.... J'ai promis la vérité à mon ami ; je la dirai, dussiez-vous, mes belles dames, m'accabler du poids de votre indifférence... Oh! j'ai de l'indépendance quand il le faut ; vous allez en juger.

Les défauts des hommes ne devraient appartenir qu'aux hommes ; et cependant, par esprit de conquête, par soif d'usurpation, la plupart des femmes s'emparent à leur profit, ou plutôt à leur préjudice, des travers qu'elles condamnent en nous. Il n'est pas rare d'entendre, à Lyon, une jeune demoiselle demander, à son lever, où en sont les partis politiques, et si la république s'est promenée puissante dans les rues.... C'est que son cousin est un fort joli garçon qui a arboré les couleurs de la liberté, et que mademoiselle Clémence ou Rosalie, ou Justine veut être de l'opinion de son cousin. C'est si beau un cousin!

Vous trouverez peut-être étrange que moi, qui n'habite votre ville que depuis quelques semaines, j'aie la prétention d'esquisser des caractères qui exigeraient, selon vous, de profondes études... Erreur. Il y a des *vérités* si *vraies*, comme dirait l'enfance, qu'il ne faut pas vouloir les remarquer pour qu'elles passent inaperçues. Les femmes de Lyon, comme celles de tous les pays civilisés, sont toutes en dehors, leur vie est une vie d'épiderme, sautant aux yeux les moins clairvoyans; chacun peut, à volonté, y appuyer l'index; vous touchez l'ame en effleurant la peau; et, hormis le secret de leur âge que les femmes cachent avec le plus grand soin, vous saurez tous les autres après une heure d'entretien particulier.

Remarquez bien, je vous prie, que j'excepte de ma thèse générale, les jeunes cœurs soumis à de puissantes passions... Ici le labyrinthe est obscur, ténébreux; vous n'y pénétrerez qu'avec peine, et vous n'en connaîtrez jamais toutes les sinuosités.

Les femmes, à Lyon, se divisent par classes bien distinctes, bien nettement dessinées. Nulle part, peut-être, l'aristocratie des colerettes n'est poussée plus loin... Bellecour ne se mésalliera avec St-Clair qu'au profit de ses plaisirs, et St-Clair, fier de son or, ne peuplera les petits salons qu'après avoir fait sentir que c'est une haute faveur qu'il accorde.

Chez les femmes, cette ligne de démarcation est bien plus remarquable que chez les hommes. — Madame habite la Guillotière? — *Fi donc!*.... C'est une réponse assez ordinaire de la haute marquise de Bellecour ou de la riche financière de St-Clair.... Ne lui en veuillez pas, je vous prie; on lui a appris cela dès le berceau; il y a des ridicules qui sont héréditaires. Notre existence est ce qu'on la fait; et chez les femmes en particulier, tout leur avenir dépend souvent du premier pas.

La toilette, ce piège infernal que le démon nous tendit un jour dans un accès d'humeur bilieuse; la toilette, cette seconde beauté des femmes, n'est pas sujette ici aux mêmes caprices, ni soumise aux mêmes lois de préséance. Le guinguamp et la soie moirée sont casés dans les magasins, au profit de qui peut les payer; et les écus du noble n'ont pas plus de valeur que ceux du roturier. Ici tout l'avantage est en faveur du goût;

tant pis pour la noblesse, si la bourgeoisie en a plus qu'elle ; et, en général, nous avons remarqué que cela était. Je dis plus, cela ne peut pas être autrement, car le désir d'imitation ne dépasse jamais le modèle quand il l'atteint, tandis que celui-ci, dans le dessein de se distinguer devient souvent bizarre, ridicule et fantasque.

Les dames confondent assez souvent, à Lyon l'élégance avec le luxe. Leurs toilettes ne sont pas harmonisées, il y a du clinquant, l'œil est ébloui et ne se repose sur rien ; ce sont des images mises en couleur par des élèves sans expérience ; des chapeaux qui sentent la province d'une lieue, et puis, une démarche gênée qui n'acquiert de l'aisance que lorsque leurs pieds s'appuient sur les quais ou sur les places publiques non pavées.

Comment, en effet, voulez-vous montrer quelque grâce sur des cailloux aigus et tranchans qui blessent et déchirent? Nos parisiennes, avec leurs pieds mignons et délicats, ne pourraient pas, sans douleur, parcourir une des rues les moins longues de Lyon. Mais on se fait à tout excepté au mépris, et la nature protége singulièrement les dames d'ici contre les attaques des pierres anguleuses qui, en peu de jours, déforment leur chaussure. Les pieds des dames sont, presque tous, larges et plats ; ils s'appuient sur quatre ou cinq cailloux à la fois, de sorte que la douleur divisée est moins sentie. *Un pied lyonnais,* est en même tems un proverbe et une épigramme ; et malheureusement ici les rares exceptions confirment la règle.

Est-ce que la grosseur ou la finesse de la jambe dépend de la finesse ou de la grosseur des pieds ? Y a-t-il analogie entre ces deux parties de notre être ?.... On le croirait à l'aspect des jambes lyonnaises. En général aussi, elles sont rondes et lourdes ; on dirait de massives colonnes que le ciseau de l'architecte n'a pas encore polies ; et l'œil artiste cherche vainement ces lignes moelleuses et si bien *accentuées* par le cou-de-pied, que les femmes du Nord ou mieux encore les espagnoles offrent à l'admiration des *connaisseurs*.... Lyonnaises, croyez-moi, de longues robes.

Mais si leurs pieds et leurs jambes donnent tant de prise à la critique, en revanche nous ne trouverons que des paroles louangeuses et souvent d'admiration pour dire tout ce qu'il y a de grace et de poésie dans le torse sur lequel se balance une tête généralement bien caractérisée. Voyez comme ces épaules sont bien placées sur cette gorge qui se dessine ferme, ronde, séparée ! Il y a de la vie sous cette peau brune, il y a des passions fortes dans ces yeux noirs et sous ces cils bien arqués. Si la femme frivole s'y montre avec le séduisant manége de sa coquetterie, la femme passionnée s'y dévoile aussi sous des caractères de virilité puissante qui font rêver bien des nuits... J'ai remarqué hier, sans parure, mais vêtue de son élégance et de ses 17 ans, une jeune fille, non une nymphe au teint coloré, à la démarche aérienne, sans chapeau, le front ombragé de cheveux noirs et luisans, seule dans les rues, et gardée seulement par sa démarche imposante et son air de modestie qui disaient à tous *admirez, mais n'espérez pas...* J'avais déjà vu, à Paris, cette femme ravissante, sur un piédestal de marbre aux Tuileries: c'est la Diane chasseresse.... Mes yeux jamais ne s'étaient reposé sur des formes plus divines, et ses pieds donnaient un démenti au proverbe Lyonnais.... Moi, voyez-vous, je ne suis pas jaloux de ma découverte; ma vie artistique est aujourd'hui toute dans mes regards; et j'ai bien envie, pour la punition des curieux, de leur dire où j'ai revu souvent ce type si rare des admirables filles grecques... Mais pourquoi les désespérer? Et puis d'ailleurs, la place de la Préfecture est à tous les citoyens.

Y a-t-il de l'instruction parmi nos dames? — Beaucoup! Toutes sont instruites; l'une, du prix de la soie, l'autre, de la chronique scandaleuse du quartier; celle-là, de l'heure de la parade ou de la messe militaire.....

Quant à cette instruction qui élève l'ame, qui agrandit les idées, peuple la mémoire et enrichit l'avenir, j'ai bien envie de vous répéter ce que les jeunes gens qui hantent ici les hauts salons de la bourgeoisie me disent tous les soirs. Ils assurent, par exemple, que la lecture des romans nouveaux est chez elles à l'ordre du jour, qu'elles sont à l'affût des productions galvaniques dont notre littérature moderne est infestée, qu'elles jurent par Hugo, Eugène Sue ou Karr, et que leurs domestiques et commis sont bien fêtés lorsqu'ils se nourrissent des mêmes chefs-d'œuvre.

Du reste, continuent ces mêmes jeunes gens dont le langage est sans doute le résultat de quelque amour repoussé, nos Dames n'ont pas l'air d'ajouter un grand prix à ce que vous autres, citoyens de la moderne Athènes, appelez instruction. A quoi sert-elle donc s'il vous plait?....En est-on meilleure mère de famille lorsqu'on s'est ressassé des pages de Rousseau, Montaigne ou Pascal ? Attache-t-on plus de prix aux charmes de l'amitié quand on a appris par cœur les plus beaux passages de Racine, de Molière ou de Bossuet? Non, non; nos dames ont l'esprit plus juste, plus positif. Les unes savent qu'une mantille de dentelle noire voile admirablement des épaules blanches et veloutées; les autres, que douze aunes de velours suffisent pour une robe, y compris de larges manches à gigot, toutes enfin se disent que par un vent d'Ouest, on peut, sans trop de désagrément, se montrer à la promenade de St-Clair, parceque les belles et hautes maisons qui la bordent la garantissent des rafales et de la poussière...... A quoi bon d'autres connaissances ? Toute une vie de mère ou de fille est là ; le reste est du superflu, et le superflu est souvent un vice dans les ménages.

Pour moi, je ne crois pas un mot de ces propos légers et menteurs. Le commerce n'ignore pas aujourd'hui que les arts sont frères, que la considération des citoyens ne s'attache qu'à la science, au mérite et à la vertu. Il n'ignore pas que le cœur s'élève par l'étude de la philosophie, que le culte des lettres est en honneur chez les dames comme chez nous; et que si le ridicule s'attache à la femme bel esprit, la honte est le prix de celle qui ne sait pas que Pope et Neuwton ont illustré l'Angleterre; Cervantes, Lopez de Vega et Morillo, l'Espagne; que Goëthe et Gluck sont deux grands hommes dont l'Allemagne a doté l'Univers; que le Tasse et Michel Ange ont enrichi l'Italie; Cabral et le Camoëns, le Portugal, et que la France n'a rien à envier aux autres empires, quand elle jette dans sa balance Bossuet, Molière, Corneille, Laplace, Monge et Napoléon.

Il faut que les dames, aujourd'hui, ne récitent pas seulement ces noms des grands génies qui ont marqué leur passage sur notre planète; leur ambition doit aller plus loin. Il n'en est pas de l'histoire comme de la géographie. Avec de la mémoire seule, celle-ci vous devient familière. Vous pouvez, sans que votre vie en soit gâtée, vous faire une idée de Kanton, de Tetuan, de Lima, de Calcutta ou de Mexico. Vous connaissez la position de ces villes, vous savez dans quelles contrées elles sont situées, sous quelles zônes s'élève leur végétation, vous avez appris les noms des arbres de leurs forêts, des oiseaux et des quadrupèdes qui les embellissent ou qui les désolent; libre à vous, ensuite, de créer dans votre imagination les rues d'une cité, ses maisons et les couleurs dont elles sont bariolées..... Vous n'en êtes pas moins bonne géographe, et toute l'Europe civilisée ne fait point un pélérinage pour aller visiter les contrées dont les océans la séparent.

Mais quant à l'histoire, son étude a de bien plus graves conséquences. Il ne suffit pas de se rappeler qu'Alexandre traversa l'Indus, que César battit Pompée, et Pompée Mithridate..... Vous aurez appris des choses inutiles, et lourdes à votre existence, si vous savez seulement que Vosco de Gama doubla, le premier, le cap de Bonne-Espérance, que Colomb découvrit l'Amérique, qu'Annibal arriva, vainqueur, aux portes de Rome, et que Scipion détruisit Carthage... L'étude de l'histoire a une tout autre portée; et le secret de l'influence des incidens sur les mœurs et la civilisation, peut seul faire sentir combien il y a de jouissances dans cette exacte appréciation des événemens qui changent si souvent la face du monde; c'est là que l'intelligence de celui qui étudie acquiert de la force, quand un professeur habile sait bien *échelonner* les hommes et les époques; c'est là surtout que se forme la raison, ce sixième sens, plus puissant que la mémoire, aussi précieux que la vue, qui classe, détruit ou élève, qui dresse des statues ou livre au mépris des peuples.... Là seulement est l'histoire, car là seulement est la philosophie qui l'applique.

Il y a à Lyon des savans remarquables bien propres sans doute à former de doctes élèves.... Les élèves n'existent point; et malheureusement encore les dames y attachent, si c'est possible, moins d'importance que les hommes....

A qui la faute ? — Aux pensionnats, aux habitudes de vos dames.

Lyon possède cependant deux ou trois pensions de demoiselles, dont les institutrices, jeunes femmes de savoir et de vertu, peuvent aisément former le cœur et l'esprit de leurs élèves, mais la noblesse y entendrait parler fort peu de blason ; et la nobleses tient trop à ses antiques priviléges pour exposer ainsi l'avenir de l'héritière d'un nom illustre. Point de pensionnats lyonnais pour elles.

J'ai parlé des habitudes de vos dames, et j'entends par là leurs habitudes de conversation, comme leurs habitudes de promenade. Lyon a possédé pendant plusieurs années une femme célèbre, dont le nom cher aux lettres aurait dû réveiller quelque sympathie, donner naissance à quelque généreuse émulation.... Point. Mme Valmore a vécu ici seule, isolée, ou plutôt environnée de sa gloire et de sa douce famille... Deux ou trois amis seulement allaient parfois frapper à sa porte, et parler d'avenir à une femme trop modeste pour l'espérer, trop poète pourtant pour ne pas oser le rêver.... Que de rêves prophétiques dans la vie!

Savez-vous ce que m'ont généralement répondu les Dames de Lyon, quand je leur ai parlé de cette femme si bonne et si justement célèbre?... *Est-ce la femme de l'acteur?...* Non, mesdames, c'est l'acteur qui est le mari de Mme Valmore. A chacun ses titres; ce ne sera pas lui qui m'en voudra de cette distinction, lui dont la gloire et le bonheur sont en elle.

Le goût du théâtre est inné chez les femmes. Mais à Lyon, ce goût est une passion, une rage, une frénésie..... Est-ce parcequ'on a dit que le théâtre était l'école des mœurs? gardez-vous de le croire au moins!....

Mais là, sur une scène brillamment éclairée, une jeune fille vient parler hautement de sa passion pour Jules ou Ernest; une soubrette intelligente éloigne un vieux rival détesté ou une mère inquiète; l'amant arrive, Louise ou Honorine se défend d'abord avec énergie; bientôt elle faiblit, l'éloquence du bien-aimé l'emporte, une croisée est ouverte, une clef a été oubliée, les amoureux s'envolent.... et la morale arrive ou n'arrive pas, peu importe. Le danger des passions cachées est démontré à la jeune fille, ainsi que l'avantage d'une soubrette pleine de malice ; elle se fortifie dans sa résolution de tout confier à ses sages parens ; et quand l'heure du danger a sonné, elle lutte, elle se débat, elle triomphe..... puis elle suit l'exemple et la route de Louise, car Jules a pleuré et a menacé de se brûler la cervelle. Les armes à feu ont fait bien du mal à l'humanité ! Voyez plutôt.

Ici encore, où je vous ai dit que les femmes avaient, en général, une vie extérieure, les passions violentes sont rarement comprises. Antony, par exemple, est aux yeux de la plupart de nos dames, un drame faux, boursouflé, l'œuvre d'un fou, d'un énergumène, qui marche sur les toits, que nous serions insensés de suivre, et dont les héros n'existent nulle part.

Il y a à peine un mois que je voyais jouer Antony. A mes côtés, attentive, haletante, une jeune personne, blonde et rosée pleurait..... De vraies grosses larmes, limpides, fréquentes, sillonnaient ses joues, et tombaient, accusatrices d'une ame impressionnée, sur un léger fichu, dont les rapides mouvemens faisaient mal à voir. Elle souffrait, la pauvrette, de ces longs combats de deux êtres qui s'adorent, qui veulent d'abord vivre purs, et qui finissent par le crime...... Oh ! que je plaignais ma désolée voisine !..... Au coup de poignard d'Antony, à ce dénouement galvanique qui conduit l'amant à l'échafaud, quand la maîtresse meurt vertueuse et martyre aux yeux du monde, ma jolie blonde fit un soubresaut qui m'épouvanta..... Elle essuya ses beaux yeux avec un joli mouchoir brodé, marqué des lettres P. V. et se prit à sourire.

Son père, brave figure de commerçant, d'une cinquantaine d'années, lui demanda ce qu'elle avait.... Que c'est bête! répondit-elle! Que c'est stupide!... Peut-on se laisser poignarder par un pareil homme! Peut-on avouer surtout un amour si ridicule!.... Et moi qui étais attendrie!... moi qui plaignais ce furieux et cette folle!... En vérité, je serais au désespoir que quelqu'un eût vu mes larmes.... Et son regard tombait sur moi.

Dans le désir de s'instruire, le bon père la pria de lui dire en quoi la pièce lui avait paru si absurde.—Comment! vous ne voyez pas que cet amour d'Antony n'est pas de l'amour, que sa passion n'est pas de la passion, que son délire est une ruse, son désespoir un mensonge?... s'il aimait réellement, il ne chercherait pas à détourner cette dame de ses devoirs, il attendrait que le mari mourût....

Je vous demande quelle sotte figure je faisais là, moi, pauvre fou, qui venais de louer à outrance cet amour qui tue pour anéantir une possession, et ce coup de poignard si dramatique qui est, à lui seul, un drame complet... Je cachai ma honte sous mon chapeau, car un coup-d'œil de pitié avait détruit ma conviction... J'attendais un moment favorable pour m'esquiver, quand la voix du père me retint.

Bah! bah! disait-il à sa fille; ce n'est pas là qu'est le principal vice de cette farce. Tu as vu qu'Antony achète une chaise de poste!—Oui, père. — Il l'achète sans marchander!— C'est encore vrai. —Il la paie comptant. —Oui. — Et cet imbécille ne retient pas l'escompte!—Voyez!

Puis l'on nous jette au nez cette pièce comme un chef-d'œuvre de l'époque!.... Allez croire à tant d'invraisemblances!...... Quelle rapsodie!....

Et ils sortirent en riant de Dumas et de son drame, de moi et du public qui battions encore des mains....

Et pourtant il y a en général du tact et du goût dans les décisions de vos dames. Si elles sont peu aptes à juger des œuvres où le cœur, le crime et le sang jouent un grand rôle, en revanche les pièces de peu de portée, les délassemens des hommes de talent, les vaudevilles surtout, sont de leur domaine de femmes frivoles et spirituelles. J'ai souvent entendu, à la porte du théâtre des Célestins, des arrêts contre lesquels les auteurs auraient grand tort de se récrier, et des mots fins et piquans qui, à eux seuls, et sur une scène plus vaste, auraient pu faire le destin d'un ouvrage.

C'est que ce n'est pas l'esprit qui manque aux

Lyonnaises; c'est l'instruction qui l'épure, c'est le bon goût qui le dépouille de son âcreté. Un même trait, jeté au milieu d'un cercle, peut-être à la fois un mot heureux et un mot ridicule; tout dépend souvent de la personne qui le lance.... Fontenelle parlait en homme éminemment spirituel, quand il disait qu'il y avait des bêtises qu'un homme d'esprit achèterait fort cher.

Les mêmes amis qui ont insisté afin que je parlasse de la tiédeur des femmes de Lyon pour les études sérieuses, insistent encore, assis à mes côtés, pour que je signale spécialement leur admirable instinct de coquetterie. Ils me citent, à ce sujet, mille petits traits féminins, qui prouvent, selon eux, que ce joli manège des regards qui perd tant de jeunes fillettes, et ces aimables combinaisons de toilette qui séduisent tant de jeunes gens, sont ici portés au plus haut dégré de perfection... Les méchans !

Eh ! bon dieu ! dites-moi un coin de terre, civilisé ou sauvage, que la coquetterie n'habite pas!.. Chez nous c'est la coquetterie des tissus et des œillades; chez les Espagnoles, c'est la coquetterie des chaussures, des mantilles de dentelles et des éventails; chez les Anglaises, c'est la coquetterie des passions qui finissent par le suicide; en Pologne, c'est celle des sentimens patriotiques; en Russie, c'est celle des fourrures et des wiskys ; dans l'intérieur de l'Amérique et de la Nouvelle

Zélande, celle des tatouages et des chevelures ennemies.... Partout la coquetterie a établi son empire et fait sentir sa puissance; c'est une reine qui gouverne, ou plutôt une fée qui fascine et ensorcelle; c'est un joug que nous devons subir, nous tous, jeunes ou vieux, froids ou impressionables; car s'il est sans force sur nos désirs éteints, il a encore de la verdeur sur notre imagination, toujours plus vivace que l'appétit des sens.

La coquetterie!.. eh! messieurs, loin d'en faire un reproche à vos femmes, à vos sœurs, à vos amies, félicitez-vous au contraire de voir son culte en honneur, car il prouve chez la femme le désir de vous plaire, le besoin de vous enchaîner. Plaignez-vous, ingrats !

Remarquez bien, je vous prie, que, dans un salon, il est rare qu'entre deux femmes, ce soit à la plus vertueuse que s'adressent les hommages. Cela doit être; sa rigueur laisse peu d'espoir à l'amant qui soupire ou au fat qui se flatte. Auprès de l'autre au contraire, tout est plaisir; chacun se dit : demain ce sera mon tour, ou après demain, ou dans un mois, ou dans un an... Mais à coup sûr mon tour arrivera... Vous en faut-il davantage, messieurs les aristarques, pour pardonner à la coquetterie un défaut, un rien, un ridicule, si vous voulez, qui vous présente du bonheur à un an de distance ! Mais c'est divin sur ma parole. Oh! si vos dames avaient aussi la coquetterie de l'instruction !

La femme la plus sage est, selon moi, celle dont on parle le moins. Point de querelles entre vous, mesdames; on jase de vous toutes à Lyon, on en parle souvent, le matin au réveil, le soir en se couchant, on en parle toujours..... Lyon est un village, un bourg; il n'a, d'une grande ville, que son étendue, ses filles publiques pavant les rues, ses hautes maisons, ses filous, sa misère, son luxe et ses boues.

Ce que j'aime avant tout, dan un pays quelconque, c'est qu'on soit de son pays; les exceptions m'y placent, et je voyage en changeant de lieu. De quel intérêt serait, je vous prie, une promenade jusqu'à Pékin, si vous voyiez toujours les mêmes figures, les mêmes mœurs, les mêmes costumes?.. A peu de chose près, les maisons sont partout semblables chez les nations civilisées. Mais le langage diffère, les usages diffèrent, les habitudes diffèrent, et voilà ce que doit étudier l'homme qui cherche à voir et à s'instruire. Et cependant, je le répète, j'aime les exceptions, comme j'aime les ombres à un tableau, comme j'aime la variété à la campagne...

J'arrive où je veux en venir.

N'est-il pas vrai que ce qui vous plaît dans une comédie, dans un vaudeville, dans un drame,— peu importe; — c'est que chaque personnage parle sa langue ?... Eh bien! ce qui vous charme au théâtre, est ce qui me charme dans le monde, théâtre plus vaste, plus curieux, plus comique que le vôtre. Un cocher bel esprit me déplairait souverainement, une servante à qui je demanderais si le dîner est servi, et qui me répondrait : *La chaise de monsieur est prête à le recevoir, et le potage est sur la table*, cette servante, dis-je, ne resterait pas huit jours chez moi... Il y a des ridicules nauzéabonds.

Mais ce que j'aime encore moins que cette prétentieuse recherche des *petits* qui veulent s'élever, c'est la trivialité des *grands* qui consentent à descendre. A Lyon ce travers existe dans toute sa force. Les dames, soit habitude, soit laisser-aller, soit plutôt ignorance, parlent souvent un langage que les étrangers n'entendent pas toujours. Faites de la charpie avec ces *pattes*, disent-elles. — Les *pattes* ici sont des chiffons. — Monte sur la *cadette*, mon fils. — La *cadette* est le trottoir. — Mes *agassins* me font cruellement souffrir. — Ce sont des cors. — *Je fais regret* veut dire : je suis bien négligée aujourd'hui ; *je ne crains pas cet acteur*, est un éloge qui exprime la bonne opinion qu'on a de lui ; *je vais en Vaise*, c'est aller à un quartier de la ville qui porte ce nom ; et mille autres façons de parler plus curieuses encore, plus inintelligibles si cela se peut. En vérité, on devrait vendre, aux portes de Lyon, un dictionnaire du pays, à l'usage des étrangers, quand ce ne serait que pour froisser l'amour-proprès des dames; et l'on sait que de tous les amours, celui-là est le plus chatouilleux, le plus irascible...

Ma tâche est à peu près remplie, et ma dette d'amitié soldée. J'ai écrit comme je pense, comme j'étudie. Pour moi la profondeur c'est de l'obscurité, la réflexion de l'ennui; je cherche à expliquer ce que je vois; ce qui se cache n'est plus de mon domaine d'homme léger.

Ma vie, à moi, est toute en dehors, comme la vôtre, mesdames de Lyon. A quoi bon se cacher quand on n'a point à rougir?... Etre soi est une demi-vertu, comme se déguiser est un demi-vice.

Que si vous m'en voulez de mes observations, toutes faites dans votre intérêt, je vous répondrai:

Libre à vous d'être méchantes, vindicatives, injustes. Vous êtes femmes avant tout... Mais moi, je ne vous crains plus, mon choix est fait, mon cœur est donné, ma vie et mon avenir sont à *elle ;* vous haïrez un homme qui ne peut vous haïr, vous frapperez un homme qui ne veut pas se défendre.... Beau mérite! belle vengeance, ma foi!.... Et puis, un mot encore.

Mon chapitre est court, n'est-ce pas? — Je n'avais à signaler que des défauts. — Soyez généreuses; et j'ai là, sur mon bureau, deux ou trois mains de papier pour un nouvel article où je vous vengerai contre moi de tout ce que je viens de dire dans mon accès de mauvaise humeur.

Jacques Arago.

Les Tilleuls de Bellecour.

> La promenade est une invention de la coquetterie.
> (Diogène.)

Midi!

C'est l'heure où cette île de feuillage et d'ombre apparaît comme une fraîche oasis à qui s'engage sur cette immense place; c'est l'heure où le soleil chauffe les larges dalles; c'est l'heure où le soleil fait scintiller les grains de sable comme une mer de rubis; c'est l'heure où il darde ses mille rayons sur les mille têtes de soldats qui paradent devant la statue de Louis XIV, de ce roi de gaze et de dentelles, aujourd'hui monarque d'airain.

Midi!

C'est aussi l'heure où la vie circule plus active à travers ces fraîches allées; c'est l'heure où le boudoir et la chambre garnie, l'estaminet et l'église rendent à cette promenade la foule de ses promeneurs, élégans qui viennent pour voir, élégantes qui viennent pour être vues; c'est l'heure où les vieux tilleuls offrent, sous leur feuillage toujours jeune, un salutaire ombrage contre l'ardeur du jour; c'est l'heure où les femmes et les fleurs exhalent et entremêlent leurs délicieuses émanations; c'est l'heure où il y a entre elles rivalité de fraîcheur et de grâces, de parure et d'attraits. On accourt de tout côté. Rangs, sexes et âges, tout se mêle et se confond. C'est un bazar de jeunes filles à marier, un muséum de modes et de chroniques. Tout Lyon fashionable, tout Lyon oisif, noble, élégant et artiste se donne là rendez-vous, s'allonge en flots mouvans dans deux ou trois allées, et vient dépenser deux heures de son inutilité du dimanche. Voyez! c'est un véritable panorama, un vivant kaléidoscope, toujours mobile, toujours changeant.

Ici le nouveau marié promène avec orgueil sa timide compagne, fière de son cachemire acheté chez Flacheron. De jolies femmes étalent les robes délicieuses choisies chez Gauthier, les *pierrots* si dégagés des demoiselles Jacques et les gracieux chapeaux de mademoiselle Lescot. Sous des cheveux qui trahissent la main habile de Damour, se découvrent de riantes et fraîches figures que la coquetterie embellit encore. Puis le jeune clerc, séducteur de sa nature, vient là essayer, sur le cœur de la femme de son patron, sa *jeune France naissante*, ses bottes à éperons, son pantalon collant, et son inamovible sourire. Et celle-ci vient faire mourir de dépit et d'envie ses bonnes amies de pension, par l'éclat de sa toilette et la légèreté d'une taille qu'elle doit aux corsets de Mme Morel. Puis c'est le peintre qui cherche de capricieux détails pour son prochain tableau; puis c'est l'homme du monde qui, la badine d'ébène à la main, colporte à la fois son ennui et la dernière mode. C'est un parvenu gêné dans sa cravatte; un mari qui baille, les mains dans ses poches, sa femme à son bras, et ses enfans groupés à ses côtés!

Ici ce sont des jeunes gens avec le rire et le verbe hauts, des regards indiscrets et des manières qui trahissent leurs habitudes de la semaine; là ce sont de jeunes filles, clouées aux bras de leurs mères, heureuses ou jalouses de leur beauté, avec des joues pâles ou rosées, des yeux baissés, un cœur qui parle et rêve tout bas, des tailles à tenir dans une main d'enfant, mais parfois aussi des pieds à remplir une main d'homme.

Tout cela passe et repasse, se croise, et entrechoque sa causerie. C'est un murmure de voix comme un bourdonnement d'abeilles. On rit, on médit; on parle de politique, on parle d'amour, on parle de tout enfin, sérieusement des choses légères, légèrement des choses sérieuses. On se rencontre, on se salue avec affection, on se sourit du bout des lèvres, on se retourne pour se moquer les uns des autres; on se trompe, on se dupe avec des formes exquises, comme on le fait entre gens de bonne compagnie.

Puis on se lasse enfin de ces allées et de ces venues, et l'on rentre chez soi. N'est-ce pas là comme dans un grand salon, où chacun joue son rôle, comme dans une soirée de carnaval, où chacun porte son masque?

Ne croyez pas cependant au milieu de toute cette vie mondaine éviter l'inévitable politique. Où ne se glisse-t-elle pas? Elle est là aussi. La voilà; en canezou vert avec robe blanche, c'est le carlisme; avec l'œillet rouge à la boutonnière et la canne de fer, c'est la république; avec une cravatte blanche, une large panse et une figure épanouie, c'est le juste-milieu. Laissez passer!

Ce kiosque, c'est l'antre du démon lui-même, c'est le foyer de tous les journaux. Autour de lui s'éparpillent toutes les opinions, promeneuses ou stationnaires, assises ou adossées contre un arbre. Chacune y satisfait ses goûts et ses simpathies; chacune y trouve au même prix de quoi penser, et surtout de quoi parler tout le reste de la journée.

Mais, prenez bien garde, voici le défilé le plus dangereux! Méfiez-vous de la double haie de chaises : c'est la censure en permanence, c'est la mise en état de siége de tout ce qui passe. Une épingle, un nœud de ruban, une fleur, un rien manque-t-il à votre ajustement, oh! mon Dieu!

fuyez ou c'est fait de vous; car là on vous critiquera sans pitié.

Avez-vous une femme légère, folle de vous ou de son plaisir?

Avez-vous de beaux enfans qui par bonheur ne vous ressemblent pas?

Avez-vous des jambes ou un pantalon mal faits? vous êtes un homme perdu, ne passez pas là.

Si même vous avez eu le malheur de faire faillite sans vous retirer dans votre campagne;

Si vous avez manqué le quatrième mariage de votre fille aînée;

Si vous êtes bousingot ou parent de bousingot, ah! gare à vous! on va vous mettre en pièces tout vif. Autant vaudrait pour vous, essuyer une double bordée de canons, vous en sortiriez moins meurtri, moins déchiré. Oui, je vous le répète, défiez-vous de la double haie de chaises : il y a là trop de regards braqués, trop de langues occupées; on n'y cherche que des victimes!

Léon Boitel.

DES PENSIONNATS
DE
DEMOISELLES
à Lyon. *

Je n'ai jamais franchi, comme pensionnaire, le seuil des institutions de jeunes filles à Lyon, je ne les ai vues qu'en simple visiteuse, et je crois pourtant pouvoir juger avec exactitude et vérité, les résultats de l'éducation qu'on y reçoit.

Je serai impartiale et sans aucune prévention, car je n'ai point de petites vengeances à exercer sur des maîtresses, ou des sous-maîtresses;

---

* Ce chapitre est le premier ouvrage d'une jeune personne de notre cité. Tout en respectant l'anonyme sous lequel elle se dérobe, nous regrettons pour elle et pour nous que le préjugé ridicule de la société provinciale sur les femmes auteurs l'ait empêchée de le signer.

car je n'ai pas eu à gémir de la captivité des pensionnats, ni à maudire les grilles du parloir. Jamais je n'ai quitté la maison paternelle. Je connais toutes les jouissances de la famille, tout le bonheur de cet abandon, de cette douce intimité qui change l'affection protectrice des parens en une tendre amitié, désireuse de s'épancher par de mutuelles confidences.

Je comprends aussi combien l'on doit devenir étrangère à toutes les douceurs d'une tendresse filiale, lorsqu'on a été confiée à des mains mercenaires, à des êtres souvent insoucieux de l'efficacité de leurs soins, s'inquiétant peu, dans leurs leçons, de la différence des capacités et des intelligences, et de la variété des caractères, trafiquant enfin de la morale et de l'instruction; lorsqu'on passe toutes les heures du jour, tous les jours de la semaine, souvent même les semaines du mois sans échanger avec sa mère un baiser ou un regard. Le bienheureux jour de sortie est attendu avec impatience, mais on ne le désire si vivement, d'ordinaire, que pour les distractions et les plaisirs qu'il procure, et non pour les jouissances du cœur que l'on devrait s'en promettre. Parens, qui tenez à être aimés de vos enfans, gardez-les si vous le pouvez, gardez-les toujours près de vous.

Je ne puis vraiment concevoir qu'une mère abandonne à d'autres le soin d'élever sa fille, de former son cœur, d'éclairer sa raison, et cela à l'époque où elle seule peut bien diriger l'éducation morale, elle qui a suivi pas à pas le développement du caractère de son enfant, elle qui peut seule connaître tout l'enthousiasme de sa jeune imagination, toute la susceptibilité de son cœur. Et cependant nous le voyons chaque jour autour de nous, la plupart de nos dames lyonnaises préfèrent pour leurs enfans l'éducation des pensionnats. Les unes le croient, parce qu'on le leur a dit, ou parce qu'elles ont été élevées de la même manière, et tout cela sans se donner la peine d'une heure de réflexion; les autres, parce qu'on leur a vanté la tenue et l'uniforme de la maison, le talent des institutrices et la salubrité du local; celles-ci, et il faut le reconnaître ici, ce sont les moins nombreuses, rivales de leurs filles dont elles envient la jeunesse et la beauté, plus amies de leurs plaisirs et d'elles-mêmes que de leurs devoirs, les abandonnent à des mains gagées, sans songer que de l'éducation qu'elles vont recevoir dépend presque toujours le malheur ou le bonheur de leur vie. Celles-là, à Lyon surtout, sont ou incapables d'entreprendre et de surveiller une éducation, ou dans l'impossibilité de le faire, absorbées qu'elles sont par les détails d'un ménage ou les soins d'un commerce. La plupart des femmes tiennent ici les écritures, grand-livre, main-courante et correspondance. Tout l'idéal de leur vie s'enfuit devant ce positif. Elles sont, en général, plus préoccupées de l'avenir matériel de leurs enfans que de leur avenir moral. Telle est l'influence de l'argent, l'aristocratie de la fortune, qu'il faut avant tout, faire une dot à sa fille. On songe ensuite aux arts d'agrément, et on laisse plus tard au mari la morale et l'instruction à former. On sait comment la plupart peuvent s'acquitter de cette tâche.

Les premières se laissent entraîner par faiblesse d'esprit, par ignorance, aux conseils de ceux qui les environnent; mais les dernières sont bien coupables, elles renient le titre sacré qu'elles ont reçu du ciel; elles brisent tout lien entre elles et leurs enfans; elles prefèrent à l'amour filial les plaisirs du monde; aux douces et calmes jouissances de l'affection les bruyans ébats de la société. Elles sont cruelles de gaîté de cœur.

Il en est bien peu, il est vrai, cependant il en est quelques-unes qui comprennent mieux les devoirs qui leur sont imposés, les obligations qu'elles contractent en recevant le nom sacré de mère, elles se donnent tout entières à l'éducation de leurs enfans; elles dirigent les leçons du maître; elles examinent les impressions que l'élève en reçoit; elles les enfantent à la société avec toutes les peines et les angoisses de la surveillance, comme elles les ont enfantées au jour avec toutes les douleurs et tous les maux de la maternité.

Nous diviserons les maisons d'éducation en trois classes bien distinctes par l'esprit qui y domine, par la position sociale de celles qui y entrent, et par la position de leur établissement.

1° Celles de l'aristocatie, de la haute et dédaigneuse noblesse. Elles s'exilent dans les faubourgs, et se séquestrent du monde; vous les trouverez à Villeurbanne, aux Chartreux, à Ste-Foy. C'est le Sacré-Cœur.

2° Celles de la bourgeoisie qui s'échelonnent à l'entour de nous, sur les côteaux de la Croix-Rousse et de Fourvières, et s'étendent sur le littoral de la Saône, prenant pour limite St-Rambert et l'Ile-Barbe.

3° Puis, enfin, celles des classes peu fortunées. Je ne vous dirai point quelles rues elles occupent. Elles sont comme la misère, partout. Elles assoient leurs demeures éphémères au cinquième étage, elles nous coudoient dans la rue de leurs longues files, en robes blanches et en chapeaux de paille, soit qu'elles aillent aux offices divins prendre à travers la foule l'oubli du monde et l'amour de Dieu; soit qu'elles viennent au milieu de nos promenades poudreuses, chargées encore de la fumée de la ville et de l'atmosphère empesté de nos carrefours, au cours du Midi, à Perrache, respirer l'air du matin, et saisir, à la volée, les premiers rayons du soleil.

Ces dernières sont, sans contredit, les plus mauvaises, car ce sont celles qui remplissent le moins les intentions des parens. Un bon marchand croit faire une excellente spéculation en mettant sa fille dans un de ces modestes pensionnats; il espère qu'au bout de trois années elle saura lire, écrire, parler, et, surtout, compter mieux que *père et mère*. Alors elle viendra tenir les écritures de son petit commerce, elle attirera l'acheteur par ses manières et son langage. Voilà ce qu'il a rêvé, le brave homme! Il fait encore bien d'autres châteaux en Espagne! En attendant il se gêne, il *serre* sa dépense, comme il le dit lui-même, pour donner de l'instruction à sa fille; car qui sait! peut-être un jour elle fera une passion, elle épousera un riche parti. C'est ainsi qu'il oublie les privations qu'il s'impose; mais a-t-il toujours lieu de s'en féliciter? Voyons.

Il est impossible qu'il y ait parfaite égalité de position sociale entre vingt ou trente jeunes filles réunies dans un même pensionnat; il est encore plus impossible que leurs caractères soient semblables; dès-lors, il résulte de ces différences de fortune et d'humeur, d'une part orgueil, et de l'autre envie; deux défauts que l'on devrait déraciner chez les enfans dès leur bas âge pour leur bonheur et pour celui d'autrui. De là naît aussi une grande disproportion de soins et d'égards de la part de la maîtresse; de là des distinctions dangereuses qui blessent les unes et flattent les autres.

Car celles qui font les plus riches cadeaux sont, d'ordinaire, les plus pieuses, les plus instruites, les plus raisonnables; ce sont de vrais phénix, en un mot; ce sont elles qui remportent tous les prix à la fin de l'année, depuis le prix de sphère jusqu'au prix de sagesse; ce sont elles qui ont les premiers rôles dans les exercices; car on apprend à jouer la comédie en pension.

Dans quelques maisons, pour éviter toute espèce de rivalité et pour chatouiller également l'amour-propre des parens, on tombe dans un excès contraire, il y a des couronnes pour toutes les élèves, au grand jour de la distribution des prix. Partant plus d'émulation.

A Dieu ne plaise que je comprenne dans la même catégorie toutes les personnes qui se consacrent à l'éducation de l'enfance ; loin de moi pareille pensée! Il est quelques institutrices vraiment dévouées au bien-être et aux progrès des enfans qui leur sont confiés, quelques-unes de ces femmes rares qui comprennent leurs devoirs, la sainteté de leur mission, et que l'intérêt seul ne guide pas. Mais malheureusement la plupart, serviles admiratrices des élèves les plus fortunées, soumises à l'influence des prêtres qui recommandent leur établissement, dotent la société de petites fanatiques, créatures orgueilleuses et intolérantes, au cœur sec et froid. Puis un des plus grands inconvéniens de ces pensions du troisième ordre, c'est le vice de l'éducation. Les connaissances les plus simples et les plus indispensables y sont ordinairement si mal dirigées, les maîtresses sont ordinairement si incapables d'enseigner, que les jeunes filles sortent de là sans posséder à fond les élémens les plus nécessaires; heureuses encore si un sot orgueil et un cœur dénaturé ne les portent pas à rougir du langage, des manières et de la profession de leurs parens.

Montons à une pension du second ordre. On y apprend beaucoup plus de choses, on les y apprend mieux, mais les mêmes défauts se font encore remarquer; ce n'est là toujours qu'envie, orgueil, médisance, calomnie, récriminations continuelles et ridicules, petites guerres d'amour-propre.

Celles dont le sort est le plus brillant, étalent aux yeux de leurs compagnes leur toilette et leur luxe; elles en font parade, croyant ajouter quelque chose à leur mérite personnel! Elles ne parlent entr'elles que de bals, de fêtes et de dépenses. Le résultat de ce contact pour celles qui doivent vivre dans un monde plus simple, c'est de leur faire trouver leur sort triste et les soins d'une famille et d'une maison, indignes d'elles. Une ridicule vanité s'empare de leur cœur, et elles ne songent plus qu'à rivaliser avec celles dont elles envient la position fortunée; ce sont autant de rivales qui, au sortir de la pension, se déchireront, autant d'ennemies qui se haïront tout bas, et se feront politesse tout haut. Loin de partager le bonheur des autres, jalouses, elles en souffriront intérieurement; car ce bonheur leur est défendu.

Pour obvier à ces ridicules concurrences de toilette, quelques maîtresses ont exigé des uniformes. Il est telle pension que vous verrez tout en blanc, une autre tout en bleu, une troisième tout en rose ; que sais-je! enfin toutes les couleurs ont été mises en réquisition. Qu'est-il résulté de cela? c'est qu'au lieu de détruire complètement la rivalité féminine du luxe et de la mise, cette mesure l'a localisée, elle lui a donné un intérêt plus puissant, elle l'a créée sur une échelle plus vaste; car entre le châly et l'organdy, entre le calicot et la perkale, il y a bien des degrés intermédiaires, bien des nuances de fortune. Il s'est même établi, entre les pensionnats une identité de prétentions auxquelles les maîtresses elles-mêmes donnent lieu. De ces frivoles jalousies naît une espèce de haine que ces jeunes filles nourrissent les unes contre les autres, et dont il reste toujours quelque chose au fond de leur cœur lorsqu'elles ont l'occasion de se rencontrer dans le monde. C'est une lutte continuelle des robes blanches contre les robes roses, des manches à gigot contre les manches simples, des pélerines contre les fichus.

Puis cinq ou six ans après elles rentrent dans leur famille sans véritable affection pour leurs parens qu'elles ont à peine connus, sans indulgence pour les ridicules, pleines de pédantisme et de préjugés.

Et voilà l'éducation du plus grand nombre; voilà comme les jeunes personnes entrent dans le monde.

Enfin nous arrivons aux pensionnats du grand genre, aux institutions de bon ton, aux couvens. Là se trouvent des filles de banquiers, de nobles, de riches parvenus. Oh! c'est dans ceux-là qu'on apprend bien à médire, à se déchirer les unes les autres, à devenir prudes et méchantes. Venez avec moi; pénétrez à travers toutes ces grilles et ces verroux; franchissez le parloir et les barreaux de couleur sombre; sans doute dans cet asile de mystère et de piété, où l'œil se porte d'un crucifix à une croix, d'une vierge à un tableau de Ste-Catherine, vous rencontrerez des consciences pures, des jeunes personnes au teint rose et frais, ayant toute la candeur de l'enfance, et laissant lire dans la pureté de leur regard la pureté de leur ame; sans doute vous les trouverez belles comme une vierge de Raphaël, douces comme la Virginie de Bernardin de St-Pierre, compatissantes comme l'Évangile qu'on leur lit tous les jours.

Erreur! erreur! Approchez. N'est-ce pas vraiment pitié que d'entendre ces conversations de jeunes filles durant leurs récréations! Pas une réflexion sur leurs lectures, pas une pensée sur leurs études, pas un regret, pas un souvenir pour la maison paternelle; des causeries futiles, des riens qui gâtent le goût, qui énervent le cœur, qui faussent l'esprit : voilà tout.

Peut-être n'êtes-vous jamais allé aussi loin dans l'intérieur d'un couvent de jeunes personnes, vous qui lisez ces lignes? Peut-être n'avez-vous porté vos pas profanes que dans le parloir barreaudé ? Et là, vous avez demandé une sœur, une fille, une nièce; et, joyeuse, elle est accourue à vous; elle vous a dit qu'elle se plaisait dans sa retraite, qu'elle était heureuse, qu'elle avait trouvé dans *ces dames* les bontés d'une mère, une autre famille, enfin qu'elle ne désirait rien ; et tout cela elle vous l'a dit, les yeux timidement tournés vers la terre, craintive et préoccupée.

C'est que vous n'êtes pas seul à examiner ce qui se passe sur la figure de votre enfant; c'est que vous n'êtes pas seul à entendre ce qu'elle vous dit ; c'est que si elle vous faisait des confidences, vous seriez trois dans le secret. — Trois!.. — Oui, trois!.. Vous avez oublié la trappe imperceptible du plancher, l'officieuse lézarde, les murs qui entendent, enfin ce qu'on appelle la *Sœur-Ecoute*.

Dans les couvens, il y a un système de surveillance pour les communications des élèves avec leurs parens, et non point pour les communications des élèves entr'elles.

Les arts d'agrément sont spécialement cultivés dans ces maisons; on y consacre la plus grande partie du temps au piano, au chant, au dessin ;

mais on le fait d'une manière incomplète. En sortant du pensionnat on prend un grand maître pour achever le talent ; mais lui qui pensait d'abord n'avoir qu'à perfectionner une élève, trouve en elle de mauvaises habitudes à réformer, résultat inévitable de leçons données à beaucoup d'enfans à la fois.

L'instruction solide est encore plus mal dirigée ; on effleure tout sans rien approfondir ; on retient quelques grands mots que l'on jette au hasard au milieu de la conversation ; l'on éblouit les sots, mais la nullité se découvre vite aux yeux des gens vraiment instruits.

C'est donc en grande partie à l'usage établi à Lyon d'éloigner les jeunes filles de leurs parens, pendant leur enfance, que l'on doit attribuer le manque total de société où l'on puisse parler d'autre chose que de frivolités ; les femmes élevées ainsi sont rarement capables d'une causerie sérieuse et intime ; il faut pour elles une conversation qui roule sur des futilités ou des personnalités, sur la chronique scandaleuse ou les modes, éternel passe-temps des sots.

Peu d'hommes peuvent s'accommoder de semblables niaiseries ; dès-lors il y a scission ; messieurs ont leurs cercles et mesdames leurs sociétés.

Les uns et les autres y perdent également ; les femmes sont toujours plus légères, et les hommes conservent leur brusquerie provinciale, leur brusquerie de comptoir. A Lyon, plus que partout ailleurs, ils auraient besoin de plus d'élégance et d'aménité dans les manières et le langage; ce changement n'aura lieu que lorsque les dames auront moins de sauvagerie, et lorsqu'elles voudront faire dans la société usage de l'esprit qui leur a été réparti.

Que les mères comprennent cette grande vérité, quenulle instruction ne peut remplacer leurs douces leçons ! la société en général y gagnera, et elles seront récompensées de leurs soins par un amour bien plus vrai, par le bonheur d'une intimité confidentielle entre les enfans et les parens.

Tout en accordant une grande supériorité à l'éducation particulière, je ne veux point jeter une complète défaveur sur celle des pensionnats. J'ai rencontré dans le monde des jeunes femmes fort aimables, et qui avaient été élevées loin de leur famille, mais il en est bien peu. Et puis, elles portent empreint sur leur personne un certain air de raideur qui s'attache à toutes leurs manières, à tous leurs discours.

Espérons que l'expérience guérira les parens de cette habitude pernicieuse d'éloigner leurs filles de la maison paternelle; espérons du moins, si cette idée ne peut point s'acclimater à Lyon, que les maisons d'éducation destinées aux demoiselles, seront dirigées de manière à donner à la société des femmes instruites sans pédanterie, spirituelles sans prétention et aimables sans coquetterie.

LA TOUR
De la belle Allemande.

———o———

Il est près de Lyon une colline qui encaisse la Saône dans ses bords rapprochés. Le chemin de hâlage la cotoye et s'étend comme une lisière blanche et poudreuse le long de ses flancs rudes ou doux, épineux ou fleuris. En sortant du quai de Serin et suivant cette route plate et unie, l'on arrive à un site pittoresque. A droite la rivière molle et lente ronge sourdement d'un côté la rive escarpée, et de l'autre s'étend avec délices dans les prés et les champs, baigne des grèves fleuries et reflète dans ses eaux transparentes les murs rougeâtres et enfumés d'une tuilerie. A gauche, un amoncelage à pic de graviers et de terre qui s'éboulent, sert de défense naturelle à une prairie qui va en s'élevant jusqu'à mi-coteau; quelques saules aux feuilles argentées tremblent au vent; des peupliers bordent le sommet d'un réseau de verdure, des platanes arrondissent leur épais ombrage, et l'azur du ciel projette sa voute bleuâtre au-dessus de cette verdure aux teintes variées.

Mais, derrière ces peupliers, ces saules et ces platanes, au-dessus des branches qui s'entrecroisent, l'œil aperçoit une grande tour grisâtre qui domine tout ce qui l'environne, et lève vers le ciel sa crête dentelée : des fossés la défendent du côté du nord et de l'occident. Il y a quelques années que les ronces les encombraient, et le soleil en jetant ses rayons sur ces murs jaspés de lierre les découpait en mille festons étranges ; aujourd'hui ces fossés servent de jardins potagers; un petit pont les traverse et conduit d'une cour bien sablée, autrefois sans doute rude et raboteuse où s'ébattaient varlets et pages, où se froissaient les robes traînantes des damoiselles et les habits taillardés des seigneurs, dans la tour centenaire, honteuse de voir autour d'elle s'élever des maisons de maîtres tout fraîchement recrêpies.

Elle est percée du côté de l'occident d'un petit machicoulis à hauteur du pont; un escalier qui se déroule en spirale conduit dans son intérieur ; d'étage en étage des fenêtres tournées au nord regardent au loin dans la campagne. Puis on arrive à une certaine élévation; là cessait autrefois l'escalier et des degrés qui saillissaient les uns sur les autres, tournoyaient à l'entour des murs arrondis pour conduire au sommet. L'on n'aperçoit plus que la première pierre qui se détache en avançant, et quelques brisures de moellons qui indiquent son existence.

Le faîte de la tour est couronné de plusieurs cintres circulaires qui se déroulent et laissent passer la lumière du ciel sous leurs arceaux.

Il existe bien des chroniques sur ce monument, sur le nom qu'il a reçu de tour de la *Belle Allemande*, sur l'époque de sa construction. Voici la plus probable.

Un riche marchand allemand, nommé Cléberg, attaché au service du roi François 1er, était venu se fixer à Lyon à peu près en 1520 ; les nombreux bienfaits qu'il répandait dans la ville le firent surnommer le bon Allemand ; c'est lui que la gratitude du peuple a reproduit dans l'homme de la Roche. Il épousa demoiselle Pelonne de Bonzin, veuve d'un premier mari. Elle fit bâtir aux environs de Lyon une *maison des champs* qu'on appela *Tour de la belle Allemande*, à cause de sa beauté et du pays qui avait donné le jour à son mari.

Telle est la tradition la plus croyable.

Il en est une autre plus poétique ; c'est celle que j'ai adoptée ; je l'ai lue dans une note du voyage de Lyon à Châlons-sur-Saône, (1814). Je n'ai point recherché sur quelle autorité l'auteur s'était fondé. J'y ai trouvé plus de poésie, une peinture plus exacte de l'époque, un souvenir de ce temps de féodalité et de féerie, qu'une des circonstances impossibles de ce récit rend encore plus frappante. Voir, du sommet de la *Tour de la belle Allemande*, le page qu'elle aimait se jeter dans la Saône, malgré les courbures de la montagne, de la rivière et de l'éloignement ; c'est difficile ; mais, fidèle historien, j'ai pour garant le témoignage séculaire de la tradition !

LA TOUR DE LA BELLE ALLEMANDE,

Ballade.

C'est Gertrude la belle,
Dont la blonde prunelle
Voile l'œil tout en feu ;
La douce et jeune femme
Qui laisse voir son ame
Dans son long regard bleu !

Long-temps la pauvre fille
Vécut dans sa famille
Sans connaître les pleurs,

Et n'aimant sur la terre
Qu'une femme, sa mère,
Et deux filles, ses sœurs.

Toutes trois trépassées,
Elles dorment glacées
Dans le cercueil jaloux ;
Et maintenant, heureuse,
Leur jeune sœur rieuse
Dort aux bras d'un époux.

Cette tour blasonnée
Qui brille environnée
De la Saône et des bois,
Ces champs et ces villages,
Ces varlets et ces pages,
Reconnaissent ses lois.

Elle a de belles salles,
Du velours pour sandales,
Des jardins et des fleurs ;
Elle a de riches voiles
Brodés de mille étoiles,
Chatoyans de couleurs.

Cependant la tristesse
A miné sa jeunesse
Et fané sa beauté ;
Son œil verse des larmes
Et ne voit plus les charmes
De ce site enchanté.

Bien souvent, triste et sombre,
Elle marche dans l'ombre
Et jette des soupirs,

Et sent dans sa jeune ame,
Bondir comme une flamme,
Regrets et souvenirs.

Puis l'époux de la belle,
Sans cesse éloigné d'elle,
Farouche châtelain,
Est un vieillard austère
Aimant pillage et guerre,
Jaloux comme un vilain.

Souvent guerres lointaines,
A travers monts et plaines,
L'arrachent de la tour;
Mais, prompt comme la foudre
Qui frappe et met en poudre,
Le voilà de retour.

II.

Or il a nouveau page,
Noble et d'ardent courage
Et seigneur de haut lieu,
Se plaisant aux alarmes,
Aux joûtes, aux pas d'armes
Qu'il aime comme un jeu.

Il est jeune et timide,
Mais dans son œil humide
Se reflète son cœur,
Et brille sa belle ame
Comme une pure flamme,
Comme une blanche fleur.

Quand la voûte étoilée
Jette dans la vallée
Les ombres de la nuit,

Bien souvent le beau page
Va rêver sous l'ombrage
Loin du monde et du bruit.

Las ! il pense sans cesse,
Il pense à la comtesse
Qu'il sert pendant le jour.
Son cœur cherche à traduire
Doux regard, doux sourire,
Qui font rêver d'amour.

Le soir la châtelaine,
Errante dans la plaine,
Va demandant merci ;
Épiant son passage,
Caché dans le feuillage,
Jeune page erre aussi.

Dès lors dans la feuillée
La comtesse en veillée
S'en va bien plus souvent ;
Et puis revient contente
Comme l'oiseau qui chante
Et vole avec le vent.

Mais quelquefois dans l'ombre
Une voix dure et sombre
Vient troubler ses ébats ;
Et quand elle sommeille
La voix à son oreille
Dit quelques mots tout bas.

Alors elle est rêveuse,
Pauvre femme ! oublieuse,
De ses tristes devoirs ;

Elle aime sans mélange
Ce beau page, cet ange
Qu'elle voit tous les soirs.

Un jour qu'ils sont ensemble
Le bras du page tremble,
Glacé par un frisson...
Et comme un trait qu'on lance
Un homme armé s'élance,
S'élance d'un buisson.

« Trembles maintenant, traître,
« Trembles devant ton maître.
« Me voilà de retour ;
« Et toi, femme fidèle
« Qui fait la pastourelle,
« Tu mourras dans la tour. »

III.

Il cloître le jeune homme
Dans un castel qu'on nomme
Pierre-Scise, à Lyon :
Servant d'amour, beau page,
Jeté dans l'esclavage,
Grondait comme un lion.

Près de la ville grise,
Près du flot qui se brise
Au rocher anguleux,
Le noir château s'élève
Et jette sur la grève
Sa grande ombre aux flots bleus.

Mais la tour où demeure
La comtesse qui pleure,

Qui pleure son amour ;
La tour est bien plus haute
Et domine la côte
Et les champs à l'entour.

Aussi sur la tourelle
Bien souvent monte-t-elle ;
Elle y dit son malheur,
Et jette au vent qui passe,
Emporté dans l'espace,
Les pensers de son cœur.

IV.

« Oh ! reviens, mon bel ange,
« Bel ange, mes amours,
« Que j'aime sans mélange,
« Que j'aimerai toujours !

« Souvent dans la nuit sombre,
« Quand la lune est aux cieux,
« Je vois glisser ton ombre,
« Doux rayon à mes yeux.

« Il m'arrive à toute heure
« D'entendre près de moi
« Jeune page qui pleure,
« Qui pleure comme toi !

« Oh ! reviens, mon bel ange,
« Bel ange, mes amours,
« Que j'aime sans mélange,
« Que j'aimerai toujours !

« Toujours, toujours, belle ame,
« Toujours je pense à toi ;

« Mon amour, pure flamme,
« Luit toujours sous ta loi !

« Si parfois dans un rêve
« J'entends un chant d'amour
« Qui prélude et s'élève
« Au céleste séjour ;

« Si parfois jeune page,
« Jeune page au front pur,
« Passe sur le rivage,
« Étoile au ciel d'azur ;

« Toujours, toujours, belle ame,
« Toujours je pense à toi ;
« Mon amour, pure flamme,
« Luit toujours sous ta loi !

V.

Ainsi parle la belle ;
Et le vent sur son aile
Emporte ses soupirs ;
Le page les recueille,
Comme un vieillard qui cueille
Ses anciens souvenirs.

Il s'élance dans l'onde
Qui mugit et qui gronde ;
Il a brisé ses fers.
Il est près de la rive ;
Mais tout-à-coup, plaintive,
Une voix fend les airs.

Le plomb part et sillonne
L'air qui siffle et résonne...

L'onde se teint de sang...
Adieu ! malheureux page !
Il arrive à la plage,
Il arrive mourant...

Et Gertrude la belle,
Là-haut, de la tourelle,
L'aperçoit en tremblant !...
Et soudain le délire
Fait grimacer son rire,
Elle meurt en chantant....

« Ici-bas tout s'efface,
« Comme une ombre qui passe,
« Comme un flot qui bruit,
« Ou comme une hirondelle
« Qui rase et bat de l'aile
« La vague, et puis s'enfuit.

« Adieu donc l'espérance !
« Adieu la jouissance
« De s'ébattre au plaisir !
« Adieu, lèvres vermeilles,
« A deux roses pareilles,
« Qui vont bientôt mourir !

« Adieu, douces pensées,
« Sur vos ailes lassées
« Vous ne vivez qu'un jour.
« Faux bonheur de la vie,
« Fleur que chacun envie ;
« Monde, adieu sans retour ! »

Ernest Falconnet.

✳✳✳

LOYASSE

ET

LA MADELEINE.

> Ainsi mon humble croix s'efface
> Près des trombeaux riches de deuil,
> Qu'à la poussière de l'orgueil
> On élève à Loyasse.
> KAUFFMANN.
>
> Vanités des vanités ! tout n'est que vanité.
> ECCLÉSIASTE.

Il semble que l'injustice ait voulu s'emparer des destinées de l'homme, depuis le berceau jusqu'à la tombe, comme si toute la terre était son domaine, et si rien de ce qui est terrestre ne pouvait échapper à sa domination. Ainsi que les vivans, elle sépare les cadavres en deux castes, et les envoie pourrir dans deux champs séparés.

Pour aller de ce monde à l'autre le ciel aurait-il tracé deux chemins !

Oh! que nous sommes vains ! C'est encore l'orgueil qui, en expirant, a inventé ces deux mots : *Loyasse, la Madeleine.* Ces deux mots qui appartiennent à la mort, et sur lesquels la mort n'a pas fait peser son inflexible niveau.

Notre dernier sommeil n'est-il pas également profond pour tous ? Pourquoi donc cette insolente distinction.

Est-ce qu'il craint, le riche égoïste, de se trouver trop à l'étroit dans sa funèbre couche, est-ce qu'il craint pour ses reliques embaumées la corruption hâtive du prolétaire ; ou s'il répugne à sa délicate susceptibilité de se voir coudoyé par les squelettes de la populace, lorsque la trompette de l'ange nous appellera tous à la vallée de Josaphat !

Ainsi la vanité humaine nous accompagne jusqu'en face de la majesté divine.

Humiliation, privilége, sont deux lots qui appartiennent, le premier aux malheureux, le second au puissant, et qu'ils traînent toute leur vie après eux pour ne les déposer que sur leur fosse avant de s'élancer égaux et libres dans l'éternité.

Aux uns donc la chaux vive de la *Madeleine ;* aux autres les mausolées aériens de *Loyasse.* La *Madeleine,* aumône impérieuse d'une mesquine piété abandonnée aux mânes du pauvre, dans la crainte qu'en pourrissant son corps n'empoisonne l'air de nos cités.

C'est un champ aride et sans ombres, dont l'aspect produit une impression de peine et de dégoût.

Là, pour le fils qui vient pleurer son père, pour la jeune mère qui vient pleurer un époux, aucune de ces douces inspirations qui consolent, de ces chimères saintes d'une crédule piété; là, point de larmes faciles. Ces lieux respirent un désespoir sec et amer.

Dérision de ce qu'il y a de plus sacré! C'est un mélange affreux de pureté et de souillures, de vertus et de crimes.

Le même tombereau apporte, entassés pêle-mêle, l'artisan laborieux et le vagabond, la vierge et la prostituée, le soldat mort des blessures qu'il reçut au champ d'honneur, et l'assassin dont on vient de ramasser les restes dans le panier de la guillotine.

Un prêtre suit machinalement en psalmodiant à demi-voix et par charité une prière latine. Puis le fils, l'ami ou le père, s'avance tristement et le cœur brisé.

Une fois la triste cérémonie achevée il fuit précipitamment de ce lieu d'horreur où il n'ose plus revenir, jusqu'à ce que, usé par la misère et le travail, la mort l'y amène à son tour.

Aussi, à la *Madeleine* on trouve peu de traces

du souvenir des vivans. Seulement quelques rares croix de bois, grossièrement travaillées, s'élèvent çà et là, avec des noms et des inscriptions modestes; on voit quelques couronnes d'immortelles suspendues aux murailles blanches qui servent de clôture, puis c'est tout....

La *Madeleine !* c'est un charnier où la mort reçoit chaque jour, dans sa gueule béante de sable et de chaux, sa charretée de chair humaine pour la dévorer.....

Loin de ce pénible tableau, jetons les yeux sur les sombres allées, sur les tombes fleuries de *Loyasse* : sous les cyprès qui les ombragent, la brise rafraîchit un front flétri par la douleur; et le désespoir se fond alors doucement en tristes rêveries, en mélancoliques pensées.

Rien n'a été oublié pour farder ce que la mort a d'effrayant et de hideux.

La nature, l'art et l'opulence y ont prodigué leurs offrandes : jardins, gazons, sculptures, marbres, inscriptions.

En y entrant, on dirait un Elysée, un séjour réservé à la sépulture de l'homme vertueux et du grand citoyen.

A lire la longue énumération des qualités que chaque mort porte sur son tombeau on pense avoir changé de nation, et l'on s'attend à assister à l'apothéose d'un peuple de demi-dieux; et si par hasard on revient à la réalité on se demande quel est le prestige de cette terre, et comment ce qui était si pitoyable dessus peut être devenu si bon dessous.

Et l'on s'abandonne à un sentiment d'amertume et de pitié lorsque parmi tous ces monumens dont le marbre sue en lettres dorées l'orgueil ridicule de ceux qu'ils renferment, on cherche pour les saluer quelques noms chers à la patrie ou à l'humanité.

A peine si l'on peut découvrir ceux de **Petit**, de **Mouton-Duverney**, et de quelques autres à demi-effacés!....

Au premier aspect de cette enceinte vous pourriez croire à la piété, à la douleur, rappelée à chaque pas par tant de symboles.

Mais n'y venez pas, le cœur froissé par des déceptions, comme à un lieu où l'on se délasse en jetant les yeux sur un autre monde, car vous y retrouverez la société avec toutes ses mauvaises passions, comme si l'homme avant de rentrer dans la terre déposait à sa surface les vices et les préjugés qu'il y a amassés en naissant.

Ainsi, lorsque nos lois protègent tous les cultes, que catholiques, protestans et juifs vivent confondus ensemble, la haine cagote trie leurs dépouilles, et dans la terre du sommeil une muraille les sépare. Mesurant dans son esprit borné la justice infinie de Dieu, un prêtre vindicatif tremblerait de laisser tomber par hasard une de ses bénédictions sur la poussière d'un hérétique... ô charité !

Puis vous lisez placardée sur un tombeau une ORDONNANCE MUNICIPALE *du* 20 *avril* 1832, *signée* PRUNELLE. Elle recommande la décence. — En vérité, il faut que l'ivresse du pouvoir soit bien grande pour nous pousser jusqu'à en étaler la vanité parmi les morts, jusqu'à insulter à la douleur.

Toi qui viens renouveler la couronne de fleurs qui orne l'humble croix d'une épouse; toi qui viens prier sur la tombe d'une mère, sois décent, et pour apprendre à respecter ce lieu, lis l'ordonnance de M. le maire.

Après cela, c'est la vanité de la science qui s'étale en inscriptions grecques et latines.

Ce sont des vers ridicules de construction et de pensée, des épitaphes sentimentales, interprètes ampoulés d'une feinte douleur.

PAR SA VEVVE INCONSOLABLE.

NOVS REVIENDRONS SOVVENT PLEVRER SVR CETTE PIERRE.

Et les ronces croissant sur le seuil du mausolée, attestent qu'il n'a jamais été franchi.

Quelques jardins cultivés par des mains mercenaires, nous rappellent les pleureurs à gage qui suivaient jadis les convois.

Des chaises placées avec affectation dans ces enceintes funèbres, de manière à frapper la vue des passans, feraient peut-être croire aux visites des parens, à leurs longues et pieuses méditations.... Examinez-les de près, elles sont poudreuses et délâbrées par le temps.

Partout on trouve, prodigués au hasard et sans goût, d'élégans colifichets qui attestent plus de faussetés et de vanités mondaines, que de véritables regrets.

Au lieu de ces deux cimetières, j'en concevrais un plus juste et plus moral. La société n'y accorderait de place distinguée qu'à l'homme utile et vertueux; là, point de fastueuses inscriptions, point d'opulens monumems pour l'égoïsme et l'oisiveté.

Les richesses honteuses, souvent le fruit de la spoliation, des titres menteurs, prix d'une lâche servilité, n'y donneraient pas le droit de tromper la religion de la postérité.

Ces mots de vertu et de savoir qui commandent le respect, ne seraient pas jetés au hasard sur la tombe d'un grand seigneur stupide, ou d'un banquier fripon.

L'homme de bien reposerait en paix dans ce dernier asile, sans que les injustices de la société vinssent l'y poursuivre encore.

Le citoyen en s'inclinant devant un monument funèbre, serait certain de rendre hommage à un bienfaiteur de l'humanité, et, jaloux de mériter à ses cendres une pareille vénération, il se ferait une vie pure et désintéressée. Car, quoiqu'on en dise, la vénalité n'est pas chez nous un vice nécessaire, et nous n'aimons l'argent que pour la considération qu'il nous donne.

Chaque famille voudrait conserver, comme un héritage d'honneur, l'épitaphe honorable accordée à un de ses membres par la pitié reconnaissante.

Eh! qui sait combien d'héroïques dévouemens et de vertus touchantes, seraient dues à cette noble émulation?....

Les hommes sont meilleurs qu'on ne pense, et dignes d'une organisation sociale plus équitable et plus sympathique. Vienne encore un orage révolutionnaire qui les épure de la crasse honteuse de longs siècles de préjugés et d'institutions corrompues!!...

César Bertholon.

CHARBONNIÈRES.

Malade, j'avais couru à travers les champs labourés, les blés avant la récolte, les forêts de genêts qu'on voit de loin balancer leurs pyramides jaunes au souffle des vents, et j'avais gravi le Puy-de-Dôme, foulant aux pieds les mille fleurs qui le couvrent. Le Puy-de-Dôme ! je me suis reposé sur le sommet, dans un trou tapissé d'herbes, pour me mettre à l'abri d'une bise qui me glaçait.... C'était au mois de juin pourtant, et nous marchions sur les pensées...

Vingt montagnes courbant leur front rampaient à nos pieds, et il me semblait que nous allions marcher sur elles comme sur des cailloux dans un chemin qui descend. C'était de ces émotions qui vous étreignent à vous empêcher de respirer; depuis trois jours je chevauchais de surprises en surprises, depuis les carrières de Volvic aux voûtes hardies, jusqu'au *Gourd de Tésénas*, lac immense sur un mont dont la crête s'est affaissée pour former un bassin revêtu, d'un côté, d'un bois sombre et vivace, et en regard, d'une terre escarpée, aride et brûlée, qui n'a pas un brin d'herbe à vous offrir, pas un sentier à vous prêter. Et de là, du milieu des rocs qui n'ont pas de racine sur les prés, puisque le volcan les y a jetés, comme Hercule les apporterait avec la main et les poserait l'un sur l'autre, jusqu'à la cime du mont *Gordan* qui n'ose pas faire le grand à côté du Puy-de-Dôme qu'il regarde d'un œil en-dessous.

Avant de venir à Charbonnières, je voulus voir le Mont-d'Or avec ses eaux thermales, ses maisons neuves qui ont laissé loin derrière elles le vieux village aux toitures de chaume, comme des coquettes qui marchent les premières pour aller à la fête où les suivent les villageoises pauvres et mal endimanchées. Le Mont-d'Or, avec son bain de César où l'eau sort bouillante de la montagne, avec ses belles cascades d'eau vive et ses grottes profondes, sa vallée d'Enfer où vous marchez sur des pointes de rocs, toujours levant la tête pour voir si les rochers qui la couronnent ne viendront pas embrasser les roches qui sont déjà descendues, ses beaux troupeaux perdus sur les flancs des monts, ses chalets qui ont toujours froid ; ses grandes forêts aux mille troncs brisés et blanchis, ressemblant le soir à des cadavres debout, recouverts de linceuls blancs ! Le Mont-d'Or avec son pic du Capucin veillant sur lui, dans les frimats duquel j'ai retrouvé un vieux soldat, pauvre gardien de troupeaux ; sa Dordogne naissante, petite capricieuse qui court folâtre dans les prés, toute couronnée de fleurs, et que j'ai un moment arrêtée dans mes deux mains. Le Mont-d'Or avec son pic de Sancy grimpant dans les nues à dix-huit cents toises au-dessus de la mer, dominant monts et forêts, et planant sur dix lacs qui font cercle autour de lui, envahissent les terres, et s'approchent tout fiers de lui baigner les pieds !

Et moi, errant au travers des ces immenses solitudes, dévorant la neige pour rafraîchir ma bouche, et à côté des glaces cueillant des fleurs, suspendu sous les cascades, penché sur les rocs projetés et presque tremblotans de la vallée d'Enfer, ivre d'émotions et le cœur serré sur cette belle et grande affreuseté qui sent le ravage et la dévastation, j'écrivais à une femme :

« Oh ! ici, une heure avec toi ! une heure d'amour sur le sommet du Puy-de-Dôme, ou du pic de Sancy. Sur ce volcan qui se repose, qui garde un immense feu dans ses entrailles, et dont toute la surface est couverte de fleurs... Géant, qui dort un bouquet à la main, le front couronné de roses et cachant sa massue sous des touffes de jasmin. Sur ce pic autour de qui tout rampe, Les rubans roses de ton chapeau voltigeront gracieusement au vent frais qui souffle, et sous tes pieds tu verras des villes où s'agitent quarante mille ames, grosses comme de petites maisons. Les immenses forêts ressemblent à des bouquets d'arbres ; ce n'est qu'à leurs rives de sable serpentant sur une terre rougeâtre que tu reconnaîtras les fleuves, et cette route qui se dessine blanche au travers des monts, le hasard pour la marquer l'a jalonnée de volcans... la lave qu'ils ont vomie est encore là ; elle a coulé comme un fleuve, elle s'est arrêtée comme un mur. Elle est là pour rappeler aux volcans qu'ils peuvent vomir encore !... Et là-bas... ce sont des champs de pierres brûlées, de rocs calcinés ; le pied n'y trouve pas une pêlée de terre ; on dirait d'une ville saccagée, pillée, démolie, où il ne reste pas une colonne sur sa base, pas un monument sur ses pieds !

Cela est affreux ! cela fait mal ! mais tout cela vous enlève et porte à l'ame quelque chose de grand, de fort, de terrible ; on sent qu'on est poète ici ; on sent qu'on aime.... et parce qu'on a tout à ses pieds, on voudrait étreindre quelque chose dans ses bras, et si près du ciel, le rendre jaloux de son bonheur... Et être seul.... c'est à pleurer de rage !.. et je me sens au cœur un désir effréné, quelque chose de poignant, un vide effrayant et une tristesse cruelle !... J'ai trop d'air, trop de vie pour moi tout seul... Oh ! une heure, une heure d'amour avec toi ! »

Puis, je revins du Mont-d'Or à Charbonnières, au travers de l'Auvergne, par cette retraite de

Randanne, bergerie féodale de M. de Montlosier, élevée au centre de cinq volcans éteints, dont les cratères l'épient, prêts à l'engloutir au moindre ressouvenir de leurs feux d'autrefois; au travers de ces bois qui ont poussé sur la lave encore tiède, sur cette terre de feu qui s'obstine à produire.

Des rives de la Dore jusqu'à Lyon, on ne respire pas; on est haletant d'émotions; car rien n'est grandiose comme cette route hardie, imposée par la force humaine aux flancs d'une montagne à pic, chaîne jetée autour du cou de la nature pour la forcer d'obéir, cordon de Thiers si magique, la nuit surtout, quand la lune blanchit ses grands rocs et éclaire ses manufactures au fond des précipices!

Oh! depuis le Lignon si fadement célébré et pourtant si gracieux et si pur jusqu'au sommet d'Izeron, dans ces immenses bois de Mélèzes; et d'Izeron à Charbonnières, sur cette côte rapide, aux mille détours, avec ses fleurs sous vos pieds, ses fleurs sur votre tête, ses cascades, ses ruisseaux, son pont d'Alaï, et ses beaux pâturages, c'est d'un gîte à l'autre une étape de plaisir, un pélérinage de voluptés, qui vient finir à Charbonnières!

Charbonnières, qui pour le Mont-d'Or est comme un bosquet fleuri à côté d'une vaste forêt! gai rendez-vous d'une société prise dans tous les rangs, se formant au hasard, et changeant de physionomie tous les quinze jours.

Jeunes et jolies femmes, vieillards de toutes conditions, grands-mamans, militaires et grisettes, et puis moi, tout cela arrive le matin, dans la voiture de Laroche le fils, que les femmes aiment bien, parce que sur la route, du haut de son siège, il leur cueille des noix, des prunes sauvages et des fleurs d'accacias, et puis parce qu'il est doux, et poli, et discret... ou bien encore c'est Ballard qui vous mène, Ballard *le boiteux*, ou Josserand, *Bride-les-bœufs*, et plus souvent Godard... Godard, l'étourdi, l'insouciant, toujours pauvre et joyeux, faisant l'amour aux jeunes filles, sautant sur son siège au moment où ses chevaux sont élancés, sans toucher aux palettes qui servent de marche-pied; ce qui fait toujours frissonner les dames qui sont dans le coupé... Car il aime à les effrayer, Godard! et puis il sourit en leur disant de n'avoir pas peur... ce bon Godard qui n'a plus de père, plus de mère; enfant perdu qui a bien fait d'oublier un passé plein de douleurs, qui ne rêve jamais de l'avenir, lui, et qui tous les matins s'arrête à boire le vin blanc à un cabaret de la route, avant d'arriver au Grand Peuplier.

En dehors de nous, voyageurs fantastiques qui ne faisons qu'une courte apparition chaque matin, au bord de la fontaine, pour disparaître ensuite, Charbonnières a ses hôtes, ses buveurs à poste fixe; ils habitent le *Grand Hôtel*, qui passe pour être quelque peu aristocrate, et dont le propriétaire s'amuse, dit-il, à rédiger des mémoires secrets contre les dames; *le Nord* qui a une jolie terrasse et un pavillon indépendant, occupé au moment où j'écris, par deux fort jolies demoiselles qui élèvent un jeune loup, ce qui leur a valu le nom de *petites louves*, car elles sont de petite taille, mais aimables et spirituelles; *le Lion d'Or* où viennent les nombreux visiteurs du dimanche; puis le *Midi*, hôtel à part, où l'on ne loue que la chambre, où les dames font leur ménage; et il y a toujours de jolies dames; *Bonnepart* qui est le plus près de la fontaine et qui a pour terrasse toute une colline assise sur la rivière, joli site où ses hôtes viennent jouer et travailler. J'allais oublier l'*Espérance*, mon hôtel à moi, où je déjeune tous les matins, au frais, sous un berceau d'accacias.

La saison des eaux est tout le revenu des habitans de Charbonnières; aussi sont-ils jaloux les uns des autres, ce qui établit une ligne de démarcation entre les habitans des divers hôtels; car Charbonnières n'a pas d'établissement public, pas de bains, pas de salon; je me trompe, il y a deux salons : un de tous les jours, le long de la rivière, sous une belle allée d'arbres, où se promènent les buveurs en comptant les minutes d'intervalle qu'ils doivent mettre entre deux verres. C'est là qu'on se retrouve, que l'on cause, c'est de là qu'on se dirige dans le bois qui domine la fontaine; c'est là aussi qu'une dame, baptisée du nom de Capitaine-rapporteur, raconte tous les matins la chronique secrète de la veille. Car c'est le rendez-vous général. Impossible d'échapper aux regards, il faut poser là en allant à la fontaine; et quand arrive une figure nouvelle, vingt bouches s'ouvrent à la fois pour demander qui l'on est. Est-ce une dame? on scrute sa mise, sa tournure, son âge; on veut savoir le nom de son mari, son état et sa fortune.

Un homme? ce qu'il est, quelle est sa maladie et surtout pour qui il vient. Malheur à la première femme à qui il parlera;... ce sera sûrement sa maîtresse.... Et des femmes malades, ou laides, ou qui ont passé l'âge des amours sacrifieront sans pitié la réputation d'une plus jeune ou d'une plus belle!

L'autre salon de Charbonnières, plus vaste, plus grandiose, mieux ombragé, est le rond-point du bois de l'Etoile, où viennent aboutir huit grandes allées qui recèlent sur leurs côtés des retraites que l'amour semble avoir préparées exprès pour lui. C'est le salon du dimanche, le point de réunion des citadins qui ne viennent à Charbonnières que pour un jour. Là se forment les danses, quelquefois aux sons aigres d'un mauvais violon de campagne, le plus souvent aux accords d'une flûte d'amateur. Là, on oublie un peu à quel hôtel on appartient; le besoin de plaisirs et la disette de musiciens rapproche les sociétés ; on se confond, on se mêle, on se perd pour se retrouver, et le bois de l'Étoile a vu commencer et se dénouer plus d'un roman. C'est qu'il y a dans tous ces bois de Charbonnières quelque chose qui dispose à la tendresse, à l'amour. Ces grandes allées où le soleil ne pénètre pas, où souffle une brise fraîche, où une jeune femme se surprend seule à errer, un livre à la main, un livre dont elle recommence souvent la même page; ce château sur la montagne avec sa pièce d'eau sous les marronniers où de beaux cygnes viennent jouer; puis ces labyrinthes aux formes si diverses, ce bois de pins aux mille oiseaux; cette rivière dérobée partout sous le feuillage des frênes et des charmes ; ce roc pittoresque sous lequel la rivière vient tomber tout entière blanchissante et avec fracas, pour courir ensuite au travers des roches et des arbres qui ont essayé d'envahir son domaine.

Là, tout émeut doucement, tout charme, tout est mélancolique; on rencontre dans les chemins des serpens qui vous effraient, et bonheur à celui qui sera assez adroit ou assez prompt pour le tuer, il y gagnera bien des sourires, bien des regards,... la reconnaissance attache les femmes.

Il n'y a pas jusqu'à cette ignoble barraque dans laquelle on a emprisonné la fontaine, qui n'offre une ressource aux amours; là, sans crainte, on peut presser la main d'une femme en lui tendant son verre d'eau; on peut être poli ou galant sans effaroucher même madame le Capitaine-rapporteur.

Mas ce qui contribue le plus à semer aux cœurs des dames des pensées d'amour, c'est le manque de société; c'est l'isolement presque complet dans lequel elles vivent. La fraîcheur des bois contraint, à Charbonnières, les promeneurs à rentrer à la nuit, et si l'on ne danse pas, si l'on ne fait pas de la musique, si l'on n'a pas de bruyantes distractions, ou bien si l'ame a besoin de ces plaisirs, de ces émotions où les sens semblent d'abord ne prendre aucune part, le moyen de se défendre contre un homme jeune, qui vous poursuit sans cesse et vous trouve à tous les instans, en toilette, en négligé, à demi-vêtue, au bois, à la petite église où Dieu est sans pouvoir, dans ce joli chemin ombragé qui y conduit; un homme qui devine les secrets de votre cœur, qui le soir passe devant votre porte entr'ouverte, comme pour quêter un regard, un appel, qui couche sous le même toit, qu'on entend se promener dans sa chambre après qu'il vous a quittée en vous disant : Je vais rêver de vous toute la nuit... et je serai seul... et vous aussi.

Avec tout cela être jeune, avoir un mari qui ne vient vous voir que tous les huit jours.... ou n'en avoir pas!

Oh! je me rappellerai toute ma vie une époque de bonheur que je dus à Charbonnières, bonheur rapide, que je n'ai plus retrouvé et que j'ai regretté bien des fois depuis.

Il y avait à Charbonnières beaucoup de jolies femmes cette année là... une entr'autres, jeune, et qui paraissait souffrir d'un mal de l'ame plus que de maux physiques. Je ne sais plus qui nous rapprocha, si ce fut la douleur ou la sympathie, mais un jour, seuls, assis sur l'herbe, à l'ombre des vernes et au bord de la rivière, dans une retraite impénétrable, recouverte d'une voûte de feuillage où un rossignol chantait sur notre tête, elle déroula sous mes regards toute l'histoire de son ame... J'ai lu toutes ses pensées... dans tous les replis de son cœur de femme... c'était déchirant... mes baisers essuyèrent bien des larmes sur sa paupière, nos ames s'étaient comprises. Dix jours après je reçus le billet que voici, et que je conserve encore, écrit de sa main :

Huit heures du soir.

« Tout dort dans cette maison... oh! qu'ils dorment! je n'envie pas leur repos; vaut-il le plaisir que j'éprouve à m'entretenir avec toi? Je t'ai bien désiré ces deux jours, mon ami. Que fais-tu? le mauvais temps t'a retenu sans-doute... il est vrai que je ne te reçois que dans les champs et les bois. Mais pourquoi ne viendrais-tu pas ici ? je suis seule, tout m'y parle de toi. Je n'ai que deux chaises, il y en a une qui t'attend; tu traverses le petit chemin... j'ouvre une porte... tu n'as qu'un étage à monter et je suis dans tes bras ! O folle que je suis, il est impossible qu'on ne t'entende pas! »

A trois heures du matin je me retrouvai sur la grande route; le vent était frais et moi brûlant d'amour, radieux de plaisir et d'espérances nouvelles... cette nuit ne s'effacera jamais de ma mémoire.

Elle partit quinze jours après; il y a bien des mois de cela, et je ne l'ai revue qu'une fois sous les Tilleuls, où je m'assis près d'elle, comme si je ne la connaissais pas, tandis que nos deux cœurs bondissaient... et une fois au théâtre où nos mains se pressèrent... Il y a près d'elle, toujours là, un infatigable argus qui serait mort depuis long-temps si les malédictions faisaient mourir. Et depuis, je reviens toujours à Charbonnières; je parcours seul tous les sentiers où nous avons erré ensemble, et mon sang s'échauffe à toutes les haltes où le plaisir nous arrêta.

Il n'y a pas huit jours encore, j'étais seul à Ecuilly, au-dessous *des Roches* où viennent se réunir deux ruisseaux qui vont se perdre au bois, dans ce site pittoresque et gracieux qu'on appelle

Aux Planches; et je cherchais le gazon où nous nous sommes assis, et je croyais entendre ses pas.. et qu'elle allait venir... et plus tard, au milieu de la nuit je revenais seul par cette grande route qui nous connait, sous cette longue allée de sycomores qui la borde depuis la Demi-lune jusqu'à Vaise; j'étais tout à elle, car nul murmure ne m'arrivait de la rivière que le soleil a desséchée; car du haut des aqueducs rien ne bruissait, et je ne voyais que des vers luisans qui semblaient exprès attendre pour guider les pas de l'amour. Je repasserai par là bien des fois encore... l'y retrouverai-je?

Si j'étais Victor Hugo, j'irais m'inspirer au pic de Sancy et dans la vallée d'Enfer....

Si j'eusse été Parny, je serais venu aimer à Charbonnières.

KAUFFMANN.

Août 1833.

LA GUILLOTIÈRE

A DIVERSES ÉPOQUES.

LA POLITIQUE ET L'AMOUR,

Épisode de 1815.

Si Lyon est une cité fertile en événemens et riche en souvenirs, ses faubourgs ne méritent pas moins une place dans les annales que ce livre est destiné à recueillir; *la Guillotière* surtout, autrefois dépendante de Lyon et alors petite commune à peine sortie du berceau, maintenant ville forte et populeuse, ayant vu se multiplier ses maisons comme ses habitans, ne relevant que d'elle-même et possédant des succursales à son tour.

Le P. Menestrier nous apprend, dans son histoire de Lyon, que les anciens titres donnent à ce canton le nom de *Grillotière*, et Paradin, en 1500, écrivait que ce faubourg *devait être ainsi nommé à cause des grillets et sonnettes de mulets de voitures desquels il n'est jamais dégarni.*

En 1240, la *Guillotière* ou *Grillotière* n'avait, pour point de communication avec Lyon, qu'un méchant pont de bois dont la mauvaise structure fut la cause d'un événement déplorable.

Sous l'archevêque Burchard, le roi Philippe-Auguste et Richard, roi d'Angleterre, se rendirent à Lyon pour entreprendre, de là, le voyage de la Terre Sainte. Ces deux princes venaient de séjourner en Bourgogne pendant les Octaves de St. Jean-Baptiste, et Mathieu Paris raconte que le monarque Breton y avait pris solennellement le costume de pélerin. Ils traversèrent donc le Rhône, sur le pont de bois qui aboutissait à la Guillotière, avec leur suite et grand nombre d'autres personnes ; mais Richard et Philippe-Auguste avaient à peine mis le pied sur le sol que le pont se rompit. Il y eut beaucoup de gens noyés et Richard perdit, dans ce désastreux accident, un de ses plus fidèles serviteurs. Le chagrin qu'il en ressentit fut si vif qu'il ne put être adouci que par la piété profonde qui remplissait son cœur.

Ce pont était alors sous la direction de quelques Religieux, ainsi que l'Hôpital qui l'avoisine. Richard, tristement affecté de l'événement, cause de la perte de tant de malheureux et qui lui coûtait son favori, donna à ces Religieux l'autorisation d'aller quêter en Angleterre, pour la construction d'un nouveau pont et l'entretien de l'hospice. Il fit plus encore: il leur remit des lettres de recommandation écrites de sa royale main, et adressées à tous les archevêques, évêques, abbés, prieurs et autres ecclésiastiques de son royaume, ainsi qu'aux comtes, barons, chevaliers et vassaux de ses états, à l'effet de leur faire obtenir les secours dont ils auraient besoin. Ce fut la première origine de la construction du pont de la Guillotière, tel qu'il existe de nos jours.

Mais son véritable auteur fut le pape Innocent IV, qui y contribua de ses propres deniers et plus encore des indulgences qu'il accorda à ceux qui participeraient à cette œuvre utile.

Ce fut en 1245, que ce pape vint tenir à Lyon un concile général. Il logea à l'ancien cloître de St-Just, auquel il fit présent de la rose d'or qu'on y conserve encore aujourd'hui. Son séjour à Lyon fut de sept années. Alors St-Louis fut prié par l'empereur Frédéric de ménager son accomodement avec le pape; il vint à cet effet jusqu'à Cluny où le pape se rendit de son côté. Ce fut au retour de cette entrevue qu'Innocent IV entreprit le pont, de la Guillotière. Sur l'une des tours de ce pont on lisait autrefois une inscription latine en l'honneur de son fondateur.

Parmi les personnes qui, après Innocent IV, ont le plus contribué à la construction de ce monument, on cite Clément Rosset, chanoine de Montbrison qui, par son testament de l'an 1294, laissa, *pour une fois, dix sols Viennois*, destinés à l'œuvre du pont; Guy, comte de Forez et de Nevers, avant de partir pour la croisade, fit son testament, comme c'était l'usage, et légua *cent sols* pour cette construction. Plus tard, sous le pontificat du pape Alexandre V, le cardinal de Ste-Suzanne, Légat en France, étant à Lyon, donna des indulgences pour tous ceux qui contribueraient de leurs deniers à l'achèvement de cette construction.

En 1711, ce pont fut le théâtre d'un événement plus tragique encore que l'accident qui mit en relief la pieuse charité de Richard d'Angleterre. Une foule considérable s'était portée au bourg St-Denis, à une lieue de la ville; et, après y avoir, selon l'usage, célébré la fête du Saint par des orgies, dont le souvenir est resté comme une tache à la moralité de nos ancêtres, chacun regagnait sa demeure, lorsqu'un employé de garde à la porte du pont, poussé par l'appât du gain, eut l'idée de fermer la barrière du côté de la ville, pour lever une contribution sur tous ceux qui rentraient. Personne ne voulut se soumettre à cette prétention; la foule se pressait, à chaque instant plus nombreuse; les voitures ajoutaient au désordre, et, l'encombrement étant parvenu à son comble, un grand nombre de personnes se précipitèrent ou furent précipitées dans le Rhône, beaucoup périrent écrasées ou étouffées; mais qui le croirait? au milieu de cette épouvantable scène, il se rencontra des hommes, assez audacieux dans le crime, pour exploiter la terreur et la mort à leur profit, et, lorsqu'il fut possible de venir au secours des vivans, parmi les deux cents cadavres qui furent relevés sur le pont, plusieurs furent trouvés chargés de bijoux précieux, dérobés à la faveur de cet épouvantable tumulte. Le lendemain de ce jour funeste, les deux cents cadavres étaient étendus sur les quais de la ville et chacun venait reconnaître ses morts. Les portes, furent détruites et le coupable fut condamné à être pendu.

Si la sévérité de notre époque a fait justice des saturnales au milieu desquelles se célébrait jadis la fête de St-Denis, il n'en est pas de même du pélérinage de St-Fond, accompli chaque année par la population Lyonnaise, au premier dimanche de Carême. Cette fête, que semble nous avoir légué le paganisme, est à Lyon ce que la mi-carême est à Paris; c'est-à-dire que toutes les folies du Carnaval s'y montrent une dernière fois pour disparaître jusqu'à l'année suivante. Les étymologistes prétendent que ce jour, appelé *Jour des Brandons*, dès le 13e siècle, fut ainsi nommé, parcequ'à la même époque, les cultivateurs parcouraient leurs vergers avec des torches de paille enflammées appelées *brandons* pour détruire les nids d'insectes attachés aux arbres. Mais, si telle est l'origine de la cérémonie *des Brandons*, nous devons avouer qu'elle ne répond plus, de nos jours, à son but d'utilité primitive; car ce n'est aujourd'hui qu'une occasion de plaisir, que les Guillotins s'efforceront de perpétuer, parce que la route qui mène à la plaine de St-Fond, traversant leur ville dans toute sa longueur, cette fête apporte chaque année un revenu certain à leur industrie.

Cette promenade reçut aussi le nom de promenade du Repentir, à cause du grand nombre de nouveaux mariés qui, sans doute, alors s'y fesaient remarquer. Ce nom n'est donc, comme on le voit, qu'une malicieuse épigramme de la foule contre le mariage. Sur cette route avait lieu autrefois la *Chevauchée de l'âne*, punition conjugale et grotesque qui consistait à promener, monté à rebours sur un âne, le mari qui souffrait pacifiquement les outrages de sa femme. On l'obligeait, en guise de bride, à tenir la queue du noble animal. Cette coutume fut établie, en 1566, à l'occasion des fêtes qui furent données à la duchesse de Nemours lorsqu'elle fit son entrée comme femme du gouverneur en chef. Cette cérémonie est encore en vigueur dans certains petits endroits, et les femmes joignent encore à l'humiliation de cette posture les injures et les coups.

Il se tient tous les ans, aux fêtes de la Pentecôte, près du pont de la Guillotière, une foire dont l'origine est assez burlesque pour être citée. En 1403, sous Charles VI, une sédition populaire éclata contre les notables de la ville; les habitans des quartiers Bourg-Chanin et du pont du Rhône, étant seuls, restés dans le devoir, voulurent célébrer à la même époque le souvenir de leur fidélité. Une chapelle fut construite, à cette occasion, sur le pont et consacrée au Saint-Esprit. De là, vint la cérémonie extravagante du *Cheval fou.* Un homme portant à ses hanches un mannequin en forme de cheval, recouvert d'un vaste capuchon qui lui cachait les pieds, muni de deux jambes postiches qui semblaient enfourner le cheval et vêtu, de la ceinture à la tête, avec des ornemens royaux, parcourait la ville en tous sens et amusait le peuple par ses sauts et ses gambades. C'est ainsi qu'ils prétendaient tourner en ridicule les séditieux. Une foule immense se rendait au lieu où cette farce commençait et revenait expirer. Les marchands profitèrent de cette affluence pour établir une foire qui a survécu de nos jours à la fête du *Cheval fou,* abolie par des raisons de police.

A l'extrémité du faubourg de la Guillotière, on trouve le vieux château de la Mothe, où Louis XIII a logé et où Henri IV avait précédemment passé la nuit de ses noces avec Marie de Médicis.

Le pont de la Guillotière a vingt arcades, deux cent soixante-une toises et trois pieds de longueur. C'est au pied d'une de ses arches que des pêcheurs trouvèrent, enfoui dans le sable, le célèbre bouclier sur lequel est représenté, selon quelques auteurs, le trait qui fait tant d'honneur à la continence de Scipion; et suivant Vinkelman, la dispute d'Achille et d'Agamemnon, au sujet de Briséis. Ce bouclier fut offert, à Louis XIV, par Guillaume Pilata, qui en était devenu possesseur. On le voit encore dans le cabinet des médailles de Paris.

Le pont de la Guillotière devint d'une grande utilité, non seulement pour les habitans de ce faubourg, mais il favorisa le commerce de Lyon avec les Allobroges, le Dauphiné, la Provence et les Transalpins.

Ce fut aussi, dès cette époque, que la Guillotière commença à voir augmenter sa population. De chétives maisons en planches se changèrent en de fort belles constructions. Peu à peu, le terrain prit une valeur considérable; les bâtimens se succédèrent avec rapidité, non seulement dans la Grande rue de l'ancien Faubourg, mais encore dans les alentours et principalement le long des bords du Rhône, dans les parties situées au nordest de la Guillotière et qu'on nomme les *Brotteaux*.

La Guillotière, cité fière et généreuse, au sein de laquelle il y eut toujours de l'écho pour les nobles sentimens, joua, en 1815, un rôle qui n'est pas sans intérêt. L'esprit de parti, qui porta la désunion et le trouble au sein de tant de familles, se dessina avec énergie parmi les habitans de la Guillotière. Fidèles à une grande gloire déchue, on les vit se distinguer, entre tous les Français, par la vivacité de leurs regrets pour l'Empire qui venait de crouler, par leur amour passionné pour le grand génie du siècle, l'homme aux conquêtes, le colosse formidable qu'un million de bras venaient de renverser.

Buonaparte! à ce nom seul les *Guillotins* trépignaient d'enthousiasme, les femmes criaient *vive l'empereur!* les enfans criaient *vive l'empereur!* Napoléon... c'était pour eux les institutions de l'Empire; cet homme était leur religion, leur Dieu, un Dieu que la trahison seule avait pu vaincre. Aussi est-il impossible de peindre les transports qui accueillirent le héros, lorsque, après le débarquement de l'île d'Elbe, il traversa la Guillotière. C'était un beau spectacle à voir que celui offert par ce peuple fanatique de gloire et possédant au milieu de lui le guerrier qui en avait tant donné à la France.

Avec leurs têtes ardentes et leur brusque franchise, les cris d'amour dont les Guillotins fesaient résonner l'air auraient pu être confondus avec les hurlemens de la fureur tant ils étaient passionnés. Certes, il y avait du drame dans cette scène du siècle; il y avait du drame dans cette foule ivre de joie, se ruant sur les pas d'un héros; il y en avait dans ce jour à son déclin sur lequel la gloire seule jetait tant d'éclat. Mais il y avait aussi une belle poésie à voir cet homme si simple au milieu de tant de grandeur, si calme au milieu de tant de passions, si resplendissant avec un chapeau percé sur sa noble tête, si majestueux avec sa main négligemment posée sur son cœur; oh! il y avait là une belle poésie, surtout, si, en regard de ce tableau, nous opposons celui qui se déroulait en même tems sur la rive droite du Rhône : le fils des rois contraint à fuir seul, abandonné de tous, après avoir vainement employé sur l'esprit du peuple et de l'armée tous les argumens du droit divin qui, en ce jour, trahissait sa cause.

Au milieu de cette population, folle d'enthousiasme, deux jeunes filles, à peine sorties de l'enfance, vierges encore de toute passion, fuyaient comme de timides colombes; elles fuyaient ces cris, ces hurlemens fanatiques dont elles ne pouvaient bien comprendre la cause... elles avaient peur! toutes deux coururent se jeter aux pieds d'une image de la Vierge, hissée à l'angle d'un mur, creusé en demi-cercle dans sa base, petite chapelle, située derrière un groupe de maisons fesant partie de la Grande rue de la Guillotière, non loin du Rhône et qui a reçu le nom de Notre Dame de *Béchevelin.* Ce fut en cet endroit, que, se tenant étroitement serrées, comme pour se prêter un appui mutuel dans le danger, Mélanie et Clotilde, prièrent avec ferveur, car il semblait à leurs ames craintives que ces éclats de la foule devaient présager quelque malheur.

Le cri unanime de *vive l'empereur!* répété par plusieurs milliers de voix, faisait vibrer l'air avec tant de force qu'il retentissait jusqu'à elles.

Seules, oubliées de tous, même de leurs familles, et dans un chemin désert, livrées à toutes les terreurs de leur imagination naïve, elles s'interrogeaient sur les causes possibles de cet effroyable tumulte; et, dans leur ignorance candide, avec cette ferveur des jeunes ames que nous regrettons dans un autre âge, elles priaient pour leurs compatriotes qu'elles croyaient visités par le malin esprit.

Mélanie d'Ombreville était fille d'un vieux Chevalier de St-Louis, fixé depuis peu de temps à la Guillotière, avec les restes d'une nombreuse famille, composée maintenant d'un fils, âgé alors de vingt-cinq ans, et de Mélanie, la douce et tendre Mélanie, jeune fille aux yeux bleus, aux cheveux châtains, pâle et frêle créature, au sourire gracieux et fin, au regard d'ange, beauté délicate et parfaite, ignorante de soi-même, passant sa vie à soigner son vieux père, à chérir son frère et l'amie que le sort lui avait donnée.

Clotilde Dumonceau était digne en tout de cette amitié et la partageait de toute son ame. Elle, aussi, était belle; elle, aussi, possédait les qualités du cœur. Son père était, comme disent les **Guillotins**, un enfant de l'endroit; il s'était enrichi à faire le commerce des grains; c'était un brave homme, brusque mais franc; qui aimait Napoléon avec fureur, ce qui ne l'empêchait pas d'être excellent père; aussi, dans ce jour mémorable, partageait-il l'allégresse publique avec des transports inexprimables.

Cependant Clotilde, un peu moins effrayée que son amie, cherchait à la rassurer, lorsque, tout-à-coup, elles aperçurent, à quelque distance, un homme dont les gestes peignaient la fureur et le désespoir. A mesure qu'il approchait, elles purent saisir quelques-unes de ses paroles, car il parlait à haute voix, quoiqu'il fût seul : « Peuple aveugle, s'écriait-il avec l'accent de la rage, stupides Français, si-tôt las de votre bonheur! Honte et anathême sur vous qui saluez de vos acclamations le retour de l'usurpation et de la tyrannie!» Et le malheureux promenait ses mains crispées dans sa chevelure, en jetant, à son tour, le cri de *vive le roi*; mais ce cri sans échos se perdait dans les airs, et les amies en bénirent Dieu ; car, s'il eût frappé les oreilles du peuple, ce cri fût devenu pour l'imprudent un arrêt inévitable de mort.

Les deux jeunes filles épouvantées se rapprochaient davantage encore de la sainte figure auprès de laquelle elles avaient cherché un refuge, lorsque tout-à-coup Mélanie pousse un cri perçant et se précipite sur le sein de l'homme qui les avait effrayées par ses gestes autant que par ses exclamations intempestives. Hélas! elle avait reconnu son frère... elle l'entoure de ses bras, lui prodigue ces paroles suaves que les femmes savent si bien prononcer, au jour de la douleur; mais le furieux jeune homme l'écoute à peine : — Les entends-tu, les forcenés, reprend-il? mais c'est leur roi légitime qu'ils abandonnent si lâchement, leur roi, fils d'Henri IV et de St - Louis... O France, France dégénérée, puisses-tu pleurer un jour ton funeste aveuglement !

Cependant le jeune homme, exalté aussi par l'amour de la légitimité que lui avait transmis son père, ancien serviteur des Bourbons, reprit un peu du calme qui lui était habituel et qui venait d'être troublé par la scène dont il avait été le témoin involontaire. La voix de Clotilde, sa présence, ce parfum de jeune fille qui répand son magnétisme sur les sens même du plus farouche , eurent un effet prodigieux sur le frère de Mélanie. Souvent il avait admiré Clotilde; souvent elle avait été l'objet de ses rêves de jeune homme, de ses doux pensers d'amour, et, dans cette soirée, il la voyait presque suppliante auprès de lui, elle qui avait droit à tant d'hommages; ainsi que son amie, elle pressait la main brûlante de Prosper, oublieuse, en cet instant, de la réserve imposée à son sexe; toute entière au soin de calmer une peine, d'éloigner un danger.

Cependant l'Empereur avait traversé le Rhône et fait son entrée dans la ville de Lyon. Les cris avaient cessé à la Guillotière ; car le peuple, après s'être pressé sur les pas du grand homme, entourait maintenant sa demeure. Le quai de l'Archevêché était encombré par la foule, et les chants joyeux se prolongèrent fort avant dans la nuit.

Le jeune d'Ombreville, soulagé par ce silence, se livrait tout entier au bonheur d'être l'objet de la tendre sollicitude de deux jeunes filles charmantes ; et s'il lui échappait encore des expressions de fureur, c'est qu'il prenait un plaisir infini à se laisser apaiser de nouveau. Ce fut donc sans peine qu'il promit à Clotilde de veiller désormais sur ses propos et de taire une opinion qu'il ne pouvait alors manifester sans danger. Prosper et Clotilde emportèrent, en se quittant, une passion plus douce que celle qui a pour but de changer la face des empires et qui promet aussi plus de bonheur.

Depuis ce jour, ils ne laissèrent échapper aucune occasion de se rencontrer; et, tout en discourant sur la politique, lieu commun des conversations de cette époque, si pleine d'évènemens, les affaires du cœur avaient fait un chemin considérable. Clotilde avait avoué à Prosper qu'elle partageait l'amour dont il lui avait fait l'aveu, et tous deux s'étaient juré de renouveler un jour, au pied des autels, le serment de s'aimer toujours.

Pendant ce temps, la douce, la tendre Mélanie avait aussi laissé surprendre son cœur, et c'était précisément par un des frères de Clotilde. Augustin Dumonceau était un grand jeune homme au cœur excellent, possédant toute la franchise et la vivacité du pays. Il n'avait pu voir, sans l'adorer, cette jeune fille si délicate et si jolie, à l'œil si doux, aux grâces si modestes et si séduisantes. Il l'avait préférée à toutes les demoiselles du pays qui sont pourtant, en général, et sauf quelques exceptions, de fort belles filles, ayant un beau sang, beaucoup de fraîcheur et possédant cette vivacité du midi qu'on reconnaît, en elles, à leur minois éveillé, à leur démarche un peu fière et peut-être un peu trop assurée.

Augustin avait une ame de feu, une sensibilité exaltée et un caractère énergique. Il ne désirait jamais rien à demi, et sortait rarement d'une lutte sans que sa volonté demeurât triomphante. Il prévoyait bien quelques obstacles à son mariage de la part de sa famille, mais il avait résolu de les vaincre, et il était ainsi organisé qu'il eût mieux aimé périr que de renoncer à ses espérances.

Avec la même manière de sentir, avec un amour au cœur aussi passionné et peut-être plus tendre, Mélanie avait un caractère entièrement opposé à celui de son amant. Son ame craintive s'épouvantait à l'idée d'une lutte; aussi ne se livrait-elle jamais à la discussion; et, si elle n'était point de l'avis des personnes qui l'entouraient, elle gardait le silence pour éviter le combat. Sa timidité était excessive; elle fuyait le monde qu'elle n'aimait point et dont elle craignait, avec raison, le jugement presque toujours dépourvu de bienveillance. Mélanie n'aurait pas su se mettre au-dessus d'un préjugé, et serait demeurée sans force pour braver l'opinion, si elle lui eût été contraire. C'était une jeune fille faible jusqu'à la pusillanimité; mais fidèle à ses devoirs, aimant la vertu par goût, et ne pouvant être heureuse que par elle.

Augustin régnait sur ce cœur si pur et si tendre; elle adorait en lui les qualités dont elle était dépourvue, la force et l'énergie; elle sentait vaguement combien sa faiblesse avait besoin d'appui, et elle aimait à s'appuyer dans l'avenir sur ce protecteur qui lui inspirait déjà tant d'amour; mais c'était le protecteur légitime, avoué de tous, qui était l'objet de toutes ses pensées; elle eût repoussé avec effroi un lien que son père n'eût pas sanctionné de son approbation. Pourtant, hélas! l'instant approchait où sa vertu devait avoir à essuyer une rude épreuve.

Cependant Augustin, violemment épris des charmes de la douce Mélanie, déclara ses sentimens à son père; mais que devint le bouillant jeune homme lorsqu'il reçut le refus formel de consentir jamais à ce mariage! Une haine sourde s'était déclarée entre la famille de Dumonceau et celle de d'Ombreville, et cette haine mortelle avait pour unique cause la différence d'opinion. Un royaliste, selon le père d'Augustin, était un monstre à étouffer, un scélérat à détester et fuir: et, dans les idées de M. d'Ombreville, un Bonapartiste était un buveur de sang, un homme capable des crimes les plus odieux. L'aveuglement et la fureur des partis étaient tels, à cette époque, que les fables les plus absurdes circulaient dans les deux camps, propagées par la haine qui les divisait et acceuillies avec la plus étrange crédulité.

Désespéré du refus de son père, Augustin se rendit auprès de Prosper; et, après lui avoir fait connaître l'état de son cœur, il lui avoua qu'il était déterminé à braver la volonté paternelle, s'il ne pouvait parvenir à la fléchir. Prosper, encouragé par cette confidence, lui déclara, à son tour, ses sentimens pour Clotilde, et tous deux se jurèrent alors appui et protection dans les tentatives à faire pour arriver au but de leurs désirs.

Mais, hélas! une passion haineuse est difficile à éteindre; tout l'irrite et l'exaspère; elle trouve le moyen d'empoisonner les propos les plus innocens, les paroles les plus inoffensives; M. d'Ombreville apprit le refus de M. Dumonceau en même temps que l'amour d'Augustin pour la fille de l'ancien marchand, et il fut blessé, jusqu'au fond de l'ame, d'avoir été devancé par son adversaire. Un peu d'aristocratie se mêlait au dépit du père de Mélanie; son orgueil, fondé sur quelques parchemins vermoulus, et déjà sans valeur à cette époque, s'irritait à l'idée du mépris jeté à son écusson par un petit marchand, pour lequel il y avait, selon lui, trop d'honneur dans une union avec sa famille, toute deshéritée qu'elle fût des biens de la fortune. Il ne songeait pas qu'à côté de l'aristocratie de naissance, s'élève une aristocratie nouvelle, aristocratie d'argent plus ridicule que l'autre peut-être, puisque le plus souvent elle est entièrement dépourvue de sentimens nobles et de véritable grandeur, mais qui se fonde sur une puissance réelle; et si le vieux chevalier eût marché avec son siècle, il eût compris le refus du père d'Augustin.

Augustin courut se jeter aux pieds de M. d'Ombreville, dans l'espoir de le fléchir; mais larmes, prières, supplications, tout fut inutile. Les efforts réunis d'Augustin et de Prosper échouèrent devant l'entêtement du vieillard; rien ne put adoucir son orgueil blessé. On tenta vainement de déterminer M. Dumonceau à faire les premiers pas vers un homme qui pouvait, à bon droit, se croire l'offensé; s'il se fût agi d'un ennemi ordinaire, d'un homme qui l'eût attaqué dans son honneur ou dans sa fortune, peut-être n'eût-il pas hésité à lui tendre la main, en promettant l'oubli du passé; mais pouvait-il en agir ainsi, lui bonapartiste, vis-à-vis d'un champion de la légitimité?

Dès-lors la discorde s'établit au sein de la famille Dumonceau. Le fils, violent et emporté lorsque ses désirs rencontraient des obstacles, accusait son père de dureté et d'égoïsme; le père jurait de nouveau qu'il ne ferait point plier sa haine aux caprices de son fils; Clotilde pleurait sur la douleur de son frère autant que sur la sienne propre, et, pour comble de malheur, elle était privée de la consolation de répandre ses chagrins dans le cœur d'une amie, les deux jeunes filles ne devant plus se voir par suite des défenses de leurs parens.

Mélanie, soumise et résignée, obéissait sans murmure; mais sa douleur, pour être concentrée, n'en était pas moins affreuse. Son regard, si doux et si pur, devenait languissant et terne; sa bouche n'avait plus de sourire. Le souffle des passions commençait à flétrir cette fleur si délicate et si jolie; et cependant son père restait inexorable. En vain, cette figure apâlie était-elle là, sous ses yeux, comme un reproche muet; en vain, la profonde tristesse de Prosper parlait avec la même éloquence, le père était sourd; le royaliste, le fidèle de la ligitimité, ne sentait que sa haine contre le fanatique de l'empire et contre sa race; mais lui aussi n'avait plus de bonheur dans l'intérieur de sa famille : car, s'il n'entendait pas les cris de la révolte, il voyait couler les larmes du désespoir.

Cependant Augustin, ne voyant plus aucun moyen de vaincre la résistance du père de Mélanie, roulait mille projets funestes dans son esprit ; sa passion, irritée par tant d'obstacles, était devenue frénétique. Un jour, dévoré par une fièvre brûlante, exaspéré par une scène nouvelle avec son père, le malheureux jeune homme froissé, abîmé par un chagrin devenu intolérable pour une organisation comme la sienne, et ne prenant plus conseil que de son désespoir, conçut le dessein d'enlever Mélanie ou de se tuer si elle ne consentait pas volontairement à le suivre; car il avait trop d'honneur pour user de violence envers elle, et trop d'amour pour vouloir l'obtenir autrement que par sa propre volonté. Il se présenta donc devant la jeune fille, l'œil hagard, les traits bouleversés; il était effrayant :—Il faut que tu me suives, Mélanie, dit-il ; il faut que tu m'entendes hors d'ici : Viens ! — La timide Mélanie voulut résister, à cause de la défense de son père, mais elle put lire sur la figure de son amant une expression si profonde de douleur, qu'elle le suivit en silence et comme magnétisée par cette volonté forte qui la dominait. Il l'entraîna ainsi dans un lieu solitaire, où ils se trouvèrent enfin loin de toute habitation et sur les bords du Rhône. Le fleuve grondait à leurs pieds, et, malgré sa pénible préoccupation, Augustin comparait ce tumulte des flots à la tempête qui grondait aussi dans son ame. Ce lieu lui plaisait : il était en harmonie avec les pensées sinistres qui traversaient son esprit.

Mélanie n'était pas moins agitée; elle était si tremblante qu'elle avait peine à se soutenir. Le fragment d'une énorme pierre fut le siége sur lequel Augustin la plaça; puis, se mettant à ses pieds, il prit dans ses mains fiévreuses les mains brûlantes de la jeune fille, et, après lui avoir fait une énergique peinture des maux qu'il endurait, il lui dévoila les projets qu'il avait formés pour échapper à la tyrannie de leurs familles. Tout ce que l'amour a de plus tendre et de plus persuasif fut mis en usage pour décider Mélanie à le suivre dans une contrée lointaine où elle serait à lui, rien qu'à lui et pour toujours; mais on peut juger de l'effet que produisirent de tels discours sur l'esprit d'une jeune fille d'un caractère doux et soumis, élevée dans les principes de la vertu la plus sévère. Aussi fut-elle épouvantée et si étrangement jetée hors d'elle par ces paroles, où elle crut voir une offense, qu'elle fit entendre, à celui dont l'ame recelait tant de passion, des expressions dures et amères, qui vinrent tomber glacées sur ce cœur embrâsé d'amour.

Augustin était anéanti... il n'avait encore rien enduré de pareil; toutes ses souffrances passées étaient peu de chose comparées à la poignante douleur qui l'oppressait en cet instant. Il s'éloigna de Mélanie, et s'approchant du bord du fleuve :
—Ici, dit-il, ici!... oh! qu'il serait doux de trouver ici l'oubli de ses maux! Pourquoi donc hésiter encore? — Et ses pieds baignaient déjà dans l'eau courante. Des sanglots le rappelèrent à lui : c'était Mélanie qui l'avait suivi et qui cherchait à le ramener sur le rivage; une pensée horrible traversa alors son esprit : il fut tenté de précipiter la jeune fille avec lui dans le fleuve :—Mais non, s'écria-t-il, ce serait un assassinat, car elle ne me comprend pas... Malheur sur moi! reprit-il après un instant de silence, elle ne me comprend pas!

Mélanie pleurait toujours.

— Des pleurs, des pleurs... ce sont des actions qu'il faut et non des larmes ! dit l'impétueux jeune homme. Oh! Mélanie, si tu m'aimais, tu me suivrais ou nous mourrions ensemble. —

A ces mots, Mélanie se précipita à genoux et leva au ciel des yeux pleins de larmes, comme pour y chercher un secours.

—Oh! n'ayez peur, jeune fille, je ne suis point un assassin... tu le veux : je mourrai, mais seul... pourtant, si tu l'avais voulu, je t'aurais rendue si heureuse... je t'aurais tant aimée.

— Mais mon père... mon vieux père... dit Mélanie égarée ; fuir, l'abandonner... trahir tous mes devoirs! oh! non, jamais! Augustin, je ne le puis...

— Et moi, je ne puis vivre sans toi : il faut te posséder ou mourir! Ton père est un barbare... préfère-le donc à moi, le cruel, mais que mon sang retombe sur sa tête! Adieu! que ferais-je sans toi, dans la vie !...

— Mon Dieu, mon Dieu! ayez pitié de nous! s'écria Mélanie.

— Dieu... il est comme toi, il est inexorable ; d'ailleurs, je suis maudit, puisque tu me repousses. Ecoute, Mélanie, écoute-moi bien, car c'est pour la dernière fois que je fais un appel à ton amour : veux-tu me confier ton existence, veux-tu me suivre et t'abandonner à moi?

— Jamais! je ne le puis...

— Eh bien! c'en est fait; c'est mon arrêt que tu prononces... Adieu !

Et l'infortuné jeune homme s'élança vers le Rhône ; Mélanie voulut le retenir ; mais, brisée par une émotion aussi violente, elle retomba mourante sur la pierre qui, tout-à-l'heure, lui servait d'appui. Augustin tourna une fois encore vers elle son regard suppliant... un seul geste l'eût peut-être ramené, mais, hélas! la pauvre fille était privée de sentiment.

Le mot adieu, jeté dans les airs par une voix frénétique, retentit au loin; à ce cri succéda le sourd mugissement du fleuve, agité par la chûte d'un corps... puis, plus rien !

Mélanie fut trouvée par des mariniers et portée mourante chez son père.

Cet évènement jeta le deuil et la désolation dans les deux familles. Les deux malheureux pères ouvrirent enfin les yeux sur leur inconcevable démence, et leur ressentiment s'appaisa en présence de la catastrophe qui détruisait à jamais leur bonheur. Mais, hélas! le mal était sans remède et le remord était pour toujours descendu dans leurs cœurs... Leur commun malheur les rapprocha ; car Mélanie survécut peu de temps à la perte de son amant. Jamais les vives couleurs de la santé ne reparurent sur sa figure, naguères si fraîche et si jolie. Elle languit encore quelque instans dans la vie, portant au cœur une douleur amère et sentant avec joie qu'elle pourrait en mourir.

Tous les soirs, on la voyait errer, comme une ombre, sur la plage fatale où son amant lui avait adressé le dernier adieu... sur les bords de ce fleuve où s'étaient englouties toutes ses espérances d'amour et d'avenir. Souvent elle passait des heures entières à pleurer en ce triste lieu.

Un jour, se sentant trop faible pour s'agenouiller, ainsi qu'elle le faisait chaque soir depuis la mort d'Augustin, elle s'assit sur le roc où l'avait déposée celui qui l'avait tant aimée. Elle pencha sa tête affaiblie sur cette froide pierre où elle retrouvait tous les souvenirs de sa courte vie; elle se rappela les paroles que, dans un instant terrible, il lui avait fait entendre, paroles d'amour si touchantes et si passionnées. Une illusion chérie mêlait la voix de son amant aux sourds mugissemens du Rhône; elle croyait reconnaître les accens de cette voix si chère dans le murmure de la brise qui venait caresser son pâle visage. Enfin, elle porta un long et dernier regard sur le fleuve, devenu le tombeau de celui qui fut son premier et unique amour.... Puis, elle exhala son dernier soupir avec une pensée d'espoir...

Le temps éteint bien des regrets, noie de bien grandes douleurs... Un an après la mort de Mélanie, on célébrait chez M. Dumonceau l'union de Clotilde avec le fils du vieux chevalier d'Ombreville.

Mme LOUISE MAIGNAUD,

Auteur de *la Femme du Monde et la Dévote*, de *la Fille-Mère*, etc.

BELLECOUR, ST-CLAIR

ET

LA RUE MERCIÈRE.

Lyon ressemble beaucoup à une vieille médaille qui aurait conservé ses empreintes malgré le frottement des siècles. Il y a en effet dans Lyon, plus heureux que la médaille qui n'en a que deux, trois types bien distincts et qui auraient pu fournir à un *Picard* lyonnais le sujet d'une comédie de mœurs comme celle des *Trois Quartiers*.

Je veux parler de la physionomie particulière que présentent à l'observateur les trois points principaux de notre cité. *Bellecour*, la *rue Mercière* et *le quai St-Clair*. Ce sont trois populations tranchées, trois villes dans une ville, et il y a, moralement parlant, aussi loin de la rue du *Pérat* à la rue *Royale*, que de Marseille à Bordeaux.

Le quartier Bellecour, centre de l'aristocratie nobiliaire, faubourg St-Germain lyonnais, et le quartier St-Clair, foyer de l'aristocratie financière, nouvelle chaussée d'Antin, étreignent des deux côtés le vieux Lyon, marchand, boutiquier et industriel, suivant l'ancien système. La rue Mercière se trouve-là comme une pauvre fille entre deux séducteurs, dont l'un parle trésor quand l'autre parle naissance, et qui ne se décide ni pour l'un ni pour l'autre, car elle les méprise tous les deux; et elle a raison; c'est dans la médiocrité que se trouvent à la fois la plus grande masse de vertus et la plus forte dose de bonheur.

Il y a donc entre ces trois quartiers incompatibilité d'humeurs, de goûts et d'habitudes, quoiqu'ils soient forcés de vivre côte à côte comme un mauvais ménage, et leurs habitans présentent chacun dans leur sphère, un caractère particulier qui frappe l'étranger au premier aspect.

Esquissons d'abord Bellecour, car à tout seigneur tout honneur. Et, quoique toute aristocratie soit aujourd'hui une anomalie choquante avec nos mœurs et nos lumières, s'il fallait opter entre deux sottises également ridicules aux yeux de tout ce qui a un cœur et une tête organisée, j'opterais pour l'aristocratie de naissance, car celle-là du moins suppose l'éducation, et l'autre ne suppose que la vanité; l'une est un vieux temple du moyen âge que l'on s'est habitué à respecter, je ne sais pas trop à la vérité pourquoi, mais qui a pour lui la sanction si forte de l'habitude; l'autre est une statue moderne qui n'a pas même de piédestal, et qui ne dit rien à l'ame parce qu'on l'a vu bâtir, et que l'on sait presque toujours avec quels matériaux !

Entrez un jour de réception dans un des vieux salons de Bellecour, vous retrouvez groupés comme des cadavres exhumés, tous les préjugés qui ont amené l'immortelle et féconde révolution de 89. Là, en franchissant une seule porte, vous croirez avoir reculé d'un demi-siècle en entendant répéter à haute voix par la livrée les titres que l'on croyait anéantis avec l'ancien régime, et que Napoléon parvenu au trône crut devoir ressusciter avec lui. Seule faute qu'il ait commise, mais faute grave par ses conséquences actuelles, faute qu'on n'eut pas dû attendre du général républicain d'Arcole et de Lodi. Là, revivent les comtes, vicomtes, marquis; je ne voudrais même point jurer qu'il ne s'y trouvât pas des *Vidames* et des *commandeurs*; là les croix de Malte et de l'éperon d'or, sont quelque chose de plus qu'un morceau de ruban. Là, en revanche, le mérite n'est compté pour rien s'il n'est précédé de la bienheureuse syllabe aristocratique. Là, on se plaint chaque jour d'avoir été ruiné par la révolution de 89, qui n'a pourtant réellement enlevé à la plupart des mécontens que leurs dettes, dettes, à la vérité, fort considérables, mais qui a bénévolement laissé à chacunes de ses prétendues victimes, un beau et bon château flanqué de vingt-cinq à trente mille livres de rente. On voudrait bien être victime à ce prix là, et même à moins !

Là, on boude contre la révolution de 1830, et ce n'est pas tout à fait en cela que je blâmerais les nobles, car les priviléges qu'ils regrettent si fort n'ont fait que passer en d'autres mains, et ce n'était pas trop alors la peine de changer. Quant le volant reste en l'air, qu'importe la raquette qui le lance !

Là, les intérêts de caste sont soigneusement caressés; on vit dans son monde à particule, on se marie dans son monde à particule, et on ne se croirait sans doute pas bien mort si on ne pouvait exhaler son dernier soupir dans les bras d'un prêtre à particule.

Toute la vie de la noblesse *bellecourienne* se concentre de la rue St-Dominique à la rue Sala. C'est aujourd'hui son oasis, sa terre promise; c'était autrefois son champ d'asile ! pour elle toute la civilisation est là, et hors cette civilisation point de salut. Il faut voir avec quel superbe dédain on y parle du quartier St-Clair, qui, de son côté, à l'instar de la grenouille de la fable, se gonfle, depuis trois ans surtout, pour devenir aussi éminent que son antagoniste. D'honneur, cela fait rire !

Les nobles sont aujourd'hui comme les hébreux ; un débris de peuple frappé par la providence, mais qui a conservé intacts ses dieux et ses lois, à part du reste de la grande famille ; comme les hébreux même ils attendent un messie qui ne viendra pas. C'est une plante long-temps indigène, devenue tout-à-coup exotique, dont les boutures sont stériles, à laquelle le climat de la France ne convient plus, et qui perd une feuille ou une racine à chaque bouffée du souffle populaire, à chaque tourmente du corps social.

Du reste, vivant joyeusement la vie, utilisant la fortune comme elle doit l'être, les habitans du quartier Bellecour, pris individuellement, sont les meilleures gens du monde. Ils font de la morgue en corps comme les militaires font la parade. Isolés, vous trouverez en eux des gens affables, instruits, de bonne compagnie, avec ce vernis de manières et de ton qui fait supporter la protection et donne du prix à l'intimité. Ils ont seulement le petit ridicule de vouloir qu'on appelle leur portier *suisse*; mais au moins ils ont des portiers, et c'est toujours quelque chose ; car le portier, ce meuble de première nécessité à Paris, est un luxe bien rare à Lyon. Leurs domestiques sont tous *valets-de-chambre*, et leurs voitures sont armoiriés comme le fronton des châteaux gothiques. Le seul tort réel qu'on puisse leur reconnaître, c'est le mépris qu'ils affectent pour le commerce, quand surtout la plupart d'entr'eux ne doivent leur noblesse qu'à l'échevinage ; lorsque, comme aujourd'hui, la société est assez bien faite pour ne pas demander compte aux gens de la manière dont ils sont arrivés, ces gens qui ont eu le bonheur de parvenir à être plus que leurs aïeux, doivent avoir assez d'esprit, assez de pudeur, pour ne pas l'oublier eux-mêmes. Il n'y a que les méchans enfans qui fassent fi de leur nourrice.

Du bout de la rue St-Dominique à l'entrée de la rue Mercière, il n'y a, physiquement, que cinquante pas, il y a, moralement, un abîme, un siècle ; c'est une autre population, ce sont d'autres mœurs.

Le boutiquier de la rue Mercière, de cette rue patriarcale qui, à quelques exceptions près, est encore aujourd'hui ce qu'elle était il y a deux siècles, ne ressemble pas plus aux nobles de la place Bellecour, qu'un Lapon à un Hottentot, qu'un ourang-outang à l'Apollon du Belvédère.

La rue Mercière, boyau étranglé qui joint les deux extrémités de Lyon, et qui les transvase journellement l'une dans l'autre sans qu'elles y laissent de trace de leur passage ; la rue Mercière avec ses noires et profondes boutiques où le soleil n'a jamais épanché un de ses rayons ; avec ses larges devantures ouvertes comme un gouffre et parées de tous les produits de la moyenne fabrication ; la rue Mercière où le comptoir d'acajou et la montre en glace serait aussi phénoméniques qu'une éclipse de soleil; la rue Mercière, réceptacle de l'indienne et du jouet d'enfant, de la blouse bleue et du mouchoir imprimé; la rue Mercière, bazar de la petite propriété, où l'on trouve entassés la librairie ecclésiastique, le calicot à dix-neuf sous, le madras-coton et le bonnet de tulle-bobin; la rue Mercière, enfin, où l'on voit sur chaque porte de jeunes filles, fraîches et jolies, ma foi, mais qui se renouvellent tous les quinze jours par l'effet de la civilisation, poursuivre le passant, surtout le passant au visage exotique, du cri monotone : *Vous faut-il quelque chose ? voyez, entrez, la vue ne coûte rien.* Occupation qui ne doit pas laisser que de les amuser beaucoup; cette rue Mercière, dis-je, offre un cachet particulier de petite ville qu'on peut ne rencontrer qu'à Lyon. C'est le commerce de détail comme on le faisait sous François Ier. Les marchandises ont peut-être changé, mais les marchands se sont bien gardés de faire comme les marchandises. Les magasins se sont transmis de père en fils; et il y en a qui comptent déjà jusqu'à dix générations; car là les banqueroutes sont rares : **on fait peu d'affaires, mais on les fait bonnes.** Les fortunes s'élèvent moins vîte qu'ailleurs, mais elles sont plus sûres. En héritant des vieux magasins de leurs ancêtres, les boutiquiers actuels ont hérité aussi de leurs vieilles manières, et la probité est restée dans le magasin, derrière le vieux comptoir de noyer, comme faisant partie du fonds.

Là, point de luxe, point de morgue. Je parierais qu'il n'y a pas un seul marchand de la rue Mercière qui ait voiture. Le jour, la redingote en castorine ou la veste de toile grise, suivant la saison; la nuit, le bonnet de coton à trois bouts, orné de la rosette classique, voilà sa toilette. L'hiver, quand vient la fête de la *bourgeoise,* quelques amis et connaissances, l'oie aux marrons, le vin blanc de Condrieu, ou une vieille bouteille de Ste-Foy; et puis tous les convives rentrent à neuf heures précises chez eux, en bons citoyens, en amis de l'ordre public, car à dix heures vous ne trouveriez pas une croisée éclairée dans toute la rue Mercière. On dirait une ville dévastée par la peste. Tous les locataires y dorment du sommeil du juste, car le lendemain il faut être sur pied de bonne heure pour guetter la pratique matinale qui va au marché ou qui en revient. En un mot la rue Mercière est celle où l'on se couche le moins tard où l'on se lève le plutôt.

Dans le temps de la *feue* garde nationale, aucun citoyen ne faisait sa faction avec plus de régularité que l'habitant de la pacifique rue Mercière; nul ne *patrouillotait* avec plus de dévouement à l'ordre de choses et à son auguste famille.

Nul n'avait un soin plus minutieux de son fourniment, et ne passait avec plus de constance la pierre ponce sur son innocent fusil. Aujourd'hui encore, que chacun a été obligé de déposer ses armes à la municipalité, nul ne paye avec plus d'exactitude ses impôts de portes et fenêtres et sa cote mobilière; ce n'est pas lui qui fatiguera de ses réclamations M. le Préfet et ses obligeans employés! L'habitant de la rue Mercière est enfin, selon moi, le modèle le plus parfait de l'obéissance passive à l'autorité quelle quelle soit. Pas même chez lui de contravention aux ordonnances de simple police, si ce n'est à celles sur la propreté; mais c'est un mal général à Lyon, et l'hôte de la rue Mercière, toujours simple et modeste, ne voudrait pas se singulariser en faisant mieux que ses concitoyens.

Passons au quartier St-Clair. Là, presque plus de boutiques; mais des caisses, des bureaux, des magasins au premier, dans de superbes hôtels. C'est là que la haute finance a fait élection de domicile. Banquiers, fabricans, agens de change, négocians en gros, tout est là. On n'entend que le son des écus, on ne rencontre que des hommes riches, et les premier, quinze et trente du mois, on ne peut faire un pas sans marcher sur un garçon de recette chargé d'une double sacoche comme un âne qui porte double panier. Tout le jour est livré aux spéculations commerciales; les enfans

de huit ans, élevés dans la crainte de Dieu et des banqueroutes, y connaissent déjà le cours du change et la tenue des livres en partie double. Les demoiselles de la maison y tiennent souvent les écritures ou la caisse, ce qui est une économie parfaitement entendue, d'autant qu'on ne fait jamais mieux ses affaires que lorsqu'on les fait soi-même. Le soir, les hommes vont au spectacle ou au café Grand. L'été, ce sont les parties de campagne, car ces messieurs n'ont pas de châteaux, mais ils ont presque tous de délicieuses habitations sur les rives du Rhône ou de la Saône, et ils partent le samedi pour y passer gaîment le dimanche. L'hiver, ces messieurs reçoivent, et reçoivent fort bien; c'est à qui dépensera le plus pour qu'on parle de lui. Les femmes rivalisent de toilette et de grâce pour être remarquées, et malgré leur antipathie pour les dames de Bellecour, plus d'une a négocié huit jours diplomatiquement, comme eût pu le faire M. de Talleyrand lui-même, pour obtenir que ces dames parussent à sa soirée. Les deux aristocraties lyonnaises tendent aujourd'hui à se donner la main; c'est un moyen comme un autre de se fortifier mutuellement; c'est, au reste, l'histoire du monarchisme et du fanatisme.

Les fortunes du quartier St-Clair sont brillantes et à découvert; aussi les faillites, quand elles y arrivent, ébranlent-elles un moment la confiance, et font-elles, pendant huit jours, le sujet de tous les entretiens.

Pour se marier convenablement dans le quartier St-Clair il faut être agent de change, notaire ou courtier en soie, trois professions fort lucratives du reste comme chacun sait. A Bellecour on demande d'abord si le futur est né, à St-Clair on demande d'abord s'il est riche; il est vrai que, pour le premier comme pour le second, ces deux qualités là dispensent de toutes les autres; c'est peut-être aussi pour cela qu'on voit dans les deux quartiers tant de mariages avoir des résultats qui rentrent dans certain article du code pénal.

Au total, les trois grandes divisions sociales sont représentées parfaitement à Lyon ; la noblesse par le quartier Bellecour, la richesse par le quartier St-Clair, et l'état mixte, l'état qui n'en est pas un, la médiocrité physique et morale enfin par la rue Mercière.

C'était là tout ce que je voulais dire et prouver, et pour cela j'ai jeté à la hâte un rapide coup-d'œil sur ces trois étapes de la civilisation actuelle. Je n'ai pas pu tout voir, parcequ'il aurait fallu des années d'observation. Je n'ai pas voulu tout dire, parce qu'il aurait fallu des volumes, et que d'ailleurs il y a des vérités qu'il faut savoir taire par prudence ou par commisération. Peut-être même ai-je mal vu dans le peu que j'ai vu, et en cela il y a de ma part négligence et non

malveillance. Si donc je n'ai pas toute la vérité
d'une dépêche télégraphique, on me pardonnera
sans doute, quand on saura que je n'ai aperçu
que les masses sans pouvoir arriver aux détails ;
que j'ai enfin été obligé d'écouter aux portes, ce
qui fait souvent qu'on entend fort mal, ayant toujours compté pour rien l'honneur d'être noble,
n'ayant plus le bonheur d'être riche, et n'ayant
jamais eu l'avantage de posséder une boutique
dans la rue Mercière.

Eugène de Lamerlière.

L'ANTIQUAILLE.

> Que les temps sont changés !
> RACINE.

Lyon vu de Fourvières présente un tableau dont chaque auteur, ici, étale la richesse, offre un passage, saisit un détail en l'embellissant de son coloris d'artiste, le retraçant de son talent d'historien, ou l'analysant de sa verve de critique. Pour moi, étranger à tous ces titres, je ne descends point jusqu'au spectacle de la grande ville; je borne mon horizon à mi-côteau. Là, décrivant le lieu que j'habite, je trouve par l'intérêt qui s'y rattache, par les souvenirs qu'il rappelle un sujet digne de curiosité et d'étude; mais, comme la vie des hommes, celle des monumens a plusieurs âges, et c'est la connaissance de toutes leurs périodes qui constitue leur histoire.

Exposé au levant, isolé sur le penchant de la

montagne que couronne l'église de Fourvières, placé au-dessous d'elle, planant sur les tours gothiques de la cathédrale, s'élève un bâtiment dont les dehors simples, irréguliers, annoncent une origine moderne et de date différente : c'est l'Antiquaille.

Trois pavillons carrés lient ensemble quatre constructions principales, laissant voir une longue façade qui domine la ville.

La disposition actuelle de l'édifice semble contraster avec son nom (*Antiquitas.*); mais, l'archéologie, l'histoire nous fournissent les preuves de son ancienneté, que l'on chercherait en vain dans ses formes extérieures.

Il a été dans la destinée de l'Antiquaille de passer par toutes les phases de la fortune. D'abord, demeure des prêteurs de Lugdunum, colonie Romaine, son histoire se lie à celle de Rome par les hôtes illustres que cette dernière lui envoya et qui de l'Antiquaille, alors Prétoire, passèrent pour un instant dans le palais des Césars.

Auguste pendant trois années habita ce séjour qu'avait préparé Agricola ; les monumens existans encore nous apprennent la sagesse de ses lois, et la reconnaissance de nos pères ; sous son règne ils furent heureux ; de son vivant même, ils lui élevèrent des autels.

Le jour de la dédicace du temple des soixante nations, dans le palais de son aïeul fait demi-

Dieu, naquit Claude dont les crimes et l'imbécillité démentirent une si noble origine.

Prodigue de sang, d'argent et de plaisirs, Caligula établit à Lyon des fêtes rivalisant avec celles de sa capitale. Ayant dilapidé ses trésors, il inventa un impôt volontaire : au premier jour de l'année, il faisait publier, qu'il recevrait lui-même sur la porte de son palais, à l'Antiquaille, les dons, les étrennes que chaque bon citoyen voudrait offrir. On était libre ; mais, malheur à qui osait s'affranchir du tribut!....

Si l'histoire n'était que la peinture du bien, je citerais ici avec orgueil Germanicus, frère de Claude, je repousserais Caracalla et Géta, qui comme lui virent le jour dans la demeure des empereurs. Mais, tous les souvenirs doivent ici trouver leur place. Le vice fait briller la vertu; il sert d'ombre au tableau sans le ternir.

Lorsque la force était la loi, la haine, les combats, les dissentions politiques vinrent ensanglanter l'Antiquaille qui sous F. Valeus, Dèce, Valérien, Galba, Sévère, Albinus fut tour à tour refuge du vaincu, conquête du vainqueur : ses murs dévorés par la flamme, abattus dans la guerre, relevés dans la paix, témoins de chants de triomphe, de cris de désespoir, entendirent encore d'autres plaintes et d'autres cantiques de joie. Au deuxième siècle de l'Eglise chrétienne, ils furent purifiés par le sang des martyrs ; c'est là que saint

Pothin apôtre des Gaules, vieillard octogénaire, sacrifia sa vie à sa conviction; c'est là que ses prosélytes souffrirent avec lui, enfermés dans les cachots, les uns en sortirent pour aller ensanglanter l'arène, les autres moururent abandonnés dans leurs prisons. Le temps, la main de l'homme ont respecté le cachot dans lequel ils furent entassés : objet de vénération, il existe encore aujourd'hui et s'ouvre de temps en temps à la piété des croyans qui le visitent, sous le nom de *caveau de saint Pothin*. Une colonne en pierre, aux formes antiques en soutient la voûte : c'est à cette colonne, dit la chronique religieuse, que fut attachée sainte Blandine. L'intérieur du caveau, sombre, à demi-dégradé, présente un autel consacré à saint Pothin et à ses compagnons.

Parmi les grands hommes dont l'histoire de l'Antiquaille nous offre le souvenir, tous n'arrivèrent pas jusqu'à l'empire de Rome; plusieurs s'arrêtèrent sur les degrés du trône, d'autres brillèrent par leurs talens et leurs vertus. Tel fut Liberalis, philosophe célèbre, que Sénèque dans une lettre à Lucilius, leur ami commun, cherche à consoler des malheurs de sa patrie, incendiée la quatrième année du règne de Néron.* Une ins-

---

* C'est à l'Antiquaille qu'a été trouvée la plus grande partie des inscriptions gravées que l'on voit sous le portique du Palais St-Pierre.

cription antique trouvée parmi des décombres, dans le clos même de l'Antiquaille, est consacrée à sa mémoire et à celle de son épouse, grecque d'origine.

AUX DIEUX MANES

DE

CL. LIBERALIS

ET

DE LIVIE JANTHÈS.

Plus tard, Siagrius l'africain, qui fut consul, Sidonius, Avitus, Apollinaire, l'évêque de Clermont, que l'église a rangé parmi ses saints, naquirent à l'Antiquaille : mais, entre tous ces noms, il en est un que la flatterie et la vanité ont voulu élever au-dessus des autres, c'est celui de Papianille, femme de Férréolus, préfet du prétoire. Tous les princes de France n'ont pas accepté avec orgueil le lignage d'un valet ou d'un cocher, il en est qui ont voulu descendre de plus haut. Des hommes se sont rencontrés qui, mettant au service des grands leur savoir et leurs travaux, fouillant les chroniques et les fables du temps passé, ont voulu prouver aux peuples leur devoir d'obéir, et aux princes leur droit de commander fondé sur l'ancienneté des familles. C'est ainsi que pour plaire à Louis XIV, Dubouchet, célèbre généalogiste du temps, lui fabriqua des aïeux, avec des matériaux pris dans l'histoire, rangés par son génie inventif en ordre de succession ; il fit descendre, en ligne directe, les rois de France de la deuxième et de la troisième race de Papianille fille de Syagrius. Suivant donc son grand ouvrage sur *la véritable origine de la Maison royale de France*, c'est de l'Antiquaille que sont sortis les Bourbons.

Je ne veux point ici suivre l'Antiquaille dans les siècles d'ignorance ou du moyen âge, le montrer palais des rois de Bourgogne, château des ducs de Savoie, étaler les contrats qui le firent passer par tant de maîtres différens. En 1500, c'était la résidence de François Sala, seigneur de Mont-Justin ; puis de Symphorien Buatier, successeur de Mont-Joly : ces noms sont des souvenirs glorieux pour notre ville. En 1600, c'est par une lettre, datée de sa maison de l'Antiquaille, que Claude Rubis dédie son Histoire de Lyon au chancelier de Bellièvre, président du parlement du Dauphiné ; au milieu du dix-septième siècle, devenu la propriété des filles de Mathieu de Sève, trésorier de France, qui abandonnaient le monde pour la vie religieuse, l'Antiquaille servit de retraite aux dames de la Visitation, ordre fondé par François de Salle. Sur les ruines du palais antique s'éleva un cloître où des filles chrétiennes se livrèrent à la vie contemplative, jusqu'à la destruction des ordres religieux en France.

Après la révolution, ces lieux consacrés d'abord au luxe et à la grandeur, puis au silence et à la prière, le furent à la misère et à la souffrance; alors il y eut progrès.

Le 25 germinal an 13 (avril 1804), par un décret de la municipalité de Lyon, l'Antiquaille fut acheté pour servir, à la fois, de dépôt de mendicité, de maison de travail, d'hospice aux filles publiques, et de refuge aux fous qui souvent victimes des vices, des erreurs de la société, étaient autrefois par elle traités comme coupables, abandonnés sans secours, regardés comme des bêtes fauves, enfermés dans des cachots, pour leur ôter le moyen de nuire. La folie était un crime, dont on punissait ces malheureux. Aux yeux des gens du monde, encore elle est une honte, un déshonneur; pour nous, elle n'est qu'une preuve de plus de notre faiblesse, elle n'est qu'une maladie; et c'est là, j'ose le dire, une découverte en l'humanité. Regarder la folie comme un opprobre, c'est vouloir punir l'homme des torts de la nature, ou des nôtres; c'est faire ce que la justice défend, c'est le faire lâchement se mettant à l'abri sous le prétendu voile de la raison. De même que les autres hôpitaux sont pour les maux physiques, l'expression des souffrances du peuple, de même les hospices d'aliénés sont l'expression de ses souffrances morales; à celles-ci, comme aux premières, le monde doit assistance, surtout lorsque souvent il les a créées, lorsque, dis-je, il a exagéré chez un malheureux un penchant, une faculté, ou qu'il n'en a point permis le développement. Dans l'optimisme de Charles Fourrier cette cause de folie disparaîtrait.

Fidèles mandataires de la société, appartenant à la seule corporation dont l'existence soit un bienfait véritable pour elle, des religieux s'acquittent auprès des malades des soins qui leur sont dus, veillent sur leurs faiblesses, devinent leurs maux, préviennent leurs besoins, les consolent, les soulagent s'ils ne peuvent toujours les guérir. Jugeant par la comparaison qu'il m'est donné de faire, je ne saurais établir un parallèle entre les services affectueux de nos sœurs hospitalières, et ceux des infirmiers mercenaires. C'est qu'ici, il faut une patience et une résolution forte que la charité et l'espérance seules peuvent donner.

Des Frères et *des Sœurs*, au nombre de près de quatre-vingt, se partagent les travaux intérieurs; cinq cents malades environ leur sont confiés. Parmi eux, deux grandes divisions sont établies, l'une des hommes, l'autre des femmes. Aux *Frères* appartient la première.

On y arrive en traversant une cour entourée de corridors, point de départ des différens services, c'est en quelque sorte le vestibule intérieur de l'hospice ; à la gauche, un passage étroit, obscur, contourné, autrefois couloir des nonnes retirées dans ces lieux, conduit dans les bâtimens occupés par les fous. Ils sont de construction nouvelle, élevés par l'architecte Flacheron, et constituent l'aile nord-est de l'édifice. Une terrasse magnifique dont l'horizon n'est borné que par les Alpes, sert de promenade aux malades. C'est de cette terrasse que partent leurs voix, leurs cris qui vont frapper et quelquefois même égayer vos oreilles, dans le chemin de Fourvières. La connaissance de leur état alors excite votre curiosité, cherchant dans la présence, le geste, le regard de ces infortunés, un sourire, une émotion, comme à un spectacle ordinaire, à un tableau de la tour de Nesle, à une page d'Indiana, vous désirez pénétrer dans la maison des fous; entrez sans crainte, mais vous allez y trouver ce que, sans doute, vous n'y veniez pas chercher : une leçon de morale.

Le malheur des aliénés est de ne pouvoir remplir les devoirs que la société leur impose ; sous ce rapport, souvent notre volonté et notre raison ne diffèrent pas de la folie de beaucoup d'entr'eux. Souvent aussi cette folie suppose une énergie, une force d'ame, une fixité dans les idées, dont ne sont point capables ces hommes nuls ou efféminés, dont la toilette constitue le travail et le mérite. Lorsque je les entends mêler dans leurs discours, les choses folles et sérieuses, associer les idées les plus disparates, les plus irréfléchies, parler de tout et surtout avec les phrases d'autrui, malgré moi, je suis à l'Antiquaille : N'existe-t-il pas chez eux, aussi, une action désordonnée du cerveau?..

Dans une maison de fous, l'individu capable des conceptions les plus élevées, vit avec l'être purement végétal, si je puis m'exprimer ainsi; mais, au premier coup d'œil, ce sont surtout, toutes les grandes passions de l'homme qui se dessinent. A l'Antiquaille nous retrouvons des ambitieux, des avares, des amoureux, des orgueilleux, des braves et des poltrons; puis, des manies bizarres, singulières que l'homme raisonnable même dans le plus grand écart de son imagination ne saurait deviner*.

Seul, isolé des autres malades qu'il méprise, voyez cet homme à la démarche fière, à la parole brève, couvert de décorations, vous reconnaissez en lui un Grand de la terre, que dis-je il est immortel! Prince du Soleil et de l'Univers, les rois de la terre relèvent de lui. Son voisin moins puissant, refuse cependant de reconnaître son autorité;

---

* On appréciera le motif qui me défend de nommer les malades : mais, je proteste de la vérité dans la description de leurs folies.

lui, qui est modeste dans ses pensées, n'est que roi de France. Entendez : il donne ses ordres à travers les grilles de son palais. C'est à sa voix, que les troupes s'avancent sur le quai de Saône, à son commandement qu'elles marchent au combat, ce sont ses résidences royales qui couvrent la ville, ses équipages qui sillonnent les rues ; ses sujets qui se livrent en paix à l'industrie, tandis qu'il veille sur eux. Ce troisième est fils de Louis XV, l'Antiquaille lui appartient, libre dans la maison, il surveille ses propriétés, se rend utile croyant travailler pour lui. Au milieu de ses richesses, un grand malheur le menace, dans ses pieds sont des serpens, dès l'instant qu'ils remonteront, il sera mort ; aussi jour et nuit de fortes jarretières leur ferment tout passage dans son corps.

Assis à ses côtés est un vieillard rêveur, étranger à tout ce qui se passe autour de lui ; disciple de Pythagore, il croit à la métempsychose, et c'est là le sujet de sa tristesse. Il est âgé, il est infirme, il va bientôt mourir : alors quel sera son sort ? Dans quel corps passera son ame ? S'il revient sur la terre transformé en rat, il craint que les chats ne le mangent ; en chat, mais les chats des vieilles filles seuls sont heureux ; et aura-t-il ce bonheur ?.. Il suit toute l'échelle animale, aucune position ne le rassure.

Et cet autre : comme il est pensif. Silence !.... Il débrouille l'Apocalypse. Il était tisserand, il travaillait le jour pour avoir du pain ; la nuit, pour satisfaire son esprit avide de savoir, il veillait sur les livres. A un tel exercice, ses facultés se sont usées. L'Antiquaille lui sert de retraite.

Et ce jeune homme qui fuit, cherche la solitude, en proie à des mouvemens convulsifs, il lutte contre un ennemi que vous ne voyez pas, il est effrayé des voix qui le poursuivent et que vous n'entendez pas. Les siècles passés l'eussent exorcisé, il est possédé du démon, qui le torture, le tourmente sans relâche.

Plus loin, un officier de marine psalmodie, en forme de cantique, les lieux qu'il a parcourus, il a conservé l'habitude du commandement. Pour un sou, le roi de France déroge, et lui sert de ministre toute la journée.

La gloire de l'empire est venue aussi s'ensevelir à l'Antiquaille, un malheureux capitaine y pleure la déchéance de son général, et déclame contre les Bourbons usurpateurs. Un soldat de la vieille garde, y nie la mort de son chef, et chante les hymnes guerriers qui le soutenaient au bivouac.

Et naguère, un conscrit a passé trois années sur la terre d'Afrique, après mille dangers il revient dans sa famille, dont il se croyait séparé pour jamais, ivre de joie, il perd sa raison, en embrassant sa mère, forcée de s'en séparer de nouveau.

Comme il prie religieusement cet homme à genoux sur la pierre, c'est en vain, que vous essayeriez de le distraire, il s'harmonise avec son Dieu, il ne connaît que ses commandemens, dont un jour il a voulu se faire l'interprète. Une jeune fille belle et riante se préparait à la fête de son village, ses cheveux noirs ornaient son front de leurs boucles élégantes. La vanité déplaît au Seigneur, la jeune fille l'offense, elle doit périr; la hache homicide se lève sur sa tête, et l'assassin triomphant s'applaudit d'avoir vengé son Dieu.

Singulier contraste, en voici un qui est en guerre avec lui; il nie la toute puissance du Christ pour se l'arroger, il hait les hommes, il les a créés, il veut les détruire avec leurs ouvrages. Plusieurs fois, il a essayé le meurtre, le vol et l'incendie; la société l'a mis désormais dans l'impossibilité de nuire.

Plus heureux que ces beaux jeunes gens qui s'efforcent, en vain, de plaire à la beauté dont ils sont épris, celui-ci, gros, petit, laid, vrai Tristan Sandy, est heureux cependant auprès de celle qu'il aime. Souvent, la nuit, elle vient le visiter, lui prodiguer ses caresses qu'elle accompagne des plus tendres discours. Ne l'interrogez pas il vous fera envier son bonheur et même il se plaindra de sa bonne fortune; il voudrait du repos, mais non, impossible, la sainte Vierge ne peut se passer de lui, elle l'aime trop, elle en deviendra folle.

Vous avez ri souvent à la vue des charges de

Bellangé ou de H. Monnier, hé bien! voyez ce groupe, c'est une école, une académie: un vieux magister, prônant à tout venant les avantages inappréciables de l'instruction, tient devant lui un livre immense, la première page seule est usée; vous lisez, en gros caractères, la première lettre de l'alphabet ; et c'est là ce qu'il répète, et surtout ce qu'il s'efforce en vain, depuis long-temps, d'apprendre à trois idiots et un imbécille ses élèves. Il est artiste, lui aussi, il aime son art; si vous lui parlez de ses peines, il vous répondra emphatiquement, qu'il espère toujours, *labor improbus omnia vincit.*

Mais, admirez cette belle tête à demi chauve, cette physionomie empreinte de tristesse et de fierté, cette simplicité imposante : c'est un savant; professeur distingué du premier lycée de Paris, il a donné essor à son imagination de poète dans une satyre contre le XIXme siècle, suite de celle de Gilbert contre le XVIIIme. Napoléon y est représenté avide de gloire, mais, ennemi de la Liberté, qu'il a tuée en France. Le portrait était vrai. Fouché de Nantes, lance une lettre de cachet, le malheureux professeur est enfermé à Bicêtre. Deux années sont écoulées et il languit dans son cachot. Quelques livres le consolent encore, mais, un soir, le feu a dévoré son lit, c'est un accident : la police y voit un crime, une prison d'état doit l'en punir pour toujours. Les portes de *Pierre-Châtel* se ferment sur lui. Sans jugement, sans condamnation ; le désespoir s'empare de son ame, l'exalte encore, et bientôt, dans son prisonnier, le geôlier n'a plus qu'un fou, au lieu d'un coupable ; c'est donc à l'Antiquaille qu'il doit finir ses jours. Au milieu de l'incohérence de ses idées, des hallucinations terribles qui lui présentent chaque nuit ses bourreaux, il conserve un feu d'imagination qui lance de temps en temps des étincelles révélant son génie de poète. Les livres orientaux, la bible sont ses ouvrages favoris ; souvent dans ses vers, il s'efforce d'en reproduire les beautés. Voici une de ses productions, c'est une traduction du *magnificat*, la plus belle que je connaisse de ce sublime cantique.

> O mon ame ! au ciel élancée
> Rends gloire à son Dieu créateur !
> Qu'il soit l'objet de ta pensée,
> Il est la source du bonheur !....
> Combien je suis reconnaissante :
> D'amour mon cœur est transporté,
> Il a sur son humble servante,
> Jeté des yeux pleins de bonté !....
>
> De ses grâces, le témoignage,
> Par l'amour aux siècles porté,
> Ira redire, d'âge en âge,
> L'excès de ma félicité.
> Qu'il m'exauce dans sa puissance,

Quel nom grand, redoutable et saint.
De siècle en siècle sa clémence,
S'étend sur l'humble qui le craint.

Dieu, dans son bras, porte la foudre ;
Tremblez, mortels audacieux!
Il dissipe et réduit en poudre,
Vous et vos projets orgueilleux :
Il précipite de son trône
L'insolent et fier potentat,
Et porte souvent la couronne
Sur l'humble qui fuit son éclat.

Le malheureux, dans sa détresse,
En vain ne l'a point imploré,
Sa main lui verse avec largesse,
Les biens dont il est altéré :
Au riche il fait dans sa colère,
Sentir l'aiguillon de la faim,
S'il eût dans son destin prospère,
Pour l'infortune, un cœur d'airain.

Israël a, dans sa sagesse,
Reçu cet enfant précieux,
Qui devait porter l'allégresse
Et sur la terre et dans les cieux.
Pour voir la promesse accomplie
Envers Abraham consolé,
Dont la tige se multiplie
Jusqu'au temps le plus reculé.

J'ai dit les malheurs du poète ; lui-même il les a chantés dans un long ouvrage héroï-comique, intitulé *la Paillasse brûlée*. Il y raconte ainsi son arrestation. Il avait lancé une épigramme contre le pouvoir*.

> Un quatrain fait courir une foule éperdue,
> On s'agite, on s'empresse, on émeute la rue ;
> Un homme dont le cœur est plus noir que l'habit,
> Vient m'accoster d'abord du plus mielleux débit,
> Puis m'accusant du bruit, que lui-même il fait naître,
> Il me fait enfermer au château de Bicêtre.
> C'est là que je perdis le calme et le repos.
> Mes jours sont des tourmens, mes nuits sont des fléaux,
> Jamais, au teint vermeil, le bienfaisant Morphée,
> N'apaise la douleur de mon ame étouffée ;
> Dès qu'un léger sommeil vient calmer mes ennuis,
> Des tableaux déchirans à mes yeux sont produits.
> Hélas! pendant le jour pour la nuit je soupire,
> Et j'attends dans la nuit que le jour vienne luire.

Plus loin, il nous décrit sa translation à Pierre-Châtel.

> Des campagnes de l'Ain, le riant paysage
> Eut embaumé mes sens, eut récréé mes yeux ;
> J'eusse aimé ces vallons, sombres, délicieux :
> Mais, bientôt les soldats qui me servaient d'escorte,
> Arrivent au château : seul, j'en franchis la porte.
> Ce couvent dont le front s'élève dans les cieux,
> Des enfans de Bruno, fut l'asyle pieux.
> Ce lieu voisin du ciel, pour le saint qui l'habite

---

* Le lecteur ne perdra pas de vue, que c'est l'œuvre d'un fou que je cite, et ne s'étonnera pas de ne point trouver une liaison logique entre ces divers fragmens.

D'un plus rapide élan, vers Dieu le précipite.
Pour moi quand je sentis qu'à la fleur de mon âge,
J'allais être logé dans ce céleste étage,
Malgré ce beau tableau, mon cœur fut retréci.

Ce poème de *la Paillasse brûlée* repose sur un jeu de mots, sur un quiproquo. Le geôlier rendant compte de l'accident, écrit : *le* paillasse, au lieu de la paillasse, est brûlé. Le bruit de ce malheur se répand dans le peuple qui regrette son amusement de tous les jours, qui s'émeute, et c'est dans ce trouble, ce désordre que le malheureux héros espérait retrouver sa liberté.

L'un s'écrie : ô Paillasse, hélas ! tu n'es donc plus,
Quoi les souples ressorts de tes muscles charnus,
Qu'en pelotons divers tu roulais sur la place,
Ou d'une corde roide effleurant la surface,
Tes pieds d'oiseau, dans l'air qui restaient suspendus,
Ne pourront plus charmer les spectateurs émus.
Un autre s'écriait : quel étonnant prodige !
Il avait de son art surpassé le prestige ;
L'amour même, l'amour qui fascine le mieux,
N'a jamais comme lui jeté la poudre aux yeux.
Toujours impénétrable, et la plus fine vue,
Ne peut suivre le jeu de sa bille perdue :
Sous ses trois gobelets, l'ayant mise à la fois,
Il la trouvait encore aux deux bouts de ses doigts.
Paillasse ! hélas Paillasse ! il chantait à ravir,
L'oreille à l'écouter ne pouvait s'assouvir.
Pour acheter la joie avec ses chansonnettes,
Du profond du marché couraient mille fillettes :

Pestant, sacrant, jurant, les garçons plus mutins,
Voulait le meutrier étouffer dans leurs mains.
Ses gais refrains rendaient notre place vivante,
Elle n'est qu'un désert..... O mort désespérante!....

Mais, avançons, il est l'heure du travail : les fous l'ont entendue. Les portes s'ouvrent pour eux, ils vont sous la conduite des Frères se livrer aux professions qu'ils exerçaient autrefois. Les uns cultivent la terre, les autres portent des fardeaux, ceux-ci se rendent à leurs ateliers, à la forge, à la menuiserie.

Le travail est pour l'efficacité du traitement un grand moyen proclamé par l'expérience. Ce que Bentham a dit de lui pour les prisons, je le répète ici pour les maisons de fous, il met les malheureux dans la voie du retour sur eux-même, il les arrache à l'action, si à craindre du repos, de la paresse, de la réflexion et de l'ennui.

Les travailleurs trouvent leur salaire dans une augmentation de leur repas. Puis, avec le produit de leur ouvrage, on satisfait à leurs vieilles habitudes devenues des besoins.

Je l'ai dit déjà, la femme aussi a sa part dans les misères de l'humanité, elle devait donc trouver ici un asyle; et même, soit vice de l'éducation, soit imprévoyance de la nature, que je n'ose cependant pas accuser, chez elles, souvent, la faiblesse de leur constitution physique, n'est pas en rapport avec l'énergie de leurs passions. Aussi à l'Antiquaille, existent-elles plus nombreuses que les hommes.

L'élégance, la beauté du bâtiment qu'elles habitent est remarquable par son architecture analogue à sa destination. C'est une construction nouvelle : vingt-huit colonnes en pierre, d'ordre toscan, soutiennent une galerie supérieure de forme demi-circulaire, sur laquelle les loges et les dortoirs viennent s'ouvrir, et qui sert en même temps de dégagement aux pièces intérieures et de promenades abritées pour les malades. Au-dessous, existe une cour superbe, entourée d'un portique correspondant à la galerie supérieure, sa forme est celle d'un arc détendu, dont la corde est représentée par un bâtiment droit à double rang de chambres.

C'est dans ces lieux que se trouvent confondues les existences les plus diverses, qui toutes ont un caractère commun : le malheur. Un auteur a dit : l'amour est la vie de la femme; beaucoup l'ont répété depuis, et c'est une vérité que des exemples nombreux pourraient confirmer ici.

Chez l'homme nous avons vu orgueil, ambition; nous trouvons chez la femme amour, vanité.

Et l'amour il affecte toutes les formes.

Cette jeune fille, elle aimait, elle avait entrevu le bonheur dans une union qui pour sa réputation aurait dû s'accomplir; mais, délaissée, elle et son enfant, voilà où l'a conduite la douleur.

Elle est coupable aux yeux du monde. Quant au jeune homme, on n'en parle pas...

Cette mère est victime de son amour pour ses enfans ; ils avaient faim, elle vole pour eux quelques mesures de blé; folle de désespoir d'une telle action, toujours vertueuse, elle est encore poursuivie par le remords.

Qu'elle m'apparaît belle, à moi, cette femme aux dehors repoussans, que les yeux cherchent à éviter! Jeune fille, servant un maître proscrit sous l'ère de la Terreur; seule, elle connaît sa retraite, elle refuse de la déclarer. Condamnée, conduite à l'échafaud, elle allait périr; mais, le crime ne se consomme pas. Le fils de celui qu'elle sauve par sa mort, obtient sa grâce, lui-même il l'apporte en toute hâte, se précipite dans ses bras; mais, à sa vue la malheureuse perdit la raison.

La folie, à mon avis, n'est pas toujours un mal. Comme elle est joyeuse, celle-ci, tous ses pas sont des danses de plaisir, toutes ses paroles des chants, des refrains de bonheur ; les bals, les fêtes, voilà sa pensée de tous les instans, voilà sa vie. Serait-ce un bien pour elle, de sortir d'une telle erreur?

Celle-là aussi est contente de son sort : elle est belle à ses yeux, chargée de guenilles qui sont pour elle de riches ornemens, jamais toilette n'égala la sienne.

Et cette femme, pensive, mystérieuse, assise à l'écart!.. Elle a une mission divine, j'ignore si vous la comprendrez expliquant les dogmes de sa religion nouvelle; mais sa compagne l'a comprise, elle qui, à genoux à ses pieds, convaincue par ses beaux raisonnemens, l'adore comme déesse. C'est un commencement de prosélytisme.

Abandonnant le théâtre de la faiblesse humaine, je ne veux pas, faisant connaître l'hospice dans ses détails, lever le voile qui cache ses autres habitans. Après avoir montré l'Antiquaille demeure des aliénés, œuvre de sagesse et de philantropie, je ne le peindrai point sentine de la société, refuge de la débauche ou de la prostitution. Si d'un côté le mal ôte la raison et laisse la vie, ici le mal laisse la raison, précipite la mort. Ces femmes à ceinture dorée ne vous apparaîtraient point comme lorsqu'elles sillonnent nos places et nos rues, chargées de parure, de fard et d'effronterie; cet œil provocateur, ce sourire agaçant, cette taille façonnée, tout a disparu. Ce ne sont plus des paroles de plaisir, mais des cris de souffrance qui tombent de leurs lèvres. Elles ont dépouillé la robe de Laïs, une toile grossière cache leurs maux. Le vice est puni par lui-même, et cependant, pâles, défaites, elles le rêvent encore, croyant rêver le plaisir ; comme le soldat blessé, elles attendent avec impatience l'heure de nouveaux dangers : l'hospice est pour elles, une prison affreuse. Aux tendres soins, aux paroles d'amour et de sagesse des Sœurs hospitalières, elles répondent par la haine, par des paroles de blasphême et de mépris. C'est le génie du mal qui lutte contre celui du bien. Parmi ces Sœurs, femmes vertueuses, une surtout frappe tous les jours mon admiration par sa patience, sa bonté de tous les instans; je la citerais ici, si sa modestie n'égalait mon désir de la faire connaître. Elle est pour moi, la poésie de la femme, qu'elle était nécessaire pour établir ce contraste sublime, seul capable de nous fixer sur un pareil sujet.

Retraite des vieillards, qui après une vie laborieuse et peu fortunée, viennent confier aux soins de la charité, les misères qui accompagnent toujours le grand âge, séjour de la sagesse conduisant la folie, de la vertu secourant le vice, du crime puni par le remords, de la bienfaisance aidant le malheur : tel est l'Antiquaille.

Ariste Potton,
Chir. interne.

LA POSTE RESTANTE.

C'est une belle et utile invention que la poste aux lettres. On paie fort cher les services qu'elle rend; il ne m'a pas toujours paru que son tarif fût établi sur des bases bien équitables, et je n'ai jamais trop compris comment une lettre qui vient de Grenoble paye proportionnément plus cher que celle qui a eu 100 lieues de trajet à parcourir ; mais ce sont là de minces inconvéniens comparés aux immenses avantages qu'on en retire. Je ne crains guère d'être démenti en avançant que les trois quarts des affaires s'entament, se conduisent ou se terminent par cette voie aussi commode qu'elle devrait être prompte. Affaires d'intérêt, affaires d'amour, de mariage (ce qui n'a presque jamais rien de commun); baptêmes, enterremens, tout se fait par la poste, tout y touche au moins par quelque coin.

Je ne rencontre pas un facteur de la poste aux

lettres, sans éprouver une sensation indéfinissable, sans qu'à l'instant une foule de réflexions ne viennent m'assaillir. Tout est digne et noble à la fois dans ce fonctionnaire public. (Prête-t-il serment? en vérité je l'ignore). Sa démarche est vive, mais non précipitée, sa voix grave, sa politesse égale pour tous. Le facteur est, en outre, essentiellement moral. Rarement un quolibet, plus rarement encore une galanterie pour la jolie chambrière. Il est pénétré de toute son importance, elle déborde pour ainsi dire de tout son individu, et rien, rien absolument ne vient en déranger l'officielle harmonie. Et cette boîte pendue à son côté, dans laquelle les nouvelles se mêlent, se confondent, où les sentimens les plus opposés sont couchés paisiblement l'un à côté de l'autre, comme les journaux de toutes couleurs sur la table d'un salon de bon ton ou d'un cabinet de lecture! Et le Mercure aux pieds poudreux, qui distribue avec une égale indifférence la nouvelle d'un mariage et celle d'un enterrement, le billet doux et l'invitation pour le tribunal de commerce, section des faillites; un héritage et la perte d'un procès. O facteur, lien de la vie civilisée, cheville ouvrière de nos passions, de nos joies, de nos démêlés, je t'estime et je te salue. Et si quelque jour un doux loisir m'est accordé, je te le promets, j'élèverai à ta gloire un monument durable; cette œuvre de reconnaissance n'aura pas moins

de quatre volumes in-folio; je l'intitulerai : LE
FACTEUR, *physiologie de l'être éminemment utile
et modeste*; l'ouvrage paraîtra par livraison à un
prix assez élevé pour que toutes les aristocraties
se croient obligées d'y souscrire. L'impression,
sur papier vélin satiné, je la confierai au Didot
lyonnais, à Perrin en un mot; ma couverture en
papier bleu, diapré de rouge, symbole touchant
de l'uniforme de mon sujet, sera ornée d'une vignette diabolique, due au spirituel burin de Tony
Johannot; une liste des notabilités de tous les
pays que j'ai parcourus depuis les limites de l'Asie
jusqu'aux bords de l'Escaut, figurera en tête, im-
primée sur un superbe papier rose; je mettrai
sur le titre mes nom, prénoms et qualités; je ferai payer toutes mes livraisons d'avance, et si ensuite le public qui a quelquefois, bien que rarement, le sens commun, trouve que mon ouvrage
est pitoyable, je le plaindrai de son mauvais
goût, je m'envelopperai dans ma dignité, et dédaigneux de mon siècle, je me renfermerai dans
un noble silence, ainsi que l'a pratiqué le chevalier *** auteur du.....

Mais si le facteur est supérieurement important
et utile, il faut l'avouer, l'exercice de ses fonctions
n'est à vrai dire que le résumé mécanique du service des postes. Pour lui point de réflexions, pas
de poésie, tout est matière : rarement il a lieu
d'exercer le talent observateur que la nature peut

lui avoir départi. L'endroit le plus fécond en remarques, celui où se montrent le plus volontiers les passions humaines, c'est, sans contredit, le bureau de la POSTE-RESTANTE. C'est là, dans un espace de quelques pieds, que se développent les sensations les plus douces comme les plus cruelles ; que la crainte, l'espoir, la confiance, l'ambition, l'avarice, la fatuité, l'amour vrai, le cynisme, tout est mis en jeu, presque sans voiles, pour qui sait lire dans ce livre si intéressant et parfois si révoltant qu'on appelle un visage humain. O bureau de la poste-restante, je te dois les plus belles minutes de ma vie! Que de fois je me suis présenté à ta modeste grille, que de fois ma voix tremblante d'émotion a décliné à l'impassible mais poli fonctionnaire mon nom vrai ou supposé! Hélas! ils se sont enfuis les beaux jours! ma tête est grisonnante, mon bras n'est plus armé d'une élégante badine ou ne balance plus avec grâce le sabre de l'officier de cavalerie ; je m'appuie maintenant sur ma canne, et mon tailleur va à pied!...

J'étais l'autre matin assis sous les Tilleuls, près la tente du cabinet de lecture de journaux, dont la table en planches mal rabotées et les bancs d'un bois grossier, semblent appartenir au mobilier d'un cabaret des Charpennes plutôt qu'à un établissement assez ordinairement fréquenté par des gens comme il faut. Il était dix heures, à peine si quelques bonnes d'enfant apparaissaient de loin en loin. — Je n'ai jamais aimé les bonnes d'enfant ; la brutalité ordinaire avec laquelle elles traitent les petits êtres confiés à leurs soins, leur insouciance, leur incurie peut-être plus coupable encore, leurs longs colloques avec des individus sales et déguenillés, tout cela fait qu'elles m'inspirent un dégoût invincible. — Je venais de lire nos journaux de Lyon ; car, prêchant la décentralisation autant par mes actions que par mes conseils, je me ferais scrupule de lire un journal de Paris ; j'avais admiré la fécondité, la puissance de raisonnement (je ne discute pas les principes) des jeunes rédacteurs du *Précurseur*, et je regrettais bien sincèrement que tant de talent et de facilité ne fussent pas employés au soutien d'une cause que je préfère : après un coup-d'œil jeté sur le *Courrier de Lyon* et un regard amical adressé à la *Gazette du Lyonnais*, j'avais pris le *Réparateur*, le *Journal du Commerce*, *la Glaneuse*, enfin le *Papillon*. Certes, ou je me trompe fort, ou les travaux d'Hercule ne sont pas plus admirables ; mais la patience est la vertu des vieillards, et je vous ai dit que je ne suis plus jeune. La tête embarrassée et les jambes engourdies, je sentis la nécessité de dissiper les brouillards dont m'avait environné ma formidable lecture ; je me mis à faire le tour de la promenade. Mais que faire *en* Bellecour à dix heures du matin ? Je n'attends plus personne, personne ne m'attend plus, et si par hasard quelque taille svelte et élégante, quelque minois frais et gracieux comme il s'en trouve là entre six et sept heures du soir, menace de faire battre mon cœur; si mon regard rencontre de ces yeux noirs qu'envierait la voluptueuse Italie, ou bien encore de ces yeux bleus si tendres, si doux et.... si trompeurs; vîte un coup-d'œil jeté sur un petit miroir que je porte toujours avec moi me rappelle à la raison; non sans laisser échapper certain soupir délateur. Ah! pourquoi ai-je les cheveux gris? je n'aurais pas de miroir, et...... je vous conterai tout cela un autre jour.

Un prêtre lisant son bréviaire, l'officier de garde promenant son ennui, des vieillards de la Charité, un avocat qui repassait son plaidoyer, quelques nymphes de bas étage; dans le fond du tableau les habitués du café Girard, où l'on fait de si succulens déjeûners; voilà tout ce qui s'offrait à ma curiosité désœuvrée. Je commençais à m'ennuyer fort, et j'allais peut-être me lancer dans une excursion *extra muros*, quand, cessant de suivre des yeux la jolie Mme V*** dont le petit pied est proverbial comme son charmant visage et ses manières hautaines, je les ramenai machinalement sur les façades du Rhône, et m'arrêtai à en considérer la belle architecture. A l'angle de ce groupe d'hôtels si brillans au dehors, si incommodes et si malpropres au dedans;

je fixai le drapeau tricolore qui orne, dépare, ou..... le dessus de la porte de l'Hôtel-des-Postes. Alors, par une sorte de fantasmagorie, les mots de POSTE-RESTANTE s'élevèrent devant mes yeux, un instinct inexprimable de reconnaissance, de dépit, de curiosité, s'empara de moi, m'enveloppa, me maîtrisa, et me voilà dirigeant mes pas vers le réduit dont le nom figure en tête de cet article. C'est bien toujours le même; c'est bien la fenêtre grillée à quatre pieds du sol, l'espace de trois pieds en large et environ douze pieds en long, où se tiennent les solliciteurs; voilà la cloison où l'on a pratiqué un guichet avec une tablette pour poser l'argent et les lettres; c'est aussi toujours ce brave et respectable M. Grégoire, dont j'ai lassé tant de fois la patience sans que sa politesse en fût altérée. Tout est dans le même état, seulement je crois que le bon M. Grégoire a quelques cheveux blancs de plus; tout est dans le même état; et pourtant ce petit espace n'a rien qui m'émeuve, je suis calme en y entrant, j'en sortirai sans joie comme sans humeur. C'est qu'il me manque une sensation, c'est que..... c'est que j'ai des cheveux gris.

Au moment où je franchissais le seuil de l'hôtel, j'avais remarqué un jeune homme d'une physionomie assez ordinaire, où perçait cependant un singulier mélange de fierté et de bonhomie, jointe à une forte dose de sarcasme; il regardait avec sollicitude une voiture de louage qui s'arrêta devant moi ; mon jeune homme se précipita à la portière et offrit la main à un joli petit être féminin, dont les traits portaient une légère empreinte de souffrance physique qui n'ôtait rien cependant à leur grâce et à leur harmonie ; elle sourit et dit à demi-voix : Attends-moi, je vais voir si mon frère m'a écrit. Le jeune homme s'inclina en lui lançant un regard qui était à la fois un hommage à ses charmes et une interpellation. Elle, d'un pied léger, et dont la petitesse était encore rehaussée par un charmant brodequin de chez Gelot, entra dans le bureau et demanda : Une lettre de Lyon, poste restante, pour Mlle (elle est dame, et je connais son mari). La lettre fut trouvée presque aussitôt et à l'instant même confiée à une poche secrète de son escarcelle. — Bon! me fis-je. Un moment après tournant les yeux vers la fenêtre, je vis le fiacre d'où la jolie petite dame était descendue, elle y était avec le jeune homme, et comme, je ne sais pour quelle raison, la voiture allait au pas, j'eus le temps d'apercevoir un enivrant sourire qui fut suivi... le fiacre était passé.

Il n'y avait, dans l'étroite enceinte, qu'un adjudant de dragons et quelques vaguemestres, occupés à retirer la correspondance de leurs régimens ; je ne comptais guère rencontrer d'autre sujet de remarque que la petite dame et son blondin, et j'allais sortir du coin que j'avais adopté, quand la porte s'ouvrant avec fracas, me fit voir, sous un uniforme d'officier supérieur de cavalerie légère, un de mes anciens amis, le beau Léon d'H. Je l'avais connu en 1818 brigadier aux gardes de MONSIEUR; c'était alors un beau brun, d'une taille élancée, et dont les succès auprès du sexe étaient aussi connus que sa bravoure, et la mince dose d'esprit dont la nature l'a doué.—C'est une chose étonnante, me dis-je à part moi; Léon est pourtant mon aîné, et sa taille est toujours aussi svelte, sa chevelure aussi noire que quand nous passions nos soirées ensemble chez la belle et spirituelle comtesse d'O* ! — Il ne m'avait pas reconnu, ou plutôt il ne pouvait guère se douter que cet homme habillé à la mode d'il y a deux ans, dont les manières et la tournure accusent au moins la cinquantaine, fût son ancien camarade, et jadis son concurrent dans la carrière où il paraît qu'il fait encore une ample moisson.—Pauvre vieux ! j'oubliais les cosmétiques du docteur Mettemberg et les corsets de Walker. — Joignez à cela que Léon ne confierait la confection d'un uniforme à nul autre qu'à Laffite, et celle d'un habit bourgeois qu'à Staub. Il déclina son prénom, reçut une lettre dont le suave parfum se répandit jusqu'à moi, et la mit en sifflant dans la basque de son habit de petite tenue, non sans y avoir jeté un coup-d'œil où se peignait merveilleusement la sécheresse de son ame et le triomphe de son amour-propre. Encore deux individus qui s'abusent, me dis-je en le regardant partir. Ou peut-être quelque ame jeune et candide vient-elle se briser contre cet homme desséché, dont l'unique étude est d'entasser conquêtes sur conquêtes, s'occupant avant tout de satisfaire son orgueil, sans songer au mal qu'il fait, aux tortures qu'il inflige à ces êtres charmans qui nous aiment d'autant plus, nous autres hommes, que nous leur accordons moins d'amour ; dont la passion s'accroît de toute notre froideur, et qui ne sont jamais si dévoués et si tendres qu'alors que nous faisons, par calcul, par ennui ou par sécheresse, peser sur eux une tyrannie souvent révoltante !

Au brillant colonel de lanciers, succédèrent deux commis-voyageurs ; l'un, gras, gros, épais et rouge avait une de ces physionomies où se dessinent à la fois une sorte de grossièreté franche et brutale, et une expression indéfinissable de rapacité et d'astuce ; *il faisait* (expression technique) dans l'épicerie ; et nulle part vous n'eussiez trouvé plus expressif emblême de cette honorable classe de marchands qui, ainsi que le dit la *Caricature*, étaient nés pour être hommes. Il sentait la pipe à faire reculer un sapeur ; avait dans une des immenses poches de son habit noir (l'épicier se permet l'habit noir), une bouteille enveloppée d'un numéro du *Constitutionnel*, la lecture favorite de cette variété des bimanes, et dans l'autre un paquet recouvert d'un papier bleu foncé et que je présumai contenir des échantillons de poivre, canelle, ou autres denrées analogue. — Le diable l'emporte, dit-il avec un jurement effroyable : adieu ma partie de billard, où j'étais sûr de gagner une queue d'honneur ! — Et il partit en poussant la porte avec le pied. Il paraît que son chef lui enjoignait de se diriger sur une autre ville. — J'oubliais de dire qu'il avait un chapeau gris et un énorme bâton. On ne saurait appeler cela une canne.

L'autre, mince, pâle, élancé, à voix flûtée, linge bien blanc, parler mielleux, manières efféminées; l'air semi-sournois, semi-imbécile, était un voyageur en soieries, à ce que je crus du moins, d'après quelques brins d'étoffe qui se laissaient voir sortant des poches de son gilet. C'était le véritable *ver à soie*; jolie tête, mais de cervelle point ; a coqueluche des lingères, modistes et marchandes de nouveautés de tout le Midi de la France; leur brodant des chiffres, leur chantant en s'accompagnant de la guitare, des romances ou nocturnes qui n'ont guère que cinq à six ans d'existence ; portant d'ailleurs un habit à la dernière mode, des gants jaunes, (le commis-voyageur en soieries est le seul qui ait des gants), les favoris et la barbe à la Périnet-Leclerc, et des odeurs à faire trouver mal.—Dieu de dieu! que je bisque, s'écria-t-il ; et Joséphine qui avait évincé son vieux et obtenu de madame la permission d'aller ce soir aux Célestins. Chien de métier! scélérat de patron! Je t'exècre! je t'abhorre! Par la tête de mon père! sans ta femme je lâcherais joliment ta baraque. Et il s'en fut en grommelant d'une voix fort drôle, et qui m'eût donné d'étranges idées, si nous eussions été en Italie.— Encore un ordre de départ.

Quel est ce jeune homme d'un blond un peu hasardé, d'une figure assez belle, mais dont l'expression est détestable; d'une mise très-soignée, qui porte des manchettes d'une éclatante blancheur, qui a des gestes arrondis et qu'on prendrait pour un acteur, si quelque chose de froid et d'impertinent ne détournait aussitôt d'une pareille idée? —Pour M. Isidore A....—On lui remet un paquet scellé à trois cachets, il le jette dans un immense portefeuille, et en s'éloignant manque de renverser une bonne vieille dame qui se trouve sur son passage. — Qu'était-ce donc ? — N'avez-vous jamais rencontré dans le monde de ces jeunes gens à la parole haute et grave, au geste cadencé, impolis avec les dames, dédaigneux pour les hommes de leur âge, affectant envers les vieillards un air de choquante protection, débitant d'un aplomb imperturbable des niaiseries à faire lever les épaules à une statue; entrant avec fracas, sortant de même, rompant toutes les conversations, le ton tranchant, l'air impérieux; mais cependant polis, obséquieux, serviles près des hommes en place ou qui ont une réputation de crédit? Cette sorte de fléau de la société se nomme *le substitut*, et c'en était un que je venais de voir.

La bonne vieille dame que notre fat de la plus lourde espèce venait de heurter, fut quelque tems à se remettre ; et pendant qu'elle reprenait un peu haleine, l'étroite enceinte s'était subitement remplie d'une multitude de figures mercantiles, de ces têtes qu'on ne voit que derrière un comptoir ou dans les cafés, et dont l'insignifiante expression rebute l'observateur le plus affamé. Je détournai les yeux de ce chaos du milieu duquel semblaient surgir, hauts comme la tour Pitrat, les mots : ESCOMPTE, COMPTE COURANT, ÉCHÉANCE, BORDEREAU, tout l'argot du commerce, enfin ; et je les portai involontairement sur la bonne dame qui n'était pas encore bien remise de sa frayeur. Une mise décente et dont la propreté minutieuse annonçait l'habitude et le besoin de l'économie ; des traits qui avaient dû être fort gracieux, un parfum de distinction enfin, joint à une teinte de mélancolie douce, tout en cette dame inspirait le respect et provoquait en moi une curiosité à laquelle je suis du reste passablement enclin. Eh ! bon dieu, ne me le reprochez pas, je n'ai plus que cela.—J'ai toujours aimé les vieilles femmes; celles qui ont su vieillir, j'entends, et ne sont plus coquettes, sans être devenues de médisantes dévotes. Celles qui, ayant toujours bien vécu, n'ont pas besoin des grands éclats d'une vertu récente, faible ressource pour faire oublier certaines petites aventures, et qui, ayant assez de bon sens pour écouter leur miroir, ne sont point mal avisées au point de rechercher, à cinquante ans, les hommages qu'elles méritaient à vingt-cinq. Dussent mes jeunes lectrices se moquer de moi, je l'avoue, pour ces femmes respectables sont toutes mes préférences. — Il est vrai que j'ai des cheveux gris.

La vieillesse est causeuse ; le flux dont j'ai parlé tout-à-l'heure avait rapproché de moi le seul des êtres jetés dans ce bureau qui me parût avoir une ame, et comme je vous ai déjà fait savoir que je suis fort curieux, vous devez penser avec quelle politesse je répondis à une question peu importante que la dame voulut bien m'adresser. La glace une fois rompue je sus bientôt que veuve d'un ancien officier-général, elle n'avait plus qu'un fils, qui, lors des événemens de juillet, était lieutenant aux lanciers de la garde; qu'elle avait à cette époque une pension sur la cassette du roi ; cette pension ayant été supprimée pour les raisons nobles, grandes et généreuses que nous connaissons tous, elle se trouvait réduite à un patrimoine insuffisant pour subvenir à ses premiers besoins ; mais son Eugène ayant repris du service dans son grade aux chasseurs d'Afrique, partageait avec elle sa modique solde : elle se trouvait donc ainsi, non dans l'aisance, mais à l'abri du besoin. Delà un éloge bien naturel du bon fils qui se refusait tous les plaisirs de son âge, qui évitait les nombreuses occasions de dépense que présente la vie militaire, pour procurer à sa bonne mère quelque soulagement. Oh! que je m'associais de bon cœur à la joie de cette femme respectable, combien je me sentais de vénération pour elle!— oui, j'avais devant moi une femme qui avait su remplir tous ses devoirs, car son fils accomplissait à son tour tous les siens. Le guichet était libre, elle s'y présenta, et je vis ses yeux se mouiller de délicieuses larmes en recevant un paquet portant pour timbre : *Armée d'Afrique*. Elle revint avec son trésor vers la place que j'occupais, et me montrant avec orgueil le modeste bon sur le payeur, elle s'empressa de lire la lettre de son fils. L'écriture était fine, serrée, il y en avait long, et il était aisé de présumer que la pensée de sa tendre mère occupait seule le jeune officier; qu'il avait éprouvé autant de bonheur à lui écrire qu'elle en ressentait à le lire. Avant de s'éloigner, la dame voulant en quelque sorte me payer de ma complaisance à l'écouter, me donna connaissance des détails qu'elle venait de recevoir sur la dernière affaire d'Oran. Là, comme partout, nos Français s'étaient montré dignes d'eux : et l'on pouvait dire encore une fois que l'honneur national étai réfugié aux armées. Et moi aussi j'étais fier de nos anciens camarades, car en France, quand il s'agit de gloire, il n'y a plus de dissidence d'opinions, et les lauriers de Friedland, d'Austerlitz, d'Alger et de Navarin, inspirent à tous un égal orgueil.

Elle était partie, et à sa place se trouvait une jeune femme, d'une taille superbe, d'une figure angélique, et dont la toilette était d'un luxe, d'un goût vraiment étourdissant. Elle aussi avait une lettre, elle la prit avec impatience; en la lisant il lui était impossible de dissimuler son émotion. Qu'elle était belle! Cette fois la lettre n'alla pas dans l'escarcelle, le léger canezou s'entr'ouvrit, et la missive fut glissée dans ce charmant secrétaire d'un bien antique usage, et qui seul survivra à toutes les modes, tant que les jolies femmes seront sensibles, tant qu'il y aura par le monde des maris, des mamans, des tuteurs... et des jeunes gens qui se moqueront de tout cela. Un léger bruit qui se fit à la porte, amena une subite rougeur sur le visage de cet être aérien, elle se remit aussitôt, sortit, et comme je me disposais à la suivre, j'aperçus un mien neveu, jeune littérateur qui promet, à ce que me disent ses amis et les miens: il s'inclina très-bas en la voyant passer, et je crus distinguer que l'heureux drôle baisait une main qui s'avançait vers lui, tandis qu'un billet ambré passait dans la sienne. Je ne suis pas un oncle indiscret; après un sourire qui ne put empêcher un soupir involontaire, j'allais continuer mes observations, quand l'arrivée du courrier de Paris fit fermer le guichet, et je m'éloignai froidement, car j'ai les cheveux gris, et depuis bien long-temps il n'y a plus rien pour moi à la POSTE-RESTANTE.

DE SERVIÈRE.

Le QUARTIER ST-JEAN,

LE PONT-DE-PIERRE

ET

LA PLACE DES CÉLESTINS.

Ne vous est-il jamais arrivé, par hasard, de vous arrêter place St-Jean, à côté de cette ignoble et mesquine borne-fontaine qui semble là tout exprès pour faire, la nuit, trébucher le passant, et pour servir, le jour, de point de comparaison à notre cathédrale, si riche en arabesques, en broderies, en dentelles de pierre; si grave en son allure et si fière de ses flèches élancées?

St-Jean! imposante et coquette architecture, jetée là comme un contraste aux pieds d'une nature simple et verdoyante, le mont Fourvières et son humble ermitage. — Que de rêveuses pensées sous ces nefs hardies, où tant de générations sont venues agenouiller leurs vanités, où tant de puissances sont venues s'éteindre, éphémères qu'elles étaient !

Pour moi, je ne puis traverser ce vieux quartier de Lyon, sans pénétrer sous les voûtes mystérieuses de la basilique, sans aller m'y imprégner de religion et de poésie à travers les flots de lumière diversement coloriés, qui des vitraux débordent de toutes parts.

Que l'homme est petit à côté de cette **grande** chose ! Malgré lui, il se recueille il parle bas comme en un cimetière. Ses pensées le haussent et l'élargissent, il vit en Dieu. On sort de là plus confiant dans l'avenir, plus religieux, plus convaincu de son néant en regard d'un monument bâti par des hommes dont on ne sait plus rien. Et l'on éprouve, devant cette vieille cathédrale, le même regret qu'en visitant ses sœurs du moyen âge. Le nom du pieux et grand architecte n'a point surnagé. Puis à travers la poussière de tant de siècles éteints, on cherche à relever quelques souvenirs d'autrefois.

L'église St-Jean, présente dans les différences de son architecture, des marques visibles des diverses époques auxquelles elle a été construite. Son magnifique portail a été achevé sous Louis XI; la nef principale sous Philippe-Auguste, et son sanctuaire, si plein de respect et de religiosité, est plus ancien encore.

Deux églises existaient sur l'emplacement qu'occupe aujourd'hui notre cathédrale, savoir : l'église Ste-Croix, fondée en 1458, et qui prit son nom des six grands tableaux représentant les mystères de la croix, qui décoraient son intérieur; l'église St-Etienne construite, avec la forme d'une croix, au 5me siècle. L'église St-Jean, ne fut d'abord que le baptistère de St-Etienne, mais, peu à peu, l'accessoire absorda, pour ainsi dire, le principal. Lorsque l'église St-Nizier cessa d'être la cathédrale, les évêques de Lyon transférèrent leur siège dans l'église St-Etienne, où il est resté depuis le commencement du 9me siècle jusqu'au 10me. Ce fut alors que le chapitre s'établit à St-Jean. On trouve la preuve de tout ceci, dans différens actes passés, et dans l'inscription gravée sur la grande cloche de cette église : *Primo Sanctorum et Primo Martyrum*. L'église reconnaissait dès lors deux patrons. Dans la suite, les chanoines devenus comtes de St-Jean, n'en conservèrent pas moins le titre de chanoines de St-Etienne, par respect pour l'ancienne prééminence de cette église. St-Jean devint très-célèbre par la noblesse de son chapitre... On n'y admettait en 1268 que des gentilshommes, ou ceux qui pouvaient faire preuve de quatre races de noblesse.

En sortant de la cathédrale, on se retrouve

face à face avec cette montagne qui fut le berceau de Lyon. Voyez appliqués sur ses flancs ces escaliers longs, rapides et escarpés, audacieuses échelles faites de pierre; et cette rude montée de St-Barthélemy, véritable rue de Sarragosse, avec ses murs si vieux, si resserrés, si hauts, qu'ils vous menacent sans cesse de vous engloutir sous leurs ruines. Toutes les misères, toutes les faiblesses semblent s'être donné rendez-vous sur ce nouveau mont des Oliviers. On y trouve le *Dépôt de Mendicité*, les Antiquailles, hôpital et palais des fous, et des couvens de femmes. Enfin l'ermitage et le cimetière couronnent le sommet; ils se touchent, ils se donnent la main; ils vivent l'un de l'autre, en frères, en bons chrétiens.

Les pauvres ont fort bien compris que ceux qui souffrent, ceux qui prient, ceux qui pleurent, sont plus généreux, plus compatissans aux souffrances d'autrui. Aussi exposent-ils au grand jour leur indigence et leurs difformités le long de cette route de larmes et de regrets. Là foisonnent encore les marchands d'images, d'*ex-voto*, de chapelets, de jambes, de bras de cire, de couronnes funéraires. C'est par ce pénible chemin, le dernier peut-être que nous sommes appelés à parcourir, que depuis près de quarante ans notre vieille génération passe et s'en va s'éteindre à Loyasse, pressée qu'elle est par la nouvelle génération.

Loyasse, immense ossuaire, patrie des morts, ville silencieuse et endormie, faite aux dépens de la ville tumultueuse et active, citée souterraine, peuplée à sa surface de tombes, de saules pleureurs et de cyprès ; composée, comme l'autre, de misère et d'orgueil, de rires et de larmes, de douleur et de vanité (1) !

Mais redescendons dans la ville d'autrefois. *Lugdunum* n'avait point encore passé la rivière; il était là tout entier assis sur le coteau, avec ses

(1) Le 1er novembre, à cette époque de l'année où les Grecs honoraient par une fête particulière les mânes de leurs concitoyens, Lyon riche, Lyon pauvre, se partage entre ses deux cimetières, se rend en pélerinage à Loyasse ou à la Madeleine. Dans le premier, les privilégiés de la fortune apportent leur toilette et leur amour-propre, en venant renouveler de vieilles fleurs artificielles comme leur douleur; dans le second, des malheureux vont oublier un instant leur misère devant une tombe dans les larmes et les regrets.

Les Grecs terminaient autrefois leurs cérémonies funéraires par un repas de fèves ; les Lyonnais, la classe ouvrière surtout, en quittant ce dernier asile, font une halte et honorent par de fréquentes libations la mémoire du défunt. A la Croix-Rousse une ancienne coutume se perpétue encore de nos jours dans quelques enterremens : le parent le plus proche du mort invite tous ceux qui ont suivi le cercueil à un banquet qu'il préside lui-même. On s'y entretient de celui qui n'est plus ; on y exalte ses qualités ; on y est en un mot aussi vrai qu'une épitaphe.

maisons étagées les unes sur les autres, entremêlées de verdure, de vignes et de fruits, et inondées de soleil. Il s'enorgueillissait alors de sa longue et tortueuse rue Saint-Jean, et de sa belle et large rue Juiverie, où les Israélites, trafiqueurs d'or, s'enfermaient la nuit avec des chaînes dont on peut toucher encore le crochet de fer; où les pages de Charles VIII joûtaient dans des tournois meurtriers; où Philibert Delorme, architecte des Tuileries et aumônier de François Ier, élevait sa maison, les bains des juives, et d'autres édifices que nos artistes vont voir encore avec admiration.

A cette époque, des ruines de monumens antiques, trouvées dans une partie de la colline, lui lèguent le nom de place des *Antiquailles*. François Ier et le poète Marot, séjournent à Lyon et y sèment le goût des lettres et des arts. Fourvières a son académie où apparaissent et brillent plusieurs femmes; la chaste et aimante Pernette Du Guillet; l'Androgyne Louise Labbé, célèbre par ses vers amoureux, par sa beauté et sa douteuse fidélité à son mari le cordier; Clémence de Bourges et Sibille de Sève, aussi distinguées par les charmes de l'esprit que par les charmes de la figure. Après les troubles de la ligue, sous Henri IV, Nicolas Delange, premier magistrat de la cité, ouvre sa maison, dite l'*Angélique*, à tous les gens de lettres. Les Italiens affluent et jettent leurs élégantes formes de construction. Ils dépensent de l'art çà et là comme un peintre fait de capricieuses ébauches. Dans cet intérieur de cour, c'est un puits avec des ornemens florentins, dans cet autre ce sont de gracieuses corniches découpées à jour, de classiques coquilles, des fantaisies d'artistes sculptées, fines ciselures enfouies sous la poussière ou l'herbe grimpante, ou derrière de mauvaises planches oubliées.

Sur l'étroite place du Petit-Collége, où il y a tant de misère, vivaient en 1600 les millionnaires Gadagne qui nous ont légué le *collége Notre-Dame* et le proverbe : *Riche comme Gadagne.* Une petite rue voisine a pris leur nom, en souvenir d'un Gadagne, sénéchal de Lyon. Les habitans de ce quartier montrent avec un complaisant orgueil une grille dite merveilleuse à cause de l'arrangement de ses barreaux. C'est une énigme en fer.

Il fut un temps où ces maisons ne couvraient que riches négocians, graves et savans magistrats, insoucieux chanoines. La justice et l'église, le commerce et la banque, animaient ces rues de leurs habits de soie, enrichis de galons et de broderies. Chaque condition avait son costume, sa livrée. Les grands, l'épée au côté et leur morgue; les petits, leurs haillons et leur faiblesse. Belles calvacades, magnifiques tournois, voitures et chaises à porteurs, alors on y voyait de tout cela.

Aujourd'hui toutes les classes ont le même vêtement; 89 a tout nivelé. Il ne reste plus dans ce quartier que les deux bases de tout état social, la justice et la religion; le commerce et la noblesse ont passé le pont du Change. L'un s'est cloîtré aux Capucins, l'autre à Bellecour.

Avec ses grands souvenirs et ses somptueuses cuisines souterraines, l'Archevêché est là, adossé à la métropole. Etrange effet des caprices du temps et des révolutions! L'Archevêché, cette hôtellerie de nos rois voyageurs et de nos prélats sédentaires, naguère si brillant, si animé, n'est plus qu'un corps sans ame. On dirait la salle du festin abandonnée de ses convives, le vaste sanctuaire veuf de ses fidèles le lendemain d'une fête. Deux hommes occupent ce siége; le cardinal Fesch, digne parent d'un grand homme, en est le souverain de droit, et M. de Pins, l'usurpateur.

La civilisation a doté ce coteau d'un tribunal et d'une prison, de la police correctionnelle et de la maison des fous et des filles folles de leurs corps. St-Jean se trouve aujourd'hui jeté entre l'hôpital et le cimetière de Loyasse; c'est un quartier mort. Le silence de ses rues n'est interrompu que par le cliquetis monotone des métiers de l'ouvrier en soie, machines rendues si admirables par le génie de Jacquard, homme à jamais célèbre par sa découverte de l'application des dessins à la fabrication des étoffes. Son nom est resté comme un souvenir aux métiers qui lui sont dus.

La place St-Jean est inféodée à deux conditions: robes et camails, calottes et soutanes la noircissent. Ce sont des procureurs, des juges, des avocats, vivant de crimes, de banqueroutes et de vols; ce sont des chanoines et des prêtres, vivant de notre vie et de notre mort, s'enrichissant de nos faiblesses. Les uns greffent leur fortune sur le salut de notre fortune, les autres sur le salut de notre ame.

Puis à de certains jours, les séances de la police correctionnelle et les féries de l'église, deux spectacles gratuits donnés au peuple. Dans l'un ce sont gendarmes et agens entraînant, entre deux flots de curieux, un pauvre diable sur son banc d'accusé; ce sont ensuite toutes les bouffonneries des débats. Dans l'autre ce ne sont que chants religieux, versets et répons; louanges sacrées en langue morte et inconnue de presque tous ceux qui les entonnent; encens qui fume, sons sourds du serpent, beffroi de la grosse cloche, cette courtisane de tous les pouvoirs.

Sous la dévote légitimité on voyait parfois l'orgueilleuse procession dérouler sa lave étincelante en deux jets, et dessiner ses riches contours à travers la foule qui se presse pour voir. Là défilaient, sous d'effrontés regards, de jeunes vierges préludant déjà à la coquetterie sous le pudique voile de blanche mousseline, des mères en adoration devant leurs filles, des vieillards en prières, des chanoines et des magistrats en digestion, et nombre de vieilles dévotes aimant leur chat et craignant Dieu, dernières passions de la femme. Puis, malheureux Tantale de toutes ces richesses qui passent, des pauvres assiégent les portes du saint temple, étalent le luxe de leur misère et de leurs blessures factices, agens provocateurs de la charité publique.

Les jours de fête, un ancien usage s'est perpétué dans ces anciennes rues. Les marchands sortent devant leur porte et jouent autour d'une table avec leur famille et leurs voisins, les uns au paternel *loto*, les autres à l'immuable *quadrette*, ou bien à l'antique et vertueux *mariage*. Mœurs patriarchales qu'autorisait et qu'autorise encore le peu de mouvement qui règne dans ce quartier.

Au bout de la rue St-Jean s'élève une construction à la fois simple et élégante, œuvre de Soufflot, née d'abord hôtel du Change, devenue plus tard temple des protestans. Vicissitudes humaines! Mercure et Plutus ont fait place à Dieu et à l'amour le plus pur. Autrefois des négocians et des étrangers de toutes les contrées affluaient en cette enceinte aux époques des paiemens, qui avaient lieu tous les trois mois. Aujourd'hui, l'on n'entend plus là que prières et sermons; on n'y voit que jeunes filles sous l'aile de leurs mères, que personnes des deux sexes se livrant sous l'égide de la loi à un culte qui, comme tous les cultes, compta ses persécuteurs et ses martyrs. Fanatiques et sanglantes erreurs du passé, rendues impossibles à l'avenir, grâce à la marche continue de l'esprit humain.

C'est de la place du Change que surgit le jeune et brillant Lyon. La scène subit une complète métamorphose. La vie et le tumulte succèdent au calme de la solitude.

Reportons-nous dans le passé, et demandons-lui son histoire.

En 1050 Lyon avait peu à peu descendu la colline, et déjà même il baignait ses pieds dans la Saône. Il sentit bientôt le besoin de s'agrandir et de traverser la rivière. A cette époque l'archevêque Humbert, qui jouissait de 4000 livres de revenu, fit bâtir le **Pont-de-Pierre**.

La première arche de ce pont, du côté de St-Nizier, est appelée, dans les anciennes chroniques, *l'Arc merveilleux*. Ce nom lui venait de l'antique fête des *merveilles*, qui avait lieu au 12me siècle, en commémoration du martyre de plus de 1900 victimes immolées à la foi chrétienne. Cette fête, où le profane s'alliait au sacré, commençait par des litanies que le clergé, suivi du peuple, chantait sur la rivière dans des bateaux élégamment ornés, en passant sous cet arc, sans-doute parce que comme aujourd'hui cette partie de la rivière était la plus navigable. Ensuite, pour amuser le peuple, on précipitait de *l'Arc merveil-*

leux, dans la Saône, des bœufs et des taureaux que, plus bas, on retirait de l'eau et dépeçait rue Ecorche-Bœuf.

Profitant du rassemblement causé par cette fête, des marchands y établirent des foires qui eurent une grande renommée.

En 1300, Pierre Renouard et ses dignes héritiers, pieux citoyens de Lyon, élevèrent à leurs frais l'église St-Nizier, où fut inhumé ce saint. Elle fut métropole jusqu'à ce que St-Jean lui eût enlevé ce titre. Une fois que la ville se fût étendue du côté de St-Nizier, les limites de la ville furent posées à l'endroit de la rue Dubois, nommé ainsi pour avoir été élevée sur un terrain couvert de bois, et parce qu'on y exposait aussi le bois à vendre. Le premier Hôtel-de-Ville s'établit plus tard rue de la Fromagerie. Les Terreaux n'étaient alors que des marais impraticables, et les terres ou terreaux qui y furent transportés laissèrent leur nom à cette place.

En 1628, une maladie contagieuse ayant ravagé la ville, une chapelle fut élevée au milieu du Pont-de-Pierre, pour y dire la messe sous les yeux des pestiférés, rassemblés sur les quais. La mortalité fut si grande pendant quatre mois, dit le P. Grillet, jésuite, que pour réparer les ravages de la peste, les femmes se remariaient aussitôt qu'elles devenaient veuves. Il s'en trouva une qui, dans ce court espace de temps, avait eu six maris, les avait tous ensevelis et songeait au septième.

Une vieille enseigne, qui datait sans-doute de l'époque de cette peste, et représentait un squelette embouchant une trompette, fit donner à cette partie du quai, où elle était placée, le nom de la Mort-qui-trompe.

Les Templiers, en 1311, les religieux de St-Antoine et les Célestins, donnèrent leurs noms alors aux autres parties du quai, sur lesquelles ils s'établirent.

Telle fut la première invasion de Lugdunum dans la plaine!

Aujourd'hui, de ce pont séculaire, en face duquel s'élève l'aiguille vieille et svelte de St-Nizier, voyez quel beau spectacle! Lyon se pavane sur les quais, s'alonge des deux côtés en lignes de maisons belles et régulières, s'étend en amphithéâtre sur la montagne de la Croix-Rousse, et jette sur la rivière ses ponts en fils de fer, pleins de grâce, de hardiesse et de légèreté.

Les deux époques sont en présence, elles se regardent et se mesurent comme deux champions. La Saône jette entre elles deux ses ondes molles et paresseuses comme des paroles de conciliation, et ouvre son sein et ses *bêches* aux baigneurs des deux rives. Le vieux Pont-de-Pierre rapproche l'une et l'autre cité de ses graves et antiques arceaux. Il marie le quai Villeroy, si fier de ses orfèvres, de ses tentes bariolées, de ses équipages

élégans, avec le quai de la Baleine, si encombré d'huissiers et de jardinage. C'est le panorama le plus mouvant, le boulevard le plus animé, le plus varié. Partout c'est du bruit, de la confusion, de l'activité, des voix qui se mêlent, des mots qui s'échangent.

Par là, la ville entière passe et flue avec sa bigarrure de sexes et d'âges, avec ses affaires ou ses plaisirs, ses passions ou ses intérêts. C'est Paris vu de son vieux Pont-Neuf. Regardez!......

Maintenant allons aux Célestins, sur cette place si bruyante, si mobile, si animée chaque soir. Le matin, voyez-la!.. calme et silencieuse comme le boudoir d'une jolie femme, alors que tard on s'y est endormi dans la lassitude et l'excès du plaisir; déserte et abandonnée comme la salle du bal un lendemain de fête. Cherchez le mouvement et la vie qui régnaient la veille; à présent plus rien, partout le silence, partout le sommeil. Là, chaque soir le plaisir trouve sa tombe dans son berceau. Ce quartier s'endort bercé par son propre bruit, et s'éveille au bruit de tous les autres. Comme un jeune débauché dont les yeux se sont éteints la nuit dans une délicieuse orgie, et qui le matin, pour secouer sa somnolence, bâille et détend ses bras, ainsi lentement la place des Célestins s'anime, ainsi la circulation et la vie lui reviennent peu à peu. Les cafés se rouvrent, les magasins s'habillent au dehors de mille objets divers; quelques figures apparaissent et s'éloignent.

Arrêtez-vous un instant! regardez cette façade!..

Maison badigeonnée, couronnée d'un humble fronton, création informe et sans caractère, respirant à travers toutes ces mesquines croisées ; étroit péristyle ; ignoble balcon à forme de pigeonnier : tout ce chétif ensemble, c'est la vie, c'est le cœur de ce quartier, c'est le théâtre des Célestins.

Les Célestins! étranges vicissitudes de ce monde plus étrange encore! Là, naguère des religieux entonnaient des hymnes et macéraient leurs corps; là, des êtres se suicidaient moralement, et aujourd'hui la folie a fait son temple de cet asile de prières. Là, retentissent les éclats de notre hilarité, où s'exhalaient autrefois des soupirs et des plaintes. Hélas! chaque jour ne folâtrons-nous pas au milieu des ruines, chaque jour nos banquets de fête ne se dressent-ils pas sur des tombeaux, et les générations vivaces ne s'élèvent-elles pas entées sur les débris des générations éteintes? La vie est une bouture sur la mort.

Mais voyez : voilà l'heure du spectacle, la cloche du foyer a retenti, la foule encombre les portes, assiége les bureaux, chacun accourt et se presse. Les cafés s'emplissent, chacun d'eux a ses habitués et sa physionomie particulière; les banquettes et les tables se garnissent et s'alongent sous les tentes bariolées. L'essaim des revendeurs à la toilette, des chanteurs et des mendians, vous entoure, vous presse de tous côtés. Vous êtes pris d'assaut par l'industrie et la misère.

Foyer de la JEUNE FRANCE, halte de toutes les célébrités voyageuses, étonnement du villageois qui vient y compter mille colonnes, le café Lequeu, reflète dans ses glaces, et la belle et noble tête de son propriétaire blanchie avant le temps par tous les combats où elle fut exposée, et la gracieuseté de son aimable dame.

Ici des artistes se rendent au théâtre, des littérateurs du terroir parlent de leurs œuvres; là, de jeunes hommes pâles et défaits, joueurs malheureux de la veille, reprennent leur vie nocturne, vie factice d'alcool et d'excitation, et cherchent le repaire où s'engloutira bientôt leur dernier écu et peut-être leur existence d'honnête homme. Que de contrastes! que de bizarres rapprochemens! que de monstrueuses alliances! que de bruits! que d'échos! que d'existences se dépensent là chaque soir! Tout Lyon vient se résumer en cet espace circonscrit; c'est la ville sous toutes ses formes, avec son opulence et sa misère, sa soie et ses haillons, son innocence et sa corruption, son luxe et sa dépravation. C'est la cité en miniature.

En effet cette bigarrure de la foule, ce mélange de toutes les classes qui s'entre-choquent avec tant de passions et tant d'intérêts divers;

ce cahos de mille voix qui se croisent dans l'air et semblent sortir d'une seule bouche; ce retentissement de chants et d'instrumens qui s'échappent de plusieurs cafés comme les odeurs culinaires qui s'exhalent par bouffées des cuisines de Lucotte ou de Caillot; le son de l'orgue de Barbarie, les criailleries des Cocos et de tous les petits marchands en plein vent : tout cela n'est-il pas le tableau le plus animé, le plus mouvant que présente notre ville? Tout cela n'est-ce pas un pâle reflet, une timide épreuve du boulevard de la capitale? Notre place des Célestins n'est-elle pas à elle seule un abrégé de Paris?

Quand l'émeute aux mille voix, aux mille bras, se déroule à travers la ville, c'est ici qu'elle fait une halte, qu'elle se repose, qu'elle chante et crie, qu'elle attend pour se retirer les trois sommations légales.

Et puis après chaque pièce, c'est un redoublement de vie; c'est tout un public poussé et refoulé, vomi, pour ainsi dire, par la bouche du théâtre. Ce sont des rivalités de vendeurs de contre-marques s'arrachant un billet qu'ils partagent en deux; ce sont des ruades de sergent de ville; ce sont des femmes solitaires et errantes, couvertes, chargées de diamans et de bijoux, faux comme elles et leurs plaisirs, faites de dentelles et de boue, habillées d'impudeur, de fard et de robes voyantes; ce sont de jeunes fous dans l'âge où l'on croit à l'amour, tournoyant autour de ces impures syrènes et venant y perdre de naïves illusions, leurs aîles de papillon à eux, qui sait... leur vie peut-être.

Voilà la station de l'entr'acte.

Tous les établissemens publics, liés entr'eux comme les anneaux d'une chaîne, jettent une couronne de lumière, ils étincellent de mille jets de feux reflétés dans mille glaces. Les fenêtres des maisons voisines scintillent et brillent comme des yeux pleins de regards. Derrière ces murs épais, comme dans le théâtre, qui est là contigu, se nouent et se dénouent bien des drames.

Et la foule passe et s'écoule bruyante, animée comme une mer, avec son flux et reflux, ballotant en son sein et jetant au rivage de précieux objets, de gracieux coquillages, des monstres, de l'or et du limon, tout cela mêlé et confondu!

Enfin, les lumières s'éteignent, l'obscurité règne, le calme reparaît, et demain, comme chaque jour, ramènera même fluctuation, même bruit et même repos.

Léon BOITEL.

La
PRISON DE ROANNE

ET

L'ABBÉ PERRIN.

Je m'étais arrêté devant ces vieux murs de couleur grisâtre, percés de quelques étroites fenêtres, bordées en tous sens d'énormes barreaux de fer, comme si elles donnaient déjà passage à trop de jour, à trop d'air. Devant cette énorme porte, aussi toute de fer, dont l'ouverture basse et cintrée est comme taillée dans le roc, — une sentinelle silencieuse se promenait à pas lents et mesurés.

Cette porte s'ouvre rarement; — malheur à celui à qui elle livre passage pour en sortir : ses minutes sont comptées !...

A la vue de cet édifice à sinistre architecture, j'étais assiégé d'une foule de pénibles réflexions.. La prison de Roanne s'élevait devant moi.

Un Forçat.

Ici, sur cette place, le mouvement et la vie, le marché avec ses criailleries, la cité débattant ses intérêts avec le village, le village et la cité vivant l'un de l'autre, un air vif et pur, enfin la liberté. Derrière ces murs, les privations et l'opprobre, le crime et les remords peut-être, un air lourd et vicié, la prison en un mot.

J'entrai muni de ma permission. Le bruit d'un énorme trousseau de clefs, le grincement des massives portes tournant avec peine sur leurs gonds verrouillés, toute cette affreuse harmonie de la prison s'est fait entendre ; je suis introduit. Toutes les portes se sont refermées sur moi avec le même bruit.

Une cour principale à peu près carrée, sur laquelle donnent deux rangs de galeries ou corridors ouverts, seule promenade qui soit accordée à des heures fixes, aux détenus me permit de les examiner. Le nombre en est grand. Les deux sexes et tous les âges se trouvent là confondus.

Qui est entré dans une prison, même dans un simple but de curiosité, sans se sentir le cœur serré, la poitrine oppressée par un malaise, par quelque chose de pesant! on respire mal! quelle sensation doit donc éprouver celui qu'y amène le verdict des lois?

Lois, prisons, prisonniers, gendarmes, hauts et puissans juges, petits juges, grands et petits tribunaux; toutes ces choses m'advinrent à la pensée.

1

Six grands codes nous régissent, me disais-je, ayant l'un, 2281 articles, l'autre, 1042; le troisième, 648, le quatrième, 643, le cinquième, 484, le sixième 299 Total : 5397 lois. Et je ne compte pas ici les ordonnances, les réglemens de préfecture, de mairie, de police, de droits réunis; les instructions secrètes aux préfets, aux maires, aux gardes champêtres, etc., etc.; que sais-je, moi! Bon dieu, que de lois! serait-ce là la marque d'une haute civilisation ? Oh ! oui, sans doute; il y en a pour les moindres faits et gestes d'une heure de la vie d'un homme. Comment faire pour ne pas contrevenir à une de ces mille lois ?

C'est ainsi que si nous connaissions bien l'organisation de notre corps, nous n'oserions plus faire un seul mouvement dans la crainte de briser un de ses vaisseaux, une de ses fibres si minces, si déliées, si frêles, dont la rupture détruirait à jamais toute notre pauvre machine.

Drôle d'organisation sociale !

Drôle d'organisation physique !

Je fus tiré de ce conflit de réflexions par l'arrivée d'un viellard. Il portait un paquet vénérable de hardes qu'il déposa à terre, tira de sa poche sa petite tabatière de corne et m'offrit une prise.

C'était l'abbé Perrin!

Qui ne connaît l'abbé Perrin, à Lyon! Homme vertueux dont toute la vie a été consacrée au soulagement des malheureux, des criminels. Il s'est fait prisonnier avec eux pour être mieux écouté d'eux. C'est leur consolation, leur rayon de soleil, leur ange, à eux, abandonnés de tous. L'abbé Perrin leur fait croire à un autre monde, alors qu'ils n'appartiennent plus à celui-ci. L'abbé Perrin n'estime l'argent que par le bien qu'il peut faire. Il partage le peu qu'il possède avec ceux qui ne possèdent rien. C'est un homme rare à travers notre siècle d'égoïsme et d'ambition que l'abbé Perrin! C'est une bonne et respectable figure sur laquelle on se plaît à reposer ses regards contristés par l'aspect de sa mise!

Car, voyez! son feutre et sa soutane depuis long-tems n'ont pas été renouvellés. Tous deux se ressentent des injures de la mauvaise saison; tous deux ont perdu leur noir reflet. Et cette pauvre soutane, comme elle garde fidèlement empreinte chaque omoplate de son fidèle propriétaire. Ses bas trahissent à tous les yeux le talent de la ravaudeuse; il donne toujours la meilleure paire... Eh bien! cette simple et mesquine enveloppe couvre la plus belle ame, une ame inspirée par la charité chrétienne.

Ses cheveux blancs vous disent son âge, ses traits vous révèlent son ame candide comme celle d'un enfant. Que de douceur! Que de bonhommie! Et avec cela que de dévouement! que de force! Que de caractère dans toute cette vie! Que de courage dans les derniers soins qu'il donne au supplicié. C'est l'homme qui se fait Dieu!

A son aspect, les détenus ont suspendu leurs causeries, leurs travaux ou leurs promenades. Tous se rangent autour de lui. Le regard fauve et oblique du criminel s'est un instant adouci, et sa bouche dont quelque chose de satanique meut les lèvres a pris dans son sourire une autre expression.

Tel est l'ascendant de la vertu que l'homme le plus dépravé l'admire et lui rend hommage.

L'abbé Perrin appelle ceux des prisonniers qui, cette semaine, auront part à ses faveurs, et sa main que l'âge a rendu tremblante distribue à chacun les vêtemens qu'il a pu obtenir dans sa sollicitude.

Homme vénérable, quelle famille tu t'es choisie! Quel autre que toi l'eût adoptée?

Voici une anecdote qui peint d'un seul trait le caractère de l'abbé Perrin; je la tiens d'un porte-clefs. Entraîné par la force de l'habitude, un des commensaux de la maison s'étant permis de lui dérober sa tabatière, l'abbé Perrin s'avance au milieu d'eux et leur dit sans humeur : *Que celui d'entre vous qui m'a pris ma tabatière, la remette dans cette main! Voici cinq sous en échange. Je ne veux pas connaître le coupable.*

Et il ferma ses yeux et plaça sa main derrière son dos, avec la somme promise. L'objet fut à l'instant replacé.

Outre la distribution des vêtemens, l'abbé Perrin donne un sou tous les dimanches à chaque prisonnier. Ce sou est employé d'ordinaire à acheter un peu de tabac. L'abbé Perrin sait combien cette poudre est précieuse au malheureux qu'une longue oisiveté accable d'ennui.

Chaque matin l'abbé Perrin dit sa messe. Il passe pardessus sa vieille soutane le surplis blanc, il monte les degrés de l'autel de la petite chapelle qui se trouve dans la cour. Il prie d'une voix mi-basse et presse la fin de chaque verset. Un enfant de chœur avec son timbre argentin fait les répons et jette un contraste à la pensée, contraste de jeunesse et de décrépitude.

Cette messe n'est pas longue. Les prisonniers y assistent de leurs galeries. Si les prières de l'abbé Perrin sont courtes, ses actions sont sublimes. Faire le bien, n'est-ce pas prier encore?

Mais au dehors se sont fait entendre le bruit d'une voiture et le bruit des pas des chevaux. La figure de l'abbé Perrin, si calme d'ordinaire, a pris une expression de douleur indéfinissable, un mélange de tristesse, d'abattement et de résignation. La main appuyée sur l'autel, comme pour soutenir son corps, il a élevé un instant son regard au ciel. Puis sa tête est retombée sur sa poitrine.

Un porte-clefs est venu lui dire quelques mots et il est sorti.

Bientôt apparaît un homme pâle et défait, se

soutenant à peine, les mains liées derrière le dos, les cheveux coupés, le collet d'habit rabattu ainsi que le col de chemise ; il avance, et la terrible porte s'est ouverte devant lui, et le murmure de la foule qui attend, arrive aux oreilles du condamné, comme un prélude infernal.

Le voilà hissé sur la fatale charrette; l'abbé Perrin a pris place à ses côtés. Emporté avec toute la vîtesse d'un vigoureux cheval, escorté de gendarmes, le char fend les flots mouvans du peuple avide de repaître ses yeux de la dernière heure d'un homme.

L'abbé Perrin entoure de ses bras ce corps défaillant, et sa tête vénérable s'approche de cette tête sur laquelle pèse déjà la mort. Il lui parle tout bas, que peut-il lui dire? Que lui dirions-nous? Que lui diriez-vous, froids logiciens, à cet homme mort déjà par la pensée de sa mort prochaine? De grands mots, de grandes phrases! L'abbé Perrin ne fait pas de grandes phrases, lui! Il lui a parlé tout le long de cette douloureuse route. Il s'en est fait entendre et une larme a roulé dans cet œil terne, une larme, celle du repentir.

Mais voilà le sanglant édifice! voilà le couteau triangulaire reflétant sur son acier les rayons du soleil! Voilà la foule ondoyant avec ses mille têtes au-dessous de cette tête qui va tomber!

L'abbé Perrin embrasse le supplicié, il le bénit et pose sur ses lèvres livides le signe du chrétien. Sa tâche est finie.

— J'ai entendu un bruit sourd ! — une tête a roulé, et la foule s'est dissipé.

La justice humaine a puni; à ses yeux le crime est expié. La justice de Dieu jugera là-haut la justice des hommes.

E. Favier.

SOUVENIRS DE LYON.

A Monsieur Léon Boitel, éditeur et l'un des auteurs de Lyon vu de Fourvières.

J'ai reçu, Monsieur, les 4 premières livraisons de *Lyon vu de Fourvières, esquisses physiques, morales et historiques,* que vous avez eu la bonté de m'envoyer. Je suis on ne peut plus reconnaissant de l'hommage que vous me faites d'un exemplaire de cette publication où doivent figurer tant de noms qui me sont chers; mais pourquoi avez-vous ajouté au mien le titre de collaborateur? En vérité, j'estime que ma participation est à-peu-près impossible dans ces esquisses qui, pour être vraies, doivent être faites sur les lieux.

Si, aujourd'hui que les mœurs de Paris me sont connues, j'étais un moment transporté dans votre ville, les contrastes naissant pour moi de toutes parts, je me trouverais dans une position très-favorable au rôle d'observateur des mœurs lyonnaises. Mais je suis à cent cinquante lieues de Lyon, que j'ai quitté il y a cinq ans. Etranger pendant un aussi long temps à votre vie sociale, au mouvement des esprits dans la politique et la littérature, comment pourrais-je retracer quelque chose de cette grande cité qui ne pose plus que dans mes souvenirs? Ces souvenirs vous rendraient une société disparue, des mœurs effacées, des noms oubliés. — Les villes, les grandes villes surtout, vieillissent vîte... Et songez que depuis trois ans deux révolutions ont passé par là.

Et, d'un autre côté, si, me séquestrant de mes souvenirs, je voulais esquisser un coin du tableau de vos mœurs actuelles, je devrais commencer par lire tous vos journaux depuis cinq ans, tous vos romans, toutes vos brochures, tous vos pamphlets; je devrais parcourir, étudier la collection des caricatures produites par les crayons lyonnais... Que sais-je encore? Et cela ne suffirait pas certes. Mais si je persistais dans mon insanité ou dans mon pari, (et je serais nécessairement dans l'une de ces conditions-là) après avoir vécu quelque tems de cette vie d'emprunt, et lorsque je me jugerais suffisamment imprégné de l'esprit de localité, je ne ferais encore qu'un pastiche misérablement rajusté, et j'irais figurer dans votre joli recueil comme l'orang-outang de Buffon au bal masqué de l'Opéra.

Aujourd'hui je ne connais même pas la littérature lyonnaise. Je me hâte d'ajouter que ce n'est point une épigramme que je fais ici; elle y serait de toute manière fort déplacée. Quelques-uns de vos écrivains figureraient très-bien à Paris, je crois; mais qu'ils y viennent donc, car leurs œuvres n'y viennent pas. Tel est le préjugé qui flétrit la province : on s'imagine que les livres écrits hors de la capitale ont un accent provincial; et si j'en excepte un très-petit nombre de jeunes littérateurs dont j'ai recueilli les noms de mes rapports avec Lyon, et si j'en excepte encore les noms nouveaux pour moi que je trouve dans vos deux premières livraisons, et qui, pour tout dire, méritent bien d'être connus; je ne vois toujours la littérature lyonnaise que dans cette société littéraire d'il y a cinq à six ans. C'était Servan de Sugny, polyglotte distingué, élégant traducteur de Théocrite, que la mort a frappé si jeune; M. Coignet, dont la poésie est si facile et si gracieuse; M. Montandon, qui fesait tant et de si bonnes chansons; M. de Loy, qui n'a paru qu'un moment à Lyon, mais qui y a laissé de beaux vers; M. Massas, esprit vigoureux, auteur du poème des *Cent-Jours* et de chants lyriques où l'on trouve des beautés du premier ordre; M. Kauffmann, qui a rapidement développé un talent plein de verve et de chaleur. Votre nom, monsieur, complètera cette pléiade de jeunes poètes qui furent tous mes amis. Je devrais, à ce titre, mentionner l'auteur des *Mélanges et des esquisses poétiques*, mais le moyen de le nommer? Il m'échappe toujours derrière quelque nouveau pseudonyme.

Je ne puis oublier M. de Lamerlière, auteur dramatique, spirituel et fécond, M. de Lamerlière qui, il y a déjà plusieurs années, avait deviné le roman de nos jours, dans une composition dont l'horrible a été depuis bien dépassé.

Je pourrais ajouter encore quelques noms à ceux-là. J'ai même tort de citer si tardivement M. Benoît, mon compatriote, homme d'un talent très-remarquable, auteur de *Virginie*, d'*Annibal*, etc.

Cette littérature lyonnaise qui a perdu quelques-uns des noms que je viens de citer, mais qui en a acquis un plus grand nombre d'autres, cette littérature est jeune, vivace, impatiente de produire; elle assurera le succès de votre livre.

Pour les *esquisses historiques*, la philologie, vous avez à Lyon deux hommes très-distingués, membres de votre académie, M. Bréghot du Lut et M. Péricaud, votre savant bibliothécaire.

Ainsi, monsieur, exploitez votre sol lyonnais, votre histoire, vos traditions, vos mœurs locales, et que vos récits et vos tableaux soient l'œuvre des écrivains vos compatriotes. *Nec te quæsiveris extra.*

Quant à moi, que puis-je pour votre livre? Entre mes souvenirs de Lyon il en est sans-doute que j'aimerais à produire ici; mais quoi! même en les bornant à un très-petit nombre, en éloignant soigneusement tous les détails, écueil où viennent échouer ceux qui copient un modèle absent, ne vous présenterais-je pas encore de confuses, d'infidèles images? Et ne renverriez-vous pas dans mes cartons ces esquisses imparfaites qui ne peuvent avoir que pour moi le charme qui s'attache au souvenir? Je sens toutefois que je vais céder au plaisir de saluer, en courant, votre ville, vos sites lyonnais. Pour obtenir grâce de vous, monsieur, je me rapproche, le plus qu'il est possible, du titre de votre livre : je monte à Fourvières.

C'est toujours mon grand, mon admirable paysage d'autrefois. A l'Est, en face de moi, dans un immense horizon, la chaîne des Alpes se découpant blanches et dentelées sur un ciel d'azur; à ma droite, le Mont-Pilat qui se dresse comme un géant; à gauche, le Mont-d'Or. Voilà le cadre magnifique du tableau. Sur des plans plus rapprochés, des côteaux aux douces inflexions, des massifs d'arbres, de vastes prairies, de longs rideaux de hauts peupliers; à mes pieds, droit et rapide comme la flèche d'un Numide, le Rhône, que Pétrarque, il y a cinq cents ans, saluait des hauteurs du Mont-Ventoux :

Rapido fiume che d'alpestra vena
Rodendo intorno, onde'l tuo nome prendi, etc, etc.

Puis, encore un fleuve, un fleuve qui dort,

qui laisse douter s'il vient du Nord ou du Midi *.

Voilà Lyon, Lyon qui s'alonge en jarretière, comme Voltaire disait de la Prusse. Vous avez un nouveau Grand-Théâtre qu'alourdit et qu'écrase son simple et élégant voisin l'Hôtel-de-Ville. Vous avez déblayé la Pêcherie, vous déblayerez le Pont-au-Change. L'œil suivra alors sans s'arrêter cette ligne si gracieusement courbée en fer à cheval depuis le pont Tilsit jusqu'au pont de la Feuillée.

La Croix-Rousse s'est agrandie : que de blanches et hautes maisons ! Mais aussi je ne sais quoi de sévère. Ah! vous avez des forts. Des forts ! cela attriste bien vos rians côteaux! J'aimais tant le fort St-Jean pendant en ruines sur le fleuve ! Les forts en ruines sont bien beaux (soit dit sans menace contre les forts qui s'élèvent); ils sont beaux aussi les forts noirs de poudre et labourés par le canon... mais des forts tout blancs, tout neufs, des forts conscrits... Adieu la poésie! Puissent les Lyonnais ne pas s'écrier : Adieu le commerce!

De mon temps vous aviez deux prisons, vous en avez trois aujourd'hui : progrès! des prisons de plus, hélas! et des prisons plus pleines! C'est de votre dernière prison que M. Anselme Petetin

---

* *In Rhodanum influit, incredibili lenitate, ita ut oculis, in utram partem fluat judicari, non possit.*

a daté la lettre qui ouvre *Lyon vu de Fourvières*. Des considérations d'une haute portée n'en ont exclu ni l'enjouement ni le charme des détails. Les murs de Perrache n'ont pas assombri le talent de M. Petetin. *Cella continuata dulcescit... In silentio et quiete proficit anima... In cella invenies quod foris sœpius amittes.* Ces paroles sont d'un grand consolateur que M. Petetin n'a pas oublié d'appeler dans sa retraite, le livre de l'*Imitation de Jésus-Christ*.

Ces derniers mots ont ramené mes yeux au pied du côteau, là, sur la cathédrale de St-Jean, à laquelle m'attache un souvenir touchant et solennel. La cathédrale est d'un gothique pauvre, d'un style lourd; ses tours manquent d'élévation, de légèreté, d'élan vers le ciel; mais l'intérieur est religieux et mélancolique; elle a

> Les degrés de l'autel usés par la prière,
> Les noirs vitraux, le sombre et profond sanctuaire.

Et maintenant fermant les yeux sur ce tableau, je prête l'oreille, je me recueille. Je veux entendre la respiration de la cité, cette voix formée de mille voix, ce bruit formé de mille bruits, harmonie sourde, étrange, qui nous jette dans une véritable fascination de l'ouïe, pendant laquelle l'imagination nous fait assister au *pandemonium* de Milton. Mais je ne puis entrer dans cette illusion. Vous n'avez pas assez de voitures, et c'est malheur avec un pavé si pointu et si retentissant ; votre population est courbée sur des comptoirs ou fume, le moyen qu'on l'entende ! Oh ! qu'il est différent Paris quand on l'écoute du haut du Panthéon ! Hors quelques cris perçans jetés d'intervalle en intervalle comme des coups de tam-tam dans le roulement continu, l'oreille n'a qu'une perception, le bruit immense, solennel de la cataracte du Niagara, éternellement tombante.

Je rouvre les yeux. Sur de grands carrés blancs, vos places ; sur de longues zônes blanches qui embrassent la ville, vos quais ; je vois des points noirs, bruns, bariolés qui se meuvent. Ce sont des hommes. Cela est bien petit. De petits intérêts, de petites passions, de petits plaisirs les font s'agiter et se tourmenter. Oui, tout cela est bien petit ; ce que je vois de grand en eux c'est leur misère. Du point où je suis placé on ne compte pour quelque chose que les Alpes, le Mont d'Or et le Mont-Pilat, immobiles sur leurs bases éternelles ; les deux fleuves qui coulent toujours ; les arbres séculaires tout verdoyans encore, et, parmi les ouvrages de ces hommes, les vieilles tours de vos églises, qui semblent être là pour compter les générations qui passent, et dont la voix d'airain chante pour notre venue au monde et pleure pour notre départ.

Le paysage de Lyon n'est pas moins riche dans ses détails que magnifique dans son ensemble.

Tous les abords de la ville sont enchanteurs. Aux Etroits, les grottes, les concamérations les plus pittoresques; des rocs hardiment élancés et dont la tête s'inclinant sur le chemin laisse tomber une épaisse chevelure de plantes à longs filets; des sources jaillissant, bruissant de toutes parts; çà et là de jolis châteaux aux tours sveltes se mirant dans l'eau du fleuve; enfin, tous ces accidens de terrain que l'art se fatigue en vain à produire en tourmentant le sol que la nature en a déshérité. Ajoutons que le site est plein d'une solitude rêveuse et des souvenirs de Rousseau.

C'est un enchantement continuel qu'une promenade sur les rives idylliques de la Saône en remontant le fleuve : il suffit de nommer Roche-Cardon, les hauteurs de Limonest, l'Ile-Barbe, St-Rambert, Rochetaillée.

Je dois un souvenir particulier à Francheville, Francheville, ma douce promenade. C'est un paysage sévère celui-ci. Le village est d'un aspect misérable, on se hâte de le traverser. Ce qui frappe ensuite c'est la solitude d'un grand bassin dépouillé, pierreux, désolé; mais ce bassin a pour cadre des bois pleins d'ombre et de fraîcheur. Il y a aussi un ruisseau, et sur ce ruisseau des aqueducs romains. On trouve aujourd'hui, presque toujours, le silence là où les Romains ont posé ces masses gigantesques, comme si c'était là leur tombeau et que l'on craignit de troubler leur sommeil. Auprès de ces tombeaux, je veux dire de ces aqueducs, rien ne distrait le rêveur solitaire, rien, si ce n'est quelquefois le cri grinçant de l'essieu d'un char rustique attelé de bœufs qui sort du bois et traverse la plaine; cri singulièrement plaintif qui étonne toujours dans ces solitudes et qui ajoute encore à leur sauvage poésie.

C'est quelque chose de très-vénérable sansdoute qu'une pierre qui a deux mille ans; une urne sépulcrale étrusque qui remonte seulement au temps d'Ælius Volturinus a droit au respect et aux hommages admiratifs d'un antiquaire, et j'estime, pour ma part, à un haut prix les patientes et courageuses investigations des savans sur les monumens des siècles passés; mais je ne suis moi ni un archéologue ni un antiquaire, et je ne vous redirai pas l'histoire des aqueducs de Francheville; d'ailleurs d'autres l'ont fait avant moi et avec talent dans votre livre. Je ne venais chercher là que le plaisir de rêver. Peu de jours avant mon départ de Lyon j'ai été faire mes adieux à ce site aimé. Le vent enlevait aux bois les premières feuilles desséchées de l'automne; il soupirait tristement sous les arcades dans les grandes touffes de lierre et le ruisseau jetait dans cette harmonie des notes pleines de mélancolie et de douceur. Je m'étais assis à cinquante pas des ruines sur une pierre tumulaire, autre ruine. Cette pierre a perdu son inscription, mais le temps y a ciselé la sienne en profondes rainures où mille plantes saxatiles plongeaient leurs racines; une mousse naine en recouvrait la surface, et vingt insectes différens, des scarabées au corselet luisant, des mouches aux ailes de gaze, bourdonnante colonie qui ne devait vivre qu'un jour, se jouaient sur ce tombeau aux derniers rayons du soleil qui passait derrière la colline en projetant sur la plaine la grande ombre des aqueducs.

Les aqueducs de Francheville, de Chaponost, de Mornand se liaient autrefois ensemble et formaient un système pour la conduite et la distribution des eaux du Mont-d'Or et du Mont-Pilat. Ces restes de la grandeur Romaine languissent aujourd'hui dans un abandon déplorable. Une ligne assez belle de ces arcades règne encore sur la crête du côteau au-dessus de Choulans, de Ste-Foix; mais chaque jour on ose un peu plus contre la noble ruine. Les propriétaires voisins, timides barbareaux, s'étudient à en tirer profit : d'abord ils y abritent leurs pêchers, leurs abricotiers; ils y font grimper leur vigne, et ils finissent presque toujours par y adosser familièrement une maisonnette.

J'ai jeté des hauteurs de Fourvières un coup-d'œil sur Lyon, et j'ai remarqué que vous avez achevé un théâtre qui sortait à peine de terre au moment de mon départ; j'ai vu que vous avez agrandi, embelli les quais de la Saône, que vous avez élevé une prison dans la plaine de Perrache et des forts sur vos côteaux. Ce sont des points saillans qui ne pouvaient m'échapper, je les vois d'ici. Il est survenu bien d'autres changemens que je ne connais pas. S'ils m'étaient indiqués j'en aurais une idée assez nette peut-être ; à toute force enfin je pourrais en parler et faire, Dieu aidant, une *esquisse physique* pour votre livre, mais certainement cette esquisse n'aurait qu'un faux semblant de vérité.

Je dois vous répéter ce que je vous disais tout-à-l'heure : A vos compatriotes seuls d'écrire dans votre livre.

Je me trouve naturellement amené à vous parler de l'émancipation provinciale en littérature, qui est le but avoué de *Lyon vu de Fourvières*.

Et vraiment pour créer une littérature nouvelle le moment serait bien choisi, car le temps est venu d'édifier quand l'œil ne voit de toutes parts que des ruines. Les Grecs et les Romains, les héros nuageux d'Ossian, la poésie de l'Orient et la poésie du Nord, ruines ; le moyen-âge, ruine. Nous ne voulons plus du dix-huitième siècle en drames, du dix-huitième siècle en romans. Nous ne voulons plus des mémoires des personnages historiques, fabriqués dans l'arrière-boutique de nos libraires. Nous avons été bientôt las des romans de mer, véritables enfans perdus chez nous, penple sans possessions transmarines et qui connaissons si peu la mer. Nous sommes las des contes bleus, roses, rouges, verts, bruns, bariolés. Nous sommes las des romans et des drames à émotions galvaniques, œuvres d'imaginations malades, qu'on intitule *romans de mœurs, romans intimes, histoires du cœur*, et qui font trouver si faux ce mot si vrai de M. de Bonald : La littérature est l'expression de la société. On s'est jeté dans une telle exagération, que les moyens ordinaires de pathétique et de dénoûment sont maintenant sans ressort. Le poignard, le poison, le suicide, rien de cela ne touche plus. La roue et l'écartellement ont perdu leur toute puissance; l'infanticide est tombé dans la trivialité, l'adultère est une billevesée, et l'inceste même commence à perdre de sa considération.

Si l'esprit de notre âge, si notre vie sociale n'était révélée à la postérité que par ces prétendus romans de mœurs *, la postérité prendrait pour un siècle de corruption profonde, pour un siècle jumeau de la régence, notre siècle si pauvre de grandes vertus, il est vrai, mais où les vertus sont encore en honneur, Dieu merci! Siè-

* Nous n'avons pas la milliesme partie des escrits anciens ; c'est la fortune qui leur donne vie, ou plus courte, ou plus longue, selon sa faveur ; et ce que nous en avons, il nous est loisible de douter si c'est le pire, n'ayant pas veu le demeurant. MONTAGNE.

cle d'indifférence plutôt, siècle en bonnet de coton qui ne veut que se reposer de sa gloire, échapper au bruit qu'il a fait et vivoter tranquille.

Mais, grâce à l'imprimerie, cette supposition ne peut jamais devenir une vérité, et le dix-neuvième siècle léguera à la postérité de meilleurs témoignages de sa moralité et de son intelligence.

Ainsi tout est usé pour ces écrivains, et le fond et la forme, et c'est malheur vraiment, car dans une nation comme la nôtre, renommée jusqu'ici pour la douceur et l'élégance de ses mœurs; son goût et ses lumières, il y a encore bien des hommes qui, sensibles aux délicats plaisirs de l'esprit, ne demanderaient pas mieux que de pouvoir aller quelquefois au théâtre (avec leurs femmes et leurs filles, notez bien ceci) et qui aimeraient à trouver dans les œuvres légères de la littérature contemporaine un délassement à leurs travaux. Mais ces jouissances leur sont enlevées. Ces hommes qui n'ont pas, tous, passé leur jeunesse dans les amphithéâtres où l'on dissèque, ne sont pas assez aguerris pour entrer dans le charnier de nos drames et de nos romans, et d'ailleurs ils comprennent à peine un dixième des métaphores nouvelles empruntées à l'anatomie. Aussi ces hommes-là ne vont plus au théâtre, et ils n'ouvrent que de loin en loin, et comme pour s'affermir dans leur résolution de s'isoler de la littérature présente, quelques-uns de ces livres du jour qui la déshonorent.

Hé bien! prenez ces hommes-là, vous hommes de province. Ils sont à vous. Votre patrie sera leur patrie, votre nationalité leur nationalité. Ils abdiquent tout en votre faveur, tout excepté leur bon sens. Parquez-les quelque part; écrivez pour eux sans vous inquiéter d'autre chose que de leur approbation, et quand vous l'aurez obtenue vous aurez une littérature.

La littérature de province n'a été jusqu'à présent qu'un pâle reflet de la littérature parisienne. Aujourd'hui vous voulez être quelque chose par vous-même; vous aspirez à vivre de votre vie propre; vous voulez que votre littérature se teigne des couleurs de la localité, qu'elle ait une saveur de *terroir*, si je puis m'exprimer ainsi; vous voulez qu'elle soit l'expression de vos mœurs qui ne sont pas les nôtres, et arriver ainsi à l'originalité, c'est-à-dire à l'individualité provinciale.

Sans-doute il y a des mœurs particulières qui distinguent une province d'une autre province dans la grande famille d'un empire. Chaque population a sa physionomie native, physionomie qui se nuançant d'individu à individu conserve le même type général dans les masses. Les noms de Normand, de Bourguignon, de Breton sont restés dans la langue usuelle en dépit de la nomenclature et de la mosaïque départementales, et ces mots emportent avec eux l'idée d'un caractère différent de peuple ; mais il faut constater cependant que ce caractère primitif s'est altéré sensiblement sous le régime commun des mêmes lois, et qu'il s'efface de jour en jour davantage. Pour raviver ces mœurs locales qui, bien étudiées, fidélement copiées, pourraient être la source d'une littérature originale, il faudrait que la capitale de chaque province devînt le centre d'une action gouvernementale un peu forte, un peu indépendante. Il faudrait, en un mot, pour avoir l'émancipation intellectuelle commencer par l'émancipation politique.

Jusques-là la province n'aura qu'une littérature d'emprunt et d'une imitation plus ou moins heureuse. Vous ne pouvez en effet vous placer dans une telle séquestration de souvenirs, vous affranchir si complètement de vos réminiscences, que les formes et les habitudes littéraires de Paris, suivies si long-temps, ne se reproduisent pas à votre insçu dans vos compositions, alors même que le sujet sera tiré des entrailles du sol où vous l'exploitez. Et voyez le malheur! vous n'aurez rien trouvé de neuf, d'incréé pour devenir modèles, et vous serez restés fort loin, quand à l'art, des modèles qui existent.

Le moyen-âge a fait éclore de nos jours toute une littérature nouvelle. On a voulu ressusciter le cadavre féodal. On a secoué la poussière des pesantes armures se rouillant appendues aux nobles castels ; on a bardé de fer les vaillans et preux ; on a relevé, repeuplé les vieux manoirs. Tout le dix-neuvième siècle est allé planter ses tentes sur cette terre du moyen-âge. Et certes le talent et la patience dans les études historiques n'ont pas manqué à un grand nombre ; plusieurs même ont été d'habiles prestigiateurs. Mais cependant on n'a pu rendre la vie à ce temps qui n'est plus, le cadavre féodal est resté cadavre ; et l'on n'a recueilli de cette fièvre de Teutonisme, de cette Croisade de lettrés allant à la découverte de la vérité locale, de la couleur locale, qu'on n'a pas trouvées, et du naïf qu'on ne trouve jamais quand on le cherche, on n'a recueilli qu'une prodigieuse quantité de jurons moyen-âge, quelques formes pittoresques de style que la langue en se polissant avait perdues et qu'elle ne pourra conserver, et quelques mots heureux et énergiques qu'on n'avait pas besoin d'aller demander aux anciennes chroniques puisqu'ils sont dans Châteaubriant et Paul-Louis Courrier. On a cependant, pour tout dire, rapporté autre chose de cette migration, c'est cette leçon : Il faut être de son temps et de son pays.

Vous ne voulez point émigrer, vous ; vous voulez au contraire fonder une colonie sous votre soleil du midi ; vous voulez étudier, copier une nature vivante, non une nature morte. Mais comment échapperez-vous, dites-moi, au contact de Paris d'où vous tirez toute votre vie morale. Vous gravitez vers lui : placez-vous donc dans un système qui, de satellites, vous fasse centre de force et de pouvoirs. Obtenez la décentralisation politique et toutes les autres décentralisations en découleront. Alors seulement vous aurez une existence complète et indépendante. Ce sera mieux ou plus mal qu'à Paris, qu'importe? Il faut avant tout que ce soit autrement. Le sentiment de la nationalité naîtra de ce nouvel ordre de choses ; il se développera et se fortifiera de jour en jour dans la communauté des mêmes intérêts, des mêmes besoins. Alors tombera la dénomination de provincial qui dans notre bouche n'a que des synonimes insultans; alors se formera une littérature qui perdra peu-à-peu ses allures parisiennes; vous marcherez à l'originalité, et, que sait-on? un jour peut-être Paris à son tour vous imitera. O peuple singe!

M. Anselme Petetin, dans sa lettre placée en tête de *Lyon vu de Fourvières*, a fait un tableau fidèle de la littérature en province; il a dit pourquoi elle n'est pas et ne peut pas être originale, indépendante. Le talent de M. Petetin rend difficile la tâche de ceux qui viennent après lui. Toutefois je ne m'abstiens pas par des considérations d'amour-propre, qui doivent céder devant le devoir de dire ce qu'on croit utile. *La vérité et la raison*, dit Montaigne, *sont communes à chacun, et ne sont non plus à qui les a dites premièrement qu'à qui les a dites après.* Seulement je n'ai pas voulu entrer sur le terrain de la politique, où se trouve posée la question d'émancipation provinciale. Cette question me semble d'ailleurs complètement abandonnée aujourd'hui. La presse des départemens qui, peu après la révolution de juillet, avait écrit sur ses bannières : *pro aris et focis*, et qui réclamait la décentralisation avec une unanimité dans laquelle s'étaient éteintes toutes les divergences d'opinions; la presse des départemens s'est tue, et la presse parisienne qui la secondait si vivement, s'est rendormie dans son égoïsme métropolitain.

Cette lettre est bien longue, elle s'est bien écartée de mon dessein. Je voulais d'abord, monsieur, vous remercier de l'hommage de votre livre, et me défendre d'une participation que je crois encore impossible; mais dès les premières lignes mes souvenirs de Lyon sont accourus en foule, et j'en ai déposé quelques-uns dans cette lettre avec un plaisir que vous n'éprouverez sûrement pas en la lisant; et cette lettre que je n'avais pas l'intention d'adresser au public, sous votre couvert, je viens maintenant vous prier de la recevoir dans *Lyon vu de Fourvières* ; non que je l'en croie digne, mais parce que je n'ai pas d'autre moyen de vous payer le tribut que vous me demandez, et parce que je tiens à justifier le titre de collaborateur que vous avez bien voulu me donner.

Recevez, Monsieur et cher collaborateur, l'assurance, etc.

AUGUSTE DESPORTES.

Paris, le 1ᵉʳ décembre 1833.

L'ILE-BARBE.

L'Ile-Barbe ! Il n'est personne à Lyon qui ne la connaisse ; il n'est pas un peintre qui ne l'ait dessinée sous toutes ses faces; pas un bourgeois qui n'y ait dîné avec sa famille; pas un dandy qui n'y conduise en tilbury sa nouvelle conquête ; pas un ouvrier qui ne vienne chaque année y dépenser les économies d'une semaine. L'Ile-Barbe est pour nous, en quelque sorte, le bois de Boulogne, Romainville et St-Cloud. Mais ce pittoresque séjour, but de nos promenades et de nos fêtes champêtres, objet de nos rêveries solitaires, n'est pas moins intéressant sous les rapports historiques; il porta jadis le nom d'Ile-Barbare, sans doute à cause de ses rochers, des buissons épineux qui le couvraient, et des reptiles qui en fesaient leur repaire.

L'origine des premiers établissemens formés

dans l'Ile-Barbe, selon M. Fortis, se perd dans la nuit du temps. Cette Ile et ses environs, couverts de forêts épaisses, furent primitivement consacrés à la retraite des Druides qu'Aristote et Diogène de Laërce comparaient aux devins de l'Egypte, aux prêtres de l'Assyrie, aux mages de la Perse, aux bracmanes de l'Inde. Savans dans l'astronomie et la physique, les Druides cultivaient les sciences, tenaient des écoles publiques, et prêchaient l'immortalité de l'ame, dont ils soutenaient la transmigration. Parmi leurs disciples, furent ces bardes fameux dans les gaules, qui chantaient, en vers lyriques, la louange des dieux, célébraient les exploits et les triomphes des héros, et excitaient les guerriers au combat.

Vers le commencement du troisième siècle, l'Ile-Barbe devint le refuge des chrétiens qui s'échappèrent de Lyon pour se soustraire à la persécution d'Antonin. Un riche seigneur gaulois, touché de leur sort, imagina de les rassembler, et fit construire à ses frais un monastère à la pointe septentrionale de l'Ile. Bientôt tous les pays circonvoisins y concentrèrent leur dévotion, et cette communauté ne tarda pas à s'enrichir des offrandes que vinrent y déposer les fidèles. Peu à peu cet emplacement fut défriché ; des maisons furent construites, des jardins peuplés d'arbres et de fleurs, et ce terrain, naguères si sauvage, devint extrêmement fertile par le soin des moines.

Ce monastère fut successivement consacré à saint André, saint Martin et saint Benoît, et produisit des prélats distingués, dont les plus célèbres furent Attérius, un saint Ambroise et saint Loup qui devint archevêque de Lyon où il était né.

Ce fut donc à partir du troisième siècle que le monastère de l'Ile-Barbe devint florissant. Les rois, les princes, les grands seigneurs l'enrichirent de terres, de fiefs et de droits seigneuriaux. Le roi Dagobert et son successeur Clovis lui donnèrent de vastes propriétés le long de la Saône. Enfin cette abbaye qui, d'après l'auteur des masures de l'Ile-Barbe, était la première en *antiquité, noblesse, dignités* et *prérogatives*, s'accroissait chaque jour lorsque les Sarrasins la dévastèrent. Un grand nombre de religieux fut exterminé, et le monastère entièrement détruit. Charlemagne que ses guerres en Italie amenèrent souvent à Lyon, visita plusieurs fois l'Ile-Barbe, et fit reconstruire le monastère sous la direction du savant Leyderade, son bibliothécaire. Il avait même formé le projet d'y venir prendre quelque repos, et y fit réunir les livres les plus précieux de ce temps-là, dont le recueil est connu dans l'histoire sous le nom de librairie de Charlemagne.

Les fêtes principales de l'Ile étaient celles de saint Martin, de Pâques et de la Pentecôte que nous avons conservées de nos jours, et celle de l'Ascension. Claude Lelaboureur rapporte que ce dernier jour les chefs de la maison du Mont-d'Or, issus du célèbre Roland, exposaient à la vénération du peuple le corps d'ivoire de ce fameux paladin, et qu'ensuite il leur était permis de prendre deux *emboutées* (deux poignées) de l'argent offert à l'honneur des reliques, et qu'ils distribuaient aux pauvres. Cette cérémonie, assez remarquable, dura jusqu'en 1562, époque à laquelle les Hérétiques pillèrent l'abbaye; ce corps, dépouillé alors de ses ornemens, est demeuré depuis dans nos archives.

A la suite de ces cérémonies religieuses, dit un ancien historien : « On voyait venir à l'Ile-Barbe, dans toutes les fêtes, lorsque le temps était beau, les habitans de Lyon, les Italiens, les Allemans, les Flamands, et autres marchands avec leurs femmes, leurs enfans et leurs familles. Ils amenaient des tambourins et autres joueurs d'instrumens, et aussi quatre à cinq fois l'année des bandes des métiers de la ville, armées, portant arquebuses, hallebardes, épées, dagues, javelines, avec tambourins et les enseignes déployées; les laboureurs et autres, tant des villes voisines que des villages, accouraient en foule; les uns par passe-temps, les autres par dévotion, lesquels dansaient au monastère et dans les maisons même des religieux. Un des abbés ayant voulu faire clore le pré pour faire cesser ces amusemens profanes, le peuple renversa les murailles. »

Ce fut quatre-vingt-neuf ans après le pillage des Hérétiques (au mois d'août 1651), que s'opéra la sécularisation de cette abbaye qui fut plus tard, sous M. de Tancin, cardinal et archevêque de Lyon, réunie au chapitre métropolitain de cette ville. Enfin, dit M. Fortis : « La révolution ayant promené son niveau sur les tours, les clochers, les églises de l'Ile-Barbe ; l'artiste, l'habitant, l'étranger, n'y trouvent plus ces antiques monumens qui parlaient à son imagination. Le voyageur visitant cette Ile, n'y voit plus ces voûtes gothiques que Leyderade avait introduit à l'exemple de ce qui se pratiquait dans la chapelle de Charlemagne ; il n'y voit plus ce religieux assis à l'entrée du cimetière pour recevoir les étrangers, et qui leur disait : ici est l'antique église de saint Loup. »

Depuis la sécularisation, ces fêtes de dévotion se convertirent peu à peu en fêtes purement baladoires, et l'auteur des sires de Beaujeu prétend que ce changement de choses saintes en choses profanes, nous priva de la bénédiction que Pie VII, à son passage à Lyon, devait y donner le 17 avril 1805, sur un autel dressé à cet effet dans la partie supérieure de l'Ile.

C'est ainsi qu'après avoir traversé les siècles, l'Ile-Barbe est arrivée jusqu'à nous riche de souvenirs chevaleresques, de méditations religieuses. Mais ses rochers, où l'œil découvre à peine quelques restes antiques, semblent avoir perdu leur orgueil avec les monumens qui les dominaient, et les flots qui les couvrent ne murmurent plus en passant la munificence des rois. Le voyageur passe et repasse insouciant sur ces bords où tant de noms illustres furent signalés à la postérité et sans penser à tout ce qu'ils renferment de gloire ; il y jette cependant un regard comme s'il était forcé de contempler ce qu'ils ont encore de grâce et de poésie.

L'Ile-Barbe n'est plus pour nous qu'un tableau pittoresque. Pourtant les fêtes de Pâques et de la Pentecôte qu'on y célèbre chaque année, peuvent nous donner une idée de celles qu'on y fesait au moyen âge. Celles de la Pentecôte surtout y attirent une grande affluence, à cause des beaux jours. Des danses, des jeux, des rafraîchissemens sont offerts à ceux qui débarquent sur l'Ile, tandis que les chemins qui bordent les deux rives de la Saône sont couverts de promeneurs et de curieux. Les dames, assises sur les quais des Augustins et de St-Benoît, forment une guirlande qui charmerait les yeux si ces quais mesquinement étroits n'offraient le spectacle d'un piédestal sans proportion et sans grâce, chargé de fleurs et d'ornemens précieux. Les fêtes de ces deux époques de Pâques et de la Pentecôte durent trois jours; le premier, on n'y voit que la classe ouvrière de Lyon et les habitans des campagnes; le deuxième est celui des fashionables du second ordre; la société de salons s'est emparée du troisième, ou du moins elle y paraît peu les autres jours. Autrefois on y rencontrait à peine un petit nombre d'équipages; mais depuis quelques années, les jeunes gens moins ambitieux ou moins économes que leurs pères, semblent avoir sacrifié à plus de luxe cette parcimonie ridicule qu'on ne reproche pas sans motif aux négocians de Lyon. D'élégantes voitures, de brillans attelages s'y font remarquer, et de nombreux cavaliers y font parade de quelques jolis chevaux. Un boulevard plus spacieux augmenterait la pompe de ces fêtes et les ferait ressembler à celles de Lonchamps à Paris. La Saône présente aussi, ces jours-là, un tableau tout-à-fait gracieux. Une foule de gondoles tendues d'étoffes bariolées effleurent en tous sens la surface des eaux, tandis que les jeunes gens qui les dirigent chantent des chœurs, ou exécutent des symphonies. Mais ces jours de plaisirs bruyans ne sauraient convenir à l'observateur, soit qu'il aille chercher à l'Ile-Barbe des débris de tombeaux romains ou d'architecture bizantine, soit qu'il vienne y livrer son ame à des méditations plus modernes, à des souvenirs de notre époque.

L'Ile-Barbe d'aujourd'hui est peuplée de jolies

maisons de campagne qui ne sont habitées que pendant la belle saison. Des massifs d'arbustes recouvrent les ruines du monastère, et des jardins qui paraissent assez bien ordonnés, s'étendent sur l'emplacement de l'église de Saint-Loup. Tous ces endroits, devenus propriétés particulières, sont fermés à la curiosité du public qui vient se promener sous les allées de marronniers qui ombragent le côté méridional. Cette partie est le théâtre des jeux, des danses aux jours de fête, le rendez-vous nocturne des amans, et fut plus d'une fois témoin de suicides inspirés par l'amour. On y voyait encore, il y a peu d'années, sur la partie qui est en regard de la rive droite de la Saône, un petit mausolée élevé sur la tombe d'une jeune fille qui s'y noya par suite d'un désespoir amoureux. Voici ce que m'a raconté à ce sujet un habitant de St-Rambert avec lequel je me trouvai à l'Ile-Barbe.

« Elle avait dix-huit ans, de l'esprit, une ame ardente et de la beauté. Son père qui avait acquis de la fortune, l'avait fait élever convenablement et songeait à la marier, lorsqu'un jeune homme qui n'était point originaire du pays la vit, l'aima et lui fit partager la passion qu'il avait conçue pour elle. Dès-lors leurs entrevues devinrent fréquentes, et des sermens dont l'avenir a prouvé la sincérité furent prêtés mutuellement. Le jeune homme dont les vues étaient légitimes, mais qui n'avait pour toute richesse qu'une profession peu relevée quoique honorable, n'hésita pas cependant à demander sa main. Sa proposition fut reçue comme celle d'un homme pauvre qui s'adresse à un parvenu : on le repoussa durement. Le père, dont l'orgueil était irrité de voir déçus des projets de mariage qu'il avait formés pour sa fille, lui retira son affection, et déclara hautement qu'il ne consentirait jamais à cette union.

Déshéritée de la tendresse de son père, exposée aux sarcasmes de sa famille, et pourtant n'ayant pas la force de briser des nœuds plus forts que tous les liens ensemble, cette infortunée, ne vit que la mort pour mettre fin à ses maux. Après avoir consacré plusieurs jours à méditer sur ce moment terrible, elle donna rendez-vous à son amant dans le lieu le plus solitaire de l'Ile, renouvela ses sermens, déposa sur ses lèvres le dernier baiser de sa bouche virginale, et lui dit adieu!... Un bruit comme celui d'un fardeau pesant qui tombe dans l'eau se fit entendre..... Elle n'était plus !

On ne tarda pas à s'apercevoir de sa disparition. Des craintes qui bientôt se changèrent en remords pénétrèrent sinistrement dans l'ame de son père. Ses parens se mirent aussitôt à sa recherche, mais on ne put découvrir aucune trace, obtenir aucun renseignement. On forma mille conjectures et la plus odieuse de toutes fut celle qu'on adopta. Quoique, de tout ce qu'on pouvait imaginer sur le compte du jeune homme, la seule chose raisonnable était de penser qu'il avait fui avec sa maîtresse, on fut plus loin, on l'accusa d'en être l'assassin, et, comme la vengeance n'accueille rien avec autant d'empressement que ce qui semble la satisfaire le plus, on le fit arrêter. Ce malheureux se trouva ainsi exposé à perdre sur l'échafaud une vie qu'il eut donnée mille fois pour celle qu'on l'accusait d'avoir assassinée ; mais trois jours après un cadavre plana sur les flots....c'était celui de la jenne fille. Elle reparut à l'endroit même où elle s'était précipitée et l'on eût dit qu'elle venait témoigner de l'innocence de celui qu'on poursuivait si injustement. Un pêcheur la recueillit dans une barque et la déposa sur l'Ile. Sa main droite reposait sur son cœur et serrait avec force un petit coffret d'ébène qui se trouvait là sous les plis de sa robe. Un médaillon qui renfermait des cheveux et un billet écrit de sa main était tout ce qu'il contenait. Sur le papier on lisait ces mots à demi effacés : *On ne peut vivre quand on souffre au cœur.... Que deviendras-tu lorsque tu connaîtras mon sort ?.... Pauvre ami !.... Adieu !... Je vais donc mourir !... Priez Dieu pour moi !...*

Non loin du lieu où elle avait été déposée on creusa une tombe sur laquelle on ne sait quelle main fit élever nn petit mausolée ; mais le clergé de la Restauration a fait disparaître ce monument, et peu de personnes pourraient vous dire qu'il a existé. »

Le soleil se couchait alors derrière la montagne de St-Cyr; la soirée s'annonçait magnifique et j'entrai dans un bateau que la Saône entraîna mollement. Mes regards en s'éloignant parcouraient encore le site enchanteur que je venais de quitter; mais le pont qu'on y a jeté depuis quelques années a détruit une partie du charme que le point de vue offrait de ce côté là. Ce n'est plus l'Ile-Barbe pittoresquement isolée qu'on découvre; l'œil se heurte contre un amas de pierres qui la masque, qui la dépare; tous les ouvrages des hommes sont peu en harmonie avec ceux de la nature! Livré à mille réflexions, je contemplai tour-à-tour les rians paysages des deux rives, la romanesque tour de la Belle-Allemande (1) qui fut autrefois une dépendance de l'Ile-Barbe et qui porta aussi le nom de Tour-Barbare, les bois de la Roche-Cardon, et le sommet éloigné du Mont-d'Or. Puis je reportai, comme pour lui dire adieu, ma pensée vers cette Ile où de grands souvenirs vivront long-temps encore.

STANISLAS CLERC.

(1) Selon la version la plus historique, la tour de la Belle-Allemande tire son nom d'Isabelle Allemand, issue d'une ancienne famille du Dauphiné, et héritière des comtes de Sathonay qui étaient propriétaires de cette tour; elle s'appelait auparavant Tour-Barbare.

Sans vouloir contredire l'article gracieux et poétique que M. Falconnet a inséré dans ce livre, je donne ici cette note uniquement dans l'intérêt de l'histoire.

LES ENSEIGNES.

Personne au monde, peut-être, n'a été aussi *flaneur* que moi. Je ne sais; mais ce mot, tout trivial qu'il est, me semble expressif, coloré et poétique. *Flaneur*, homme occupé des riens et des grandes choses qui traversent nos rues et nos places publiques... *Flaneur*, citoyen marchant à petits pas, au soleil, au froid, à la pluie, la main dans sa poche, le chapeau sur le côté, l'œil ouvert sur les passans, sur les chiens errans, sur les numéros des fiacres, sur les toilettes des dames, sur le pavage, sur les reverbères, sur les *enseignes* surtout.... Piéton infatigable avec l'air fatigué. Regardant et analysant tout, sans se soucier d'être regardé, laissant sonner les heures et marcher le temps, sans voir que le temps et les heures l'appellent à un rendez-vous promis, s'arrêtant sur un pont pour suivre du regard un sillage de bois flottant ou de chat mort, immobile en face d'une querelle de valets ou d'un pugilat de porte-faix... Le *flaneur* est un type essentiel dans la société; il peuple les rues désertes dans un jour de tempête; il est l'homme qu'on rencontre partout, qu'on sait par cœur, dont on dit la démarche, le vêtement ordinaire, comme une chose qu'on aurait étudiée depuis l'enfance. Rien n'est vrai au monde comme un *flaneur*; et j'en ai connu plusieurs en ma vie que j'ai souvent pleurés morts parce que je ne les avais pas vus deux fois dans la journée.

A Paris, à Londres, dans une ville grande et variée, la vie de *flaneur* est une vie d'émotions. En province elle est monotone, fade. Et pourtant il y a aussi des *flaneurs* en province.

Sans être aussi intrépide, aussi résolu que celui dont je vous parlais tout-à-l'heure, je vous avoue que j'ai aussi, par intervalle, mes périodes de flane, pendant lesquelles néanmoins mes observations ne sont pas sans profit. En général, le *flaneur* vrai, le *flaneur* modèle, oublie aisément ce qu'il voit; moi, je me le rappelle. Bien plus, je le classe dans ma mémoire, pour l'appliquer plus tard à une étude philosophique, et je trouve que je fais quelque chose en ne faisant rien... Ne me dites pas que cela ne peut pas être, cela est.

Par exemple, je ne crois pas qu'il y ait en

France un homme qui, dans ses voyages, ait jeté un coup-d'œil plus attentif, plus curieux, plus avide que je ne l'ai fait, sur les *enseignes*. C'est, je vous assure, une maladie de mon organisation, c'est une puissance qui me soumet. A pied, en diligence, en cabriolet, dès que je passe dans une rue, dès que je traverse un bourg, une ville, crac, le cou en avant, les yeux ouverts comme une porte de cathédrale, me voilà, à droite, à gauche, toisant les murs, épeluchant les écritaux, observant les images, remarquant les fautes d'orthographe.... Et Dieu sait si j'en ai vu de belles, de singulières, de grotesques!... C'est ainsi que d'un bout de la France à l'autre, du Nord au Sud, de l'Est à l'Ouest, aucune enseigne curieuse placée à portée de mes regards, ne m'a échappé; et je me suis parfois surpris, la tête en dehors d'une portière de voiture, l'œil sur une lorgnette, m'exposant à me froisser les épaules, pour me bien convaincre de la véritable inscription d'une annonce ou de l'exacte orthographe d'un nom propre... Il faut savoir se créer des occupations dans la vie.

A Perpignan, clef de la France, par la Catalogne, un nommé *Carrère*, est maréchal-ferrant à la porte d'Espagne. Il a écrit, en gros caractères, sur sa façade:

CARRÈRE PREMIER MARÉCHAL DE FRANCE.

A Calais, en face du débarcadaire, un perruquier appelé *Tafin*, a écrit sur sa porte :

PASSANT, VOICI TAFIN.

A Toulon, le nommé *Lemeilleur*, bottier fort médiocre, ayant voulu écrire, sans virgule, *Lemeilleur bottier de la ville*, un procès intenté par ses confrères a été plaidé, et le récalcitrant fut condamné à mettre sur son enseigne :

LEMEILLEUR, BOTTIER DE TOULON.

Enfin, à Cherbourg, vous trouvez, en entrant par la grande route de Caen, à gauche, une enseigne de cabaret portant ces mots :

AU CHER BOURG DE LA NORMANDIE.

Vous voyez, du Nord au Sud, et du Sud-Est au Nord-Ouest, les quatre extrémités de notre France un peu rétrécie, depuis un certain nombre d'années... Puis Bordeaux vers l'Océan, puis aussi Lyon vers les Alpes, grandes et populeuses cités que j'ai étudiées dans leurs plus petits détails, et où j'ai trouvé des enseignes si originales, si saugrenues, si prétentieuses !

Près de la mairie, aux Fossés-St-Eloi, à Bordeaux, vous lisez sur un mur blanc et poli :

NICOD, TROMPÉT DE LA VILLE DÉMEURRE ISSI AU 2 SECOND; NE PARLÉ PAS AU VITRIER D'AN BAS, IL ME VEUT MAL.

Et, en entrant à Lyon, par le côté de la Saône, sur la façade d'une vaste caserne où logent de braves soldats, nos yeux surpris lisent ces mots :

GRANDE CASERNE DE SERIN.

Je maintiens, moi, que ce mauvais calembourg doit avoir occasionné plus d'un duel, que le troupier qui entend un passant goguenarder, sur l'inscription, les locataires du logis, peut fort bien, sans être accusé de trop de susceptibilité, inviter le railleur à oublier qu'il sait lire ; et si celui-ci est tant soit peu taquin, s'il rit sous cape de l'observation qu'on lui adresse, la caserne est près de la campagne, on appelle des témoins, les curieux arrivent en foule, le combat est funeste au bourgeois, ses amis prennent fait et cause pour le blessé, ils poussent les hauts cris, ils entourent le vainqueur, les camarades de celui-ci se pressent et le protègent, les pierres volent, les sabres font le moulinet, les boutiques se ferment, les portes des maisons se barricadent, le tambour bat la générale, la mêlée s'engage, tout le monde s'arme.... et le télégraphe annonce à Paris que tout est à feu et à sang dans la seconde ville du royaume.

Ne riez pas, je vous prie ; tout cela sera peut-être un jour, tout cela est dans le rang des choses possibles, et la puissance d'un calembourg ne saurait être bien comprise par le vulgaire. Croyez-moi sur parole, je suis compétent en cette matière-là.

Du reste, s'il est vrai que le désœuvrement se nourrisse souvent de semblables puérilités, il est vrai aussi que les *enseignes* ne sont pas choses si futiles qu'on pourrait le dire. Une *enseigne* sans orthographe me fait mal à voir, surtout quand elle indique une demeure de quelque importance. Et remarquez, en passant, avec moi, que celui qui ne sait point l'orthographe, pèche rarement par stérilité de lettres. Au contraire, il les accumule avec une profusion désespérante pour le lecteur, il trouve moyen d'alonger le monosyllabe, et une ligne *d'in-quarto* suffit souvent à peine à sa fine écriture pour tracer un mot que nous enfermons dans le plus petit espace. J'ai eu une servante qui écrivait oignons, *hoynihonse*, et lessive, *lhaiss-'hyves*. Je ne pus pas la garder plus d'un mois, et pourtant elle avait d'excellentes qualités.

Outre le ridicule jeté sur le propriétaire d'un établissement, qui laisse ainsi outrager ses murs et la grammaire, il y a encore, dans cette ignorance des premières règles de notre langue, un inconvénient à prévoir. Un étranger, par exemple, qui arrive dans une ville, et qui cherche une adresse tracée sur son calepin, n'est pas toujours sûr de la trouver si l'orthographe diffère. Notre idiome a tant de syllabes qui se ressemblent par le son et par les lettres qui les forment! Un apostrophe oublié travestit toute une phrase, une lettre de moins fait un poison d'un poisson, un *a* à la place d'un *e* a fait écrire à la porte d'une écurie :

HONNY SOIT QUI MAL Y PANSE.

Mais ici l'intention était marquée, et le calembourg a fort bien parodié la devise de l'ordre de la jarretière.

Nos pères avaient des enseignes qu'on appelait *enseignes parlantes*. Elles parlaient en effet aux regards, et quelques unes étaient un épouvantail pour les passans. Tantôt c'étaient des fusils en croix de quinze pieds de haut, fixés sur le mur par des pitons souvent fort peu solides ; tantôt c'étaient des plumes d'autruches en fer battu, dont la chûte pouvait défoncer une voiture; et quelquefois aussi, on voyait en guirlandes, d'une croisée à l'autre, des perles grosses comme des boulets, qui faisaient un arsenal militaire d'un magasin de colifichets.... Quoique cet usage ait periclité, on trouve encore à Paris et en province un certain nombre de *ces enseignes parlantes* conservées par respect pour une vieille réputation ou pour annoncer de l'extraordinaire. Mais je dis qu'une police sage ferait bien de les défendre; et, à ce sujet, je rappellerai une petite anecdote dont ma mère a bercé ma jeunesse. Un jour, un homme crédule qui s'était fait dire la *bonne aventure*, se vit menacé de la mort par un cheval blanc. Le bohémien partit ; et chaque fois que l'imbécile qui l'avait consulté voyait un cheval blanc dans une rue, sa frayeur était si grande, que, pour l'éviter, il escaladait les maisons, ou fuyait à toutes jambes. Un jour, dans sa course rapide, une *enseigne* d'un cheval blanc tombe et le tue.... Et puis, aimez les *enseignes parlantes*. Moi je crois à la prescience des bohémiens depuis que l'un d'eux s'avisa de me prédire que j'aurais un cœur sensible et qu'à 90 ans je serais près de ma mort.. Expliquez ces phénomènes !

En général, dès qu'un ignorant a la prétention d'être original, il est ridicule. Dans la petite rue déserte longeant le mur bas et noir qui borde d'un côté le Jardin des Plantes de Paris, j'ai lu :

MAISON D'ÉDUCATION DES DEUX
SEXES ET AUTRES.

Qui veut envoyer ses enfans à cette pension ?

A Lyon, l'observateur trouvera ample matière à la critique, s'il étudie les inscriptions et les *enseignes* qui décorent les murs. Mais remarquant d'abord, que peut-être nulle part, la profusion des flèches et des index n'est plus grande qu'ici. Il n'y a presque pas de maison où les flèches renzées ne sillonnent l'intérieur des demeures : On dirait le fil obligé de labyrinthes obscurs. Toutefois, le ridicule est à côté. Voyez au théâtre des Célestins, le bureau où l'on prend les billets est indiqué par des dards; sur une grande partie des maisons de Perrache, ce sont encore des dards qui pointent les portes d'entrée, comme pour prévenir qu'il est défendu de passer par la croisée; et puis encore, des dards aux escaliers, signalant les escaliers et ne pouvant pas signaler autre chose; des dards en sautoir, des dards indiquant qu'il faut monter, d'autres dards pour guider ceux qui descendent; des dards à droite, des dards à gauche; on dirait qu'une légion romaine a campé là et a oublié ses armes....

Quant aux index, quoique moins multipliés, ils sont aussi un des principaux *ornemens* des maisons, et le ridicule en saute aux yeux. Lyon est en arrière de quatre siècles.

Si je classais avec ordre les *enseignes* ridicules que j'ai observées à Lyon, certes, on aurait quelque raison de m'accuser de méchanceté. J'aurais *flané* alors avec l'intention de trouver l'absurde, tandis qu'il est vrai de dire, au contraire, que c'est l'absurde qui est venu à moi.

J'entre dans la ville par les *Charpennes*, et je vois, écrit sur un poteau élevé :

DÉ FÀNCE DE PACÉR DANS LE PRÉ.

Moi, j'y passerais; et si je comparaissais en police municipale, je ne sais pas comment s'y pren-

drait mon juge pour me condamner, lorsque je lui dirais que je n'ai pas compris l'inscription.....
En Angleterre, le peuple aurait, depuis longtemps, renversé ce poteau ignorant.

Ce jour-là, je jouai de malheur. Il y avait fête à la *Croix-Rousse;* je voulus voir cette population immense d'ouvriers laborieux, dans la joie d'une soirée de repos... Je monte :

L'ÔGE DU PORTIER.

Là, tout près de la pension des dames Mailly; et, en tournant à droite, je lis :

ISSI ON SAIRRE A BOIRRE ET A MENGÉ.

Comment voulez-vous que l'ouvrier qui va manger et boire dans cette pension, n'écrive pas, plus tard, d'une manière ridicule, ces deux mots si simples et si fort en usage. Oh! si j'étais ouvrier à la *Croix-Rousse*, je passerais devant cette maison sans flairer seulement l'odeur des mets....
Peut-être aussi n'y perdrais-je pas grand'chose !

Vous voyez que des environs des *Charpennes* je vous ai conduit d'un bond, à *la Croix-Rousse;* maintenant venez avec moi à côté de la barrière *Perrache*, au coin des belles allées de platanes où manœuvre une partie de la garnison :

A L'USSARD FRANÇAIS (*).

(*) La vérité historique nous force à dire que depuis le premier jet de cet article, cette inscription a été badigeonnée, mais *l'ussard* se montre encore fort bien aux regards.

Et, un peu plus loin, en dépassant la barrière :

AU, G^D . S^T DENIS, .˙. ˙.˙. BATIA SÉRT, A, BOIRE, ET... A MANGÉR.

Je ne sais si je n'oublie pas quelque virgule et un ou deux accens aigus... Et puis, allez jouer aux boules dans cet établissement, et vous verrez s'il ne vous en arrivera pas malheur !...

Mais, au fait, pourquoi les propriétaires d'établissemens qui s'annoncent sous un jour aussi défavorable, changeraient-ils les inscriptions de leurs *enseignes*, si les citoyens de la ville n'en font pas hautement remarquer le ridicule ?.. Je dis plus, il est des cas où l'absence d'orthographe n'est pas ce qu'il y a de plus absurbe; et j'explique ma pensée en ajoutant que j'ai reçu l'autre jour une lettre timbrée de la ville même, portant cette suscription, où certes, il n'y a pas d'outrage à la grammaire :

A MONSIEUR
JACQUES ARAGO, RUE DES CÉLESTINS
NUMÉRO CINQ,

      A LYON.

(France.)

      (Rhône.)

Vous conviendrez que si cette lettre n'arrivait pas, il faudrait renvoyer tous les facteurs de la poste... Le style est l'homme, a dit Buffon, et je parierais mille contre un que mon correspondant est un homme méthodique, élevé par son aïeul, sachant coudre ses boutons, se levant avant le jour, faisant ses quatre repas et couchant avec un bonnet de coton... Je le lui demanderai.

Mlle B.... TRICOTTEUSE ET METTEUSE EN MAIN.

Voilà encore une *enseigne* que je ne voudrais pas voir sur les murs de Lyon. Ces termes d'atelier doivent mourir où ils naissent; hors de là ils sont ridicules, et prêtent souvent à de grossières plaisanteries.

On trouve partout, dans les grandes cités comme dans les petits villages, des *enseignes* traditionnelles qui datent sans doute du jour où les *enseignes* furent quelque chose dans notre civilisation. — *Aujourd'hui on paie, demain crédit.* — *A bon vin point d'enseigne.* — *A la bonne femme.* (Une femme sans tête.) — *Ici l'on rajeunit.* — *Au singe botté.* Il y en a peut-être deux mille en France qui se répètent, avec les mêmes fautes d'orthographe, ainsi qu'avec les mêmes *images*.

Ce que je n'aime pas, ce qui me fait quelquefois pitié dans les *enseignes*, c'est la prétention et les contre-sens. A HENRI IV, chez un bonnetier; AU GRAND FRÉDÉRIC, chez un tisserand; AU SOLDAT LABOUREUR, chez un fabricant de peignes; A

L'ILE Ste-HÉLÈNE, chez un maquignon. J'ai toujours eu envie, en face de semblables *enseignes*, de prendre, au ruisseau, une poignée de boue et d'en gratifier les peintures et les caractères qui me blessent les regards. Un vidangeur de Paris n'a-t-il pas osé faire écrire sur la porte de sa demeure.

AU PARTERRE DE FLORE.

Il y a à gagner un pari, à soutenir que cet homme est fier d'être vidangeur... J'en ai bien vus qui étaient tout fiers d'être mouchards !

Depuis que les arts, comme les lettres, comme hélas ! presque toutes les professions, sont devenues seulement spéculatifs, les *enseignes* ont changé d'aspect, et quelques-unes ont attiré et mérité les regards des amateurs et l'empressement des chalans. J'ai vu, à Paris, en plein air, des tableaux vraiment remarquables, tant pour la composition, que pour le coloris, et qui, certes, ne peuvent être l'œuvre que d'artistes fort distingués. Les murs de Paris sont un musée.

Ici, les peintres ont plus d'orgueil, ou les propriétaires des magasins moins d'amour-propre. Peu d'*enseignes-tableaux* décorent les façades des établissemens, et à peine en citerez-vous deux ou trois qui méritent quelque attention. Moi, je n'en ai remarqué qu'une seule, rue St-Côme, au second étage. C'est, je crois, la lithographie personnifiée. Peut-être même est-elle mal ; mais, à distance, il y a une certaine harmonie dans les tons, et une sagesse de composition qui n'est pas sans mérite. On m'a parlé aussi d'un *Turc* qu'on voit au-dessus d'une porte de magasin. Je n'ai pas vu le Turc; mais, sur la place des Célestins, en face du restaurateur Lucotte, est une *enseigne* de marchand de bouchons, *Au Catalan*, qu'on cite encore parmi les plus belles de Lyon. Ce n'est pas faire l'éloge des autres (1).

Croyez-vous qu'il fût sage à un propriétaire d'aller demander une inscription ou un tableau à celui qui expose une pareille orthographe ?

PAINTRE D'ENSEIGNES.

Et pourtant, dans la rue St-Jean, près de celle Tramassac, vous la lisez, parbleu, en vrais et gros caractères, cette annonce si ridicule, et plus ridicule encore chez un peintre.

A l'entrée de la voûte du chemin de Fer, on lit sur un écriteau :

DÉFENSE DE PASSER SOUS LA VOUTE
SOUS PEINE D'ÊTRE ÉCRASÉ PAR LES WAGONS.

Oui, SOUS PEINE... c'est écrit.... Voilà bien le Français ! Il plaisante même avec la mort.

(1) Depuis lors nous avons *la Fiancée* de la place de l'Herberie.

AU SOLEIL LE VENT.

Si vous me grondez de signaler aussi cette stupide *enseigne*, je vous dirai qu'il vaut cent fois mieux être sévère à ma façon, qu'indulgent à la vôtre.

ICI LE VIN ET LA BIÈRE N'EST PAS BON, NON C'EST LE CHAT.

(Avec l'image de l'animal.)

Faut-il que je la laisse passer inaperçue?... A quoi bon alors les règles de la grammaire? A quoi bon une langue, à quoi bon donner de l'éducation aux enfans?

Je sais bien qu'on me grondera, qu'on me boudera, qu'on me calomniera peut être encore, puisque j'ose signaler les travers et les ridicules; mais le monde est ainsi fait, et il n'y a pas de ma faute si je suis une exception... En général, nous devons croire la moitié seulement des éloges qu'on nous adresse, et le double des torts qu'on nous reproche... Si l'on est vicieux ou absurde, pourquoi ne le publierais-je pas?... Celui qui vous dit, sans fiel, sans irritation, en causerie, *corrigez-vous d'un tel défaut*, est cent fois plus notre ami que celui qui s'obstine à vous trouver parfait de la tête aux pieds, au physique et au moral. Je mépriserais de toute mon ame l'insolent qui me dirait, sans rougir, que je fais des vers comme Lamartine ou de la prose comme Nodier. J'aurais du dégoût pour la jeune fille qui me dirait, sérieusement, que je suis un joli garçon aux yeux bleus et au teint rosé...

L'homme sensé doit voir ce qui est, et le dire franchement, au risque d'encourir le blâme de la multitude. Il n'y a que les petits esprits qui se fâchent des petites critiques. Oh! si je voulais faire de l'*acerbité*! les sujets ne me manqueraient pas!... Mais tel n'est pas mon goût... J'aime les femmes avec leurs caprices, j'aime les hommes avec leurs travers. Ce que je méprise avant tout, c'est la fatuité, l'orgueil, la lâcheté. Ce que j'aime par-dessus toutes choses c'est qu'on soit ce qu'on est. Se masquer, c'est mentir. Le carnaval, chez nous, dure à-peu-près deux mois; quarante jours de trop... Peut-être pensez-vous que je suis morose, taciturne, atrabilaire.... Demandez à ceux qui me connaissent si c'est là mon caractère.

Mes jours de folie sont longs, fréquens; mes heures de raison courtes, rares... J'en ai passé quatre ou cinq à tracer ces pages; disposez-en à votre fantaisie.... Après cela, soyons amis, c'est moi qui vous tends la main, car je n'ai jamais été rancunier.

Heureux que ma tâche soit remplie jusqu'au bout, je clôture ici un chapitre qu'avec un peu de malice j'aurais pu bien aisément alonger, sans cesser pour cela d'être exact et vrai. Qu'ai-je voulu ? démontrer l'absurde des *enseignes* prétentieuses et sans orthographe, inviter les chefs d'établissemens, de magasins, de manufactures, de boutiques, à surveiller les *images* et les écriteaux qu'ils demandent aux peintres en bâtimens, et les convaincre que lorsque le ridicule s'assied en permanence à une porte, il est difficile de persuader aux étrangers qu'on ne lui donne pas quelquefois asile au foyer... Je n'aurai pas écrit des pages inutiles, si un seul propriétaire, à leur lecture, fait badigeonner un T défectueux pour le remplacer par un D nécessaire, ou poser un accent obligé sur un E qui en avait besoin selon Richelet et Boiste.

Mais quitte envers mon ami l'éditeur, le suis-je aussi envers le public, d'autant moins indulgent, lui, qu'il achète un livre *chat en poche*, comme dit le vulgaire ?... Non ; et puisque j'ai eu le mauvais esprit de me reconnaître un tort, il faut que je trouve en moi le courage de l'auteur. Mon humilité me vaudra-t-elle l'indulgence que je réclame ?

Jacques ARAGO.

THOMAS ET DUCIS

A LYON.

Au milieu de ses mœurs blasées et de son dégoûtant scepticisme, le XVIII siècle a vu deux hommes d'un beau talent et d'un beau caractère, Thomas et Ducis, se rapprocher, se chérir, s'aimer enfin d'une amitié qui rappelle, pour nos âges modernes, ce qu'il y eut jamais de chaste et de délicieux dans les mœurs antiques.

Or, cette amitié si douce et si tendre, si intime et si expansive, si large et si généreuse, elle eut un jour à se déployer d'une manière bien triste, bien déchirante. C'est un drame tout cela, un drame simple et touchant, un drame profondément pathétique, et que je vais laisser se dérouler à vos yeux. Mes paroles à moi, n'y seront pour rien; c'est assez des piquantes émotions qui jaillissent du sujet, qui se trouvent sous la plume des deux amis, alors qu'ils nous initient au secret de leurs joies et de leurs douleurs.

Vers la fin du printemps de 1785, Ducis avait été appelé à Chambéry, par quelques affaires domestiques, puis aussi par le désir de revoir la Savoie, sa chère Savoie qu'il a célébrée en si beaux vers. Dans un de ces momens où le philosophe chrétien apercevait, des hauteurs de la pensée religieuse, toute la vanité des choses de la terre, et se recueillait pieusement dans ses méditations de mort, il voulut s'acheminer, humble pèlerin, vers la solitude de la Grande-Chartreuse. Thomas lui écrivait alors :

« Je voudrais pouvoir vous accompagner dans votre voyage à la Grande-Chartreuse. Vous serez plus d'une fois tenté d'y rester. Vous n'en partirez du moins qu'avec les regrets les plus touchans. Ces pieux solitaires ont abrégé et simplifié le drame de la vie ; ils ne s'occupent que du dénouement, et s'y précipitent sans cesse. C'est bien là, que la vie n'est que l'apprentissage de la mort ; mais la mort y touche aux cieux : c'est une porte qui s'ouvre sur l'éternité. Que la vue de Ferney sera différente à vos yeux! quel contraste! là, l'on tendait à la gloire, à l'agitation, au mouvement. C'était pourtant aussi une retraite, mais celle d'un homme qui, de là, voulait remuer le monde. On a de la peine à s'imaginer encore aujourd'hui que sa cendre soit tranquille. »

On retrouve dans ces pages écrites à la hâte, tout le talent de l'écrivain ; la plume de Thomas *trotte* ici, comme disait Mme de Sévigné, *la bride sur le cou*. Peut-être après cela, ne lira-t-on pas, sans quelque intérêt, le récit que Ducis va nous faire de son tranquille pélerinage. Il retrace d'abord en poète le pittoresque aspect des lieux voisins de la Chartreuse, et, quand il nous a conduit religieusement par un sentier âpre et étroit, à la solitude où Bruno vint s'asseoir avec ses compagnons, il ajoute :

« J'ai vu son désert, sa soutane, sa chapelle, la pierre où il s'agenouillait, devant ces montagnes effrayantes, sous les regards de Dieu.... Le monde n'a pas d'idée de cette paix ; c'est une autre terre, une autre nature. On la sent, on ne la définit pas, cette paix qui vous gagne....

« Je vous assure, mon cher ami, que toutes ces idées de fortune, de succès, de femmes, de plaisirs ; tout ce tumulte de la vie, tout ce tapage qui est dans nos yeux, nos oreilles, notre imagination, restent à l'entrée de ce désert, et que notre ame nous ramène alors à la nature et à son auteur. Pourquoi n'avais-je pas là ce chartreux du monde, ce cher Thomas ? »

Le *chartreux du monde*, le *cher Thomas* promenait, accompagné de sa sœur, une santé frêle et délabrée, sous le ciel riant de nos contrées méridionales. Voilà qu'une lettre lui arrive ; Ducis est à Chambéry, faible encore et maladif, au sortir d'une fièvre cruelle. Il faut écrire au pélerin :

« Savez-vous, lui dit Thomas, savez-vous que vous habitez la même auberge où nous avons passé vingt-quatre heures, le mois d'octobre dernier ? Probablement, vous occupez la même chambre que nous. Votre cœur, en y entrant, ne vous a-t-il rien dit ? et n'avez-vous pas senti, en respirant cet air, que l'amitié avait passé par-là, et s'y était arrêtée ? »

Voilà, certes, une fraîcheur, une tendresse de sentiment, que l'on ne supposerait guère au panégyriste de Marc-Aurèle, si raide quelquefois, si tendu, si compassé. C'est que *l'amitié a passé par-là*. Un autre jour, il écrit à Ducis qu'il vient de louer une petite maison au village d'Oullins, près de Lyon ; il l'y attend, il veut l'y recevoir, et la mort était là déjà qui s'apprêtait à les séparer, ces deux cœurs parens l'un de l'autre ! Tout entier au bonheur de revoir un ami, le bon Ducis ne soupçonnait pas le malheur qu'il fallait subir auparavant. Laissons parler Thomas, qui, sous le coup saignant de la funeste nouvelle, en rend ainsi compte à Mme Necker :

« Il (Ducis) était à quatre lieues de Chambéry, et traversait en voiture les montagnes qui conduisent aux Echelles. Ce lieu est terrible, et n'est qu'un amas effroyable de rochers à travers lesquels on a coupé un chemin. Ce chemin aboutit à une route plus large, mais bordée d'un côté de précipices de deux ou trois cents pieds de profondeur. Tout-à-coup, les chevaux qui le conduisaient, effarouchés par un objet imprévu qui les a frappés, ont pris le mors aux dents et se sont emportés, sans que le cocher ait pu les retenir. M. Ducis s'est joint à lui pour tenir les rênes. Les rênes se sont brisées dans leurs mains. Alors, il n'y a plus eu de moyen pour arrêter le mouvement violent. Le cocher, pour sauver sa vie, s'est jeté à terre; M. Ducis a tenté d'ouvrir la portière pour en faire autant, mais il lui a été impossible de l'ouvrir.

« Pendant ce temps, la voiture traînée par les chevaux furieux et sans guides, roulait sur les rochers, dans une descente rapide, avec un fracas et des secousses épouvantables. Elle était déjà près des précipices, lorsqu'un choc terrible contre un rocher a fait sauter la portière en dehors; M. Ducis a profité de ce moment pour s'élancer; il est venu tomber de tout son poids et avec l'impétuosité du mouvement qu'il s'était donné, dans un amas de rochers....

« Une femme et un bon vieillard qui étaient dans ce désert, sont venus à son secours; ils l'ont cru mort pendant long-temps. A la fin, il a r'ouvert les yeux. Il s'est étonné de vivre, sa tête et tout son corps étaient meurtris, et il souffrait les plus grandes douleurs. On l'a transporté au village des Echelles, qui est à peu de distance, où on lui a donné, avec la plus tendre compassion, tous les secours qu'exigeait son état....

« Dès qu'il a pu tenir la plume, il m'a écrit ce funeste accident. Je suis parti de Lyon, pour l'aller chercher en Savoie. M. Janin, célèbre chirurgien de ce pays, m'a prêté une grande berline anglaise, où il y avait un lit, et s'est offert de m'accompagner. Nous n'avions que vingt lieues à faire, et nous sommes arrivés le soir du même jour. Nous l'avons trouvé très-pâle, encore bien faible, et avec beaucoup de marques de meurtrissures. Ce malheureux ami, en me voyant, m'a baigné le visage de ses larmes. M. Janin a jugé qu'il était en état d'être transporté, et nous l'avons ramené à Lyon ».

Cette lettre de Thomas est datée du 27 juin 1785, et deux mois seize jours après, il devait lui-même faire couler bien des larmes !

A peine convalescent, Ducis composa sous les yeux de celui qui en était l'objet, cette *Epître à l'amitié*, où tant de beaux vers cachent assez quelques négligences. On y remarque de la diffusion, mais elle plaît à cause même de cette négligence, parce que le laconisme n'est pas le langage du cœur. Trop de sentimens d'ailleurs se pressaient dans l'ame de Ducis, pour qu'ils ne se fissent pas jour, et ne se reproduisissent pas sous plus d'une forme. Près de se rendre à Nice, où il devait passer l'hiver, Thomas voulut entendre la voix de son noble ami, jouir de son triomphe, y mêler des larmes et quelques-uns mêmes de ses meilleurs chants, à lui. Une séance de l'Académie de Lyon est indiquée ; Ducis y vient lire en face de *cette moitié de son ame*, de cet être chéri qu'il tremble de perdre, sa belle *Epître à l'amitié*. Thomas avait lu un fragment de sa *Pétréide ;* il avait rappelé à grands traits les merveilles et les héros du règne de Louis XIV, puis s'était écrié avec une tristesse où perçait peut-être le sentiment d'une fin prochaine :

La moitié d'un grand siècle est déjà dans la tombe.

L'émotion du poète s'était emparée déjà des auditeurs ; ce fut bien autre chose, quand on entendit le bon **Ducis**, lisant avec l'accent du cœur et les yeux attachés sur son ami, des vers qui rappelaient les soins affectueux qu'il avait reçus de lui et de sa sœur. Mais quelle impression profonde, ces deux hommes si dignes de l'intérêt du public, ne laissèrent-ils pas dans l'ame des spectateurs, alors qu'on les vit, la lecture et la séance terminées, se précipiter spontanément dans les bras l'un de l'autre, et s'embrasser en fondant en larmes !

Parmi les beaux passages de l'*Epître à l'amitié*, on avait particulièrement remarqué cette apostrophe touchante par laquelle le poète s'efforce d'inspirer à Thomas un espoir qu'il n'avait peut-être plus lui-même :

> Nice, où le Nord jamais n'a soufflé ses frimas,
> Où la rose entretient sa fraîcheur éternelle,
> Nice attend ta présence et son printemps t'appelle.
> Là, tu verras fleurir, en dépit des hivers,
> Ces rians orangers, ces myrtes tsujours verts ;
> La mer, dans son bassin doucement agitée,
> T'offrir l'éclat tremblant de sa moire argentée.
> Tu pars!.... climats heureux, je le confie à vous ;
> Zéphirs, apportez-lui vos parfums les plus doux ;
> De vie et de bonheur chargez l'air qu'il respire,
> Pour prix de ces bienfaits vous entendrez sa lyre.
> Oh! que ne pouvons-nous unis jusqu'au tombeau,
> Ensemble, de nos jours, voir s'user le flambeau.

Autrefois aussi, un poète formait de pareils vœux pour son cher Virgile, et le recommandait au navire, aux vents qui devaient le porter à Athènes. Triste et singulière conformité de destins. Le chantre de l'*Enéide*, ne survécut guère aux tendres vœux d'Horace ; et Thomas, dix-sept-jours après la scène mémorable où l'Académie de notre cité recueillait l'expression et les témoignages d'une amitié si noble entre deux hommes qui semblaient n'avoir rien de leur siècle, Thomas déjà venait de partir pour l'éternité. Abîmé dans le deuil, l'inconsolable Ducis qui avait reçu son dernier soupir, exhalait ainsi toute sa douleur, le surlendemain du fatal événement.

Lyon, à l'Archevêché, le 19 septembre.

« Tu as pleuré ma mort, m'écris-tu, mon pauvre Vallier: je te sais gré de tes larmes; mais voilà une mort plus certaine et bien autrement regrettable. J'ai perdu mon cher Thomas, hier, à neuf heures, j'ai entendu la terre tomber et s'amonceler sur ce corps qu'animait une ame si vertueuse et si pure. Il est donc vrai, je ne le verrai plus. C'est lui qui m'était venu chercher en Savoie, auprès du rocher que j'avais teint de mon sang; c'est lui qui m'emporta dans ses bras; c'est avec lui que j'ai vécu à Lyon, et le temps a fini pour lui!

Qu'importe sa gloire? Ah! une seule consolation me reste: notre religion réunit ce que la mort sépare. Mon ami, dont l'ame était si chrétienne, m'a laissé le souvenir de la fin la plus édifiante. Il s'est confessé avec toute sa raison. Son confesseur, qui est un ange de piété et de charité, l'a vu trois fois dans la même nuit; il ne peut en parler sans larmes. Il a reçu ses sacremens avec une résignation, une douceur qui nous faisait tous sangloter. Est-il vrai, mon Dieu! je ne le verrai plus!

« Oh! comme l'Archevêque, qui l'avait fait transporter chez lui, et qui lui a donné son médecin, son chirurgien, toute sa maison a été admirable ! Il a soixante-douze ans. On voyait que cette démarche lui brisait l'ame ; il a pourtant été à son lit de mort, lui parler en ami tendre, en confrère, en archevêque. Je ne puis te rendre toutes les marques de tendresse, de vénération, tous les secours temporels et spirituels qu'il en a reçus.

« L'archevêque m'a demandé ou reposeraient ses cendres. Serait-ce à Lyon? Serait-ce à Oullins? Il penchait pour Oullins ; et moi, j'ai cru aussi qu'elles se plairaient mieux dans une église de village, dans l'endroit même où Dieu l'avait appelé à lui, où l'ordre et les lois qu'il respecta toujours avaient marqué sa place. Il est au pied d'un autel, contre la muraille. Sur cette muraille, M. l'archevêque a fait mettre une inscription en marbre, avec les attributs qui rappellent les vertus et les talens de son ami. Il veut que je mêle mes idées aux siennes ; mais je n'ai point d'idées, je n'ai que des larmes. Il faut que cette épitaphe soit simple comme lui ; qu'on y trouve l'onction dans la force, et surtout, le langage de la religion et du tombeau.

« Tu conçois bien que je ne quitterai pas, que je reconduirai à Paris sa pauvre sœur désolée. Quelle année ! quelle affreuse année pour moi ! Plains-moi, Vallier, et ne songe point à me consoler ! »

f.

Que devint le malheureux Ducis ? il vécut long-temps encore, et passa plus d'années à regretter son ami, qu'il n'en avait passées sans le connaître. Il resta fidèle à sa mémoire, et, quand une époque orageuse lui fit craindre pour le moderne monument d'Oullins, pauvre, il pût offrir toutefois la somme de cinq-cents livres, et le mettre à l'abri des coups du vandalisme. Le 29 avril 1792, la municipalité d'Oullins, déclare, en acceptant le don, qu'*elle vénère trop la mémoire d'un citoyen aussi vertueux que M. Thomas, pour ne pas désirer de conserver, dans son intégrité, un marbre qui retrace à tous les yeux son souvenir.*

Il est resté debout ce marbre, et *retrace* encore *à tous les yeux le souvenir* d'un homme

Qui mourut en chrétien, qui peignit Marc-Aurèle.

Il n'y a pas long-temps que je visitais avec un ami la petite église d'Oullins ; voici ce que nous lûmes :

CI-GIT

LÉONARD-ANTOINE-THOMAS.

L'UN DES QUARANTE DE L'ACADÉMIE FRANÇAISE,

ASSOCIÉ DE CELLE DE LYON,

NÉ A CLERMONT EN AUVERGNE LE 1er OCTOBRE

1732.

IL EUT DES MŒURS EXEMPLAIRES,

UN GÉNIE ÉLEVÉ,

TOUS LES GENRES D'ESPRIT.

GRAND ORATEUR, GRAND POÈTE;

BON, MODESTE, SIMPLE ET DOUX,

SÉVÈRE A LUI SEUL.

IL NE CONNUT DE PASSIONS

QUE CELLES DU BIEN, DE L'ÉTUDE

ET DE L'AMITIÉ.

HOMME RARE PAR SES TALENS,

EXCELLENT PAR SES VERTUS,

IL COURONNA SA VIE LABORIEUSE ET PURE

PAR UNE MORT ÉDIFIANTE ET CHRÉTIENNE.

C'EST ICI QU'IL ATTEND LA VÉRITABLE IMMORTALITÉ.

SES ÉCRITS ET LES LARMES DE TOUS CEUX QUI L'ONT CONNU, HONORENT ASSEZ SA MÉMOIRE; MAIS M. MALVIN DE MONTAZET, ARCHEVÊQUE DE LYON, SON AMI ET SON CONFRÈRE A L'ACADÉMIE FRANÇAISE, APRÈS LUI AVOIR PROCURÉ PENDANT SA MALADIE TOUS LES SECOURS DE L'AMITIÉ ET DE LA RELIGION, A VOULU LUI ÉRIGER CE FAIBLE MONUMENT DE SON ESTIME ET DE SES REGRETS.

LE MAIRE ET LES ADJOINTS.

Le jour s'inclinait, et ne jetait plus, à travers les vitraux de l'église, que quelques lueurs faibles et vacillantes. Nous nous retirâmes avec un peu de tristesse dans l'ame; car c'est chose misérable que la vanité humaine aille ainsi s'étaler jusqu'au milieu des souvenirs de mort, pour y écrire en gros caractères : LE MAIRE ET LES ADJOINTS.

Si vous devez quelque jour visiter la tombe de Thomas, n'oubliez pas d'y aller avec un ami.

F.-Z. COLLOMBET.

Page 312, ligne 15, au lieu de *piquantes émotions*, lisez *poignantes*.

Rue St Jean, N.° 53.

Rue St Jean, N.° 11

LYON
AUX XVe ET XVIe SIÈCLES.

CHEVAUCHÉE DES MARTYRS, FÊTE DU SAINT-ESPRIT, TOURNOI DES RUES TUPIN ET GRENETTE.

................Nous nous promenions souvent ensemble dans les quartiers les plus anciens de la ville. Là, tout yeux, tout oreilles, j'écoutais attentivement ses lamentations, m'émerveillant des richesses pittoresques de nos vieilles rues. Une niche gothique, un débris d'arceau, un fleuron, un écusson, un vieux puits nous faisaient tressaillir de joie. Une série d'ogives nous transportait ; et dans les rues St-Jean et Juiverie nous tombions en extase. Puis nous discourions à perte d'haleine sur le vandalisme des restaurateurs en architecture ou des constructeurs à la romaine

Car une rue sablée nous donnait des sueurs froides, (chose rare heureusement!) une église, un quai neuf nous faisaient pâmer de douleur, si bien que mon pauvre ami en prit une fièvre qui ne devait pas tarder à l'emmener. Je voyais de jour en jour sa mélancolie habituelle prendre une teinte plus foncée ; et lorsque ses souffrances aigues lui laissaient quelque répit, il venait me prendre mystérieusement à mon galetas : delà, sans dire mot d'abord, nous parcourions les quartiers neufs pour observer les progrès de la décadence de l'art; mais pour lui que de soupirs, que de regrets !

Un jour après avoir visité la gendarmerie, le grenier à sel et Perrache, je vis errer sur ses traits un sourire de douleur qui m'eût fait craindre pour l'existence de nos monumens modernes si mon ami eût eu autant de force que d'énergie morale. Heureusement pour ces bénignes bâtisses j'avais un remède tout prêt. Je lui fis passer le pont d'Ainay sans lui permettre de tourner la tête vers l'église restaurée. Nous nous acheminâmes lentement vers St Jean, par le quartier St Georges. Alors l'odeur délicieuse de ces rues étroites sembla faire du bien à mon camarade, il s'essuya les yeux, et puis, le cœur gros de sanglots, il me dit en me serrant la main :

Vois-tu, mon cher Hyppolite, ils ont beau dire qu'ils embellissent la ville, les infâmes ! ils m'ont gâté mon Lyon.

Pauvre ville romaine et gothique, déjà défigurée par les maisons à la Louis XV et le style rococo, te voilà écrasée à jamais sous le genre soidisant romain et grec des maisons particulières, des édifices publics, des ponts, des quais....véritables carrières de pierres élevées en l'air, immenses mais sans grandiose, froides et plates malgré leurs détails absurdes, leurs oves, leurs consoles, leurs triglyphes, que sais-je ?....

Adieu tes jolies maisons gothiques, historiées, enluminées, brillantes de coquetterie, séduisantes, pimpantes, avec leurs ogives, leurs rinceaux de chardons, leurs colonnettes délicates, leurs intérieurs vastes et riches. Adieu tes cloîtres, tes églises, tes portes, tes ponts ! Adieu tes rues étroites et tortueuses, si pittoresques, si originales !

Qu'est devenu ton Fourvières si renommé, si couru, si fécond en miracles ; caché maintenant derrière un ignoble observatoire où l'on n'observe rien? ton pauvre Fourvières dont la patronne ne guérit qu'à peine et de loin en loin quelque boiteux à gages ou quelqu'aveugle à tant par jour. Tu te débats en vain sous le moellon, sous le Villebois. En vain tu cherches à repousser les métopes, les pilastres, les archivoltes etc ; chaque jour t'enlève un de tes charmes, et met à la place de ténébreux entresols, des toits à la Mansard, des surfaces carrées et plates, des lignes monotones et camardes. Tu as des maisons de huit étages, mais où sont tes chapelles élégantes, tes bastions redoutables? Tu as des ponts en fils et en chaînes de fer, mais ton pont du Change perd tous les jours de son lustre. On lui a enlevé la Pêcherie qui l'accompagnait si bien. On lui a démoli les maisons de la Baleine qui lavaient leurs pieds noircis dans les eaux de de la Saône ; on va lui ravir encore les maisons du pont si solides si pittoresques..... en sera-t-il plus large et plus commode ; l'artiste, le lyonnais y gagneront-ils quelque chose ?

Pauvre Lyon ! l'on t'a fait des casernes crénelées, des forts à la Vauban, des redoutes en gazon, des bastions en talus, des courtines, des demi-lunes; mais tu as perdu ton Pierre-scise avec son énorme donjon, ses toits aigus, ses murs épais, ses portes de Vaise, les souvenirs grands et douloureux de Cinq-Mars et de Thou, Tu perds chaque jour l'admirable rocher qui supportait tout cela ; il serait anéanti déjà si le fer et le feu avaient secondé leurs impatiens efforts. Ton fort St-Jean n'offre plus que de misérables lambeaux, tes aqueducs quelques ruines éparses. Tes Gonfalons ne sont plus, ni tes Pénitens de la *miséricorde* voués aux suppliciés ; ni tes Trinitaires qui faisaient pleurer le Christ le vendredi-saint; ni tes moines de la Platière. Tes Cordeliers de l'Observance et tes Carmes déchaussés restent seuls debout pour attester la grandeur de nos pertes et le vandalisme de la génération présente. Tu avais une magnifique cathédrale, on te l'a enterrée derrière deux énormes bâtisses peignées, léchées, râtissées. Heureux encore, pauvre Lyon, que l'impuissance de tes enfans n'ait pu les élever au niveau des tours séculaires et des brillans vitraux qu'ils eussent été si aises de cacher à tous les yeux!

Et tes mœurs où sont-elles?

Tes Bohêmes, tes corporations, tes maîtrises, tes moines de toutes les couleurs, tes soudarts de tous les uniformes, tes fêtes des fous, du St Esprit, de l'âne, des merveilles; tes processions somptueuses, tes parades, tes ribauds, tes filles folles de leur corps que, chaque nuit, le roi des ribauds pourchassait dans nos rues avec son filet.

Où sont tes Juifs prêtant de l'or aux rois, tes premiers imprimeurs de la rue Mercière, si renommés dans leur art, ton clergé d'empereurs, de rois et de princes? Tes banquiers Italiens, tes négocians en soiries, tes consuls, tes prévôts des marchands battant monnaie et narguant les ordres des cours.

Oh oui! on t'a gâté, avili, anéanti. Tu as des tombereaux, des pompes, des surveillans de jour et de nuit. Mais elle n'est plus l'heureuse époque où l'on publiait des ordonnances à son de trompe et de tambourins, sur l'entretien et la salubrité de la ville. Alors il était défendu de rien jeter dans la rue sans avoir crié trois fois : gare l'eau! Nos cafés élégans ne valent plus ces cabarets et hostelleries, où l'on ne pouvait boire ni jouer aux dés, tarots, cartes et échecs que hors des heures des offices, et où on ne logeait que les étrangers de passage sous peine d'une amende arbitraire. Nos domestiques avaient alors 7 liv. de gages et une chemise de grosse toile, avec une pièce de serge pour le couvre-chef. Aujourd'hui nous avons des centaines de laquais galonnés qui promènent insolemment leurs cocardes et les couleurs de leurs maîtres. »

Mais ses sanglots le suffoquaient, il s'arrêta un instant, s'essuya les yeux et continua de la sorte.

« Nos costumes pittoresques et variés, ont fait place à des habits étriqués et difformes, à des coiffures ridicules et incommodes. Avec l'habit ont passé nos mœurs si *drôles*, nos habitudes *tant playsantes*.

Qu'est devenu notre chevauchée des martyrs, terreur des maris battus par leurs femmes ; cérémonie ou des chefs de quartiers venaient étaler leurs pourpoints de velours, de soie et de brocard, leurs chevaux fringans, leurs musiciens, leurs *suyvans* et *supposts*? Ici même se passaient toutes ces merveilles, nous ne les voyons plus, et nous ne mourons pas de douleur !

« Il faysoit bon voir (dit la chronique), la tenue de la susdite chevauchée en laquelle 1° marchoyt la compaignie de l'abbé Malgouvert, du quartier St-Vincent, en bon ordre, avec trompettes et tabourins, accompagné de six vingts hommes portans lances, lesquels estoyent tous habillés de cazaques de taffetas verd, et marchoyent devant icelui abbé, son guidon, auquel guidon estoient escrits pour devise ces mots : *Vive l'abbé St-Vincent et son patron*, etc....

Et après marchoyt l'admiral du Griffon, suivi de cent reîtres, dans sa compaignie estoyt un chariot couvert, dans le quel estoyent toutes sortes d'estanciles pour la cuysine du susdit admiral; et dessus la dicte couverte, y avoyt guenons, singes, cochons et autres animaux lesquels se tourmentoyent de la peur qu'ils avoyent, entendans tirer l'artillerie qui estoyt dans le dict chariot, chose qui n'avoyt onques été vue de semblable.

Suyvoyent le gentilhomme de la rue du Bois avec cent cinquante lanciers, ainsi que le capitaine du Plastre, le duc de la coste St-Sébastien, le comte du Puys-Pelu, le chevalier de St-Romain, l'abbé de St-Georges, le libéral abbé du Temple, la princesse de la Lanterne, avec son médecin, le grand Bachat de la rue Mercière avec sa noblesse, le viscomte du Puys-de-la-Sel, les six sages de Venize ayans tous des grans barbes blanches et portans pour vêtemens de longues robes, bonnets quarrés, et la cornette, accompagnans leur abbé, estans dans un chariot, de manière qu'à les voir, on eut estimé que c'estoyent gens venus de loingtains pays pour faire ordonner conseil de quelque chose de merveilleuse importance.

Chacun estoyt suyvi des martyrs de son quartier, c'est-à-dire des hommes qui s'estoyent laissés battre à leurs femmes, lesquels menoyent triste et terrible tintamarre se battans et tourmentans dans leurs charrettes. Ce qu'estoyt chose bonne et excellente à voir.

Enfin, arrivoyent les trois supposts de l'Imprimerie magnifiquement habillés, lesquels racontoyent à chaque carrefour où l'on s'arrestoyt.

Les grans infâmes
Qui ont esté faits par les femmes,
Lesquelles ont battu leurs maris.

L'un disoyt :

> Je vous veux bien conter au vrai,
> D'ung bourassié qu'est de la Coste,
> Souvent sa femme le dorlote
> Avec ung grand pelle de fer. etc.

L'autre reprenait :

> La douloureuse histoire
> D'un notaire de la rue Mercière ;
> Sa femme pour le mieux domter
> Le va saisir droict à la barbe,

> Luy faysant un terrible alarme,
> Tenant ung cousteau en sa main;
> Luy disant, va larron, vilain,
> Tu viens d'avec tes caffardes,
> Feste Dieu, je te battrai bien. etc.

Chacun des supposts degoysait à son aise sur le compte des pauvres martyrs, ayans dans leurs charriots plusieurs joueurs d'instrumens pour les raccorder, chose fort récréative.

> Il y a plus de vingt et quatre
> Qui ne sont pas nommez ici,
> Lesquelz ont été passé martis,
> Qu'on les a rongez iusqu'aux os......

Ainsi dysoyent les supposts. « De nos jours tout se borne à une courte séance au tribunal de simple police, et à une légère amende. O temps! ô mœurs! »

Marchoyent ensuite le seigneur baron de la rue Neufve, l'abbé de St-Michel, le marquis du Grand-Palais, avec son guidon portant une contenance où estoyent les armes de monseigneur de Mandelot. Puis enfin l'abbé de St-Just et le juge du Bourg-Chanin, feuilletant ses livres de droict civil et canon, pour le doubte qu'il avoyt de mal juger. Il estoyt accompagné de son grand prevost et de cinquante archers, qui distribuaient par la ville ces quatrains :

> Celui qui contre nature
> Se laisse à femme subjugué,

Mérite bien d'estre estrillé,
Souventesfois selon droicture.

C'est un monsire contre nature,
Celui que sa femme bien bat.
Il n'est digne d'estre en combat,
De telles gens nous n'avons cure. »

Tout ce monde-là était couvert de taffetas, de satin, de velours, d'or et de pierres précieuses. Charivari ordonné par les us et coustumes du temps et où toute la ville accourait comme s'il lui eût été interdit. Tandis qu'aujourd'hui!.......

Et vous autres maintenant qui vous targuez de la somptuosité de vos fêtes, parce qu'à celle du roi vous allumez quatre lampions et brûlez deux pétards, j'eusse voulu vous voir assister à la danse du St-Esprit qui se tenait sur la place du Plâtre, et où les deux matadors de l'ordre monachal ouvraient le bal sans craindre les sarcasmes : le prieur de la Platière et l'abbesse de St-Pierre.

Dès la pointe du jour, une immense feuillée suspendue en guirlandes d'une fenêtre à l'autre, versait à torrents sur la place la fraîcheur et les plus doux parfums. Les Madones enluminées des coins de rues, étincelaient de mille cierges dont la fumée bleuâtre montait en longs filets à travers les rinceaux de buis et de ramée.

Que de jolies têtes aux fenêtres! que de cavaliers pimpans s'y arrêtaient, en carressant amoureusement leur barbe ! Les chevaux piaffent, les cors retentissent, la sacquebutte et les tabourins crient et résonnent. D'une rue à l'autre volent des bouquets, de gais propos, des billets doux, des saluts de tête. C'est un doux murmure dans tout le quartier, un roucoulement qu'on entend de loin et qui vous attire, malgré vous, comme l'aspic le rossignol. La foule aux cent mille voix se déroule par les rues, bâtonnée par les sergens, écrasée sous les pieds des chevaux, criant, beuglant, hurlant, mais toujours parée, belle et rieuse : « oyez ung petit, ma commère, veci monseigneur de la Platière, avec sa croix d'or et sa belle chasuble. Que de clercs, de soudards, d'aubalestiez! » A ces mots, les chants d'église commencent à se mêler aux voix du peuple, aux hennissemens les clameurs joyeuses, aux quolibets les imprécations de gens qu'on étouffe.... Mais, paix! voilà l'abbesse de St-Pierre montée sur une riche mule et portant en croupe quelque vieille tourrière sa protégée! Quelles charmantes figures s'épanouissent sous le béguin! que de jolis doigts roulent les grains de la patenostre! par-ci par-là, quelque coup d'œil furtif, quelque serrement de mains, car la foule est si drue! Et qui sait si l'on ne se donnait pas là des rendez-vous amoureux!... Car, après tout, on sait fort bien à quoi servait, au siècle dernier, l'escalier à double rampe de l'abbaye de St-Pierre ?

Enfin, les instrumens de musique annoncent l'ouverture de la danse. Le galant abbé de la Platière, quitte ses acolytes pour offrir la main à l'abbesse qui n'a pas toujours quatre vingts ans comme nous nous le figurons aujourd'hui. La sarabande, puis la bourrée lascive!... etc etc. Mais on se repose un moment, et la foule qui avait respecté la danse de ses supérieurs, se rue à son tour sur la place pour danser et rire.

La cohue augmente. Et, au moment où le cri de *largesse* est proféré par les deux chefs d'ordre, des nuées de pièces de monnaie sont lancées par les suppôts sur le peuple. La confusion est telle que les robes, les couvre-chefs, les guimpes volent en morceaux, les barrettes sautent en l'air, des débris de portes et d'auvents s'écroulent avec les gamins qui s'y étaient perchés pour mieux voir. C'est un brouhaha sans fin qu'on entend de toute la ville et dont les oreilles me tintent encore, rien que d'y penser.

O le bon vieux temps!!

A quelques pas de là se passaient des scènes d'un autre genre. C'est dans la rue Tupin, que de nombreux cavaliers montés sur des haquenées dorées courent ce que l'on appelle le Tupin. Ce tupin ou marmite de terre est suspendu à une corde au milieu de la rue. Les jouteurs coiffés de tupins en guise de *salades* courent au galop, la lance en arrêt, sur le vase rempli d'eau. Malheur au maladroit qui ne pouvant enfiler l'angle du vase, répand sur sa figure et ses vêtemens l'eau colorée qu'il renferme. Les exclamations de la foule le poursuivent dans toutes ses courses jusqu'à ce qu'il ait lavé par un coup d'adresse la tache faite à son honneur. Puis, quand tous les pages ont plusieurs fois fourni leur carrière, le vainqueur joyeux, la lance sur la cuisse va recevoir des mains de la plus jolie damoiselle du quartier le prix de sa vaillance. Là, les genoux en terre, il se laisse humblement coiffer du tupin orné de fleurs. Aucunes fois un baiser qu'on lui accorde fait monter sur ses joues un pudique vermillon. Puis quitte pour quelques lardons, il rentre pompeusement escorté de ses camarades envieux de sa bonne fortune.

Dans la rue Grenette, la plus large au 15e siècle, est une des plus belles encore de notre bonne ville, les tournois sont plus sérieux. Ce n'est point au tupin inoffensif que le jouteur doit porter ses coups. Un antagoniste vigoureux lui est opposé, et ce n'est qu'après mainte et mainte lance rompue honorablement, après maint et maint adversaire désarçonné qu'il reçoit le prix. Là, c'est encore la beauté qui est chargée d'offrir au vainqueur l'écharpe brodée ou les éperons de chevalier.

Nos pères passaient ainsi leurs jours de fêtes, plus heureux que nous qui, il y a peu d'années encore, enfermés dans un cabaret infect ou étouffés en plein air aux promenades de la ville, baillions tout le long du jour; puis, le soir, animés par le vin ou la fumée du tabac, errions dans les rues désertes en vrais tirelaines, chantant à gorge déployée des chansons obscènes, battans ou battus, puis finissions souvent notre journée sur le lit de camp des soldats du guet.

Le lendemain on avait des maux de tête, la figure ou les reins meurtris, mais on prétendait s'être amusé beaucoup et l'on parlait quinze jours de cette soirée bienheureuse. »

Tout en me racontant ces choses, mon camarade s'animait, sa voix, son geste prenaient du feu, il se croyait transporté aux époques dont il me narrait les merveilles, mais retombait bientôt dans l'accablement lorsqu'il venait à s'apercevoir de son erreur.

Nous passions ainsi des journées entières à déplorer nos pertes. Il me raconta bien des histoires joyeuses du moyen-âge avant sa mort; je vous les réserve pour une autrefois.

Hyppolite Leymarie.

Une heure de flânerie,

DIVAGATIONS.

Lyon, novembre 1833.

Vous avez quelquefois rencontré, par les rues, de ces gens, désœuvrés par excellence, ennemis du temps contre lequel ils semblent lutter avec peine, et classés, au grand catalogue de l'espèce humaine, sous la dénomination générique de *flaneurs*? Je n'ai pas besoin de vous les dépeindre, le nez en l'air, la démarche inégale, laissant traîner leur canne dans les jambes des passans, guettant une femme au passage de cent pas à l'avance, s'arrêtant à chaque devanture de boutique, comptant les étages de chaque maison, lisant, à chaque coin de rue, l'affiche du spectacle, du Paraguay-Roux, ou de quelque guet-apens de libraire.

Hé bien! c'est ainsi que vous auriez pu me voir,

il y a deux mois environ, sur le quai de Saône d'abord, puis sur la rive du Rhône, puis sur les places, dans les rues transversales, dans les étroits et fangeux couloirs des vieux quartiers; partout enfin, partout où il y avait à voir et à errer.

Car aussi, que faire, par un beau dimanche de septembre, étranger, isolé au milieu des flots de population qui se roulent par la ville, avec ce joyeux bourdonnement qui annonce l'oubli du travail et l'ardeur du plaisir? que faire, quand on n'a même pas un chez soi ; qu'on se sent étreint entre les murailles glacées et inanimées d'une chambre d'hôtel, où n'arrive qu'un pâle reflet du brillant soleil d'automne ; quand, penché sur votre balcon, vous dominez cette immense fluctuation d'hommes, avides de mouvement et de sensations, qui se hâtent dans leur oisiveté, afin de dépenser toute entière, dans leurs quelques heures de liberté, toute leur vie d'une semaine, qu'ils ont, jour par jour, mise en réserve, pour se faire machines comme les métiers qu'ils font mouvoir?

Que faire enfin, pour tout dire, quand le cœur est malade, quand des blessures récentes y saignent encore ; quand des regrets sans espoir le serrent, le brisent ; et que, livré à vous-même, votre poitrine haletante se gonfle et vous oppresse; que toutes vos pensées sont souffrances, et qu'il n'est pas sur votre horizon, une lueur consolatrice qui vienne abuser votre rêverie. Qu'il n'y a pas, près de vous, une oreille d'ami pour écouter vos plaintes, un cœur de femme pour partager vos peines, une caresse de mère pour essuyer la sueur qui fraîchit sur votre front. Que vous, qui avez tant d'amour dans votre ame, ne trouvez autour de vous que des objets à tous, des meubles auxquels vous ne pouvez demander un souvenir, ni confier une larme?

Que faire? — Fuir alors, fuir promptement, chercher le ciel.

Oh! le ciel! laissez-moi respirer sous le ciel! ne cachez pas le ciel aux malheureux! laissez-moi voir cet azur pur et calme comme les doux yeux d'une vierge, ce soleil bienveillant qui se pavane à son zénith, et nous montre sa tête bouffie et rieuse au milieu de sa collerette enflammée, cet espace infini comme la bonté qui y siége, où nous pouvons rêver une consolation pour chacun de nos maux, une récompense pour chaque heure de résignation.

Dites-moi, si vous avez souffert comme j'ai souffert, concevriez-vous l'existence sans le ciel? pensez-vous qu'ils vivent, ces infortunés, écrasés sous la voûte obscure d'un cachot, que leur pensée est impuissante à soulever? Oh! si ce n'est point une révélation d'un dieu, si ce n'est qu'une illusion, que béni soit à jamais celui qui, sur le grabat où se tord le moribond, est venu le premier lui prendre la main, et l'élevant vers le ciel, lui a dit: là haut!....

Je me sentis mieux quand j'eus fait quelques pas. — Mon corps coudoyé, rudoyé par les passants, poussé par une charrette qui venait essuyer ses essieux sournois aux basques de mon Elbeuf, mon corps était contraint à fonctionner, et mon imagination se reposait.

Je suivais le torrent, j'allais où ils allaient tous. Où ? je l'ignorais ; mais j'avançais toujours. Dispensé de me conduire, c'était déjà une bonne fortune, et mes regards paresseux ne s'arrêtaient sur rien. Je cheminais ainsi depuis quelque temps, chancelant à chaque pas sur les cailloux aigus du pavé, où mes pieds ne savaient point encore prendre leur équilibre, lorsqu'un mouvement d'armes, le choc si particulier de la main du troupier contre son fusil, vînt appeler mon attention : c'était une sentinelle qu'on relevait.

Le lieu commis à sa garde, était un bâtiment massif, d'une pesante architecture, à la physionomie livide, à l'aspect repoussant, présentant à peine, ça et là, quelques étroits soupiraux garnis d'énormes barreaux de fer entrelacés. — Puis, au bas, premier pas de la vie à l'échafaud, une porte à demi-souterraine, qui, obliquant dans l'épaisseur du mur, va se rétrécissant, et n'offre plus dans l'enfoncement qu'une étroite baie, fermée à triple serrure par un lourd volet de fer. — Et devant, de long en large, deux sentinelles, comme si l'on craignait que la porte de fer ne vînt à s'attendrir, où ne cédât au coup de poing du désespoir.....

Je devinai... Cette vue me fit froid; je me hâtai.

Un orgue de barbarie me chantait le si gai refrain du chœur des chevaliers de MeyerBeer; puis un petit singe tout gracieux, s'envint, l'air contrit, l'œil suppliant, me tendre son petit bonnet rouge, où je déposai un sou ; et tandis qu'il me remerciait par une grimace moqueuse, triomphant de s'être joué de ma bonne foi, j'entendis au détour d'une rue, dans les intermittences du roulement des voitures, la voix sépulcrale d'un serpent, récitant en une traînante psalmodie, à un trépassé qui le suivait, un *de profundis*, sa dernière prière, et peut être son dernier souvenir sur cette terre ; auquel répondit en soprano la verbeuse annonce d'un saltimbanque en costume exotique, vendant pour quelques centimes, le cosmétique qui fait vivre toujours. Et bientôt le cornet d'un omnibus couvrit de ses sons criards, le chant des funérailles et les cris du jongleur; et tous se turent un instant, comme pour reprendre haleine. — Puis la symphonie recommença. Et devant tout cela, devant l'orgue de barbarie et sa musique si touchante ; devant le bateleur et son étourdissante érudition;

devant cette trompette qui jetait sans pitié dans les airs sa voix glapissante; le peuple passait impassible, avec ses mille visages diaprés de rires, de colère, de niaiserie, de feu, de noblesse ou d'abrutissement, et pas une sensation ne naissait pour lui ; et un porte-faix, fumant sa pipe, achetait pour un sou, des nouvelles récemment arrivées du Portugal.

Et puis encore, quand le mort s'en fut allé avec son cortége, le sillon se nivela, les empreintes s'effacèrent sur la boue, et il n'en resta plus de traces, pas plus que n'en laisse un esquif sur la mer, ou l'aigle dans la nue. Et pas une étoile du ciel ne se couvrit; pas une des harmonies du grand tout n'en fut troublée ; pas une place ne resta vide sur le globe ; pas un gai festin n'en fut interrompu; pas une larme peut-être, ne coula sur son visage crispé.

Mort, on ne sût plus sa vie que par la pierre dont on le couvrit, dans la crainte, sans doute, qu'il ne secouât son cercueil, et ne vînt revendiquer un souvenir déjà perdu dans notre indifférence. Et par les siècles à venir, ses ossemens pourris ou fossiles, serviront aux Cuvier d'une autre génération, à conjecturer l'histoire du monde oubliée.....

Du pont de Pierre où j'étais alors, en me tournant vers la rivière, j'avais à ma droite le pont Seguin, et à ma gauche un autre pont suspendu dont j'ignore le nom, mais que les lions qui en retiennent les chaînes désignent assez.

J'aime ces lions; ils sont bien posés, bien assis dans leur force; ils serrent bien et avec volonté sous leurs griffes puissantes, les liens où viennent aboutir les derniers anneaux. Et je passe avec confiance sur ce pont, quelque lourd qu'il paraisse, sans craindre jamais, que par fatigue ou par distraction, ils ne me laissent engloutir.

Et le pont Seguin aussi, est une belle construction. Il y a là quelque chose de féerique, à voir cette immense jetée suspendue à des fils d'araignée, et supportée par des colonnes si frêles, qu'elles semblent prêtes à céder au moindre effort de mon épaule. — Je l'ai vu par un brouillard, il est tout aérien, et ne semble destiné à passer que des ombres. — C'est ainsi, sauf les garde-foux, que doit apparaître le pont en lame de couteau, que, si j'en crois ma vieille bonne, les ames ont à franchir pour arriver au Paradis.

Deux choses me gênent dans tout cet ensemble: d'abord ces espèces de gâteaux de Savoie, qui s'élèvent si ridiculement au dessus des chapitaux; et puis les contre-pentes des chaînes viennent s'appuyer trop solidement à la culée. J'aurais voulu là, perché sur ce piédestal qui reste vide, un danseur, un satyre, une femme accroupie, un enfant endormi, quelque figure enfin gracieuse ou maligne, mais légère, qui, dans sa main, sans effort, et comme en se jouant, aurait retenu tout le pont.— C'eût été, ce me semble, possible, du moins je l'ai conçu ainsi, et pour mon compte particulier, j'aurai su gré au constructeur d'avoir deviné ma pensée.

Mais je suis arrivé sur la place Saint-Pierre; et pendant qu'un petit savoyard, qui me parait avoir huit ans, s'escrime à rendre à mes bottes leur lustre qu'elles viennent de perdre, me voilà parcourant de mon regard curieux le mouvement qui m'environne.

A l'un des angles, précisément en face de l'endroit où je m'étais placé, dans un intérieur d'élégante apparence, retirées dans l'enfoncement et éclairées par un jour timide et voluptueux qui n'arrivait qu'en se veloutant à travers les plis d'amples rideaux, deux créatures, groupe mobile et gracieux, riaient et se jouaient.— Toutes deux bien jeunes encore, quoiqu'à une époque différente de la vie; toutes deux fraîches comme un rêve d'amour, toutes deux blondes, mais l'une avait ses longs cheveux lissés sur son front, et tressés en natte polie au sommet de sa tête, tandis que l'autre cachait ses petits yeux tout bleus sous les nombreuses boucles d'or qui venaient, comme une haleine amie folâtrer sur ses tempes.

L'une femme, car son corps était dessiné, ses formes mûres, sa taille prise sous l'étreinte d'un corset ; l'autre enfant, car sa tête était ronde, ses joues vermeilles et rebondies, ses mouvements peu assurés, ses formes cachées sous des chairs arrondies.

Que d'agaceries ! que de rires fous et bruyants ! que de caresses ! que de baisers ! que de bonheur! que de discours sans intérêt et sans suite ! de questions auxquelles on répond avec tant de détails et de complaisance !

Oh ! c'est bien sûrement une mère!— Voyez comme elle permet à cette enfant de froisser sa toilette, de monter sur ses genoux, de poser ses petits pieds sur ses fraîches étoffes. C'est une mère, car voyez comme elle est heureuse, quand, au milieu d'une caresse, ces deux petits bras s'accrochent à sa chevelure, dont ils troublent la symétrie, et détruisent en un instant ce qui a coûté tant de soins à édifier.— C'est une mère ; entendez ces gros baisers qui résonnent sonores et potelés comme les joues sur lesquelles elle les dépose ; voyez toute son ame, tout son être qui vient se résumer dans un regard.— Que c'est bien encore une mère, dans cette condescendance, cet abandon, cette minutieuse bonhomie avec la quelle elle se nivelle aux jeux et au langage de son enfant, et lui verse, en même temps que des aliments plus légers pour ses organes délicats, des paroles plus faciles pour ses facultés naissantes.

Oh! qu'elle est à plaindre, la femme qui n'est pas mère ; qu'elle est malheureuse, celle qui a passé sans l'avoir été ; et combien elle doit attendre de félicités dans une autre vie, s'il est vrai que le ciel y compense toutes celles qu'il nous ravit ici bas!

Puis, en regardant le petit savoyard à genoux à mes pieds :

Et lui aussi, pauvre abandonné, il a eu une mère. Et sa mère l'aima autant que celle-là aime sa fille ; et elle le baisait avec autant de délices ; elle le caressait avec autant de bonheur ; elle le faisait aussi jouer sur ses genoux ; elle le voyait aussi, en souriant, exercer ses mains inhabiles à saisir une fleur peinte sur la muraille.— Et tout-à-coup, l'enfant devenu grand a demandé du pain ; et la mère n'en ayant pas, a senti son cœur saigner ; ses yeux ont pleuré bien long-temps, et puis elle lui a dit :

Pierre, mon petit fils, je n'ai plus de pain pour moi, je n'en ai plus même pour toi. Pars, chéri, va par-delà les montagnes. Là-bas, ton travail te donnera du pain. Ils auront pitié de toi, tu es si jeune et si gentil !— Soigne-toi bien, pauvre amour, prends-garde de t'égarer la nuit, d'écorcher tes petits pieds nus sur les cailloux du chemin ; prends-garde surtout d'avoir froid, quand l'hiver sera venu. Couche tes nuits sur la paille fraîche ; ne te prive pas, pauvre petit. Et s'il te reste un morceau de pain, hé bien ! tu l'enverras à ta mère. Et chaque année tu viendras la revoir; et, si elle doit mourir, tu reviendras, car elle voudra t'embrasser avant de mourir. — Pars ; adieu. Encore un baiser, mon Pierre. — Pars maintenant ; le bon dieu aura soin de toi, je vais tant le prier.

Pierre s'en est allé, n'emportant avec lui que les bénédictions de sa mère. — Le ciel ratifie toujours ces bénédictions-là. — Et la mère, veuve sitôt de son fils, est restée seule avec son chagrin.....

Plaie atroce que la misère ! gouffre sans fond, où vont se dénaturer, s'user, se pourrir toutes nos affections. — Dieu, vous qui faites les hommes, quand vous les condamnez à la pauvreté, faites-en donc des brutes ; faites-les sans cœur et sans ame ; ôtez-leur au moins les moyens de sentir qu'ils sont maudits par vous. Car, pour eux la souffrance sans allégement ; pour leurs mères les douleurs, et seulement les douleurs de la maternité!.... Aux riches les jouissances!....

Mais qui sait?..... Demain peut-être, peut-être ce soir, une brise passera qui balaiera l'enfant du riche, car c'est si frêle, un enfant ! — Et de femme qu'elle eut été ici-bas, elle deviendra ange ; ange.... mais auprès de Dieu.

Eh ! qu'importe à la mère que sa fille soit un ange ! ce n'est point un ange qu'elle a fait ; ce n'est point un ange qu'il lui faut. C'est sa fille qu'elle veut ; sa fille mille fois plus jolie qu'un ange. C'est sa fille, sa petite fille en chair et en os ; sa fille avec son si doux sourire, et ses pleurs si déchirans. — Sa fille, là, sur son sein, dans ses bras, sous ses baisers ; sa fille qu'elle veut toucher, qu'elle veut voir, qu'elle veut entendre ! Sa fille, pour qu'elle puisse lui dire : — Ma fille ! et que sa fille réponde : — Ma mère !

Que voulez-vous qu'elle fasse désormais, sans sa fille ? ses joies, ses espérances, son existence, tout cela n'est-il pas parti avec elle ? — Aussi, elle ira la rejoindre. — Oui, elle mourra, parce que sa fille est morte, et qu'elle n'a pas assez de larmes pour la pleurer, assez de jours pour l'oublier......

Il n'est rien qui vous rappelle à vous, rien qui vous rejette dans le positif de l'existence, comme le contact ou l'aspect d'un de vos frères, les hommes ; parceque cette croute terrestre dont vous vous étiez momentanément affranchi, vous la revoyez en lui avec tout son prosaïsme barbare ;

et que de lui à vous, la distance n'est pas longue. Aussi, fus-je brusquement tiré de ma rêverie, quand mon savoyard, se hasardant enfin à remuer mon bras, me fit remarquer que depuis long-temps déjà, il me tendait inutilement la main.

J'en eus peine, le pauvre enfant; et pour réparer son temps perdu, je doublai sa mince rétribution, ce qui me valut un merci de bien bon cœur, et un couplet de sa joyeuse *catharinetta*.— Il est parfois si facile de faire un heureux !

De la place St-Pierre à celle des Jacobins, à vous le dire franchement, je ne sais où je passai. Absorbé que j'étais par la suite de mes pensées de tout-à-l'heure, je n'eus pas une distraction pendant ce long trajet, et il ne fallut rien moins que les monuments qui vinrent se dresser devant moi, pour raviver mon attention.

De ces deux monuments, l'un, l'Hôtel de la Préfecture, ne ressemble pas mal à une halle au blé, vide de marchands et d'acheteurs ; et, si sa construction présentait plus de noblesse, plus de grandeur, je ne saurais mieux le comparer qu'aux silencieux palais de Pompéia, la ville cadavre, veuve de ses habitants.—Rien, en effet, ne parle de vie dans l'enceinte extérieure de ce morose Hôtel ; et si, par hasard, vous apercevez glisser entre ses colonnes, quelque rare employé se rendant à son bureau ; perdu qu'il est sous ces arcades inanimées, il a plutôt l'air du voyageur exotique, visitant un souvenir d'un autre âge, que d'un indigène familiarisé avec une si grande solitude.

L'autre, — l'autre monument, — c'est monsieur Cirille. — Vous ne connaissez pas monsieur Cirille ?— Hé bien ! voici :

Monsieur Cirille est un industriel, un brave artisan, déjà sur son déclin, le pauvre cher homme! consacrant toute sa laborieuse journée à réparer les avaries auxquelles, par vétusté, vos bottines sont sans doute sujettes tout comme les miennes. — Car enfin, quelle chose ne s'use pas dans ce monde? Votre corps se fait caduc ; votre charpente osseuse se disloque et crie dans ses jointures roidies ; votre imagination faiblit ; votre jugement décline ; vos conceptions deviennent timides ; vos moyens d'exécution nuls, votre génie s'éteint....

Il n'est donc pas étonnant que vos bottines s'usent. La seule différence entre ces divers accidents, c'est que personne ne peut redresser votre corps, rendre sa verdeur à votre esprit, son feu à votre génie ; tandis que vous avez monsieur Cirille pour mettre des pièces à votre chaussure.

Et ne vous en moquez pas, de monsieur Cirille ! C'est un digne homme, un philosophe, par ma foi, bien pénétré de son importance sociale, de sa dignité d'homme, et capable de dire à un empereur, comme Diogène, son patron: *Ote-toi de mon soleil.*

Ce n'est pas, au surplus le seul point de ressemblance qu'il ait avec le Cynique de Sinope. Comme lui, et pour éviter le contact avilissant de l'espèce humaine, il a fait élection de domicile dans un tonneau. Seulement, pour sa plus grande commodité, il l'a placé sur quatre roues, ce à quoi, je suppose, l'autre philosophe n'avait pas songé.

Ainsi blotti dans sa maison roulante, il a un tabouret, un petit rayon circulaire sur lequel il pose sa poix, son alène et son marteau; un clou auquel il accroche sa veste s'il fait chaud; et il vit ainsi, riant, chantant, dormant, mangeant, travaillant quand il n'a plus le sou, et que l'ouvrage donne. Insensible aux bouleversemens des nations, étranger aux commotions de l'état, avec lequel il n'a aucun rapport, puisqu'il ne paye pas même de contributions; et conduisant chaque semaine son domicile ambulant à un nouveau coin de la place, pour éviter la monotonie et varier le plaisir. L'été, il tourne le dos au soleil, et se fait de l'ombre, l'hiver, il reçoit le premier rayon qui perce la nue. S'il vente ou s'il pleut, il se met à l'abri du vent ou de la pluie. Si les rivières grossissent subitement, et viennent engloutir vos fastueuses habitations, il surnage aux flots en courroux, comme aux orages politiques; et de quelque côté que souffle la tempête, sur quelque coin de la terre que s'agite le glaive, sur quelque sommité que tombe la foudre, vous pouvez voir Cirille impassible et heureux, au milieu des débris de la civilisation et de ses savates, filant de son gosier sonore des sons harmonieux, et frappant en mesure sa semelle docile.

Que donne encore, le ciel, de longs jours à Cirille, et me fasse hériter de son tonneau; s'il y laisse sa douce quiétude!

Au bout de la rue St-Dominique, où griffonne en ce moment votre serviteur, se déploie Bellecour, avec son admirable bronze et sa spacieuse enceinte, où l'on a peine de ne trouver que quelque bonne d'enfant, ou quelque dragon promenant son oisiveté pacifique.

Et, à ce propos, permettez-moi une observation, que du reste, je ne fais qu'après tant d'autres.

Vous vous plaignez, messieurs de Lyon, que vos femmes, le plus joli, l'indispensable ornement, la vie d'une promenade ou d'une réunion, se cloîtrent chez elles, et comme nos sœurs d'Afrique, semblent redouter le grand jour et les regards des admirateurs.— A qui la faute?

Et que voulez-vous qu'elles y viennent faire, à

vos promenades, qu'on pourrait, à beaucoup plus juste titre nommer tabagies? Pensez-vous que leurs poumons délicats s'accommodent agréablement des strangulatrices fumées du tabac indigène, dont vous parfumez l'atmosphère? Espérez-vous qu'elles viendront gratuitement étaler à vos yeux, de fraîches parures, leur taille gracieuse, leurs groupes vaporeux, tandis que vous mêmes, pour vous offrir à elles, vous ne prenez pas la peine de déposer la veste ronde ou la calotte poudreuse du magasin? Pensez-vous qu'elles n'aient pas, comme toutes les autres femmes, leur petit amour propre? qu'elles ne sachent pas sentir la flatterie d'un hommage, même indirect, le plaisir d'être l'objet d'une politesse, d'une prévenance?

Croyez-moi, messieurs, tout imberbe que je suis; croyez-moi, qui ai pu comparer, plante exotique implantée naguère sur votre sol. Laissez la pipe au cabaret, le cigarre à l'estaminet; portez des gants à vos mains, des sous-pieds à vos pantalons; soyez moins négociants et un peu plus français près de vos femmes; cessez d'en faire *uniquement* vos ménagères et vos garçons de bureau; appréciez un peu mieux leur nature frêle, mais angélique; ne rougissez pas de ces paroles flatteuses, de ces riens agaçants, de ces soins empressés que vous pouvez leur prodiguer à vos moments de loisir, sans manquer au décorum du commerce, et vous les verrez bientôt moins sauvages et moins ennuyées, parer vos promenades, vos spectacles, vos fêtes publiques, et vous payer au centuple, en doux moments, en démonstrations touchantes et en plaisirs, le petit sacrifice que vous leur aurez fait de votre roideur magistrale, de vos habitudes par trop égoïstiques.

La femme faite pour vous plaire et pour vous aimer, se croit aussi le droit, et se sent le besoin d'être aimée. Laissez-lui croire à son empire sur vous ; ne paralysez point sa nature exquise ; ne riez pas de sa faiblesse et de sa divine sensibilité ; laissez-lui sur vous l'influence que la nature lui a donnée sur l'homme ; et se redressant dans sa fierté de vous complaire, elle s'élèvera graduellement à l'horizon, et répandra un reflet nouveau sur votre laborieuse cité.

Je ne stationnai point à Bellecour ; et comme j'en avais assez de monuments, de soieries, de dessins, de tentures, et de caricatures, je traversai le Rhône sur le pont de la Guillotière, construit, dit-on, par les Romains, et dont la masse indestructible semble écraser le fleuve, qui vient mugir de son impuissante fureur, sous ses arcades séculaires.

De l'autre côté, nouvelle physionomie, transfiguration subite de la scène.

Ici, plus de riches étoffes appendues aux façades ; plus de cristaux et de porcelaines se mariant en une scintillante mosaïque ; plus rien de la ville ! Ici, c'est la vallée des plaisirs. L'air circule largement, et vous pouvez en prendre à votre aise : vous avez de l'ombre sous les arbres, du soleil au milieu des rues. Ici, c'est la terre promise pour tant de pauvres parias qui végètent sous vos combles, à vous tisser de moelleux vêtements.

Aussi, c'est un curieux spectacle, quand vient le jour du repos, que de les voir, épais et pressés, descendre en hâte des hauteurs où ils sont confinés, et s'épandre dans la plaine de la Guillotière.

A peine si le soleil de son premier regard, a pourpré le lit de vos rivières, que déjà, frais, rasés, endimanchés, ils ont mis une digue entre eux et vous, et sont venus prendre possession de leurs parages. Ici, au moins, ils sont maîtres à leur tour. Ici, s'ils ont quelques deniers dans leur poche, à eux toutes les douceurs de la vie, toutes les jouissances du pouvoir, toutes les mollesses de l'opulence.— Pas une porte qui ne leur soit ouverte ; pas une maison qui ne leur offre plaisir ; pas un valet qui ne soit à leurs ordres. — Pour eux, le marchand vient étaler sa boutique, les jeux encombrent les places, les jardins ont des berceaux.— Pour eux, les jeunes filles ont mis leurs beaux atours, leur chaîne d'or et leurs fins bas blancs.—Pour eux, le vin rougit les bords, la bière s'élance en mousse de la cruche qui se vide.

Entendez leurs bruyantes chansons, leurs refrains avinés, où ils hurlent, au milieu du choc des verres, des paroles à scandaliser une vivandière.

Recherchés à leur tour, avec quels dédains ils savent accueillir une prévenance! On les attire, on les appelle, on se les arrache. Il n'est rien qu'on ne leur prodigue pour captiver leurs faveurs; rien, jusqu'aux flatteries intéressées du chef, aux cajoleries de la matronne, aux agaceries de la fille de maison. — A eux ici de commander! Aussi, comme ils en usent! comme ils dépensent jusqu'au dernier sou leur pouvoir éphémère! comme ils en savourent toutes les prérogatives! Que de cris, que d'exigeances, que d'injonctions capricieuses et despotiques! Ils ont déposé leur patience et leur soumission avec le sarreau et la navette; et leur domination sera d'autant plus dure, qu'elle est plus nouvelle et doit être plus courte.

Et quand viendra le soir, vous les rencontrerez, les lèvres blanches, le menton couvert de bave, les yeux morts, la figure souillée de restes d'aliments desséchés, la tête tombant sur ses ressorts, regagner en chancelant leur mansarde; s'ils ne vont point, pour le reste de leur argent, demander une place au lit vénal et empoisonné d'une Laïs de bas étage.

Et qui dirait par quels appas on ne cherche

pas à aiguiser leurs appétits avides?.— Parcourez seulement ces enseignes..... Ou plutôt, non.— Car pour qui a l'ame noble et le sens droit, elles ont des sensations pénibles, des crimes de lèze-humanité....

Dans les siècles passés, au Paris primitif, dans cette vieille cité, toute de bois et de boue, dont nos bibliophiles nous ont, depuis peu, exhumé le squelette oublié, les marchands, déjà rivaux entr'eux, avaient imaginé pour attirer les chalands, de placer dans ou devant leur boutique, quelqu'objet curieux qui en faisait la réputation, et dont le nom, inséparable du leur, les designait à la curiosité publique.—Plus tard, les progrès marchant, les enseignes se firent mensongères, et l'on ne tint plus compte de réaliser les promesses qu'on y étalait.— Et de nos jours enfin, car tout dégénère entre nos mains, rien de si sacré qui ne soit barbouillé sur la façade d'un épicier, ou sur le volet d'une taverne. On y placarde, on y dégrade tout, jusqu'à la bonne foi !.....

Et notre Napoléon, notre idole, le soleil de notre âge, il est là qui pose, à pied, à cheval, sous son uniforme de grenadier, sous sa capote grise, sous son manteau d'Austerlitz, sous sa houppelande de Moscou; partout enfin où il a laissé un peu de gloire à exploiter.— Je l'ai vu, mutilé, défiguré, ignoble parodie d'un être humain, et de ce doigt si puissant qui faisait les destinées de l'Europe, indiquant à l'ivrogne égaré, la porte de son cabaret.....

Barbarie de notre civilisation !...— C'était bien la peine d'être Napoléon!

J'étais fatigué, car on ne court point impunément sur le glissant pavé de Lyon ; et pour me reposer, j'avais dirigé mes pas vers le Rhône, et je venais chercher sur la rive, un plaisir que vous ignorez peut-être, celui de voir couler l'eau.

Je ne connais pas de jouissance plus douce et plus entière, quand votre esprit veut se détendre, après avoir long-temps et laborieusement fonctionné ; surtout si la surface est calme, si l'eau coule sans effort, si chaque vague silencieuse vient doucement se flotter à la rive, comme un chat caressant qui vient frotter son dos à votre main.

Lorsque, dans cet immense miroir, vous n'apercevez plus que l'ombre des hommes, et que vous n'êtes point exposé à leur contact ; alors vos pensées naissent et s'en vont, faciles comme l'onde limpide. Chaque petit flot qui s'avance en se jouant, fait passer sous vos yeux un souvenir riant, une flatteuse espérance. Tout le matériel de la vie s'éteint pour vous, l'idéal seul existe; mais l'idéal glissant et azuré de vos rêves dorés. —Votre bouche demeure souriante, votre cœur ne bat plus, vos mouvemens ont cessé....

Oh! si vous voulez une belle illusion, si vous voulez, en ce monde, quelques instants d'une vie céleste, c'est au bord de l'eau qu'il faut venir la chercher; surtout si la surface est calme, si l'eau coule sans effort, si chaque vague silencieuse vient doucement se frotter à la rive, comme un chat caressant qui vient frotter son dos à votre main.

Je venais donc à la rive, et comme, les bras nonchalamment croisés, je m'appuyais au tronc d'un vieux saule, mutilé par les débacles, mais debout; j'eus une vision....

Oui, c'était une vision, car elle s'en est allée, et je ne l'ai plus retrouvée.

Mais qu'elle fut suave et délicieuse, ma vision!—Venez, car je ne suis point égoïste : je vais vous la montrer.

Là, tenez, sur ce bateau qui se balotte enchaîné; sous ces planches grossières clouées pour un abri; dans ce lavoir en ruines, où s'agitent aujourd'hui tant de visages décrépits comme lui, tant de langues raboteuses; où naissent et se succèdent tant de sales propos, tant de fangeuses histoires ; où la vieillesse corrompue souille de son venin l'innocence à peine hors de ses langes ; là, il y avait....

Comment l'appeler ?...... Non, ce n'était ni un ange, ni une sylphide, ni une nymphe, ni une déesse ; je ne puis lui donner un nom, car un nom c'est un corps, et elle n'en avait pas; puisque, je vous le dis, elle s'en est allée, et je ne l'ai plus retrouvée.

Elle était là, à cet angle, agenouillée sur ce banc, et sa main s'écorchait à une étoffe grossière.....— Vous voyez bien que c'était une moquerie de mon imagination, car des chairs si soyeuses n'eussent point été créées pour se profaner ainsi : elle eut été fée d'amour, ou bien odalisque.

Aussi, qu'elle était belle sous sa robe simple, qui venait à peine se serrer à sa taille ! qu'elle était belle, avec ses grands yeux noirs, dont la prunelle se jouait mollement sous une paupière voluptueusement baissée ! Et cette teinte d'un bistre adouci qui les entourait, et venait mourir sur le pâle vélin de ses joues ! Et ce menton aux contours si moelleux, au si fin velouté! Et ce front si pur, où siégeaient tant de candeur et de noblesse ! Et ces si petites oreilles et si mignonnes !

Elle paraissait avoir dix-sept ans, et pourtant..... — Sans doute, sans doute, que c'était une vision, car ce n'est pas dans la nature; — ses sourcils étaient gris...... Oui, gris; gris comme ceux d'un vieillard. Ses cheveux, on ne les voyait pas, car ils étaient soigneusement cachés sous un foulard, qui venait avec grâce se nouer sur le côté de la tête. Un velours noir suspendait à son cou une petite croix d'argent. — Elle était bien triste, et de temps en temps, une perle humide naissait sous sa paupière, et coulait le long de sa joue, puis tombait dans le fleuve, où elle était perdue.....

Qui peut donc la faire pleurer ainsi, délicate créature ? — Peut-être parce que-là bas ses compagnes se jouent, tandis qu'elle..... Mais non ; des joies semblables ne peuvent être faites pour elle, elle ne saurait les envier.

Je m'attristai aussi de la voir ainsi attristée ; je baissai les yeux un instant, une minute seulement ; et quand je les relevai, je ne la vis plus, elle avait disparu.

Oh ! que je voudrais bien vous la dire toute entière, ma vision! vous la peindre si belle et si touchante ! vous détailler jusqu'à la plus petite des veines bleues qui serpentaient sous ses bras transparens! vous dire ses jolis sourcils de neige, si pleins déjà du regret de la vie ! vous compter tous les battemens de son cœur, tous les pleurs de ses yeux. Vous placer là, sous ses regards naïfs, pour vous y faire lire le reflet de son âme....

Que ne puis-je vous la faire aimer comme je l'aime, ma ravissante vision!......

Mais si ne le puis-je, puisque, je vous le dis, à peine en conservé-je un vaporeux souvenir : car elle a passé devant moi, comme l'étoile qui file sur le ciel de la nuit, et puis elle s'en est allée, et je ne l'ai plus retrouvée.

Victor Denouvion.

BAYART A LYON.

⬤— 1487-1490. —⬤

 Le duc de Savoie, désirant terminer à l'amiable d'anciens différends avec la cour de France, au sujet du marquisat de Saluces, partit de Chambéry pour aller rendre visite à Charles VIII qui se trouvait alors * à Lyon, « menant joyeuse vie » dans les bals et les fêtes. Ce monarque s'adonnait avec l'ardeur de son âge aux plaisirs et aux amusemens à l'aide desquels sa sœur, madame de Beaujeu, digne fille de Louis XI, espérait prolonger sa régence. Les chroniques ajoutent que ce prince, fort galant, appréciait vivement la beauté et les grâces des dames lyonnaises qui, indépendamment de considérations

* Guichenon, *Histoire généalogique de la royale maison de Savoie*, Lyon, 1660, in-fol., pag. 579.

plus graves, le ramenèrent souvent dans cette ville.

Instruit de la prochaine arrivée du duc de Savoie, le roi lui envoya au devant de lui le comte de Ligny*, plusieurs autres seigneurs de sa cour et une compagnie des archers de sa garde, qui le rencontrèrent à deux lieues de Lyon. Le duc fit le meilleur accueil au comte de Ligny, seigneur non moins distingué par ses qualités personnelles que par sa naissance, et ils continuèrent ensemble la route. L'œil exercé de cet habile capitaine eut bientôt remarqué le jeune Bayart parmi les gens de la suite du duc. « Vous avez là, monseigneur, dit-il, un page « qui n'a pas l'air embarrassé de son cheval. — « C'est un jeune gentilhomme dauphinois que « son oncle, l'évêque de Grenoble, m'a donné « il y a environ six mois. Il annonce les plus « heureuses dispositions, n'a son pareil ni à pied « ni à cheval, et promet de ne pas dégénérer « de la race dont il sort. Allons, Bayart, lui dit « le duc, piquez votre cheval, et montrez votre « savoir-faire à Monseigneur de Ligny. » Celui-ci, qui mieux ne demandait, lança hardiment son cheval, puis au bout de sa course, lui fit

* Louis de Luxembourg, comte de Ligny, fils du connétable de Saint-Pol et de Marie de Savoie, tante de Charles VIII.

faire trois ou quatre bonds qui réjouirent toute la compagnie. « Sur ma foi, dit le comte, voici « un page qui fera son chemin, s'il vit âge « d'homme ; ce serait un présent digne du roi. « — Soit, monseigneur, puisque vous pensez « que cette galanterie lui plaira. Nulle part le » jeune homme ne trouvera une plus belle car- « rière et une meilleure école qu'en la maison « de France, de tout temps séjour d'honneur et « de vaillance. » Ils entrèrent, en causant ainsi, dans la ville où tout le monde était aux fenêtres pour voir passer le duc et son brillant cortége. Il descendit à son hôtel, où soupèrent avec lui le comte de Ligny, le sire d'Avesne, frère du roi de Navarre, et quelques autres seigneurs. Le jour suivant, le duc s'étant levé de bonne heure, alla présenter ses devoirs au roi, qui déjà se disposait à entendre la messe. Charles le reçut comme un proche parent et fidèle allié, l'embrassa, et après quelques complimens, les deux princes montèrent sur leurs mules pour se rendre à l'église. Durant le repas qui suivit la messe, la conversation roula, comme entre princes et seigneurs, sur la chasse, la fauconnerie, l'amour et les armes. « Sire, dit le comte de Ligny, « monseigneur le duc de Savoie veut vous offrir « le plus gentil page que j'aie vu de ma vie ; à « à peine âgé de quinze ans, il manie un cheval « comme un vieux cavalier, et s'il vous plaît

« d'aller entendre vêpres à Ainai*, vous aurez, « je vous jure, plaisir à le voir. — Par la foi de « mon corps, je le veux bien », répondit le roi, et s'adressant au duc : « Qui vous a donné, mon « cousin, ce gentil page dont fait tant l'éloge « notre cousin de Ligny? — Sire, il est né votre « sujet d'une noble famille de Dauphiné ; vous « jugerez vous-même si monseigneur de Ligny « en a trop dit, en voyant manœuvrer le page et « son cheval dans la prairie d'Ainai. »

Bayart, promptement informé du désir qu'avait témoigné le roi de le voir sur son cheval, en éprouva plus de joie « que si on lui eût donné la « ville de Lyon » Il courut conter cette bonne nouvelle au maître-palefrenier du duc de Savoie, et n'oublia rien pour l'encourager à faire de son mieux préparer sa monture. Le palefrenier qui l'affectionnait vivement, lui répondit de ne pas s'en inquiéter, et d'aller lui-même, en attendant, s'ajuster. Le premier écuyer du duc vint le chercher sur les trois heures, et le trouva prêt et

---

* Ancienne abbaye de l'orde de Saint-Benoît, bâtie sur l'emplacement de l'autel que soixante cités de Gaules consacrèrent à Auguste, au confluent du Rhône et de la Saône, et où plus tard Caligula institua des concours académiques, dont les conditions à la fois bizarres et cruelles inspirèrent ces vers à Juvénal :

> Palleat ut nudis pressit qui calcibus anguem,
> Aut lugdunensem rhetor dicturus ad aram.

costumé avec une élégance qui relevait encore sa bonne mine. « Bayart, mon ami, lui dit-il « d'un ton ému, je vois bien que je vais vous « perdre, puisque vous entrez au service du roi « de France; je ne suis point marri de votre « avancement; mais, en vérité, j'ai grand re- « gret de vous quitter. — Dieu me donne la « grâce, lui répondit Bayart, de continuer dans « les vertus que vous m'avez enseignées, depuis « que monseigneur me mit sous votre garde. « J'espère que vous n'aurez jamais de reproches « à recevoir de votre élève, et si je suis quelque « jour en état de vous témoigner ma reconnais- « sance, vous connaîtrez par effet combien je « me sens votre obligé. »

L'heure approchait; le jeune page, suivi de l'écuyer, partit sur « son roussin harnaché com- « me pour le roi même »; et ils allèrent attendre Charles dans la prairie d'Aînai. Ce prince descendait la Saône en bateau, et à peine avait-il mis le pied à terre, que du plus loin qu'il aperçut Bayart : « Page, lui cria-t-il, mon ami, donnez « de l'éperon. » Et celui-ci de lancer son cheval dans la prairie. Parvenu au bout de sa carrière, il le fit caracoler et bondir à plusieurs reprises, et repartant aussitôt à bride abattue, il s'arrêta tout court devant le roi en fesant piaffer son cheval. Charles y prit tant de plaisir, qu'après avoir hautement témoigné sa satisfaction, il lui cria de

nouveau : « Piquez, piquez encore un coup. » Piquez, répétèrent ses pages, et de là le surnom de Piquet qui resta long-temps à Bayart. « Vrai-
« ment, dit le roi au duc de Savoie, le cousin
« de Ligny ne nous avait rien exagéré. Je ne
« veux point attendre que vous me donniez ce
« page, et vous en fais moi-même la demande.
« — Monseigneur, répondit-il, le maître est à
« vous, le reste doit y être. Dieu veuille que
« par la suite il vous fasse bon service. Par la
« foi de mon corps, dit le roi, impossible qu'il
« ne devienne homme de bien; cousin de Ligny,
« c'est à vous que je confie mon page. » Le comte s'empressa d'accepter, prévoyant l'honneur qui pourrait un jour lui revenir de cet élève.

Après avoir reçu de magnifiques présens, et promis de venir passer les fêtes de Pâques à Tours, l'année suivante, le duc de Savoie retourna dans ses états, tandis que Charles, rappelé par la guerre en Bretagne, s'en allait conquérir cette province et une épouse.

(1490-1491.) — L'apprentissage d'un page durait ordinairement sept ans; mais les heureuses dispositions du jeune Bayart se développaient trop rapidement pour ne pas obtenir une exception. La troisième année, le comte de Ligny le fit homme d'armes * dans sa compagnie, en le conservant toutefois, à cause de l'amitié qu'il lui portait, au nombre des gentilshommes de sa maison.

A peine âgé de dix-huit ans, Bayart venait d'être mis hors de page, lorsque Charles VIII se retrouva une seconde fois à Lyon. Ce jeune monarque, récemment dégagé de la longue tutèle de sa sœur, Madame de Beaujeu, se livrait aux idées belliqueuses que se plaisaient à exciter en lui ses nouveaux favoris. Il multipliaient autour de lui les joûtes et les tournois, exaltaient son esprit par de fastueuses comparaisons, et le rapprochaient à dessein de l'Italie dont ils lui promettaient la conquête.

Durant le séjour du roi à Lyon, un gentilhomme de Franche-Comté, nommé messire Claude de Vaudrey, chevalier de réputation et d'humeur guerrière, lui demanda la permission d'ouvrir une passe-d'armes pour occuper les loisirs de la jeune noblesse. L'ayant aisément obtenue de Charles, que charmaient tous ces jeux, images et préludes de la guerre, il dressa l'ordonnance de sa joûte, « tant à cheval qu'à pied, à coups de lance et de

---

* « Ce qu'on estimoit beaucoup en ce temps-là; car
« il se trouvoit des grands seigneurs qui estoient aux
« compagnies, et deux ou trois en une place d'archer;
« depuis, tout s'est abastardi. » (Montluc.)

« hache », et fit appendre son écu dans le lieu le plus apparent de la ville. Tout gentilhomme, désireux de se mesurer avec lui, devait y toucher, et se faire inscrire par le roi d'armes à qui la charge en était confiée.

Bayart vint à passer avec un de ses amis, et les regards attachés sur ces écussons : « Mon Dieu, se « dit-il en lui-même, si je savais comment faire « pour figurer honorablement au tournoi, que vo-« lontiers j'y porterais la main ! » et il s'arrêta, absorbé dans ses réflexions. « Camarade, lui dit son compagnon, nommé Bellabre, aussi de la maison du comte de Ligny, « à quoi songez-vous donc, « et qui peut vous troubler ainsi? — Jugez-en « vous-même, reprit Bayart. Le nouveau grade « auquel vient de m'élever la bonté de Monsei-« gneur, me donne une furieuse envie de toucher « aux écus du sire de Vaudrey; mais où trouver « ensuite équipement et chevaux ? — Quoi ! répliqua Bellabre qui, un peu plus âgé, était d'un caractère tout résolu, « n'est-ce que cela ? n'avez-« vous pas ici votre oncle, ce gros abbé d'Ainai, « dont on dit la bourse bien garnie ? Je fais vœu « d'aller le trouver, et s'il ne veut financer de bonne « grâce, d'emporter plutôt crosses et mitres ; « mais il ne sera pas nécessaire d'en venir à cette « extrémité : soyez certain qu'en apprenant votre « dessein, il s'exécutera sur-le-champ de grand « cœur. » Il n'était pas besoin d'exciter beaucoup

Bayart, et le voilà qui s'avance aussitôt, et touche aux écus. Surpris de la hardiesse d'un si jeune homme, le roi d'armes, Montjoye, ne put s'empêcher de lui dire : « Comment, *Piquet*, mon
« ami, vous n'aurez barbe de trois ans, et vous
« prétendez joûter contre messire de Vaudrey,
« un des plus rudes joûteurs que l'on connaisse ?
« — Montjoye, répondit Bayart, ce n'est ni
« par orgueil ni par outrecuidance, mais seule-
« ment par désir d'apprendre le métier des armes
« à aussi bonne école, et de faire, avec l'aide de
« Dieu, quelque chose d'agréable aux dames. »
Charmé de sa réponse à la fois hardie et modeste, le roi d'armes l'inscrivit en souriant.

La nouvelle se répandit aussitôt dans Lyon que *Piquet* avait touché aux écus du sire de Vaudrey; et le comte de Ligny, en l'apprenant, n'en eût pas voulu tenir dix mille carolus. Il courut la raconter au roi, qui n'en fut pas moins ravi. « Par
« la foi de mon corps, cousin de Ligny, j'ai idée
« que cet élève vous fera quelque jour honneur.
« — Nous verrons comment il s'en tirera, reprit le
« comte; il est encore bien jeune pour supporter
« la lance de messire Claude. »

Le plus difficile pour Bayart n'était pas d'avoir touché aux écussons, mais de trouver de l'argent pour s'équiper. « Mon cher Bellabre, dit-il à son
« camarade, il faut que vous arrangiez cette af-
« faire avec l'abbé; si mon oncle de Grenoble était

« ici, je ne serais point en peine d'avoir de lui
« tout ce qu'il me faudrait, mais il est actuelle-
« ment à son abbaye de Saint-Sernin à Toulouse,
« et il n'y a plus assez de temps pour recevoir ré-
« ponse d'aussi loin.—Que cela ne vous inquiète,
« répondit Bellabre, demain nous irons parler à
« l'abbé, et je me fais fort d'en tirer bon parti. »
Ces paroles remirent un peu le cœur à Bayart,
qui toutefois ne dormit guère de la nuit. Les deux
amis couchaient ensemble; ils se levèrent de grand
matin, prirent un de ces batelets* qui stationnent
le long des rives de la Saône, et ils se firent conduire à Ainai.

La première personne qu'ils rencontrèrent en
débarquant dans la prairie, fut l'abbé, qui disait
son bréviaire avec un des ses religeux. Les deux
amis le saluèrent respectueusement; mais celui-ci,
déjà instruit de l'aventure de son neveu, se doutait de ce qui le menaçait, et il ne leur fit pas
grand accueil. « Comment, petit garçon, dit-il à
« Bayart, il y a trois jours à peine que vous êtes
« sorti de page, et vous avez eu la témérité de
« toucher aux écus du sire de Vaudrey. Je sais
« bien ls châtiment que mériterait à votre âge un

---

* L'ancien historien de Bayart désigne ici positive-
ment ces petits bateaux connus encore à Lyon sous le
nom vulgaire de *béches*, et qui sont ordinairement conduits par une femme.

« orgueil pareil. — Je vous jure, Monseigneur, « reprit Bayart, que ce n'est point l'orgueil, mais « le désir de suivre les honorables traces de vos « ancêtres et des miens, qui ma donné cette « hardiesse. Je vous supplie donc, Monseigneur, « n'ayant que vous de parent à qui je puisse avoir « recours, de vouloir bien m'aider de quelque « argent en cette circonstance. — Sur ma foi, « reprit l'abbé, cherchez ailleurs quelqu'un qui « vous en prête ; les biens de cette abbaye ont « été destinés par ses pieux fondateurs au ser- « vice de Dieu, et non à être dissipé en joûtes « et en tournois. » Alors Bellabre prenant la pa- role, lui dit : « Monseigneur, ce sont les vertus « et les prouesses de vos illustres aïeux qui vous « ont fait abbé d'Ainai ; que le souvenir du passé « vous engage à la reconnaissance envers ceux « de votre lignage. Les bonnes grâces du roi et « de notre maître, le comte de Ligny, peuvent « mener loin votre neveu ; ils ont applaudi à sa « généreuse ardeur, et les deux cents écus dont « vous l'aiderez, vous rapporteront de l'honneur « pour plus de dix mille. »

L'abbé, après s'être long-temps débattu, finit par consentir à faire quelque chose en faveur de Bayart. Il rentra dans l'abbaye, escorté des deux amis, et ouvrant une petite armoire de son cabi- net, il tira d'une bourse cent écus qu'il remit à Bellabre, en lui disant : « Mon gentilhomme,

« voici cent écus que je vous confie pour acheter
« deux chevaux à ce vaillant gendarme, car il a
« la barbe encor trop jeune pour manier tant d'ar-
« gent ; je vais écrire un mot à Laurencin* pour
« qu'il lui fournisse les accoutremens qui lui se-
« ront nécessaires. — C'est très-bien agir, Mon-
« seigneur, repondit Bellabre, en prenant l'ar-
« gent ; un si noble procédé vous fera le plus
« grand honneur à la cour. » L'abbé écrivit sur-
le-champ à son marchand attitré de donner à son
neveu ce qui lui serait nécessaire pour s'accoû-
trer au tournoi, bien persuadé qu'il ne lui en cou-
terait pas plus d'une centaine de francs.

Nantis de son argent et de sa lettre, les deux
jeunes gens prirent congé de l'abbé, après l'avoir
très-humblement remercié de sa générosité, et
remontèrent dans leur bateau, tout joyeux du
succès de leur voyage. « Savez-vous, se mit à
« dire Bellabre, que quand Dieu nous envoie une
« bonne fortune, c'est pécher que de ne pas en

---

* Il ne faut pas qu'une ressemblance fortuite de nom fasse confondre avec le marchand de l'abbé d'Ainai, son contemporain, Claude de Laurencin, baron de Riverie, seigneur de Chanzé, tige de la famille de Laurencin qui existe aujourd'hui à Lyon. Les nombreux sujets que cette maison a fournis à l'ordre de Saint-Jean de Jérusalem et aux principaux chapitres nobles du Lyonnais et du Dauphiné, préviennent toute méprise.

« profiter ? Ce qu'on dérobe à moine est pain
« bénit. Nous avons un billet pour prendre tout
« ce qui nous est nécessaire ; hâtons-nous d'arri-
« ver chez Laurencin avant que notre abbé ait
« eu le temps de réfléchir à ce qu'il a écrit ; car
« il n'a point limité notre crédit, et il faut que
« vous soyez habillé et pour le tournoi et pour
« le reste de l'année ; aussi bien n'en aurez-vous
« autre chose de votre vie. — Je l'entends bien
« ainsi, répondit Bayart en riant, mais dépê-
« chons-nous ; car, si l'abbé vient à s'apercevoir
« de son imprudence, il enverra aussitôt chez le
« marchand fixer la somme qu'il compte débour-
« ser. » Nous allons voir qu'il avaient raison de
prendre leurs précautions.

Ils pressèrent leur batelière, et ne firent qu'un
saut du bateau dans la boutique de Laurencin.
Après lui avoir rendu son salut, Bellabre entama
tout de suite l'affaire importante : « Maître Lau-
« rencin, mon camarade et moi venons chez vous
« de la part d'un digne abbé, Monseigneur d'Ai-
« nai. — Il est vrai, répondit le marchand, c'est
« bien le plus honnête homme que je connaisse,
« une de mes plus anciennes et de mes meilleures
« pratiques. Je lui ai bien fait en ma vie pour
« plus de vingt mille francs de fournitures, et
« n'ai jamais trouvé un homme plus rond en af-
« faires..... » Bellabre, qui n'était point là pour
écouter le panégyrique de l'abbé, se hâta de l'in-

terrompre : « Mais vous ne savez pas encore son
« dernier trait de générosité, poursuivit-il. Ap-
« prenant que son neveu, mon camarade que
« voici, avait touché aux écus du sire de Vaudrey
« pour soutenir la gloire de la famille, et con-
« naissant l'amitié qui nous unit, il nous a en-
« voyé chercher tous les deux de grand matin,
« et après avoir prodigué louanges sur louanges
« à l'action héroïque de son neveu, il nous a
« fait faire un excellent déjeûner. Ce n'est pas
« tout, il lui a donné trois cents beaux écus que
« voici dans cette bourse, pour acheter des che-
« vaux, et jaloux que personne ne parût avec
« plus d'éclat au tournoi, il nous a remis cette
« lettre à votre adresse pour que vous fournissiez
« à ce gentilhomme tout ce qui lui sera néces-
« saire. » Laurencin ayant reconnu la signature
de l'abbé, leur répondit « que tout, dans sa bou-
« tique, était à leur disposition, comme à celle
« de Monseigneur; qu'ils n'avaient qu'à choi-
« sir »; et il fit déployer sur-le-champ devant
eux draps d'or et d'argent, satins brochés, velours
et soiries, ce qu'il avait de plus beau dans son
magasin. Ils en prirent pour la valeur de sept ou
huit cents francs, qu'ils firent en diligence porter
à leur logis, et mettre entre les mains du tailleur.

Revenons un instant à notre abbé qui, enchanté
de s'être débarrassé de son neveu à si bon marché, commanda de servir le dîner. Il avait ce

jour-là nombreuse compagnie, prieurs et moines de toute couleur, auxquels il n'oublia pas, dans le cours du repas, de raconter son aventure. « J'ai « eu ce matin une terrible étrenne; n'a-t-il pas « pris fantaisie à mon neveu, ce petit étourdi de « Bayart, d'aller toucher aux écus du sire de « Vaudrey, et ne m'a-t-il pas fallu lui bailler de « l'argent pour s'équiper? J'en ai été pour cent « beaux écus, et encore n'est-ce pas tout; j'ai écrit « Laurencin de lui donner ce qu'il lui demandera « pour s'accoutrer à ce maudit tournoi. — C'est « bien à vous, Monseigneur, dit le sacristain de « l'abbaye, d'encourager un jeune homme de si « belle espérance ; mais permettez-moi une obser- « vation : vous avez écrit à Laurencin, dites-vous, « de donner à votre neveu tout ce qu'il lui deman- « dera, et je suis sûr qu'il le fera, quand bien « même il lui en demanderait pour dix mille « écus. — Par saint Jacques ! mon sacristain a « raison, s'écria l'abbé, après avoir un peu ré- « fléchi ; en effet, je n'ai point limité mon or- « dre. Qu'on appelle mon maître-d'hôtel! Nicolas, « courez chez Laurencin, et dites-lui que je lui « ai écrit ce matin de donner quelques étoffes à « mon neveu Bayart, pour le tournoi de messire « de Vaudrey, mais qu'il ne dépasse pas dans « tous les cas cent ou six vingt francs au plus ; « allez, et revenez promptement. »

Le maître d'hôtel fit grande diligence, mais il

était parti trop tard! Il trouva le marchand à table, et à peine eut-il prononcé le nom de Bayart, que Laurencin l'interrompant, l'assura qu'il avait fait honneur à la signature de Monseigneur d'Ainai, et fourni à son neveu, fort honnête gentilhomme, des étoffes d'un goût, d'une qualité.....
« Et pour combien lui en avez-vous livré? — Je
« ne puis, sans voir mon livre et son reçu au dos
« de la lettre de Monseigneur, vous le dire au
« juste, mais cela ne doit pas s'élever à plus de
« sept ou huit cents francs. — Ah! par Notre-
« Dame, vous avez tout gâté! — Pourquoi çà, dit
« Laurencin?—Parce que Monseigneur m'envoyait
« vous prévenir de ne lui en donner que pour
« cent ou six vingts francs au plus.—Sa lettre ne
« disait point cela, et s'il m'en eût demandé pour
« davantage, je le lui eusse de même donné.—A
« chose faite point de remède», répondit le maître-
d'hôtel, en se hâtant de retourner à l'abbaye, où
il trouva la compagnie comme il l'avait laissée,
c'est-à-dire à table. « Eh bien! Nicolas, lui cria
l'abbé du plus loin qu'il l'aperçut, avez-vous
parlé à Laurencin? — Oui, Monseigneur, mais
il était trop tard, votre neveu avait déjà *fait sa foire* et pris pour huit cents francs. — Pour huit cents francs! Sainte Marie, s'écria l'abbé hors de lui! voilà un méchant vaurien! courez à son logis, et dites-lui bien que s'il ne fait vîtement reporter chez Laurencin ce qu'il a pris

de trop, de ses jours il n'aura denier de moi. »

Le maître-d'hôtel revint à Lyon, comptant trouver son homme au logis; mais celui-ci, qui s'était bien douté de l'enclouûre, avait donné le mot à ses gens pour éconduire poliment tous ceux qui viendraient de la part de l'abbé. On l'envoya chez le comte de Ligny ; n'y trouvant point Bayart, comme de raison, il retourna sur ses pas; cette fois on lui dit qu'il venait d'aller essayer des chevaux de l'autre côté du Rhône : bref, on le fit promener inutilement toute la journée. S'apercevant qu'on se moquait de lui, maître Nicolas revint bien fatigué dire à l'abbé que « c'était temps « perdu de courir après son neveu, et qu'il était « allé dix fois chez lui sans pouvoir le rencon- « trer. — Je jure, dit l'abbé, que le garnement « s'en repentira. » Laissons-le se consoler, et retournons à son neveu, auquel il n'arriva d'autre mal que d'avoir de l'argent et trois costumes complets pour lui et Bellabre. Tout était commun entr'eux, et Bayart voulait qu'il parussent tous deux au tournoi dans le même équipage.

« Voici pour les habits, dit Bellabre, main-
« tenant il faut songer aux chevaux. Je sais qu'un
« gentilhomme piémontais, logé à la Grenette,
« en a deux beaux et bons qui nous conviendraient
« bien ; il veut s'en défaire, m'a-t-on dit, par
« suite d'un accident qui lui est arrivé en les mon-
« tant, il y a huit jours. » Le gentilhomme,

qu'une chute grave retenait au moins pour trois mois à Lyon, où les fourrages étaient alors fort chers, se montra assez raisonnable sur le prix de ses chevaux, qui se seraient mangés dans l'écurie. Bayart et son ami, après les avoir essayés dans la plaine de la Guillotière, conclurent le marché pour cent dix écus, et tout de suite les livrèrent à leurs gens pour les panser et les mettre en état.

Il n'y avait plus que trois jours avant le tournoi, et dans toute la villie de Lyon on ne songeait qu'aux préparatifs de cette fête. Les gens du sire de Vaudrey dressaient des barrières ; les chevaliers couraient chez les marchands, apprêtaient leurs costumes et leurs armes; c'était à qui paraîtrait avec éclat dans cette joûte que la présence du monarque rendait encore plus solennelle.

Selon le ban qui avait été publié au nom du roi par le sire de Vaudrey, le tournoi s'ouvrit un lundi du mois de juillet de l'an 1491. Le tenant parut le premier dans la lice, et contre lui s'exercèrent le sénéchal Galliot de Genouillac, Bonneval, Châtillon, Bourdillon [*], Sandri-

---

[*] « Aussi disait-on lors :

« Chastillon, Bourdillon, Bonneval,
« Gouvernent le sang royal.

« Aucuns y mirent Galliot, qui fut depuis grand-écuyer « et maître de l'artillerie de France. » (Brantôme, *Hommes illustres françois*, t. 2, disc. 19, p. 103 de l'édition in-8° Paris, 1822.)

court*, jeunes et belliqueux favoris de Charles. Tous redoublaient d'efforts pour ne pas laisser sous les yeux du roi triompher un chevalier étranger.

Bayart, à peine âgé da dix-huit ans, et dont la taille ni les formes n'étaient point encore parvenues à leur développement, parut à son tour sur les rangs. Il avait pour son coup d'essai affaire à une des meilleures lances de l'époque; mais, soit un heureux hasard, soit courtoisie du sire de Vaudrey, il fournit sa carrière à pied et à cheval, aussi bien que nul d'entre les combattans. Selon l'ordonnance du tournoi, chacun, après sa joûte, devait faire le tour de la lice, à visage découvert, pour que l'on reconnût celui qui avait *bien ou mal fait.* Lorsque Bayart passa devant les dames, étonnées de sa jeunesse et de son extérieur peu viril, elles s'écrièrent en leur patois lyonnais : *Vey vo cestou malotru, il a mieux fay que tous los autres,*

Le suffrage du roi vint compléter celui des dames. « Par la foi de mon corps, dit-il à son « souper au comte de Ligny, *Piquet* a un début « qui donne bonne espérance; mon cousin, je ne « vous fis de la vie si bon présent. —Sire, répon-

---

* Louis de Hédouville, célèbre par le tournoi connu sous le nom de Pas de Sandricourt, qu'il donna le 16 septembre 1493, dans son château près de Pontoise, et dont la magnificence fut telle qu'elle le ruina complètement.

« dit le comte, vous avez plus contribué que moi
« à des succès dus à vos encouragemens. Dieu
« veuille qu'il ne s'arrête pas en si beau commen-
« cement; mais une chose m'inquiète, c'est de
« savoir la part que prendra Mons. d'Ainai aux
« prospérités de son neveu. » Le roi se mit à
« rire, ainsi que toute la cour, qui s'était déjà
divertie aux dépens de l'abbé. Théodore Terrail
vécut assez long-temps pour voir Bayart dans
tout l'éclat de sa réputation, mais l'histoire ne
dit pas s'il lui pardonna son tour de page.*

* Les historiens de Bayart ne nous apprennent point
à quelle époque il fut armé chevalier, mais à présent
qu'il a *gagné ses éperons*, nous nous conformerons aux
chroniques, en le nommant indifféremment Bayart ou
le Bon-Chevalier.

LYON.

D'abord, tout près du Dauphiné, la grande et aimable ville de Lyon, avec son génie éminemment sociable, unissant les peuples comme les fleuves.

Cette pointe du Rhône et de la Saône semble avoir été toujours un lieu sacré ; les Ségusii de Lyon dépendaient du peuple druidique des Edues : là, soixante tribus de la Gaule dressèrent l'autel d'Auguste, et Caligula y établit ces combats d'éloquence, où le vaincu était jeté dans le Rhône, s'il n'aimait mieux effacer son discours avec la langue. A sa place, on jetait des victimes dans le fleuve selon le vieil usage celtique et germanique. De l'arc *merveilleux* du pont du Change on précipitait des taureaux.

La fameuse table de bronze où on lit encore le discours de Claude pour l'admission des Gaulois, est la première de nos antiquités nationales, le signe de notre initiation dans le monde civilisé. Une autre initiation bien plus sainte a son monument dans les catacombes de St-Irénée, dans la crypte de Fourvières, la montagne des Pélerins. Lyon fut le siége de l'administration romaine, puis de l'autorité ecclésiastique pour les quatre Lyonnaises (Lyon, Tours, Sens et Rouen), c'est-à-dire, pour toute la Celtique. Dans les terribles bouleversemens des premiers siècles du moyen-âge, cette grande ville ecclésiastique ouvrit son sein à une foule de fugitifs, et se peupla de la dépopulation générale, à peu près comme Constantinople concentra peu à peu en elle tout l'empire grec qui reculait devant les Arabes ou les Turcs. Cette population n'avait ni champs, ni terres, rien que ses bras et son Rhône; elle fut industrielle et commerçante. L'industrie y avait commencé dès les romains. Nous avons des inscriptions tumulaires:

A la mémoire d'un vitrier africain, habitant de Lyon.

A la mémoire d'un vétéran des légions, marchand de papier.

Cette fourmilière laborieuse, enfermée entre les rochers et la rivière, entassée dans les rues sombres qui y descendent, sous la pluie et l'éternel brouillard, elle eut pourtant sa vie morale et sa poésie. Ainsi maître Adam, le menuisier de Nevers; ainsi les meistersaenger de Nuremberg et de Francfort, tonneliers, serruriers, forgerons, aujourd'hui encore le ferblantier de Nuremberg. Ils rêvèrent dans leurs cités obscures la nature qu'ils ne voyaient pas et ce beau soleil qui leur était envié. Ils martelèrent dans leurs noirs ateliers des idylles sur les champs, les oiseaux et les fleurs. A Lyon, l'inspiration poétique ne fut point la nature, mais l'amour : plus d'une marchande, pensive dans le demi-jour de l'arrière boutique, écrivit, comme Louise Labbé, comme Pernette du Guillet, des vers pleins de tristesse et de passion, qui n'étaient pas pour leurs époux. L'amour de Dieu, il faut le dire, et le plus doux mysticisme, fut encore un caractère lyonnais. L'église de Lyon fut fondée par saint Pothin; et c'est à Lyon que dans les derniers temps, saint Martin établit son école. Ballanche y est né, l'auteur de l'Imitation, Jean Gerson, voulut y mourir.

C'est une chose bizarre et contradictoire que le mysticisme ait aimé à naître dans ces grandes cités industrielles et corrompues comme Lyon et Strasbourg. Mais c'est que nulle part le cœur de l'homme n'a plus besoin du ciel. Là où toutes les voluptés grossières sont à portée, la nausée vient bientôt, la vie sédentaire aussi de l'artisan, assis à son métier, favorise cette fermentation intérieure de l'ame. L'ouvrier en soie, dans l'humide obscurité des rues de Lyon, le tisserand d'Artois et de Flandre, dans la cave où il vivait, se créérent un monde, au défaut du monde, un paradis moral de doux songes et de visions; en dédommagement de la nature qui leur manquait, ils se donnèrent Dieu. Aucune classe d'hommes n'alimenta de plus de victimes les bûchers du moyen-âge. Les Vaudois d'Arras eurent leurs martyrs, comme ceux de Lyon. Ceux-ci, disciples du marchand Valdo, Vaudois ou pauvres de Lyon, comme on les appelait, tâchaient de revenir aux premiers jours de l'évangile. Ils donnaient l'exemple d'une touchante fraternité; et cette union des cœurs ne tenait pas uniquement à la communauté des opinions religieuses. Long-temps après les Vaudois, nous trouvons à Lyon des contrats, où deux amis s'adoptent l'un et l'autre, et mettent en commun leur fortune et leur vie.

Le génie de Lyon est plus moral, plus sentimental du moins, que celui de la Provence; cette ville appartient déjà au nord. C'est un centre du Midi qui n'est point méridional et dont le Midi ne veut pas. D'autre part la France a long-temps renié Lyon, comme étrangère, ne voulant point reconnaître la primatie ecclésiastique d'une ville impériale. Malgré sa belle situation sur deux fleuves, entre tant de provinces, elle ne pouvait s'étendre. Elle avait derrière, les deux Bourgognes, c'est-à-dire, la féodalité française, et celle de l'empire; devant, les Cévennes et ses envieuses, Vienne et Grenoble.

MICHELET.

LYON.

Impressions de voyage.

Enfin, à onze heures du matin, nous aperçûmes, tout-à-coup, en franchissant un coude de la rivière, la rivale de Paris, assise sur sa colline comme sur un trône, le front paré de sa double couronne antique et moderne, richement vêtue de cachemire de velours et de soie, Lyon, la vice-reine de France, qui noue autour de ses reins une rivière et un fleuve, et laisse pendre à travers le Dauphiné et la Provence un des bouts de sa ceinture jusqu'à la mer.

L'entrée de la ville par le chemin que nous suivons, est à la fois grandiose et pittoresque.

L'Ile-Barbe, jetée en avant de la ville comme une fille d'honneur qui annonce une reine, est une jolie fabrique située au milieu de la rivière, pour servir de promenade dominicale aux élégans du faubourg.

Derrière elle s'élève, adossé à la ville comme un rempart, le rocher de Pierre-Scise *, surmonté autrefois d'un château qui servit de prison d'état. Pendant les troubles de la ligue, le duc de Nemours y fut emprisonné, après avoir échoué dans la tentative de prendre la ville; il céda la place à Louis Sforce, surnommé le Maure, et à son frère le cardinal Ascagne. Le baron des Adrets, partisan gigantesque, héros de guerre civile, y vint après eux. Puis enfin, De Thou et Cinq-Mars, doubles victimes dévouées à la mort, l'un par la haine et l'autre par la politique de Richelieu, et qui n'en sortirent que pour aller sur la place des Terreaux porter leurs têtes à l'exécuteur inhabile qui s'y reprit à cinq fois pour la leur couper.

Un jeune sculpteur de Lyon, M. Legendre Hérald, avait eu l'idée de tailler ce rocher immense, et de lui donner la forme d'un lion colossal, armes de la ville; il voulait consacrer

* Petra-Scisa, ainsi nommée parce qu'Agrippa la fit couper lorsqu'il construisit ses quatre voies militaires, dont l'une dirigée du côté du Vivarais et des Cévennes, conduisait vers les Pyrénées; l'autre vers le Rhin; la troisième vers l'Océan par le Beauvoisin et la Picardie; et la quatrième vers la Gaule narbonnaise jusqu'aux côtes de Marseille.

cinq ou six ans de sa vie à ce travail ; sa demande ne fut pas comprise, à ce qu'il paraît, de l'autorité administrave à laquelle elle était adressée. Aujourd'hui ce travail deviendrait difficile, et plus tard impossible; car Pierre-Scise servant de carrière à la ville tout entière qui vient y puiser ses ponts, ses théâtres et ses palais, au lieu de lion, ne présentera bientôt plus que sa caverne.

A peine a-t-on dépassé Pierre-Scise qu'on aperçoit un autre rocher dont les souvenirs sont plus doux; celui-là est surmonté, non pas d'une prison d'état, mais de la statue d'un homme tenant une bourse à la main. C'est un monument que la reconnaissance lyonnaise éleva en 1716, à la mémoire de Jean Cléberg, surnommé le Bon-Allemand, qui, chaque année, consacrait une partie de son revenu à doter les pauvres filles de son quartier. La statue qui y est dans ce moment a été placée le 24 juin 1820, après avoir été promenée dans toute la ville au son des tambours et des trompettes par les habitans de Bourgneuf. Un accident rend l'installation d'une nouvelle statue nécessaire. Lorsque je passai à Lyon, l'Homme-de-la-Roche n'avait déjà plus de tête, ce qui faisait beaucoup crier les filles à marier qui prétendaient s'apercevoir de cette mutilation.

Trois cents pas plus loin, on se trouve au pied de la colline qui servit de berceau à Lyon encore enfant. La ville était si peu de chose du temps de la conquête des Gaules, que César passa sur elle sans la voir et sans la nommer, seulement il fit une halte sur cette colline où est maintenant Fourvières, y assit ses légions et ceignit son camp momentané d'une ligne si profonde que dix-neuf siècles écoulés n'ont pu combler entièrement de leur poussière les fossés qu'il creusa avec la pointe de son épée.

Quelque temps après la mort de ce conquérant qui subjugua trois cents peuples et défit trois millions d'hommes, un de ses cliens proscrits, escorté de quelques soldats restés fidèles à la mémoire de leur général, et cherchant un lieu où fonder une colonie, trouva, arrêtés au confluent du Rhône et de la Saône, un assez grand nombre de Viennois qui, refoulés par les populations allobroges descendues de leurs montagnes, avaient dressé leurs tentes sur cette langue de terre, que fortifiaient naturellement ces fossés immenses creusés par la main de Dieu, et dans lesquels coulaient à pleins bords un fleuve et une rivière. Les proscrits firent un traité d'alliance avec les vaincus, et sous le nom de *Lucii-Dunum* *, on commença bientôt à voir sortir de terre les fondations de la ville qui de-

* Par abréviation *Luc-Dunum*, et par corruption *Lug-Dunum*, dont on a fait Lyon.

vait en peu de temps devenir la citadelle des
Gaules et le centre de communication de ces quatre grandes voies tracées par Agrippa, et qui
sillonnent encore la France moderne, des Alpes
au Rhin, de la Méditerranée à l'Océan.

Alors soixante cités des Gaules reconnurent
Lucii-Dunum pour leur reine, et vinrent à frais
communs élever un temple à Auguste, qu'ils
reconnurent pour leur dieu.

Ce temple, sous Caligula, changea de destination ou plutôt de culte; il devint le lieu de réunion des séances d'une académie, dont un des
réglemens peint tout entier le caractère du fou
impérial qui l'avait fondée. Ce réglement porte
que celui des concurrens académiques qui produira un mauvais ouvrage, l'effacera tout entier
avec sa langue, où, s'il aime mieux, sera précipité dans le Rhône.

Lucii-Dunum n'avait encore qu'un siècle, et
la cité, née d'hier, le disputait déjà en magnificence à Masselia la grecque et à Narbo la romaine,
lorsqu'un incendie qu'on attribua au feu du ciel,
la réduisit en cendres, et cela si rapidement, dit
Sénèque, historien concis de ce vaste embrasement, qu'entre une ville immense et une ville
anéantie, il n'y eut que l'espace d'une nuit.

Trajan prit pitié d'elle, sous sa protection
puissante, Lucii-Dunum commença à sortir de
ses cendres; bientôt sur la colline qui la domi-

naît, s'éleva un magnifique édifice destiné aux marchés. A peine fut-il ouvert que les Bretons s'empressèrent d'y apporter leurs boucliers peints de différentes couleurs et les Ibères, ces armes d'acier qu'eux seuls savaient tremper. En même temps Corinthe et Athènes y envoyèrent, par Marseille, leurs tableaux peints sur bois, leurs pierres gravées et leurs statues de bronze; l'Afrique ses lions, ses tigres et ses panthères altérés du sang des amphithéâtres; et la Perse ses chevaux si légers qu'ils balançaient la réputation des coursiers numides, dont les mères, dit Hérodote, étaient fécondées par le souffle du vent.

Ce monument qui s'écroula l'an 440 de notre ère, est appelé, par les auteurs du neuvième siècle, *Forum vetus!* et par ceux du quinzième, *Fort-Vieil,* c'est de ce mot composé que les modernes ont fait Fourvières, nom que porte encore de nos jours la colline sur laquelle il est bâti.

Ici nous abandonnons l'histoire particulière de Lyon qui, à compter de l'an 532, époque à laquelle cette ville se réunit au royaume des Francs, vint se confondre avec notre histoire. Colonie romaine sous les César, seconde ville de France sous nos rois, le tribut de noms illustres qu'elle livra à Rome à titre d'allié, furent ceux de Marc-Aurèle, de Caracalla, de Claude, de Germanicus, de Sidoine-Appollinaire et d'Ambroise; ceux qu'elle donna à la France à titre de fille, furent ceux de Philibert-de-Lorme, de Coustou de Coisevox, de Suchet, de Duphot, de Camille-Jordan, de Lemontez et de Lemot.

Trois monumens restent encore debout à Lyon, qui semblent des jalons plantés par les siècles à des distances à peu près égales, comme des types du progrès et de la décadence de l'art. Ce sont l'église d'Ainay, la cathédrale de St-Jean et l'Hôtel-de-Ville : le premier de ces monumens est contemporain de Karl-le-Grand, le second de St-Louis et le troisième de Louis XIV.

L'église d'Ainay est bâtie sur l'emplacement même du temple que les soixante nations de la Gaule avaient élevé à Auguste. Les quatre piliers de granit qui soutiennent le dôme sont même empruntés par la sœur chrétienne à son frère païen; ils ne formaient d'abord que deux colonnes qui s'élançaient à une hauteur double de celle où elles s'élèvent aujourd'hui, et dont chacune était surmontée d'une victoire; l'architecte qui bâtit Ainay les fit scier par le milieu, afin qu'ils ne jurassent point avec le caractère romain du reste de l'édifice : leur hauteur individuelle est aujourd'hui de douze pieds dix pouces, ce qui fait supposer que dans leur emploi primitif, lorsque les quatre n'en formaient que deux, chacun avait au moins vingt six pieds de hauteur.

Au-dessus de la porte principale de l'église

d'Ainay, on a incrusté un petit bas-relief antique représentant trois femmes tenant des fruits à leurs mains; au-dessous de ces figures, on lit ces mots en abrégé :

Mat. Aug. Ph. E. Med.

On les explique ainsi :

Matronis Augustis,
Philexus Egnaticus Medicus.

La cathédrale de St-Jean ne paraît pas au premier abord, avoir l'âge que nous lui avons donné, son portique et sa façade datent évidemment du quinzième siècle, soit qu'ils aient été rebâtis ou seulement achevés à cette époque, la date précise de sa naissance se retrouvera, pour l'antiquaire, dans l'architecture de la grande nef, dont les pierres portent la trace toute fraîche des souvenirs rapportés des Croisades, et des progrès que l'art oriental venait d'introduire chez les peuples occidentaux. L'une des chapelles qui forment les bas côtés de l'église, et dont, en général, l'architecte portait le nombre à sept en honneur des sept mystères, est nommée la chapelle Bourbon. La devise du cardinal qui se compose de ces trois mots : *n'espoir ne peur*, est reproduite en plusieurs endroits, ainsi que celle de Pierre et de Bourbon son frère, qui conserva les mêmes paroles, mais y ajouta l'emblême blasonique d'un cerf ailé : le P et l'A entrelacés qui accompagnent cette devise, sont les premières lettres de son nom de baptême **Pierre de Bourbon**, et de celui de sa femme **Anne de France**, réunis en chiffre; les chardons qui l'ornent indiquent que le roi lui a fait un cher don en lui accordant sa fille.

L'un des quatre clochers qui contrairement aux règles architecturales du temps flanquent l'édifice à chacun des angles, sert de demeure à l'une des plus grosses cloches de France ; elle pèse trente-six milliers.

L'Hôtel-de-Ville, situé sur la place des Terreaux, est probablement l'édifice que Lyon montre avec le plus de complaisance aux étrangers: sa façade, élevée sur les dessins de Simon Maupin, présente tous les caractères du grandiose lourd, froid et guindé de l'architecture de Louis XIV qui valait encore mieux que celle de Louis XV, laquelle valait mieux que celle de thermidor qui valait mieux que celle de Napoléon, qui valait mieux que celle de Louis-Philippe. L'art architectural est mort en France sous le grand roi et a rendu le dernier soupir dans les bras de Perrault et de Lepautre, entre un groupe d'amours soutenant un vase de fleurs, et un fleuve de Broune couronné de roseaux.

A propos de fleuves, dans le premier vestibule de l'Hôtel-de-Ville, au lieu d'un on en trouve deux; c'est le Rhône et la Saône, de Couston : ces groupes ornaient autrefois le piédestal de la statue élevée à Louis XIV sur la place Bellecour; ils sont destinés, je crois, à être transportés aux deux angles de l'Hôtel-de-Ville qui font face aux Terreaux, et à servir de fontaine, décision administrative qui ne laisse pas que d'être fort humiliante pour un fleuve et une rivière.

En descendant les marches de l'Hôtel-de-Ville on se trouve en face de l'un des souvenirs historiques les plus terribles que Lyon garde dans les archives de ses places publiques : c'est sur le terrain qui s'étend devant soi que sont tombées les têtes de Cinq-Mars et de Thou.

Un autre souvenir plus moderne et plus sanglant encore se rattache à la promenade des Broteaux : deux cent dix Lyonnais y furent mitraillés après le siége de Lyon. Un monument de forme pyramidale et l'entouré d'une barrière de fer indiquent la place où ils ont été enterrés.

Depuis cinq ou six ans, Lyon lutte contre l'esprit commercial, afin d'avoir une littérature. J'admirai vraiment, en passant la prodigieuse constance des jeunes artistes qui ont dévoué leur vie à cette œuvre accablante; ce sont des mineurs qui exploitent un filon d'or dans du granit; chaque coup qu'ils frappent enlève à peine une parcelle du roc qu'ils attaquent; et cependant,

grâce à leur travail obstiné, la nouvelle littérature a acquis à Lyon le droit de bourgeoisie dont elle commence à jouir. . . . .
. . . .
. . . .

L'œuvre de la régénération politique a été moins dure à opérer : la semence tombait sur la terre populaire, toujours si prompte et si généreuse à pousser de bons fruits. On a vu, lors de la révolution de Lyon, le résultat de cette éducation républicaine, et cette admirable devise :

Vivre en travaillant,
Ou mourir en combattant ,

que les ouvriers de 1831 avaient inscrite sur leur drapeau, comparée aux cris des ouvriers de 93 : *du pain, ou la mort,* résume en elle seule tout le progrès social de ces trente-neuf années.

Le journal qui a le plus aidé à cette éducation de la masse laborieuse est sans contredit le *Précurseur*, il est rédigé par un homme de la trempe de Carrel; même fermeté d'opinion, même lutte journalière, même probité politique, même désintéressement pécuniaire. Cependant la différence des classes auxquelles chacun d'eux s'adresse a amené une différence dans le style. Armand Carrel a plus de Pascal, Anselme Petetin plus de Paul Louis.

Mais le progrès le plus grand et le plus remarquable c'est que les ouvriers eux-mêmes ont un journal rédigé par des ouvriers, où toutes les questions vitales du haut et du bas commerce s'agitent, se discutent, se résolvent. J'y ai lu des articles d'économie politique d'autant plus remarquables qu'ils étaient rédigés par des hommes de pratique et non pas de théorie. Trois ou quatre jours suffisent pour connaître ce que Lyon a de curieux; je ne parle point ici des manufactures ni des métiers, mais des monumens ou de ses souvenirs historiques. Ainsi quand on aura visité le Musée, qu'on y aura vu une ascension de Jésus-Christ par le Pérugin, un saint François-d'Assise par l'Espagnolet, une Adoration des Mages par Rubens, un Moïse sauvé des eaux, par Veronèse, un saint Luc peignant la Vierge, par Giordano, la fameuse table de bronze retrouvée en 1529 dans une fouille faite à Saint-Sébastien, et sur laquelle est gravée une partie de la harangue que prononça, lorsqu'il n'était encore que censeur, l'empereur Claude, devant le sénat, pour faire accorder à Lyon le titre de colonie romaine; les quatre mosaïques antiques qui ornent le pavé de la salle : que passant de là aux maisons particulières, on sera entré dans la cour de l'hôtel de Jonys, rue de l'Arsenal, où se trouve un tombeau antique sur lequel est sculptée la chasse de Méliagre, don que la ville d'Arles fit en 1640 au cardinal de Richelieu, archevêque de Lyon; qu'on aura jeté un coup-d'œil sur le monastère des religieuses de Sainte-Claire, où le dauphin, fils de François 1er, fut emprisonné en 1530 par le comte de Montécuculli ; qu'on aura lu sur la façade d'une petite maison située au faubourg de la Guillotière, cette inscription attestant que Louis XI y prit un gîte royal :

L'AN MIL QUATRE CENT SOIXANTE ET QUINZE

LOUJA CIENS LE NOBLE ROI LOUIS

LA VEILLE DE NOTRE DAME DE MARS ;

quand on aura cherché au faubourg St-Irénée, sur l'emplacement duquel était située la ville antique brûlée sous Néron, les restes des palais d'Auguste et de Sévère, les débris des cachots qui servaient la nuit de demeure aux esclaves, et les ruines de l'ancien théâtre où furent massacrés, au deuxième siècle, dix-neuf mille chrétiens qui n'ont pour épitaphe que huit vers creusés sur le pavé d'une église ; qu'on sera redescendu par le chemin des Etroits, où Jean-Jacques Rousseau passa une nuit si délicieuse, et où le général Mouton-Duvernet fut fusillé ; vers le pont de la Mulatière, où commence le chemin de fer qui conduit à St-Etienne, et qui, à sa naissance, traversant la montagne, passe sous une voûte si étroite, qu'on lit au-dessus du cintre qu'elle forme cette inscription :

Il est défendu de passer sous cette voûte, sous peine d'être écrasé * ;

qu'on sera revenu par la place de Bellecour, l'une des plus grandes de l'Europe, et au milieu de laquelle se perd une chétive statue de Louis XIV, on n'aura rien de mieux à faire, si toutefois on veut faire ce que j'ai fait, que de prendre, à huit heures du soir, la voiture de Genève, et le lendemain, à six heures du matin, on sera réveillé par le conducteur qui, arrivé à la montée de Cerdon, a contracté, pour le grand soulagement de ses chevaux, l'habitude d'inviter les voyageurs à faire un petit bout de chemin à pied : invitation qu'ils acceptent d'autant plus volontiers qu'on se trouve alors au milieu d'un paysage si grandiose et si accidenté que l'on se croirait déjà dans une vallée des Alpes.

Alexandre Dumas.

---

* Il paraît que cette recommandation toute paternelle n'a point suffi, et que l'autorité s'est cru obligée d'y ajouter un règlement plus sévère ; car au-dessous de cette inscription, on en lit une seconde conçue en ces termes :

Il est défendu de passer sous cette voûte, sous peine de payer l'amende.

LA RUE JUIVERIE.

CHRONIQUE DE 1515.

Au pied de la colline où fut élevé, sous Trajan, le monument appelé par les auteurs du neuvième siècle *Forum vetus*, par ceux du quinzième *Fort viel*, et par les modernes Fourvières, nom que la colline a conservé de nos jours, s'étend la rue qui porte le nom de la *Juiverie*. Son origine remonte à l'établissement des Juifs à Lyon, qui, dès le temps des Bourguignons-Vandales, vinrent d'Afrique avec les Sarrasins, se répandirent dans l'Espagne, le Languedoc et jusque dans le Lyonnais. Il en existe une preuve irrécusable dans les lois publiées par Gondebaud *, dans lesquelles on

* Les lois Gombettes publiées à Ambérieux au château de Gondebaud.

trouve quelques détails qui indiquent clairement que l'emplacement de la rue Juiverie leur avait été assigné pour demeure. Ce ne fut cependant que sous Louis-le-Débonnaire qu'ils obtinrent à force d'argent la permission de s'établir légalement, et d'avoir l'exercice public de leur culte ; ils bâtirent une synagogue sur le penchant de la montagne, un peu au-dessus de la place du Change, et le roi voulant leur donner une preuve authentique de la protection qu'il leur accordait, fit fabriquer * une médaille qui fut mise dans les fondations de cet édifice. Saint Agobard, archevêque de Lyon, tenta plusieurs

* M. Deville, substitut du cardinal de Richelieu, en faisant creuser dans sa maison de Breda, un peu au-dessous de Fourvières, trouva une médaille de cuivre rouge, de six pouces de diamètre, portant la tête d'un empereur couronnée de laurier ; les cheveux sont retroussés en arrière avec une écharpe brodée et ornée de franges, qui est liée aux deux extrémités de la couronne. Il y a dans le cercle une légende hébraïque, et quelques mots de la même langue à la naissance du col. Cette médaille représente Louis-le-Débonnaire, à en juger par sa ressemblance avec les monnaies d'or qu'on a de son époque, et l'esquisse de ses traits que Thégan, chorévêque de Trèves, a donné dans la vie de cet empereur. L'absence de revers de cette médaille prouve que c'est bien celle qui fut mise dans les fondations de la synagogue. On ne sait ce qu'est devenu ce morceau précieux dont le P. Ménétrier a seul conservé la gravure.

fois de faire révoquer la *bulle d'or* que le roi leur avait octroyée, mais elle fut toujours maintenue.

A dater de cette époque, le commerce de Lyon prit un accroissement rapide, et les Juifs n'y restèrent point étrangers; leurs relations avec tous les peuples civilisés chez lesquels leurs coreligionnaires portaient leur industrie, naturalisa bientôt dans cette ville une foule d'arts et de métiers inconnus jusqu'alors. Ils vivaient magnifiquement dans leur intérieur; tout ce que le luxe inventait de plus coûteux se trouvait dans leurs somptueuses demeures : les étoffes les plus rares, les bijoux les plus précieux paraient leurs femmes et leurs filles; ce fut pour elles qu'ils construisirent à grands frais les bains dont on voit les restes de nos jours, et dont le hasard a fait retrouver dernièrement l'aqueduc, et même la source qui les alimentait.

A l'avènement de Charles VIII au trône, quelques-uns des priviléges dont les juifs jouissaient depuis leur établissement leur furent enlevés; ce fut le signal d'une émigration presque générale. Le quartier de la *Juifverie* devint alors l'habitation de tout ce qu'il y avait de riche et de notable à Lyon. « Il y eut, dit Rubys, force tournois et courses de quintaine dans la rue Juifverie, laquelle était habitée par de haults seigneurs, lorsque Charles VIII revint de la conqueste du royaume de Naples. »

En 1500, Etienne Touquet et Paul Nariz, fondateurs de la soierie à Lyon, demeuraient dans la rue Juiverie. Lorsque Philibert Delorme revint d'Italie, il fut chargé d'établir une communication entre leurs deux hôtels *, par une galerie couverte, accompagnée de deux pavillons circulaires, dont on peut encore admirer l'élégante architecture malgré l'enduit de plâtre qui les couvre.

En 1515, François Ier ayant déclaré sa mère, Louise de Savoie, régente du royaume, il l'établit avec toute sa suite au monastère de St-Just, et vint demeurer chez Claude Paterin, archichancelier du duc de Milan et président au Parlement de Bourgogne; « le roi avait grande amitié et confiance en sa prud'hommie, et de ce, tirait grand proufict tous deux; » dit la chronique où je prends l'histoire que je vais vous raconter.

Claude Paterin avait près de cinquante ans, quand dans un de ses voyages à Milan, il vit Bérangère de Forcalquier, fille du seigneur le plus pauvre et le plus hautain de toute la Provence.

Bérangère était à cette belle époque de la vie féminine où le cœur plein de vagues et délicieuses émotions, on désire un bonheur qu'on ne

---

* L'un de ces deux hôtels porte aujourd'hui le n. 4. M. Flacheron en a donné le dessin dans son éloge de Philibert Delorme.

comprend pas; sous son beau ciel de Provence, tout parfumé de poésie et de fleurs; au milieu des chants des Trouvères et des jeux sous l'olivier, elle avait rêvé quelque chose au-delà du monde réel, et au lieu des promesses flatteuses que l'avenir jetait à son cœur, malgré ses larmes et ses prières, son père l'accorda à Paterin, qui, aussitôt après ses noces, l'emmena à Lyon, où il l'installa dans son superbe hôtel de la rue Juiverie.

Deux années s'étaient écoulées; et les soins dont l'amour de son mari l'entourait, n'avait pu vaincre la froideur et la tristesse de Bérangère, qui s'augmentait encore de l'isolement absolu dans lequel elle vivait; de longs entretiens avec Alix, sa nourrice, qui l'avait suivie lors de son mariage, et la lecture de saintes légendes et de quelques livres de chevalerie, étaient ses seules distractions.

C'est à cette époque que François Ier, dans la haute faveur dont il honorait Paterin, choisit son hôtel pour demeure pendant son séjour à Lyon. Ce fut un grand évènement dans la vie monotone de Bérangère que l'arrivée du roi! elle allait voir la cour et ses fêtes, que ses livres et ses rêves lui montraient si séduisantes, et le roi lui-même, dont on contait tant de vaillans exploits!

Avec un plaisir et une vivacité qui firent sourire de joie la bonne Alix, Bérangère veilla elle-même à l'arrangement de la chambre de son royal hôte. Un lit richement orné de velours azur fleurdelisé d'or, s'élevait sur une estrade de trois marches ; de hautes chaires habilement ciselées, couvertes de cuir de Cordoue, frangées de crépines d'or et de soie, une table à huit pieds tournés en spirale, revêtue d'un tapis à l'écusson de France, un magnifique prie-dieu surmonté d'un précieux reliquaire, attestaient l'opulence et le bon goût du chancelier; puis, par une recherche toute féminine, deux énormes vases à beaux desseins d'émail furent remplis de fleurs, et posés à côté du lit, sur une petite table couverte en cordouan, sur laquelle était aussi un hanap plein de vernat. Lorsque ces apprêts furent terminés, Bérangère animée d'une émotion qui lui était restée inconnue jusqu'à ce jour, procéda à l'œuvre importante de sa toilette. Elle ouvrit le bahut, où depuis son mariage étaient renfermés ses plus beaux atours, et se revêtit d'une cotte hardie ou robe longue, en cendal de Lucques, sorte de taffetas extrêmement épais et brillant, de couleur bleue, tout brodé de fils d'or et d'argent ; c'était le premier chef-d'œuvre sorti des ateliers de Paul Nariz. Le surcot, espèce de pourpoint à manches, qui dessinait la taille jusqu'aux hanches, était de samet d'argent, d'un travail admirable qui se fabriquait dans le Levant; la pièce de poitrine, large bande qu'on mettait par-dessus le surcot, était une fourrure d'hermine. Un haut bonnet de samet d'or, qui descendait jusqu'aux oreilles, laissait passer ses cheveux nattés le long des joues, et un long voile de dentelle d'argent complétait cette élégante coiffure. Elle avait des souliers de cuir doré à demi poulaines, terminés par une corne d'ambre; ses colliers, ses bracelets de diamans bruts, valaient la rançon d'un chevalier; un petit *mirouër* enchâssé dans de l'or, et un chapelet de *baies* de senteur entremêlées de grosses perles, pendaient à son côté. Plus d'une fois Bérangère consulta son miroir et sa nourrice, craignant de ne pas être assez *adornée* pour recevoir le roi, et elle était encore occupée de ce soin, quand un grand bruit de fanfares et de chevaux annonça l'approche du monarque. Paterin à la tête de ses pages et de ses varlets, alla le recevoir à la porte de son hôtel, et Bérangère accompagnée de ses femmes l'attendit dans la cour.

A son aspect le roi ôta précipitamment sa toque emplumée, et releva gracieusement Bérangère quand elle voulut fléchir le genou devant lui; puis tirant le gant de sa main droite, il la lui offrit, et se mettant à la tête du cortège, ils parcoururent ensemble l'escalier et la galerie qui conduisaient à la salle du festin. Un siège magnifique recouvert d'un dais, indiquait la place que devait occuper le roi, mais, il ne voulut l'accepter qu'après avoir fait mettre Paterin et sa femme à ses côtés.

Pendant tout le repas, il accabla Bérangère de prévenances délicates, de soins galans, avec une grâce tellement respectueuse, que lorsqu'elle se retira, elle était charmée de ses manières, énivrée de ses regards plus que de ses discours.

Il fallut peu de temps au galant François pour s'apercevoir que Bérangère n'aimait pas son mari *viel, ord et jaloux en dyable.* Or, pour arriver de cette conviction à l'envie de plaire, il ne fallut qu'un instant au souverain qui avait dit qu'*ung homme sans amour était ung corps sans ame.* Ses désirs furent merveilleusement secondés par la disposition où se trouvait Bérangère. L'arrivée du roi, en l'arrachant à sa solitude, la jeta toute émue de ses rêveries, dans cette cour jeune et licencieuse; d'abord, intimidée par les regards passionnés du roi, elle se tint dans une réserve qui endormit la jalousie de son mari et stimula la passion de François; mais bientôt ses propos flatteurs qui lui révélait le pouvoir de sa beauté, son langage plein de poésie et d'amour la rendirent songeuse; elle ignorait ses craintes et ses espérances, car chez une femme qui aime pour la première fois, ses sentimens les plus vrais sont ceux qu'elle étudie le plus tard, mais enfin elle comprit que le ciel lui devait un complément d'existence, et elle se jeta toute entière dans ce pressentiment d'amour qui gonfle l'ame d'une joie dont on ignore la cause, mais qui mêle quelque chose de divin aux sentimens indéfinissables qu'on éprouve.

Peu après son installation chez Paterin, le roi voulant donner une fête aux dames de sa cour, ordonna les apprêts d'un tournois. Les mémoires du temps rapportent les détails de ces jeux, où chacun rivalisait de luxe, de bravoure et de galanterie. Nous nous bornerons à dire que le roi remporta le prix de cette passe d'arme, et qu'en faisant caracoler son cheval devant l'estrade où Bérangère, brillante de parure et de beauté, tenait l'écharpe destinée au vainqueur, le noble animal s'abattit et entraîna le roi dans sa chûte. Un cri s'éleva... mais l'adroit cavalier se dégageant promptement, s'approcha de la tribune où Bérangère s'était évanouie. Lorsqu'elle revint à elle, le premier objet qui frappa ses regards fut le roi, qui, agenouillé près d'elle, attendait avec anxiété son retour à la vie; ses yeux rencontrèrent les siens : je ne sais ce qu'ils y virent, mais Bérangère les referma pour ne rien perdre du trouble délicieux que ce regard avait jeté dans son cœur. Lorsqu'elle fut en état d'être transportée, elle courut s'enfermer dans son oratoire; là elle s'énivra des plus suaves rêveries; l'amour venait de se révéler à elle; animée d'une nouvelle existence, elle jouissait du sentiment qu'elle sentait naître en son cœur, elle comprenait que dans cette grande et puissante émotion émanée du ciel était son avenir et le dénoûment de sa vie entière. Un bruit soudain vint l'arracher à ses délicieuses pensées, la porte de son oratoire s'ouvrit, et Alix lui annonça que le roi *lui-même* venait savoir si sa santé n'avait pas souffert de l'accident de la veille. Bérangère, ivre de plaisir, se précipita au-devant de François, qui la prenant par la main, la reconduisit au siége qu'elle venait de quitter, s'y assit auprès d'elle, et retenant la main moite d'émotion qu'il tenait dans les siennes, commença un entretien que nul n'entendit, car, par respect, les femmes de Bérangère se retirèrent dans l'embrasure des fenêtres.

Quand le roi se fut éloigné, Bérangère fit appeler sa nourrice, et, le cœur palpitant et les yeux veloutés de bonheur, elle lui dit que le roi voulait venir déviser avec elle, le soir, pendant que messire Paterin travaillait avec la reine-mère. « Je compte sur toi, ma mie, l'humeur jalouse du sire mon époux incommoderait notre bien-aimé souverain. » Alix, empressée de plaire à son enfant, promit *bon guet*, et le soir l'heureux François était auprès de Bérangère. Depuis ce jour, aucuns ne se passèrent sans que les deux amans ne s'entretinrent de leurs amours. Le roi se fut regardé comme *lâche et mal apprins* s'il eût reculé devant les dangers que l'amour de Bérangère et la jalousie de son mari lui présentaient; ces plaisirs goûtés à côté du péril offraient un attrait indicible à l'esprit aventureux de François, et aidé d'Alix, toutes les soirées que Paterin employait à travailler avec la régente, demandant des priviléges pour la rue Juiverie, obtenant l'abolition de l'usage qui forçait à fermer cette rue avec de fortes chaînes de fer aussitôt le coucher du soleil, le galant souverain se glissant sous les vastes galeries, parvenait à l'appartement de Bérangère, où, assis à ses pieds, ils passaient de longues heures ensemble à déviser d'amour. Alix, pendant ce temps, lisait de saintes légendes, et prêtait l'oreille au retour du maître, dont elle avertissait les amans oublieux de l'heure et de leurs dangers.

Bérangère était arrivée dans son amour pour François à un point de délire qui devait montrer par un exemple de plus combien sont forts ces liens de cœur formés sans élémens de durée, en opposition avec toutes les exigences de la société, qui se resserrent par la lutte qui devrait les rompre, et qui s'augmentent du sacrifice de tous les devoirs.

La campagne d'Italie allait s'ouvrir.

Nous ne dirons pas le chagrin de Bérangère à la nouvelle du départ du roi; son bonheur lui semblait si intimement lié à sa vie, qu'elle ne croyait pas que l'un pût finir sans l'autre; un attachement vulgaire excite l'amour de soi, une grande passion le détruit, Bérangère pensait trop à son amant pour penser à elle; elle résolut d'abandonner son époux, et de suivre le roi en Italie! Il y a dans un cœur qui en est à son premier amour une étrange faculté d'espérance et de sécurité; il ne vit pas en lui, il est tout entier dans l'objet aimé, et chez les femmes toute une vie de dévouement, un entier oubli d'elles-mêmes, leur semble à peine assez pour payer un bonheur que l'avenir leur montre toujours, mais que le temps amène rarement.

C'était par une froide et pluvieuse soirée de mars que, seule en sa chambre dorée, Bérangère écoutait la pluie fouettant en lames aigues les vitraux de sa verrière; appuyée sur le chauffe-doux, la tête sur sa main, elle prêtait une oreille attentive, cherchant à saisir, au travers du bruit de la tempête, un son, un signal impatiemment attendu. « Point ne viendra mien doulx amy, pensait-elle! jà deux fois ai tourné le sablier depuis qu'heure d'amour a sonnée! » Et le lendemain l'armée partait! il avait été convenu que, le roi laissant Paterin occupé toute la nuit à Saint-Just, viendrait chercher encore quelques heures de larmes et d'amour, car Bérangère ne l'avait point instruit de sa résolution. Enfin, les yeux gonflés de pleurs, le cœur gros de chagrin, Bérangère saisit le sifflet pendu à sa chaire, et appela ses femmes : « Qu'on cherche Alix. » Bientôt la bonne nourrice accourut abandonnant

à regret le vitrail où elle guêtait l'arrivée du roi ;
un geste de désappointement amer lui traduisit
toute la douleur de sa pauvre enfant. « A cette
heure ne peut plus quitter la royne, lui dit-elle
tout bas, il partira demain, et moi, mourrai de
cœur brisé, si je ne peux le suivre ; vais prier la
bonne dame Marie qu'elle prenne en pitié tant
dur meschief ; » et s'agenouillant sur un vaste
prie-dieu couvert de velours et de franges, elle
pria, car prier, c'est encore aimer. Puis, laissant
à ses femmes le soin de la débarrasser de ses
atours, elle leur livra sa noire chevelure, ses
pieds mignons ; et quand d'ambre et de rose elle
fut toute parfumée, elle se laissa tomber brisée
de douleur sous ses courtines soyeuses. Alix descendit une triple gaze devant le flambeau de cire
vierge qui brûlait dans l'alcove auprès de la Madone, elle déploya une lourde draperie devant la
fenêtre, et fit retirer toutes les femmes ; abîmée
dans son chagrin, à peine Bérangère entendit
leur Dieu-gard. Alix se rapprocha du lit, déposa
un baiser sur le front brûlant de sa pauvre enfant,
et sortit.

Il y avait peu d'instans que Bérangère était
seule lorsqu'Alix, soulevant brusquement la portière, se précipita vers son lit : « Il est là, Madame... mouillé, transi.. » Bérangère s'élança de
sa couche, mit ses pieds dans ses mules de velours, et s'enveloppa à la hâte d'une ample cape

de nuit; elle était à peine vêtue, que le roi se jeta dans ses bras; ses vêtemens ruisselaient d'eau, ses cheveux en désordre se collaient sur son front agité. — Ne vous effrayez, ma colombe, ne says si nos amours ne sont plus secrètes, mais depuis deux heures suis pourchassé par varlets déguisés. Ah! n'était vous, foi de gentilhomme! aurais bien forcé les maroufles à parler! enfin perdant mes traces à travers la campagne, suis encore une fois près la Bérangère de mon cœur. — O Dieu! fit Bérangère, c'est le sire mon époux qui peut être... mais non, plutôt quelques dames de votre cour qui, jalouses du roi, mon beau sire, auront mis esjoyes en campagne, mais point n'aimez que Bérangère, est-ce pas? dit-elle en essuyant l'eau qui découlait des cheveux de son amant. O doux ami, plus ne veux vous quitter! serai toujours là quand vous courrez dangiers de toutes sortes, demain vous suivrai! — O ma Bérangère, suis trop heureux! — M'aimerez toujours? dit-elle en passant ses mains caressantes sur le col humide de son amant. — Oh! oui! *Adez et toujours!* répondit-il, en ôtant de son doigt un anneau richement ciselé où cette devise s'enroulait mêlée à des salamandres. — Oh! donnez! le veux porter comme signe de mon servage, dit Bérangère en le portant à ses lèvres! François la saisit par la taille, et l'attirant contre sa poitrine elle reçut et donna un de ces longs et suaves baisers, qui donnent à l'ame ces joies divines qu'on achèterait au prix de l'enfer !

La nuit s'avançait, et les amans ne songeaient pas à se séparer, quand Alix éperdue vint annoncer que le sire Paterin était de retour, et se disposait à venir dans l'appartement de sa femme. Au milieu de l'effroi que causa ce retour inattendu et cette séparation subite, quand on avait encore tant de choses à se dire, on perdit du temps, et au moment où, après un dernier adieu et la promesse de se rejoindre le lendemain pour ne plus se quitter, le roi allait suivre Alix, un pas lourd retentit dans la galerie. Alix n'eut que le temps de faire retomber sur le roi la draperie de la fenêtre, et Paterin entra. Son œil ardent de furie s'arrêta d'abord sur Bérangère dont le trouble n'était que trop visible, puis sur Alix qui se tenant debout, cachait de son corps la draperie qu'un léger mouvement agitait encore. Sa main se porta convulsivement à sa dague, en jetant un regard fauve sur le désordre des vêtemens de Bérangère, et d'un geste qui la glaça d'effroi, il lui ordonna de passer dans son oratoire, où il la suivit.

Alix, à demi-morte de peur, fit évader le roi, et quand elle voulut retourner près de Bérangère la porte solidement fermée s'y opposa ; elle revint dans sa chambre d'où elle vit les préparatifs du départ du roi ; puis le roi lui-même, montant à cheval en recevant les adieux de Paterin.

4

Le cortége avait à peine tourné la rue de la Loge qu'un varlet vint ordonner à Alix de se tenir prête à partir dans la journée; en vain elle pleura, pria, il fallut monter en litière sans revoir Bérangère.

Le lendemain le sire Paterin congédia ses serviteurs, quitta son hôtel de la rue Juiverie et partit pour la Bourgogne. Lorsque le duc lui demanda pourquoi il n'emmenait pas sa femme, il répondit qu'elle était en Provence pour rétablir sa santé, fort altérée par *les jeux et les festes*.

Après la campagne d'Italie, Paterin revint à Lyon, mais alla habiter sa maison des champs. Le chagrin que lui causait la perte de sa femme, morte peu après son arrivée en Provence, était disait-on, la cause de la profonde retraite dans laquelle il vivait.

En 1522, Paterin mourut de la peste qui désola Lyon; et quand le Parlement eut rendu un édit qui mettait un sien neveu en possession de ses biens, l'hôtel de la rue Juiverie fut habité de nouveau.

Dans un bahut d'ébène qui ornait l'oratoire de la femme du sire Paterin, on trouva plié en deux, à demi-enveloppé dans une mante de velours, un corps de femme qui avait trois coups de dague au cœur, et la langue percée. A l'un de ses doigts était un anneau portant les salamandres de François Ier, avec cette devise : *Adez et toujours!*

Qu'on me pardonne de n'avoir pas su faire passer dans cette espèce de traduction les grâces que le langage du temps prête à cette triste histoire ; mais j'ai pensé que le récit pur et simple d'un de ces drames domestiques, dont plus d'une sombre muraille, pourrait dire les horribles scènes et les dénouemens mystérieux, tout en ne me laissant que l'humble mérite de copiste, offrait assez d'intérêt par lui-même, sans autre soin que celui d'en indiquer le théâtre. La maison où se sont accomplis les évènemens que je viens de vous dire, est cet admirable édifice dont plus d'un habile artiste a éternisé les beautés *. Aujourd'hui une touffe de fleurs grimpantes jette sa pâle verdure sur ces murs moussus et décrépits ; la niche de la madone, veuve de sa sainte, prête asile à une couvée d'hirondelles, cet escalier dont les marches mutilées tournent autour de ces massifs piliers, ces larges galeries, ces immenses salles, retentissent du bruit monotone et incessant du métier industrieux, et des chants de l'ouvrier pâle et chétif qui semble jeté dans ces belles ruines pour mieux en faire ressortir la grandeur déchue. La salle des écuyers de l'hôtel Paterin est occupée par un tonnelier ; un épicier a son comptoir dans la maison d'Antoine Bullioud*, et un *théâtre de société* étale ses oripeaux dans celle

---

* C'est la maison qui porte le n° 8.

d'Etienne Touquet. Là où on voyait défiler de pompeux cortéges, de belles troupes de cavaliers brillans de soie et *d'orpheverie*, de malins pages habillés de drap d'argent, des gens d'armes couverts d'armures, des chevaux houssés et bardés, aux chanfreins éblouissans, des dames montées sur de beaux palefrois, il reste à peine quelques traces du séjour de tant de nobles gentilshommes; et si l'on trouve encore des vestiges de leur écusson de pierre sur quelques pleins cintres, c'est sous un épais enduit de plâtre, qu'il faut deviner ces précieux restes du moyen-âge. Cette architecture légère, prodigue d'ornemens, aux mille colonettes, aux portes surbaissées, aux ogives allongées, aux encoignures saillantes, aux images de saints et de bêtes, disparaît tous les jours; les hommes hâtent les progrès du temps, et lui prêtent une main sacrilége. Ainsi des monumens qui ont vu passer des siècles, s'éteindre des races, disparaître des nations, s'effaceront tout-à-fait sous le passage du 19me siècle, siècle tout positif, qui ne respecte aucune illusion, pas même celle des souvenirs.

Mlle JANE DUBUISSON.

UN FABRICANT.

Je ne sais trop pourquoi la population lyonnaise, jouit en France d'une certaine renommée de civilisation et d'intelligence; je parle de la bourgeoisie et non du peuple, canaille bonne au travail et dont on ne s'occupe pas autrement. Renommée d'ordre, d'économie, d'avarice même à la bonne heure, mais renommée d'intelligence, de savoir, de goûts généreux, de génie artiste, c'est pure usurpation.

A Lyon il ne faut pas chercher ce charme de société des grandes villes, qui donne de l'excitation à l'ame, qui met en mouvement le désir et la possibilité de produire; d'autre part, on n'y trouve pas non plus cette intimité de village, qui fait supporter une existence coutumière et bornée. Chaque famille vit cloîtrée, et n'a d'autre intimité que celle du pot au feu.

L'homme lyonnais, lui, vit dans sa marchanderie et dans les cafés. Une fois les comptoirs fermés, les cafés se peuplent; le trafiquant se délasse des travaux de la journée en buvant, jouant, ou mangeant! Plaisir intellectuel, qui a pour complément les délices d'une conversation triviale.

Si l'on veut étudier la bourgeoisie lyonnaise, il faut courir les cafés. La peine portera fruit : il y a curiosité à satisfaire, pourvu qu'on ne se dégoûte pas au travail, contre une nature épaisse. En creusant, elle présentera des tableaux de vie assez hideux pour intéresser le goût délicat des **lecteurs de notre époque.**

J'y ai trouvé un type que nos romanciers **m'envieraient,** type de bassesse et de crime, d'avarice et d'envie, de misère et d'hypocrisie.

Mon héros, je l'ai rencontré au café Grand. Ici chaque café possède sa face de la vie humaine; l'un a les jeunes gens, l'autre les vieillards; celui-ci le juste-milieu, celui-là le mouvement. Le café Grand est le café des vieux, il a le privilège de l'expérience et des perruques, il est chargé de ranimer le sang de tous ces corps glacés par l'âge. Tâche difficile, dont il sent l'importance à en juger par la délicatesse et la bonté de tout ce qu'on y prend.

Mais la physionomie de ce café a cela de singulier, qu'il ressemble à l'antichambre d'un hôpital. De tous côtés des figures ridées, des membres tremblotans, des traits que la mort a déjà blasonné. Un homme qui lit les journaux sans lunette est une anomalie; jamais deux habitués ne causent à voix basse, car sur deux interlocuteurs un au moins est toujours sourd. Aussi à l'heure des consommations s'y fait-il une musique du diable : charivari de voix cassées, de toux pituiteuses, d'éternuemens, de tabatières qui s'ouvrent, de cannes qui heurtent le pavé.

Passée cette heure-là, il ne reste que les sommités branlantes, espèce de supplicié qui achève son temps, pauvre automate qui vient depuis quarante ans roder autour des tables de **marbre**, qui maintenant les touche comme de vieux amis dont il faut se séparer, qui vit avec ces tables, avec le poêle, avec les planches de journaux d'une vie sympathique, aussi passif, aussi froid, aussi frotté par les années.

Mon héros est un de ces vieillards.

Alors racorni par la goutte, tordu par le rhumatisme, expiant les vices de sa jeunesse, vieille ruine devenue égoût, cet homme ne présentait plus que le squelette de lui-même, c'était la plante desséchée de l'herbier, comparée à ce qu'elle fût le jour où le naturaliste la cueillit pleine de suc et de parfum.

Au milieu de l'éboulement général de son être, l'histoire de sa vie passée apparaissait pourtant comme une inscription antique. Sur son visage étiré, dans ses yeux caves, sur son front plissé, les passions siégaient impudiques, hideuses, dépouillées du manteau de la virilité.

Cet homme s'appelait M. Roc. Chaque matin je le trouvais à la même place, à la même heure, prononçant les mêmes paroles: «Garçon, du café!» Cette figure devint mon idée fixe. Je m'informai de lui, je sus qu'il était fabricant, riche, détesté de ses ouvriers, et voilà tout.

Un jour je dînais avec un peintre de mes amis, jeune artiste plein de verve, de sentiment, d'amour des grandes et belles choses, mais artiste sous toutes les faces ; passionné, raisonneur, libertin, chaste, dévergondé, sérieux, plaisant; tous les contrastes trépignaient dans cette tête.

Après avoir effleuré mille sujets de conversation on vint à parler de l'Italie. L'Italie! ce nom remua Aristippe.

Aristippe nous raconta l'Italie ; Rome, Naples, Florence, Pompeïa, Herculanum ; les montagnes, les lacs, la mer, le ciel bleu et les belles filles ; l'auberge de la Sybille et les joyeux camarades : il parla de tout ce qui avait exalté son imagination, de cette vie rapide, brûlante comme le climat; de cette vie d'artiste totalement dépouillée de la symétrie française qui tue, de l'esprit de vanité et de convenance qui éteint; il en parla en homme qui l'avait profondément comprise.

Mais tout cela, nous dit-il tout-à-coup, ne vaut pas les montagnes du Bugey, ni le lac de Beauvoir.

Oh! que j'y ai été admirable de bonheur! Du génie! je ne connais qu'un âge et qu'une chose qui l'éveillent, le génie; dix-huit ans et une femme!

Se trouver en présence d'une création étourdissante par sa magnificence; être là deux, complètement séparés du monde, et s'élever par l'amour à l'intelligence et à l'adoration de cette riche nature. Oh! cela donne du génie! que j'ai été heureux sur les bords de ce lac et comme j'y ai peint, quoique je ne susse pas grand chose. — Alors je n'avais besoin ni de vin, ni d'eau-de-vie, pour fomenter ma verve!

Mais celle que j'aimais était à côté de moi. Que de scènes d'amour sur les bords de ce lac si paisible, que d'élans passionnés au milieu de ces majestueuses montagnes!

J'y suis retourné depuis; je n'ai plus reconnu le pays que j'avais peint. J'ai bien vu des bois, des montagnes, des lacs, tout cela était mort; Gabrielle avait tout emporté.

Morte! lui dis-je.

Oui, morte! Tuée, assassinée par son père, elle et son enfant; tuée par le plus affreux supplice, tuée lentement par agonie, par l'écrasement de son cœur, par la prostitution du mariage. — Vous ne connaissez pas M. Roc, me dit-il.

Je tressaillis.

M. Roc est le père de Gabrielle, et moi je suis son neveu.

— Vous, le neveu de ce vieillard, sec, silencieux, l'une des momies du café Grand! ce fabricant! lui votre oncle?

Oui, mon oncle! Fabricant! c'est bien là son titre de malédiction. Fabricant sans entrailles, affamé d'or comme sa corporation! Il m'a chassé, moi son neveu, parce que quelque chose bouillonnait dans ma tête; il a tué sa fille parcequ'elle m'aimait.

C'est une triste histoire, ajouta-t-il en vidant son verre; histoire de malheur, qui a couvert ma vie de cendres, qui a tari pour toujours la source des plus belles inspirations.

Après un moment de silence, il reprit :

Ce M. Roc, de simple canut avait acquis à force d'économie, de voleries, de mauvaise foi, une fortune considérable. C'était un homme impitoyable dans son but, sans remords comme sans pudeur, qui s'éleva sur la ruine de ses ouvriers. Sa richesse ne le dépouilla pas de son ignorance native, de ses habitudes grossières; elle fournit une facilité de plus à ses vices, à ses passions. Dépourvu de cette délicatesse de cœur, que donnent l'éducation, l'exercice de goûts élevés, le frottement d'une société élégante; il portait une haine d'envie à toutes les sensations qui lui manquaient.

M. Roc était veuf : il n'avait qu'un enfant, c'était Gabrielle ; il m'avait recueilli, moi fils de sa sœur et orphelin. Il nous avait confiés aux soins d'une servante, méchante femme qui était en même temps sa maîtresse. Gabrielle, fluette, douce, bonne, avait une admirable résignation : elle s'était comme moulée à la souffrance, et nous grandîmes, vivant l'un dans l'autre, tellement fondus ensemble par le malheur que nous nous aimâmes par instinct. Mon Dieu ! notre vie ne nous retraçait rien, qui ne fut la pensée de tous deux.

Lorsque j'eus quinze ans, M. Roc me mit à l'école de dessin, il voulait faire de moi un dessinateur de fabrique. Ce fut à cette époque que Gabrielle m'apparut grande et sublime comme un ange.

Quelle puissance de dévouement et d'abnégation dans cette ame ardente ! comme elle recueillait mon découragement, mes tristesses, mes amertumes, pour les changer en une lutte salutaire. Avec quelle magie attachant à chaque chose le prisme de sa volonté, elle poussait la mienne au travail. Comme mes progrès furent rapides ! j'appris plus qu'il ne fallait pour M. Roc, car j'en savais trop pour devenir dessinateur de fabrique.

Malheur à moi ! il me fallut quitter Gabrielle ; M. Roc me chassa et Gabrielle ne voulut pas que je me fisse esclave. Moi, j'aurais tout accepté pour rester auprès d'elle! j'aurais pourri toute ma vie misérable commis de fabrique! Que m'importait l'action machinale de mon existence? Est-ce que j'y pensais seulement? Quand on s'enveloppe d'une idée unique, puissante, exclusive; quand on pivote ainsi sur une seule impression, qui se glisse entre chacun de vos mouvemens, l'effort de la vie extérieure vient se briser contre vous.

Mais Gabrielle refusa d'acheter le bonheur de me voir au prix d'un pareil sacrifice. — Va-t-en à Paris, me dit-elle, ici tu t'éteindrais. Travaille pour tous deux; l'avenir est devant nous. Pars, moi je saurai souffrir.

J'allai m'ensevelir dans un atelier de Paris, j'y restai trois ans, trois ans dans ce pays si beau et si misérable, trois ans de travail et de souffrance, de privation, d'isolement complet. Le soir, lorsque mes nerfs se distendaient et qu'un espèce d'accablement remplaçait la fièvre d'étude, ma pensée s'abattait sur Gabrielle, avide, la cherchant avec désespoir. L'absence est pour le cœur ce que la perte des yeux est pour la vie générale, et y a-t-il rien de plus affreux que d'être frappé de cécité, que de vivre plié dans un linceul d'obscurité, sans autre bien que la pensée, sans autre avenir que le passé.

Enfin, j'obtins le premier prix de peinture, et je me préparai à partir pour Rome, mais avant d'aller en Italie, je voulus revoir Gabrielle.

M. Roc avait une campagne près du lac de Beauvoir où elle passait l'été. C'est là où avant de m'éloigner pour long-temps, je résolus de goûter cette vie idéale que j'avais tant rêvée.

Bientôt je pressai Gabrielle dans mes bras, je la sentis sur mon cœur; c'était bien elle! oh! je n'avais plus à trembler pour une espérance long-temps couvée dans tous les plis de ma pensée. Non, maintenant plus de rêve! la réalité! la puissante réalité entr'ouvrant devant moi ses heures de délire!

Gabrielle était suave de jeunesse! je l'avais laissée jeune fille, je la retrouvai presque femme, avec des regards d'amante, dans ce doux abattement, cette langueur vague, que fait naître la pensée d'un bonheur qu'on pressent.

Moi j'étais frappé d'épouvante devant la plénitude de mes jouissances, tout en moi n'était qu'amour, désirs, voluptés pures, toujours plus vives et plus fécondes. Le matin nous partions tous, cherchant les endroits les plus solitaires, la nature la plus sauvage, ne voulant qu'elle pour témoin de notre ivresse; moi, jetant sur la toile les vastes décorations du pays, éternisant ainsi avec mon crayon les lieux sanctifiés par notre amour; Gabrielle suspendue derrière moi, soufflant la vie à tout ce que je faisais.

Oh! existence courte! mais existence remplie, comblée! y en a-t-il beaucoup qui comptent un mois de vie semblable dans le cours de leur carrière. — Non! je n'ai rien à demander à la vie; j'ai savouré ce qu'elle contient de plus complet.

Enfin il fallut quitter Gabrielle et le lac de Beauvoir, et les vastes forêts peuplées de notre amour. L'hiver ramena Gabrielle à Lyon, rien ne me retenait plus en France; je partis pour l'Italie.

Alors je scellai dans le plus profond repli de mon ame mes émotions passées, nul autre ne devait s'y mêler; car il y a dans la destinée humaine de ces époques tellement séparées du reste de la vie, qu'elles ressemblent à un pic inabordable, perdu au milieu de l'Océan.

En Italie, je retombai sous l'empire des impressions extérieures. Ce ne fut plus à travers les joies de mon ame que se réfléchirent les beautés de ce pays. Les yeux du peintre suivaient avec admiration la nouveauté des spectacles qui s'offraient à lui, mais le poète n'existait plus. Milan, Bologne, Florence, Rome et ses délicieuses campagnes, ne remuèrent que l'instinct de l'artiste. Parfois une lettre de Gabrielle me ramenait à la vie actuelle et toujours pour m'y fixer par la douleur. Ces lettres étaient tristes, remplies de funestes pressentimens. Un jour l'une d'elles, écrite au crayon sur un chiffon de papier, renfermait ce peu de mots :

« Aristippe, j'ai été mère, et on a voulu que

je fusse encore vierge aux yeux du monde. Il y a dans tout cela un épouvantable mystère. Demain je serai mariée ; — mariée à un autre que toi ; — mais sois tranquille, — je ne le serai pas long-temps. — Adieu. »

Alors ma raison m'abandonna, la fièvre usa mes forces, je ne tins plus à rien que par le sentiment machinal de l'existence, et lorsque mon esprit pût supporter le frottement aigu de mes souvenirs, ce fut pour m'enfoncer dans un cahot de doutes, de souvenirs horribles.

Je n'y tenais plus, il fallait à tout prix rompre cet état d'anxiété, et j'étais prêt à retourner à Lyon, lorsque j'appris la mort de Gabrielle. La malheureuse s'était suicidée, elle et son enfant, sur les bords du lac de Beauvoir. Ce suicide présentait des détails affreux. Voici la lettre qu'elle m'écrivit le jour de sa mort:

« Aristippe, aujourd'hui je serai toute à toi, — à toi seul ; — ma destinée était insupportable ! — Entourée de gens que j'abhorrais, je ne pouvais penser à toi que pour pleurer; eh bien ! je suis lasse de souffrir ; — deux fois on m'a privée de toi, — deux fois ! — Oh ! si tu savais Aristippe, — mais, non, la vie te deviendrait aussi odieuse qu'à moi, et je veux que tu vives. — Adieu, Aristippe. — Il fallait mourir près du lac de Beauvoir, car c'est le seul endroit où je fus heureuse. — Adieu ! »

Maintenant tout était fini ! Gabrielle était morte! aussi horriblement assassinée qu'avec le fer d'un meurtrier. Oh! des pensées de mort me rongeaient le sein. Je partis ; bientôt j'errai autour de la campagne que Gabrielle avait habitée ; je me fis indiquer la place où elle s'était tuée, sur cette place je passais des journées entières secoué par la main des souvenirs et de la vengeance ; ô Gabrielle ! ma voix l'appelait; ma tête perdue lui demandait ce qu'il fallait faire.

Enfin un jour je sus que cette infernale domestique qui gouvernait M. Roc était seule à la campagne. Un sentiment irrésistible me disait que cette femme avait été notre fatalité. Le soir, à la faveur de l'obscurité, je me glissai dans la maison, — dans cette maison qui avait abrité tant de douces rêveries, tant de pensées heureuses, tant d'espérances, j'y entrai, l'ame altérée de sang ! —

O Gabrielle ! veille sur moi, m'écriai-je !

— Qui est-là? dit une voix cassée.

Je me trouvais en présence de la vieille servante, elle eut peur, et voulut appeler; je lui fermai la bouche avec la crosse d'un pistolet, et la fit tomber stupéfaite sur son siége.

Oh! quelle soirée ! une faible lampe éclairait cette chambre!... la chambre de Gabrielle, le lit de Gabrielle, je reconnus tout; mon esprit avait retrouvé une effroyable lucidité. Oui, c'était bien là son lit ; c'est là qu'elle avait été mère ; c'est autour de ce lit que s'étaient dressés les bourreaux de la jeune fille ; sur ce lit, plus tard, on l'avait apportée, sanglante, inanimée.

Allons ! il faut que je sache tout ; parle ? Qu'as-tu fait de la jeune fille ?

Oh ! bien oui ! la peur paralysait tous ses membres.

Parleras-tu ?

Ce n'est pas moi, ce n'est pas moi, cria-t-elle en se laissant aller sur le plafond.

Raconte tout, infâme !

Mais la frayeur avait tué sa raison. Elle se releva lentement, et me regardant d'un air hébété : Ah ! c'est toi, mioche, et que viens-tu faire ici ? Tu cherches Gabrielle, mon garçon ! Gabrielle ! en vérité, elle t'aimait la pauvre enfant, — Hé ! qui est-ce qui l'aurait épousée avec un bâtard ? — Personne, n'est-ce pas ?

Alors elle s'approcha, me prit par le bras et me conduisit près du lit :

Ce vieux Roc a des entrailles de fer, reprit-elle ; — vois-tu ? il a fait de ce lit un chevalet de torture.... Roc ne sourcilla pas ! moi, que m'importait ! je n'étais pas sa mère.... mais lui !...

A mon tour, l'horreur glaça mes sens, toute cette scène se dressait devant moi.

Des vapeurs de sang me montèrent à la tête...

le vertige du meurtre me saisit.... je ne sais ce qui arriva. Le lendemain matin quand je repris connaissance, j'étais étendu sur les bords du lac de Beauvais. Un de mes pistolets était vide.

Aristippe finit là son récit.

Deux mois après, je lus ce qui suit dans un journal.

Notre ville vient de perdre un de ses meilleurs citoyens. M. Roc, membre de la Légion-d'Honneur, adjoint à la mairie, chargé du département des Beaux-Arts, riche fabricant, est mort hier. Il a laissé la plus grande partie de son immense fortune aux Hôpitaux.

De nombreux amis ont accompagné les restes de cet homme recommandable. M. le maire a prononcé un discours, dans lequel il a retracé tout ce qu'a eu d'honorable la vie privée et la vie publique de M. Roc.

C'est à juste titre qu'on peut écrire sur sa tombe : Il fut bon fils, bon père, bon époux.

16 novembre 1832.

TH. DE S.

UN CANUT. *

I.

Albert avait 15 ans quand il quitta pour venir à Lyon les montagnes du Jura et sa pauvre famille. Il espérait y trouver un travail plus lucratif et moins pénible que celui des champs, et par ce moyen aider à son tour ceux qui l'avaient jusqu'alors soutenu et élevé au milieu de leur misère. Il entra donc apprenti canut chez un chef d'atelier qui voulut bien se payer avec du temps. Albert ne pouvait donner que cela.

Au bout de deux ans de travail, après avoir rempli la tâche imposée par son maître, Albert gagnait déjà pour lui un modique salaire. Ce fut alors seulement qu'il se vit dans la possibilité de changer ses vêtemens en lambeaux contre des neufs. Ce succès qui semble puéril, était

* On a fait de longues dissertations sur l'origine de ce mot ; la plus simple nous parait la plus vraisemblable. *Canut* vient de *canette* ; *canut*, ouvrier qui se sert de canette.

prodigieux pour Albert ; car, ayant jusque-là sué à la peine pour alimenter son corps, il n'avait pu le vêtir.

A 25 ans, riche d'une somme de quinze cents francs, il pensa à s'établir; il monta un métier. Comme il était habile ouvrier et honnête garçon, il ne manqua jamais d'ouvrage. Au bout de quelque temps il en eût même assez pour occuper quatre compagnons.

. . . .
. . . .
. . . .

Son état prospérait, mais sa force et sa santé s'en allaient; sa figure, si fraîche naguère, s'était amaigrie et étiolée pour ainsi dire. Après ses repas, à la fin de sa journée, il se sentait l'ame triste, le cœur vide. Il était rêveur et mélancolique. Ses amis trouvaient de temps en temps le plaisir et la joie sous le bouchon d'une bouteille, et oubliaient leurs peines au fond de leurs verres, mais lui n'y trouvait rien et n'y oubliait rien.

Ce qui manquait à son bonheur, c'était une femme, une femme aimante, une bonne ménagère. Il le savait bien Albert, mais il n'osait pas s'aventurer dans la voie difficile du mariage; il craignait d'arriver à un but contraire à celui qu'il se proposait d'atteindre.

Mais voici ce qu'il advint, et ce fut tout-à-fait l'ouvrage du hasard.

II.

Un matin, comme il descendait du magasin de son maître où il était allé rendre de l'étoffe, il rencontra au bas de l'escalier une jeune fille, modestement vêtue, à l'air fort inquiet et fort agité. Ses paupières rouges et ses joues sillonnées de larmes trahissaient l'état de son cœur. Une larme de jeune fille est une optique qui vous rapproche de son ame et vous en livre les secrets.

Albert allait vers elle pour s'enquérir de sa peine, lorsqu'il entendit derrière lui un bruit de pas légers et un frôlement de robe. Il se joignit contre la muraille pour laisser le passage libre. C'étaient un homme élégamment paré et une jeune demoiselle toute vêtue de blanc, la tête ceinte d'une couronne de fleurs d'où tombait un long voile flottant sur ses épaules. Ils passèrent rapidement devant lui, suivis d'un nombreux cortège. Lorsqu'ils furent au milieu de l'allée, la jeune fiancée recula épouvantée en poussant un cri perçant. Une barrière s'opposait à son passage; c'était une femme étendue sur la dalle.

Le cavalier, moins surpris qu'irrité, enjamba la

barrière, entraînant avec lui sa compagne, et les autres en firent autant. Au sortir de l'allée, ils s'élancèrent dans des voitures qui les attendaient, les cochers firent claquer leurs fouets en partant, et il ne resta plus que le silence, la pitié d'un homme et l'agonie d'une femme.

Alors, Albert s'approcha de la pauvre malheureuse et la releva. Sur une de ses joues étaient empreintes des taches de sang et de boue et sur l'autre la pâleur de la mort. A sa faible respiration succédèrent bientôt de violens sanglots; après les sanglots vinrent les larmes. Puis, quand sa douleur eût fait place à sa volonté, elle glissa une main dans la poche de son tablier de soie noire, d'où elle tira un petit flacon qu'elle porta à ses lèvres. Albert d'un mouvement précipité s'en empara, et le brisa contre la dalle. La jeune fille lui lança un regard qui semblait lui dire : — « Pourquoi me condamnez-vous à vivre! » — « Oh! vivez, lui dit-il d'une voix suppliante, vivez, mademoiselle; sinon pour l'amour, pour l'amitié, au moins pour la vengeance. » — A ce dernier mot elle sourit en lui tendant la main, et le pacte fut conclu. Du désespoir et de la consolation venait de naître pour eux une intimité qui ne devait finir qu'avec la vie. Dès-lors liés l'un à l'autre comme le prêtre au condamné, ils partirent tous deux.

III.

Cette scène qui d'abord avait vivement ému Albert, le fit réfléchir plus tard. D'un côté une jeune fille douce, modeste, jolie, foulée aux pieds par un riche parvenu ; de l'autre, une grande demoiselle et ses parens pleins de morgue et d'insolence, l'enjambant comme un ruisseau ; tout cela lui représentait assez clairement une partie de la société marchant dédaigneusement sur l'autre. Aussi dès ce moment son cœur fit-il deux parts, l'amour et la haine. L'amour échut à Cécile, — c'était le nom de la jeune fille ; — et la haine au riche parvenu. C'était justice.

A chaque visite qu'Albert faisait à Cécile dans son galetas où il la trouvait toujours occupée à dévider de la soie, il lui reconnaissait une qualité nouvelle. Elle semblait aussi embellir à ses yeux. Quand elle lui souriait avec tendresse, il se sentait si heureux, ce bon Albert! Puis, dans son extase, nouveau Pygmalion, il s'écriait avec transport : « Cependant, voilà mon ouvrage! »

De son côté, Céline semblait avoir oublié le passé pour ne penser qu'à Albert ; elle avait vu à travers ses yeux, son cœur si pur et son ame si généreuse que peu à peu elle s'était laissée fasciner.

Un jour qu'Albert, assis auprès d'elle, lui disait

avec des regards pleins d'amour et des accens pleins de tendresse : — « Êtes-vous heureuse, Céline ?..» — Céline baissa la tête. — « Que manque-t-il donc à votre bonheur ? N'avez-vous pas de l'ouvrage et l'amour du travail ?... il me semble qu'avec cela on peut vivre heureux !... Regretteriez-vous le passé ?..» — Elle rougit en faisant un signe négatif. Albert tressaillit : — « Eh bien ! si vous receviez l'aveu sincère d'un homme qui vous aime, d'un homme décidé à joindre votre nom au sien, son cœur au vôtre, à vous confier son avenir !.. Céline ! si je vous disais que je suis cet homme?...» — Céline lui jeta un regard furtif et pâlit tout-à-coup, comme si une idée sinistre eût traversé son ame. Puis, elle poussa un profond soupir en cachant son visage dans ses mains.

— « Mais examinez-moi donc, lui répondit-elle, après un moment de silence, suis-je digne d'être votre épouse ? Oh ! grace ! Albert, grace ! ne m'accablez pas de votre mépris, car je suis une misérable qui implore votre pitié !... C'était la mort qu'il me fallait et non la vie !..— Elle était à ses pieds, fondant en larmes.

Cet aveu d'une faute irréparable fut un coup de foudre pour Albert, mais il n'en fut point terrassé. Il sentit même avec joie son ame grandir de toute la hauteur de l'action qu'il allait faire. — « J'ai commencé mon œuvre par vous sauver la vie, dit-il à Céline en la relevant avec bonté, je la finirai en vous sauvant du déshonneur!... » — Il l'aimait.

IV.

Quinze jours après, Céline était l'épouse d'Albert. Ils vivaient heureux dans une douce intimité, car jamais aucun reproche d'Albert ne venait réveiller les remords de Céline, et aucune faute de Céline faire naître les regrets d'Albert. Les peines de la semaine étaient allégées par de douces caresses, et par les plaisirs du dimanche. — Que leur fallait-il de plus !

Six mois plus tard, Céline devint mère. Leurs vœux eussent été comblés si quelques souvenirs récens mêlés d'amertume ne fussent venus malgré eux troubler leurs joies; tout ce temps se passa néanmoins en de joyeuses fêtes. C'était un mur qu'ils s'efforçaient d'élever contre le passé.

V.

Cependant le commerce s'était un peu ralenti, les maîtres diminuaient le prix des façons et les ouvriers se plaignaient de ne pouvoir vivre en travaillant. Novembre n'avait produit que misère et malheur. On était en février, et on pouvait déjà prévoir les évènemens terribles qui se préparaient : les vieilles haines s'envenimaient de part et d'autre, et les hostilités menaçaient à chaque instant de recommencer. La politique agitait toutes les têtes, et l'on volait en idée au devant d'un autre avenir. Albert devenu chef de *Mutuellistes* s'efforçait, dans les réunions, d'apaiser les ouvriers, persuadant aux uns que le temps n'était pas venu de briser un régime pour en substituer un nouveau; désarmant les autres en leur offrant d'éphémères secours.

Un soir, tandis que sa femme l'attendait sur le seuil de la porte avec son enfant sur les bras, un homme élégant s'arrêta devant elle avec complaisance pour la regarder. Aussitôt qu'elle l'eût reconnu, elle rentra avec effroi comme si elle eut été poursuivie par un ennemi. On l'avait suivie, et, en souriant, on lui offrait de l'ouvrage sans diminution du prix de la façon. Un refus et un regard d'indignation fut toute la réponse de la pauvre ouvrière.

Quelques jours après, le maître-fabricant d'Albert lui annonça qu'une fois ces pièces terminées, il ne devait plus en attendre d'autres.

Cet avis fit une douloureuse impression sur lui, car c'était pour la première fois de sa vie qu'il allait être condamné à l'oisiveté. Un moment après, le séducteur de Cécile se présenta de nouveau dans l'atelier d'Albert avec un sourire de bienveillance, un air de protection et des offres séduisantes. En le voyant si calme, si impassible et si audacieux, celui-ci, d'abord étonné, ne songea à le congédier que par un froid remerciment. Mais quand il fut parti, ses souvenirs de haine revinrent en foule tourmenter son ame. « Cet homme, se disait Albert dans sa colère, non content d'avoir immolé à ses caprices une pauvre fille innocente, de l'avoir déshonorée, foulée à ses pieds, et réduite au désespoir et au suicide, voudrait-il donc encore l'arracher des bras de son époux, pour la presser dans les siens, l'infâme !.. » Céline ne se faisait point illusion, elle connaissait le but de pareilles démarches, et ses sentimens de vengeance qu'elle avait oubliés dans l'amour d'Albert renaissaient alors plus impétueux et plus violens.

Ce fut dans de telles dispositions qu'ils reçurent le jeune fabricant qui, mû par son infernale pensée, osa se présenter à eux pour la troisième fois. Albert ne se contint plus et il allait se précipiter sur lui, lorsque, voyant à sa pâleur et à son humble attitude à quel homme il avait affaire, il se sentit tout-à-cour désarmé. — Sa colère s'était métamorphosée en pitié. — Aussi se contenta-t-il de lui montrer la porte en lui lançant un regard de mépris.

Encore tout ému de cette scène, et sous l'impression haineuse que lui avait laissé la présence de cet homme, il se rendit à sa section où l'on discutait la suspension des métiers. La question s'agitait quand il arriva; aussitôt il prit la parole, et après une fougueuse improvisation, le *veto* sur les métiers fut résolu à une grande majorité.

Il revint content, car il venait en quelque sorte de se venger de son ennemi. — « Au moins, se disait-il à lui-même, cet homme ne se présentera plus chez moi. » —

Quand il eut ainsi contribué à jeter les ouvriers dans l'inaction, il en sentit tout le danger; aussi, tandis que le pouvoir attendait l'émeute de pied ferme et la bayonnette en l'air sur la place publique, lui faisait tout pour retenir les sections en permanence.

Au mois d'avril il assistait au procès des *Mutuellistes*. Ce fut lui qui sauva un magistrat de la vengeance du peuple. Le huit avril arriva; le matin de ce jour il était triste quand il embrassa Cécile. Il prévoyait d'affreux malheurs. Une étincelle suffisait pour allumer l'incendie; il en savait les fatales conséquences. Mais pouvait-il reculer à cette heure? Le pouvait-il sans lâcheté alors même qu'il ne voyait aucune issue favorable? Il se devait de mourir pour satisfaire à un point d'honneur, il le croyait du moins.

A dix heures, la fusillade commença sur une foule descendue sans armes. Les barrricades s'élevèrent dans tous les petits quartiers habités par les ouvriers. Le canon gronda bientôt, et pendant six jours la cité fut livrée à toutes les horreurs de la guerre civile.

Albert avait empêché d'affreuses re présailles arrêté la torche incendiaire et commandé à la colère de ceux qui se trouvaient sous ses ordres.

Pendant ces six mortelles journées, Cécile vieillit de six ans. N'écoutant que son cœur, elle put, à la faveur de son sexe et à travers mille dangers, parcourir la ville pour y chercher Albert, Albert, l'objet de toutes ses craintes et de toutes ses affections.

Sous le péristyle du Grand-Théâtre elle s'entendit appeler par son nom ; c'était encore son mauvais génie, son séducteur : — « Tu cherches ton mari, lui dit-il, tiens..., regarde là-bas, à travers la grille de l'Hôtel-de-Ville, cet homme qui est devant ce peloton de soldats, eh bien ! c'est lui ! » — Une horrible détonation se fit entendre... Albert venait de succomber sous vingt balles françaises.

Cécile tomba évanouie sur la froide dalle. Elle y resta long-temps ; l'homme effrayé s'était enfui.

VI.

Huit jours après cette scène, alors que *l'ordre et la tranquillité* régnaient dans Lyon, monté sur une superbe jument, un riche et beau cavalier caracolait devant une maison en ruines dont les débris fumaient encore, lorsqu'au milieu de la foule triste et stupéfaite il entendit une voix qui disait : — Et voilà cependant tout ce qui reste du bonheur de ce pauvre Albert!

Joannes CHERPIN.

Pour achever le tableau de la misère de la classe ouvrière de Lyon, tableau que notre collaborateur Joannes Cherpin, a voulu rendre plus saillant en l'enfermant dans un cadre dramatique, nous empruntons l'éloquent passage suivant à une brochure de M. Jules Favre, jeune avocat dont le cœur, la plume et la voix sont dévoués à tout ce qui est opprimé et souffrant ici-bas. Écoutez-le plutôt :

« Si je disais que chaque année la fabrication des tissus qui font notre richesse flétrit de jeunes et florissantes vies, que de robustes organisations viennent s'étioler et sécher de fatigue pour produire à bas prix, consumant en quelques jours de privations et de travail les forces que Dieu leur avait données pour un plus long et meilleur emploi, qui n'unirait sa voix à la mienne pour réclamer énergiquement une modification à la constitution qui tolère et nécessite de si odieux sacrifices? Et cependant ce n'est là qu'une faible partie du mal. Quand la faim et la peine ont creusé le tombeau du pauvre travailleur, la société n'y prend garde, elle a toujours un coin de terre, un fossoyeur et un prêtre; et lui, misérable victime d'un système qui l'a impitoyablement broyé pour donner sa substance en pâture à d'autres hommes, lui qui a souffert à la mamelle de sa mère où il suçait un lait corrompu par la fatigue, souffert dans son enfance, souffert dans sa jeunesse, il dit sans regret un éternel adieu à cette terre de malédiction où il n'a pu trouver sa place; et si la foi vit encore dans son cœur, il tend les bras à Dieu qui saura bien combler l'abîme de ses désirs si cruellement refoulés ici-bas; mais il est quelque chose de pis que la mort, que la mort hideuse et désolante de l'hôpital, c'est la corruption, c'est l'avilissement de l'ame. Eh bien! la corruption est fille de la misère. L'ouvrier lutte contre elle avec désespoir, et son étreinte l'enlace, le pousse malgré lui à la banqueroute, au déshonneur. Je parlais de ses filles; ils nous donnent leurs bras, et nous qui ne les payons point assez pour qu'elles en puissent vivre, nous prostituons leurs corps aux viles passions du plus offrant. On les accuse d'inconduite! D'inconduite, grand Dieu! lorsqu'on profite des privations auxquelles les condamne la modicité du salaire, pour rendre plus énivrantes les séductions dont on les entoure, lorsqu'on spécule sur leur misère pour souiller leur innocence et profaner leur beauté! Et c'est là pourtant la vie de tous les jours! L'ouvrière qui veut être sage, doit manger du pain, boire de l'eau, se vêtir de bure, et consentir souvent à manquer d'ouvrage. Si je n'avais été témoin de ces honteuses stipulations, de ces concessions arrachées à la pudeur par la faim, je n'y croirais pas; mais j'ai entendu, et l'on veut que je ne demande pas hautement qu'on mette un terme à tant de turpitudes, à ces exploitations lubriques du plus fort, en donnant à l'ouvrier un salaire qui assure son indépendance! Oh! non, je ne le puis. Et quand à moi se joindront tous les hommes de cœur et de talent, la société consentira peut-être à ouvrir les yeux et à prendre un parti. »

Jules FAVRE.

Mlle DONMARTIN.

Il faut se hâter avec les ruines, hâtons-nous donc avec Mlle Donmartin, autre ruine, ruine ambulante de notre cité. Demain peut-être, la bouquetière ne posera plus que dans notre souvenir et nous savons ce que dure le souvenir des hommes.

Mlle Donmartin est notre folle, notre grotesque, à nous, citadins railleurs qui avons besoin sans cesse de rire aux dépens de quelqu'un ou de quelque chose, et qui avons pris soin d'entretenir la folie de la bouquetière, pauvre fille à laquelle le temps se complait à jetter comme une moquerie son titre de demoiselle. Voyez donc comme les fleurs ressortent et contrastent admirablement devant sa décrépitude.

En vérité, sans le travestissement féminin dont elle s'affuble, saurait-on quel sexe mettre sur sa figure? C'est en vain qu'on le chercherait dans ses yeux rouges et éraillés, sur ses lèvres dessechées, sur ses joues rugueuses et sur cette verrue qu'elle veut absolument nous donner pour un signe de beauté. Chez elle, tout a disparu de la femme, et il ne lui en reste plus que la robe, le chapeau et la coquetterie, la coquetterie! sa première et dernière passion. Mais aussi, quelle robe! quel chapeau! quelle coquetterie! La folie a passé par-là; la folie en a fait tous les frais. Mlle Donmartin lui a dû de beaux rêves. Elle s'est cru un jour appelée à être femme d'honneur de la duchesse d'Angoulême; un autre jour maîtresse de Mahmoud. Tout ce qu'on a voulu enfin lui faire croire, alors que cela caressait son amour-propre, elle l'a cru, la bouquetière. Elle espère peut-être encore dans l'avenir, tant elle est pleine de patience et de résignation. Son propriétaire de la rue des Bouchers ne lui promet-il pas chaque année, et depuis combien, Dieu le sait, de faire abattre pour son agrément particulier, la cheminée d'une maison voisine qui, par son opacité, intercepte la vue que recherche l'œil de Mlle Donmartin. A quoi sert donc de se loger aux mansardes! Eh bien! à chaque terme la bouquetière renouvelle sa demande, paye et s'en va contente de l'assurance qu'elle emporte avec sa quittance.

En honnête fille, Mlle Donmartin ne veut pas occuper le public de sa personne.... elle sait qu'une femme, une demoiselle surtout, ne peut qu'y perdre. Elle a raison, la foule est si médisante, les journaux si nombreux, si grands et si vides.

Enfin le croiriez-vous? car pour moi je ne le croirais pas si je ne le tenais de Mlle Donmartin elle-même, on a eu l'audace de la monter en enseigne comme on monte Napoléon en épingle. Devinez où? je vous le donne en mille! Place de l'Herberie, enseigne de la Fiancée. Riez, j'en ai fait tout autant que vous. Mlle Donmartin s'est persuadée que c'est elle qui a servi de modèle à cette gracieuse composition. Que voulez-vous! on se laisse persuader bien vîte ce qui nous caresse et nous flatte. Demandez plutôt à nos auteurs, à nos artistes du terroir! n'ont-ils pas tous du talent!

Mlle Donmartin est pourtant indignée qu'on se soit ainsi approprié sa personne sans lui payer une redevance. N'est-ce pas une infamie de la peindre sans la faire poser, ou du moins sans lui payer le prix de la séance. Allez voir la Fiancée, et dites si la réclamation de Mlle Donmartin n'est pas fondée. Heureuse et bonne fille! elle a encore des illusions, laissons les lui.

Aussi elle s'est déclarée l'ennemie née de toute publicité, de l'enseigne comme du journal. Elle prêterait les mains au procureur du roi pour détruire la *mauvaise* presse, cette grande causeuse qui, chaque matin, apporte à la foule son faisceau de vérités et d'erreurs; c'est le miroir qui reflète tout ce qui se trouve devant lui, la vieillesse comme la jeunesse, la vertu comme le vice, la laideur comme la beauté, Mlle Donmartin comme le procureur du roi. Est-ce la faute du miroir, je vous le demande?

Mlle Donmartin en veut surtout à un certain petit journal rose qui se permit un article à son sujet, c'était un parallèle entre elle et notre littérature. Voici cet article, mais n'allez pas lui en parler! Elle en veut autant à la Glaneuse où il fut inséré, qu'à ceux qui lui demandent des violettes au milieu du mois d'août.

Mademoiselle Donmartin la Bouquetière,

ET LA LITTÉRATURE MODERNE.

Femme vieille et caduque, au visage difforme et hideux; au grotesque accoutrement, lambeaux de vingt modes éteintes; avec une verrue sur la face, et dans des mains jaunes et osseuses, des fleurs variées d'espèce, riantes de couleurs et attrayantes de parfums.

La voilà !!!!

Tout ce que la vieillesse a de repoussant, tout ce que la folie a de comique, tout ce qu'il y a de grâce et de suavité dans un parterre, tout cela ne fait qu'un tout en elle ; cet étrange disparate, cette anomalie vivante, c'est Mlle Donmartin.

Autrefois, à l'exemple de Diogène, elle avait un tonneau, et devant ce tonneau où elle trônait un banc de fleurs. Les fleurs ont toujours été son cadre à elle, sa seule parure. L'allée de la maison Tholosan est veuve aujourd'hui de l'échoppe de la bouquetière. De combien d'odeurs et d'attraits, Mlle Donmartin n'animait-elle pas ce passage! A combien de scènes piquantes ne donna-t-elle pas lieu. Combien de spirituels quolibets et de malicieuses plaisanteries n'eût-elle pas à subir, c'est le mot, de la part des commis drapiers de la rue Trois-Carreaux ou des rouenniers de la rue Longue, gente oisive et facétieuse de sa nature, comme on le sait, Mlle Donmartin a perdu son trône ; les trônes s'usent si vite à cette heure. Mais elle a gardé sa modeste corbeille toujours riche de parfums et de couleurs.

Vous devez l'avoir rencontrée sur votre passage! on dirait l'ombre d'une des trois Parques. C'est un spectre que vous retrouvez partout, le matin, à la porte du café Casati, en allant prendre votre chocolat; le soir, sur la banquette du café d'Apollon, en allant humer votre Moka.

Elle est là comme une leçon que nous donne le temps. Cueillez ces roses, jeunes gens, cueillez-les vite ; voyez la main qui vous les offre, voyez ce corps brisé, il ne peut ni se baisser ni se relever. Cueillez-les, vous, surtout, jeunes filles, vous qui brillez et passez comme elles. Que Mlle Donmartin avec sa corbeille soit pour vous une morale ambulante.

Vraiment cette alliance bizarre de fleurs et de ruines, a quelque chose d'une création fantastique ; cela fait peine, cela fait rêver.

Maintenant, dites-le moi, ce corps de squelette, ce masque de carnaval, ce costume bigarré, ces fleurs si pittoresquement groupées, jetées là au hasard et produisant parfois, dans leur admirable désordre, des effets de composition dignes du pinceau de Van-Huysum ou de Berjon, tout cet ensemble n'est-ce pas la littérature moderne personnifiée à la manière de Grandville ? Cette femme n'en est-elle pas le résumé? Eh! ne croyez pas que je veuille rire ici. Comparons.

Cette magie de style, ce gracieux fini des détails, cette touche délicate et nuancée, ce brillant coloris, qui distinguent les auteurs du jour, les Hugo, les Janin, les Sue et les Balzac; n'est-ce pas là toute la corbeille de Mlle Donmartin?

Cette manière neuve et hardie d'habiller ses idées, cette originalité de début et de mise en scène, cette énergique et piquante opposition de mots, cette libre allure de la pensée, n'est-ce pas là les burlesques atours et la *désinvolture* de Mlle Donmartin?

Et puis enfin cette effrayante vérité dans le jeu et la peinture des passions; ce désenchantement de la vie analysée, disséquée et réduite à rien; ce cœur retourné et mis à nu avec son égoïsme et son ambition, sordides sentimens qui se glissent dans les actes les plus beaux et les plus nobles, comme le ver dans le fruit le plus sain; eh bien! tout cela n'est-il pas cent fois plus hideux que la hideuse face de Mlle Donmartin, que son nez barbouillé de tabac, que sa bouche édentée et que son corps en ruines?

Eh bien! console-toi, Donmartin, console-toi; car peut-être s'il nous était donné d'avoir une double vue, une vue interne, et de masquer de leur ame tous ces frais visages de jolies femmes, tu nous paraîtrais belle entre les plus belles, ta figure nous semblerait moins hideuse que le fond de leur cœur où couve l'adultère, où germent les plus honteuses passions.

Oui, console-toi, gente demoiselle Donmartin, console-toi de ta laideur. La beauté n'a-t-elle pas ses tristes métamorphoses; toi tu ne changeras jamais.

Léon BOITEL.

Voici maintenant le compte-rendu de la visite que nous reçûmes au bureau du journal, et l'espèce de réparation qui fut faite par l'un de nous à la plaignante attaquée dans sa personne jusqu'ici placée sur le même dégré d'inviolabilité qu'une tête royale.

❧✶❧

Cette pauvre demoiselle Donmartin! — elle est venue dans notre bureau; nous avons vu sa face et ses mains, entendu sa voix criarde comme celle d'un paon, nous avons touché du doigt la verrue qui s'élève sur sa joue, comme un clocher sur une église de village, — Et cette verrue était un signe, un grain de beauté, un attrait de plus à Mlle Donmartin; — et nous en avions fait une superfétation hideuse, dégoûtante.... Quelle horreur! Et nous avions dit encore bien des choses qui n'étaient pas; parce que nous avions vu avec des regards prévenus, cherchant la caricature, et que nous l'avions trouvée sur Mlle Donmartin; — assemblage monstrueux de coquetterie et de ravages; collection ambulante de jasmins et de roses, et des dépouilles de trois générations, peut-être!...

Mais elle s'est fâchée, la bouquetière de nos bons aïeux, la nôtre. — On lui a crié que nous avions déchiré sa réputation de jolie femme...— comme s'il était possible d'en arracher encore un lambeau.

On lui a dit : Ils vous ont froissée, chiffonnée, labourée de rides; comme si le temps nous avait laissé quelque chose à faire !

Et elle est devenue furieuse.

Pauvre demoiselle !.. Les bouches qui, naguère, ne s'ouvraient que pour la fêter, lui jettent maintenant son âge à la figure, — et ses mains jaunes et osseuses, — et son signe qu'elles dénaturent pour en faire une verrue....

Pauvre demoiselle !

Oui, elle est venue dans notre bureau, nous demander réparation, — et mille écus d'indemnité. On lui a dit qu'elle pouvait demander davantage; mais elle est bonne, Mlle Donmartin, et elle se contentera de mille écus; — et, à cette condition, elle ne nous enverra pas aux galères; — car elle pouvait nous envoyer aux galères, Mlle Donmartin.

Et nous, — jeunes gens, — nous avons joué la comédie aux dépens de notre bouquetière; — nous avons ri quand elle se fâchait tout rouge; et Mlle Donmartin nous a appris bien des choses intéressantes, en vérité, et surtout dignes de foi et de croyance; — car elle nous a dit qu'elle était belle encore; — que le sultan Mahmoud ayant vu son portrait, avait offert tout un régiment d'Albanais et son tigre de Nubie pour avoir l'original.

Et, là-dessus, Mlle Donmartin nous a conté

force aventures galantes, admirables et comico-amoureuses. — Elle nous a dit comme quoi elle avait été enlevée trois fois, *dans son temps;* — elle nous a dit sa résistance dans les bras des ravisseurs; elle nous a dit bien autre chose, en vérité!... De là vient que Mlle Donmartin se couche avec le soleil, et se garderait bien de faire un pas dans la ville, si elle n'avait pour protéger sa vertu, l'authenticité de la lumière.

Puis enfin, las de rire, nous souscrivîmes, je ne sais trop en quels termes, à tout ce que voulut la bouquetière, nous lui fîmes un effet de mille écus payable en 1934, nous achetâmes les fleurs qui restaient dans sa corbeille; — et, comme il était nuit, nous la conduisîmes jusqu'au milieu de la rue, où elle fut bientôt perdue au milieu des distractions de la foule.

CINQ-MARS ET DE THOU.

CIRCONSTANCES RELATIVES A LEUR EXÉCUTION A LYON EN L'AN 1642.

Le mercredi, 3 septembre de l'année 1642, vers le coup de midi, le bruit des cloches mêlé au bruit du canon, annonçait aux habitans de Lyon l'arrivée d'un grand personnage. Richelieu y était attendu; Richelieu, le ministre du roi Louis XIII; Richelieu, le roi lui-même.

C'était un spectacle imposant que l'arrivée de cet homme, tenant sa double puissance de l'autel et du trône. Aussi le peuple courrait, la foule grossissait et débordait comme un torrent la longue rue du faubourg de la Guillotière, le pont de ce nom; les rues, les quais, les places, tout était encombré. Aujourd'hui, on allait au-devant du ministre; le lendemain, on devait aller voir passer ses deux victimes. Tout est spectacle pour le peuple !

Une conspiration contre Louis XIII venait d'être éventée par Richelieu; la reine, Gaston, frère du roi, et plusieurs seigneurs s'y trouvaient compromis. Parmi les principaux meneurs étaient deux hommes remarquables par les qualités de l'esprit et du cœur, et par l'illustration de leur naissance, MM. Cinq-Mars et de Thou, liés tous deux dès long-temps par une étroite amitié. Le premier, ardent, ambitieux, mais plein de verve et d'entraînement, avait usé de tout son crédit pour conclure avec l'Espagne par l'entremise de M. de Fontrailles, un traité d'alliance secrète. Il se croyait sûr du succès, ignorant que si le mécontentement fait des conjurés, la soif de l'or fait des traîtres. Mais le ministre, instruit à temps, déjoua tous ses projets, fit arrêter les conjurés, les traîna insolemment à sa suite de Montpellier à Valence, et, non content, les devança à Lyon de vingt-quatre heures afin de hâter leur exécution.

Richelieu, malade et vieux, incapable de supporter les mouvemens de la voiture, arrivait donc à Lyon dans une chambrette improvisée pour lui à Valence, et dans laquelle, dit-on, un secrétaire et lui pouvait tenir à l'aise. Ce palanquin, d'une forme toute nouvelle, était incessamment porté par huit hommes, qui se relevaient de lieue en lieue.

Dès son arrivée, le ministre reçut en audience particulière le chancelier Seguier, ennemi juré de Cinq-Mars, et quelques autres personnages qui devaient décider de son sort. Il fut convenu que l'instruction serait commencée immédiatement après la translation des prévenus à Lyon; enfin, l'on s'y prit de manière à terminer le procès au plus vîte; sans doute dans la crainte que la pitié du roi n'allât jusqu'à faire grace au jeune Cinq-Mars qu'il avait comblé, depuis trois ans, d'honneurs et de biens.

Le 4 septembre donc, à deux heures après midi, Cinq-Mars de Ruzé, marquis d'Effiat et grand écuyer du roi, et le conseiller de Thou arrivèrent par eau, avec une escorte de six cents hommes d'armes, jusqu'au pied du rocher de Pierre-en-Scise où ils devaient être renfermés. Le peuple, plus nombreux et plus curieux que la veille, les attendait en foule sur la rive et se précipitait sur leur passage pour les voir de plus près. On eût dit qu'il pressentait leur mort prochaine, et cherchait à graver dans sa mémoire le souvenir de leurs traits, afin de pouvoir dire plus tard : et moi aussi je les ai vus.

MM. de Cinq-Mars et de Thou conduits à la forteresse de Pierre-Scise, l'instruction de leur procès commença dès le lendemain. Le château de Pierre-Scise, autrefois siége du pouvoir sacerdotal, était devenu prison d'état sous Louis XIII. De noires murailles entourées de bosquets, des tours bizarrement dessinées formaient, avec la forteresse de l'autre côté de la rivière une masse imposante de fortifications qui se réflétaient dans la Saône. * C'est là que, durant huit jours, les prisonniers se préparèrent, par la prière, à une mort qu'ils attendaient avec résignation. Pendant l'instruction du procès, Cinq-Mars, condamné à subir la question, témoigna avec horreur son étonnement de ce qu'un homme de son rang qui n'avait rien dissimulé, fut soumis à cette cruelle formalité. Le père Malavalette, son confesseur, le rassura, et lui dit qu'il avait obtenu qu'on le présenterait seulement à la question, mais n'y serait point appliqué. Quant à de Thou, victime dévouée, soupçonné d'avoir été le confident intime des conjurés, mais jugé moins dangereux, fut traité avec assez d'égards et seulement condamné à mort sans être menacé de la question. Sa sentence fut exécutée avec celle de Cinq-Mars le 12 septembre 1642, peu d'heures après le départ du cardinal-ministre. Cinq-Mars était alors âgé de 22 ans; de Thou en avait 37. Tout le monde pleura ce dernier qui périssait pour n'avoir pas voulu dénoncer son meilleur ami, et qui ayant su le traité d'Espagne de la bouche de la reine ne compromit jamais cette princesse dans ses réponses. Ainsi, sans la haine du cardinal et sans les aveux de Gaston, frère du roi, qui pour obte-

* Le rocher de Pierre-Scise s'avançait en forme de promontoire jusqu'au milieu de la Saône. L'étymologie du nom de Pierre-Scise vient de ces mots latins *petra incisa*.

nir sa grâce, dénonça Cinq-Mars, il était impossible de condamner à mort deux hommes dont la vie jusques là avait toujours été sans reproche, et qui n'avaient d'autre tort que de s'être avancés pour faire ce que tout français désirait.

Voici ce que rapporte au sujet de la mort de MM. de Cinq-Mars et de Thou un manuscrit intitulé : * *Particularités remarquées en la mort de MM. de Cinq-Mars et de Thou*, et publié en 1666 dans un recueil fort rare aujourd'hui qui a pour titre : *Les histoires tragiques de notre temps*. Nous nous renfermerons dans les termes de ce précis, toutes les fois que le style en sera clair pour tous, mais nous le traduirons toujours fidèlement.

. . . .

« Le vendredi 12 septembre, sur les trois heures (et non pas à midi comme le prétend M. Alfred de Vigny) on amena MM. de Cinq-Mars et de Thou dans un carrosse de louage ** sur la place des Terreaux, bien différente alors de ce qu'elle est aujourd'hui et où n'existaient ni l'Hôtel-de-Ville, ni le palais St-Pierre ***. M. de

---

* Ce manuscrit existe aux Archives de Lyon.

** M. Alfred de Vigny leur fait faire le trajet à pied de Pierre-Scise aux Terreaux, ce qui est du reste peu ordinaire et fort invraisemblable.

*** C'est sur l'emplacement occupé par l'Hôtel-de-Ville que se tenait le marché des pourceaux. Quant au couvent

Cinq-Mars descendit le premier et salua civilement ceux qui étaient près de l'échafaud * ; après il se couvrit et monta lestement l'échelle. Au second échelon un archer du prevost s'avança à cheval et lui ôta son chapeau par derrière. Cette action fit brusquement retourner Cinq-Mars : « laissez-moi mon chapeau, dit-il; » le prévost qui était près de là prit le chapeau des mains de l'archer et le rendit à Cinq-Mars qui continua de monter courageusement. Arrivé sur l'échafaud, il y fit un tour comme sur un théâtre, puis s'ar-

des religieuses de St-Pierre, nobles à seize quartiers, c'était à cette époque un mince bâtiment entouré d'un mur de clôture qui longeait l'emplacement occupé maintenant par la rue Lafont ; ce mur entourait des jardins.

Les terres ou terreaux, apportés du Rhône en cet endroit, pour le combler et le niveler, lui valurent le nom de Terreaux. Un puits qui servait de réceptacle à tout ce qu'il y avait là de gaillot ou d'eau bourbeuse, donna plus tard son nom à la rue Puits-Gaillot.

Au milieu de la place des Terreaux se trouvait aussi une fontaine qui a été remplacée par celle de l'Hôtel-de-Ville. Le cloitre des Augustins s'étendait jusqu'à la place de la Boucherie-des-Terreaux. La chapelle des Carmes et ses dépendances couvraient tout l'espace occupé par les maisons qui font face à l'Hôtel-de-Ville. Sur l'emplacement de la rue Ste-Catherine il y avait une chapelle consacrée à cette sainte.

* M. de Vigny prétend que les amis de Cinq-Mars devaient à ce signal se jeter sur les hommes d'armes et le sauver, rien de semblable ne se lit dans l'histoire.

rêta et salua avec grace pour la seconde fois, après quoi, il avança un pied, mit la main sur le côté, et, dans une attitude noble, attendit son confesseur. »

On a prétendu que le courage de Cinq-Mars avait été ébranlé, ceci prouverait le contraire car assurément l'homme qui craint la mort ne la regarde pas avec tant d'indifférence.

Sur l'invitation de son confesseur, Cinq-Mars fit plusieurs actes d'amour de Dieu. Puis il se mit à genoux pour recevoir l'absolution et alla immédiatement se placer devant le bloc, disant : « *Est-ce ici qu'il faut me mettre, mon père ?* Il y essaya son col en l'appliquant sur le pouteau, puis s'étant relevé il se mit en devoir de se déshabiller : *Mon père, aydez-moy, je vous prie*, ajouta-t-il, et le père et son compagnon lui aydèrent à oster son pourpoint ; il garda ses gants que l'exécuteur lui osta après sa mort* ; puis ayant baisé le crucifix, il s'alla jeter de bonne grace à genoux dessus le bloc, embrassa le pouteau, mit son col dessus et demanda : *Mon père, suis-je bien ?* L'exécuteur s'approcha avec des ciseaux, mais M. de Cinq-Mars les lui osta ne voulant point se laisser toucher et, les ayant baisés, les remit au religieux :

* Le bourreau s'étant cassé la jambe, ce fut un homme de la lie du peuple, qu'on appelait *Gagne-denier*, qui exécuta les deux condamnés. On lui compta cent écus pour cela.

Mon père, rendez-moy ce dernier service, coupez-moy les cheveux? Le père prit alors les ciseaux et les remit à son compagnon qui coupa les cheveux au patient. » Cette opération achevée, Cinq-Mars releva coquettement sa chevelure de devant. Dans ce moment, le bourreau s'étant avancé, il lui fit signe de la main de se retirer, prit le crucifix, le baisade rechef, et, l'ayant rendu, s'agenouilla pour la seconde fois devant le bloc. « Puis, apercevant un homme qui estait en grand maître, il lui dit : *Monsieur, dites je vous prie à M. de la Meilleraye que je suis son très-humble serviteur;* puis il le salua : *dites-lui de prier pour moi.* Dans cet instant, l'exécuteur vint par derrière avec ses ciseaux pour lui découdre son col qu'il fit passer par dessus la tête. Ensuite il abaissa lui-même sa chemise, découvrit sa poitrine et passant ses mains autour du pouteau qui lui servait d'accoudoir il fit un acte de contrition à haute voix; et se retournant devers l'exécuteur qui était debout, n'ayant pas encore tiré son couperet d'un méchant sac, il lui dit : *Eh bien! qu'attends-tu?* Alors il rappela son confesseur, lui demandant de prier pour lui, pendant quoi, l'exécuteur tira de son sac un couperet fait comme ceux des bouchers. » *Il faut mourir,* dit alors Cinq-Mars levant les yeux au ciel, *mon Dieu, ayez pitié de moi!* et sans avoir les yeux bandés, attendit avec courage le coup qui devait le frapper.... Bientôt il jeta un cri qui fut étouffé dans son sang, fit un mouvement convulsif comme pour se relever, mais la mort l'avait saisi, il retomba.... L'exécuteur acheva alors de lui couper la tête qui n'était pas entièrement séparée. Tout fut fini.....

Le corps de Cinq-Mars était resté droit contre le pouteau qu'il tenait convulsivement embrassé, l'exécuteur l'en détacha et le recouvrit ainsi que la tête avec le manteau du supplicié. « Ce fut, dit l'histoire, une merveille de voir le bourreau ne montrer aucune émotion ny aulcun trouble, et témoigner une si grande fermeté que chacun fust dans l'étonnement. »

« M. de Cinq-Mars étant mort, on leva la portière du carosse où M. de Thou estait resté; il en descendit le visage riant, et ayant salué fort civilement ceux qui estaient auprès, il monta vîte et lestement sur l'échafaud ayant son manteau plié sur le bras droit; puis il courut vers l'exécuteur qu'il embrassa, et se tournant sur le devant de l'échafaut, salua tout le monde et jeta son chapeau derrière lui. De là, se tournant vers son confesseur, il lui dit d'une grande ardeur : *Mon père, montrez-moi le chemin que je dois tenir pour aller au ciel* *. Il s'agenouilla, reçut l'absolution et dit d'une voix très-vive et très-haute

---

* De Thou avait toujours eu des mœurs très-pures et une foi religieuse très-vive.

qui permit à tout le monde de l'entendre : *Je ne conserve aucun ressentiment pour ceux qui m'envoient à la mort, au contraire, je les aime de tout mon cœur, Dieu le sait !* »

Lorsque l'exécuteur s'approcha avec ses ciseaux l'ecclésiastique les prit comme il avait fait pour Cinq-Mars, mais M. de Thou lui dit : *Croyez-vous que je craigne cet homme, et n'avez-vous point vu que je l'ai embrassé ? Tiens, mon ami, fais ton devoir, coupe-moi les cheveux.* Mais comme celui-ci était maladroit et lourd, le père fit terminer l'opération par son assistant. De Thou eut constamment les yeux au ciel et l'on voyait qu'il priait avec ferveur. « Ses cheveux étant coupés, il se mit sur le bloc, et fist, de soy-même, une offrande à Dieu. Puis il demanda à tous un *Pater* et un *Ave*, baisa le Christ et désira avoir les médailles pour gagner les indulgences. Mon père, ajouta-t-il : *Ne veut-on me bander ?* On lui répondit qu'il en serait à sa volonté. *Oui*, fist-il en souriant, *bandez-moi, je suis poltron, je l'avoue*. Il fouilla dans sa pochette et n'y trouvant point de mouchoir il en demanda un, on lui en jeta plusieurs, il remercia avec politesse, on lui banda les yeux. Il mit aussitôt le col sur le poteau dont un frère jésuite avait essuyé le sang. On lui dénoua les cordons de sa chemise, et il prononça pour dernière prière *Mater Maria*, etc. Pour lors, il fut saisi d'un violent tremblement, le bourreau leva le bras, la hache tomba, mais si maladroitement, que la tête ne fut coupée qu'à moitié, le corps tomba à la renverse et il y eut là, pendant un moment, un horrible spectacle et des cris déchirans....

Ainsi finirent deux hommes, grands par leur naissance et distingués par leur mérite personnel. Encore cette fois, Richelieu mit sous ses pieds ses plus dangereux ennemis, et sa puissance, en s'agrandissant, devint de plus en plus absolue. Louis XIII, réduit à traîner tristement une existence flétrie, attendait, en souverain soumis, les ordres de son premier ministre qui, jalousé par tous les courtisans, luttait toujours, malgré ses infirmités et son âge, avec une supériorité qu'il devait à son adroite politique et à la finesse de son caractère dominateur*. L'exécution de Cinq-Mars fut un fleuron de plus ajouté à sa couronne d'iniquité. Dès qu'il le sut condamné, il quitta Lyon non sans avoir ordonné les préparatifs du supplice.

Après sa mort, le corps de Cinq-Mars fut porté dans l'église des Feuillans, et enterré devant le grand autel. Celui de De Thou fut mis dans un cercueil de plomb pour être porté dans le lieu de sépulture de sa famille. On fit ce distique sur la mort des deux victimes:

    Morte pari periere duo, sed dispare causâ ;
    Fit reus ille loquens, fit reus ille tacens.

* Lire la vie du cardinal de Richelieu, par Clerc.

Quelques historiens ont ajouté des circonstances particulières à la mort de ces deux amis, mais d'une part, elles ne sont appuyées sur rien; de l'autre, elles ont été démenties, ce qui permet au moins de les regarder comme douteuses.

Eugénie N<small>IBOYET</small>.

Le Tombeau
DE
LA FILLE D'YOUNG,
A L'HÔTEL-DIEU DE LYON.

Il est sans doute permis aux poètes d'embellir la vérité et de présenter le fait qu'ils choisissent pour sujet de leurs vers sous son aspect le plus pittoresque et le plus intéressant ; mais la licence qu'Horace leur accorde va-t-elle jusqu'à calomnier une ville, un pays, pour apitoyer le lecteur de bonne foi sur des malheurs imaginaires ?

Il n'est personne qui ne connaisse la quatrième nuit d'Young. La peinture, la gravure, même les ombres chinoises de Séraphin, ont vulgarisé la scène de l'enterrement clandestin de la jeune et infortunée Narcissa. La bêche et la lanterne, nécessaires au vieillard dans cette douloureuse expédition, sont devenues ses attributs distinctifs, à défaut de cette tête de mort qui lui fut envoyée par un mauvais plaisant pour servir de réceptacle au flambeau de ses veilles. C'est en France, comme en Angleterre, une vérité admise, que l'auteur des *Nuits* fut obligé *de dérober une sépulture* pour sa fille aux catholiques d'une ville du Midi.

« **O ma fille!** enlevée à la fleur de tes ans, à
« ton heure nuptiale, au moment où la fortune
« te souriait avec ton amant, lorsque ton ame
« ouverte au plaisir commençait à sentir le bon-
« heur d'être ; lorsque les aveugles mortels te
« nommaient hautement la plus heureuse des
« amantes, c'est alors que ta cendre reste sur une
« terre étrangère! Ses durs habitans n'ont pu te
« refuser des larmes. Parce que tu n'adorais pas
« Dieu à leur manière, ils s'étonnaient de s'at-
« tendrir sur toi ; mais les cruels ont pleuré, ils
« n'en étaient pas plus humains. Tandis que la
« nature les forçait de donner des larmes invo-
« lontaires à la mort de Narcissa, *la superstition*
« *insensible, se livrant à son extravagance, lui*
« *refuse un tombeau !*

« *Ces hommes impitoyables ont refusé de ré-*
« *pandre une poussière sur une poussière*, bien-
« fait dont ils ne privent pas les plus vils ani-
« maux? Que pouvais-je faire? que pouvais-je
« implorer? Par un pieux sacrilége, *j'ai dérobé*
« *furtivement un tombeau pour ma fille*, mais
« j'ai outragé sa cendre. Lâche dans mon devoir,

« craintif dans l'excès même de ma douleur, mes
« mains l'ont placée à la hâte dans ce tombeau.
« *Au milieu de la nuit, enveloppé des ténèbres,*
« *d'un pied tremblant, étouffant mes sanglots,*
« *ressemblant plus à son assassin qu'à son ami,*
« *je lui ai murmuré tout bas mes derniers adieux,*
« *je me suis enfui comme un coupable!* Père lâche
« et ingrat, *tu n'as point écrit son nom sur sa*
« *tombe!* Inconnue, oubliée, ta fille est foulée
« sous les pas de ces étrangers inhumains! Que
« ma crainte était vile et criminelle! Comment
« ai-je pu redouter ses ennemis, tandis que
« j'obéissais aux lois les plus solennelles de la
« nature? Chère ombre! pardonne à la nécessité
« cruelle. La douleur et l'indignation se dispu-
« taient mon cœur : l'exécration se mêlait à ma
« prière. J'étais transporté de fureur en adorant
« son Dieu. Je ne pouvais voir sans horreur cette
« terre sauvage posséder le trésor sacré de ta
« cendre. J'ai foulé de rage sous mes pieds ce
« sol barbare, et j'ai encore été plus humain que
« ses habitans, en leur souhaitant à tous, dans
« ma juste douleur, le tombeau qu'ils t'ont re-
« fusé, etc., etc... »

(*Traduction de Letourneur.*)

Qui oserait douter de la véracité d'un récit
empreint d'une aussi profonde indignation? Qui
pourrait croire qu'un père, fit-il des vers, ait eu
le cœur de recourir à la fiction, dans une cir-

constance aussi solennelle? Ceux qui ont accusé Young d'avoir mêlé les regrets d'une ambition déçue aux douleurs de la paternité auraient-ils déviné le secret d'un deuil si emphatique? Quoi qu'il en soit, il est temps de renverser l'échafaudage romanesque à l'aide duquel Young a surpris notre pitié pendant cent années.

Edouard Young épousa vers 1731 milady Betty Lee, fille du comte de Lichtfield, et veuve du colonel Lee. De son premier mariage cette dame avait un fils et une fille, nommée Eliza ; c'est cette Elisa que le poëte a célébrée sous le nom de Narcissa. Elle fut fiancée (ou même mariée) très-jeune encore à sir Henri Temple; mais l'état de sa santé exigeant qu'elle fît un voyage dans le midi de la France avant la consommation de son mariage, Elisa Lee partit, accompagné de son beau père et de son futur. La tradition la fait mourir à Montpellier, après avoir vainement essayé du climat et des médecins de cette ville; mais il est certain que ce fut à Lyon qu'elle mourut, le 8 octobre 1736, ainsi que nous allons en donner la preuve irrécusable.

Il existe au centre de l'Hôtel-Dieu de Lyon une petite cour, convertie depuis quelques années en jardin médicinal, après avoir servi autrefois de lieu de sépulture aux protestans, que nos usages religieux défendaient d'inhumer dans les cimetières publics. Il ne reste plus debout qu'une seule pierre tumulaire qui indiqeu l'ancienne destination de ce terrain ; les autres ont fait place à de nouvelles constructions, à des plates-bandes de sauge, de romarin, et sont allées s'entasser pêle-mêle dans un angle, derrière un mûrier d'Espagne. C'est là que s'est rencontré un débris précieux par les noms dont il est couvert et par les renseignemens qu'il fournit.

L'épitaphe suivante est gravée en lettres capitales sur une table d'un marbre noir assez grossier (1) :

Hic jacet
Eliz. Temple ex parte patris
Francisci Lee regiæ legionis
Tribuni nec non ex parte
Matris Eliz. Lee
Nobilissimorvm comitvm
De Lichtfield consangvinea.
Avvm habvit Edvardum Lee
Comitem de Lichtfield,
proavvm Carolvm II
Magnæ Britanniæ

(1) La découverte de cette épitaphe est due à M. Ozanam, médecin de Lyon. MM. Péricaud, Breghot du Lut, philologues connus dans le monde littéraire, et l'auteur de cette note, l'ont soigneusement relevée sur la pierre même (V. *Archives du Rhône*, t. XII p. 130 et 136, et *Nouveaux Mélanges sur Lyon*, par M. Breghot du Lut, p. 363.)

Regem. In memoriam
Conjvgis carissimæ
Peregrinis in oris (ita
Sors acerba volvit) hvnc
Lapidem moerens posvit
Henricvs Temple filivs
Natv maximvs Henrici
Vicecomitis de
Palmerston. Obiit
Die 8 oct. A. D. 1736
Ætatis 18.

« Ci-gît Elisabeth Temple, de la maison des
« nobles comtes de Lichtfield, tant par son père,
« le colonel Lee, que par sa mère, Elisabeth
« Lee. Elle eut pour aïeul Edouard Lee, comte
« de Lichtfield, et pour bisaïeul Charles II, roi
« de la Grande-Bretagne (1). Henri Temple, fils
« aîné de Henri, vicomte de Palmerston, a con-
« sacré sur une terre étrangère (ainsi l'a voulu
« le sort cruel) cette pierre à la mémoire d'une
« épouse chérie. Elle mourut le 8 octobre 1736,
« âgée de dix-huit ans. »

La découverte de ce monument rectifie plus
d'une erreur :

Premièrement. — C'est à Lyon et non à Montpellier qu'est morte la belle-fille d'Young (2).

(1) Barbe, fille naturelle de Charles II, roi d'Angleterre, épousa Edouard Henri Lee, comte de Lichtfield.

(2) Sir Herbert Croft, mort il y a peu d'années, est le

Deuxièmement. — C'est en 1736 qu'elle est décédée, et non postérieurement à 1740, comme l'avance M. Villemain dans la *Biographie universelle*, tome LI, page 498.

Troisièmement. — Les habitans de Montpellier ne se sont point rendus coupables de la barbare intolérance qui leur a été imputée.

Un autre document, confirmatif de celui-ci, va nous fournir quelques présomptions sur les causes qui excitèrent la verve rancunière du chantre de Narcissa. Il existe aux archives de l'Hôtel-de-Ville de Lyon un registre du culte protestant, contenant les décès de 1719 à 1774, dans lequel se trouve à la page 49 l'acte suivant :

« Madame Elisabeth Lee, fille du colonel Lee,
« âgée d'environ dix-huit ans, épouse de M. le
« chevalier Henry Temple, anglais de naissance,
« a été inhumée à l'Hôtel-Dieu de Lyon, dans le
« cimetière de messieurs de la religion prétendue
« réformée de la nation suisse, le dixième octobre
« 1736, sur les onze heures du soir, par ordre
« de M. le prévôt des marchands.

« Reçu 729 livres 12 sols.

« *Signé* PARA, *prêtre, économe.* »

seul de tous les biographes d'Young qui se soit permis d'assurer, contre l'opinion générale, qu'Elisabeth Lee était morte à Lyon. N'ayant pas son ouvrage à notre disposition, nous ne pouvons vérifier si le *ponctuel* écrivain a connu les documents authentiques que nous rapportons ici.

La somme de 729 livres, exigée pour l'étriot emplacement où fut déposée la dépouille mortelle d'Elisabeth Lee, serait encore excessive aujourd'hui, et devait l'être bien davantage il y a cent ans. Edouard Young aurait pu se plaindre avec justice du tarif funéraire de l'Hôtel-Dieu; mais de ce qu'il avait payé cher, fort cher, un tombeau pour sa fille, il n'en résultait pas qu'il l'avait volé. Toutes les circonstances acccumulées dans le paragraphe que nous avons cité se résolvent de même en fictions. Nous gémissions avec un père désolé, et voilà que nous ne trouvons plus qu'un Anglais pleurant son argent. Ces malheureuses 729 livres restèrent sur le cœur du vieillard, comme si elles fussent sorties de sa propre bourse; car remarquez bien qu'il n'est question d'Young pas plus dans l'épitaphe que dans la quittance de l'économe de l'Hôtel-Dieu. N'importe, il voulut mettre ses griefs en vers, et, comprenant que sa mesquine susceptibilité se prêterait mal à des développemens poétiques, il inventa le petit drame de la Quatrième nuit. Ce touchant et lugubre tableau, assaisonné de tous ces lieux communs de morale philosophique dont le dix-huitième était si avide, obtint le plus grand succès en Angleterre, et plus tard, grâce à Letourneur, fit une égale fortune en France. Nous ne pouvons reprendre au noctambule auteur les émotions qu'il a surprises à nos pères; mais nous épargnerons du moins quelques larmes à nos neveux.

Les Anglais sont trop jaloux de la réputation de leurs grands hommes pour que ces renseignemens échappent à leur attention ; s'ils n'enrichissaient pas de cette note les nouvelles éditions d'un poète qu'ils réimpriment souvent, du moins elle ne leur sera pas tout-à-fait inutile. Les pieux pélerins du génie d'Young ne s'empresseront plus d'acheter à Montpellier de prétendus restes de sa fille, qu'on leur fait payer aussi cher qu'à Ferney les plumes et les cannes de Voltaire. Trop crédules touristes, ils cesseront de suivre à pas contrits le concierge du jardin botanique de cette ville, qui leur montre une espèce de grotte où Narcissa fut nuitamment ensépulturée des propres mains de son père.

ALFRED DE TERREBASSE,
auteur de BAYART A LYON.

NOTE DE L'ÉDITEUR.

Millin, tome IV, pages 307 et suivantes de son *Voyage dans les départemens du midi de la France*, Paris, 1811, regarde comme une fable inventée par la cupidité des employés du jardin des plantes de Montpellier, tout ce que l'on a débité sur l'enterrement furtif dans ce jardin de la fille d'Young. Ce savant archéologue nous apprend que le célèbre tragédien Talma et sa femme, pendant leur séjour à Montpellier, avaient proposé et ouvert une souscription pour élever un monument modeste à Narcissa : « Ils y ont, dit-il, généreusement « contribué, mais leur zèle n'a point eu d'imitateurs. » Nous avons lieu de croire que le monument projeté ne sera jamais érigé, et nous pensons que le directeur du jardin des plantes de Montpellier, lorsqu'il aura vu l'article de M. de Terrebasse, fera disparaître un marbre placé au-devant de la grotte où l'on prétend que Narcissa aurait été nuitamment ensépulturée, et sur lequel on lit cette inscription qui bien qu'erronée n'en est pas moins remarquable par son laconisme et par sa noble simplicité :

MANIBUS NARCISSÆ
PLACANDIS.

LYON
MALADE DE LA PESTE.

Tout remède est en Dieu.
        DIÉGO.

Je n'en crois rien. Vite! vite un médecin.   Compère MATTHIEU.

Faites ce que vous pouvez comme si vous n'attendiez rien de Dieu! et après cela attendez tout de Dieu, comme si vous n'aviez rien fait.   Saint IGNACE.

Vers la fin du sixième siècle, la ville de Lyon, soumise avec le reste des Gaules à la prétention dominatrice des petis-fils de Clovis agglomérée au royaume d'Orléans, venait d'écheoir par le sort à Gontran, déjà roi de Bourgogne. L'archevêque Priscus occupait le siège du vénérable patriarche St-Nizier, et la cité romaine quoique bien différente de ce qu'elle était aux beaux jours de la colonie, jouissait cependant d'une certaine prospérité, lorsque survint tout-à-coup une maladie affreuse qui emporta les deux tiers des Lyonnais et ravagea toutes les campagnes environnantes. C'est Grégoire de Tours qui nous apprend dans son histoire des Francs, les circonstances étranges de ce fléau, dont l'action redoutable s'étendit au loin sur les villes de Bourges, Châlons et Dijon, lesquelles furent aussi presque entièrement dévastées. Tout nous porte à croire que ce fut la fameuse peste *Inguinaire*. Depuis 579 elle désolait les provinces qui composent aujourd'hui notre pays de France; elle s'annonçait ordinairement par des accidens extraordinaires, mais le plus souvent par des inondations. Grégoire de Tours, l'historien de toutes les calamités de son pays et de son temps, nous décrit les symptômes de ce mal. Partout où il se manifestait il était caractérisé par des bubons et des pustules qui se formaient aux aînes, sous les aisselles, des vésicules qui couvraient la peau et qui crevaient d'elles-mêmes sans qu'on put les guérir. Une langueur insurmontable, une fièvre forte, amenaient dans les trois jours une mort douloureuse aux individus qui en étaient atteints.

On peut remarquer qu'à cette même époque il arriva dans Lyon un fait inouï jusqu'alors, (1) et qui peut-être n'était pas sans rapport avec la maladie pestilentielle dont nous parlons. Grégoire de Tours nous en fournit encore les principaux détails. Avec l'automne commença une pluie si furieuse, si véhémente et si continuelle, que l'on aurait cru, comme le dit notre bon Paradin, que le déluge de Noé fut de retour. Les cataractes du ciel semblaient être ouvertes. Presque toute la Gaule fut inondée. A Lyon il plut vingt jours de suite sans aucune interruption. Le Rhône et la Saône se débordant à la fois surmontèrent alors d'une hauteur prodigieuse les bornes de leur lit, et couvrirent toute cette partie de la ville qui est entre les deux rivières. Les habitans effrayés se réfugièrent à la hâte sur les collines de St-Just, de St-Sébastien et de Fourvières. Pendant leur absence le choc des eaux fut tellement violent, que les murailles de la ville qui longeaient le Rhône et la Saône, quoique fortement construites, furent jetées à terre et entraînées par les flots; il en fut de même d'un grand nombre de maisons. La chronique ajoute que cette inondation fut suivie d'une espèce de miracle, d'un prodige sinistre, car la pluie ayant cessé, les arbres

(1) Les historiens ne sont pas d'accord sur la date de cet événement; les uns le placent avant, d'autres après la peste de Lyon.

refleurirent au mois de septembre comme aux premiers jours du printemps. Il y a dans cette floraison inattendue je ne sais quoi de mélancolique, justifiant bien certaine tradition superstitieuse qui existe encore au village : on sait que dans les campagnes depuis un temps immémorial les fleurs d'automne ont passé pour un présage de tristesse et de mort.

> Venez, sous l'âge qui le penche,
> Vous voyez cet arbre, mes sœurs,
> Reverdir, et de branche en branche,
> Se parer de secondes fleurs ?
> C'est un avis que Dieu nous donne,
> Notre mère l'a dit souvent :
> Vieil arbre en fleur pendant l'automne,
> Présage deuil à quelqu'enfant.
>
> Dutour.

Mais à la suite de catastrophes semblables, que dira le poète de ces fleurs si pâles, si frêles destinées à joncher la terre de campagnes dépeuplées, sinon que c'était un hommage céleste à la tombe ignorée de tant de malheureux trépassés !

De toutes les maladies qui s'attaquent aux masses et que l'on confond sous la dénomination générale de peste, c'est la première qui, au dire des historiens, ait exercé ses ravages sur la ville de Lyon; c'est du moins la première que nous fassent connaître les écrits originaux. Depuis cette époque jusqu'en l'année 1564, durant un espace de 975 ans, c'est-à-dire depuis les premiers Mérovingiens jusqu'à la dixième génération des Valois, aucun de nos auteurs ne fait mention d'un fléau semblable à Lyon : lacune qui doit paraître immense à quiconque songe à la désorganisation physique et morale du midi de l'Europe et de la France en particulier, qui, durant le moyen-âge, comptait à elle seule plus de deux mille maladreries.

Un homme de talent remarque que la peste se fit sentir dans l'Occident environ cent vingt fois depuis le commencement du cinquième siècle jusqu'au milieu du septième, quinze fois dans le quatorzième, dix-sept dans le quinzième et vingt-quatre dans le seizième. Feu Clerjon, retraçant d'après St-Aubin une monographie locale de nos maladies contagieuses, considérant la peste dans ses époques mémorables, en compte jusqu'à six qu'il côte par première et dernière, sans trop s'embarasser des découvertes ultérieures dont son calcul se trouvera fort mal. C'est poser hardiment un chiffre difficile à maintenir dans l'état actuel de nos connaissances historiques. Dieu nous garde d'en substituer un autre! car aujourd'hui nos archives municipales sont une vaste mine de vérités que personne n'exploite, nos archives départementales offrent encore l'image d'un chaos que le grand Ouranos lui-même ne débrouillerait pas. Grâce à l'insouciance et à la confusion, les documens les plus précieux restent enfouis dans la poussière et dorment au fond des sacs, tout ce que nous avons de savans laborieux s'épouvante à l'aspect seul des travaux inouïs qu'exige le classement de ces matériaux entassés pêle-mêle. Heureux nous sommes, si le vent qui, de siècle en siècle, détache de ce chartrier immense un feuillet délabré, vient apporter sous nos pieds quelque page volante qu'on relève avec admiration et qu'on enregistre patiemment dans l'attente d'une trouvaille du même genre.

Au onzième siècle, il y eût une contagion presque générale en Europe. En 1089 la France fut infectée de ce mal qu'on appela d'abord le *feu sacré*, puis ensuite le feu St-Antoine; il était aussi connu sous le nom de *peste igniaire*, ou mal des ardents. Le peuple attribue toujours à des causes surnaturelles les maladies inconnues dont il est frappé. Aussi les chroniqueurs de de l'époque, assurent-ils que ce fléau fut lancé sur la terre par un dragon de flamme. Si l'on en croit le moine Sigebert, c'était un feu qui pourrissait les chairs; les parties frappées de cette mortalité terrible devenaient noires comme du charbon, et les péstiférés périssaient indubitablement à moins qu'ils ne fissent sur le champ couper leurs membres gangrenés pour n'offrir bientôt plus aux yeux que des restes mutilés, et traîner péniblement jusqu'au bout une misérable existence.

Urbain II institua, à cette occasion, un ordre de religieux connus sous le nom de St-Antoine, pour prendre soin des malades attaqués de ce nouveau mal. Le père Ménétrier nous apprend que dans la fondation de cette maison St-Antoine, il est fait mention d'un ancien hôpital de Lyon où l'on retirait les victimes du feu sacré. Le nom que portait cet établissement (1), fait allusion sans doute à la contraction horrible qu'éprouvait le système nerveux chez les ardents. Ce dernier trait doit suffire pour nous rappeler la fameuse peste d'Athènes que Thucydide et Lucrèce ont décrite, et dont l'abbé Barthélemy nous a fait un tableau si effrayant dans son beau roman d'Anacharsis.

Nous avons plus que des probabilités pour supposer qu'avant l'année 1564 la ville de Lyon, plus d'une fois encore, servit de foyer à des épidé-

(1) Domus contractoriæ.

mies. D'ailleurs il faut voir tout ce qui nous reste de la vieille ville sur le versant de la colline de Fourvières, se reporter à un temps où les pauvres masures du littoral baignaient leurs pieds dans les flots. Il faut connaître par souvenir tout ce qu'il y avait de malsain dans l'accouplement tortueux, irrégulier d'édifices qui croupissaient tous dans des rues sales et marécageuses; l'immense population qui alors que Lyon était une île parfaite, se pressait sur ce triangle de terre, sur cet antique delta, à l'entour de la vieille crypte de St-Nizier, de la vieille chapelle de St-Jacques, noyau de la cité nouvelle vers la fin du moyen-âge; il faut reconstruire par la pensée une ville dont il reste à peine quelques débris connus des antiquaires, et l'on comprendra tout ce qu'il y avait à Lyon de circonstances favorables pour développer en son sein les germes d'une contagion quelconque, soit qu'ils fussent indigènes, soit qu'ils fussent importés par les étrangers.

En 1342, la peste régna dans toute la France; on accusa les Juifs de l'avoir causée en empoisonnant les puits, et il n'en fallut pas davantage pour exciter contre eux la fureur populaire. Le mal ne devint jamais si général et si terrible qu'en 1348, on le désigne sous le nom de *peste noire*. Après avoir infecté toute l'Italie, il franchit les montagnes, s'étendit en Provence, en Savoie, en Dauphiné et en Bourgogne. Toute l'Europe fut envahie, et la mortalité devint si grande en certains endroits, que la république d'Islande fut entièrement détruite.

Lyon, qui eût toujours sa part aux grands malheurs, en fut-il exempt dans cette circonstance? Le silence absolu de nos historiens à cet égard, ne nous permet pas de nous livrer à de grandes conjectures. Cependant il résulte d'une inscription conservée à St-Pierre, qu'un certain Michelet Pancsus fit édifier une chapelle, un autel et un crucifix pour le repos de sa femme, décédée au temps de la mortalité en 1348. Ce Michelet Pancsus était citoyen de Lyon; il jouissait d'une grande fortune et possédait deux maisons dans la rue Ste-Catherine où sans-doute il demeurait.

Les actes consulaires de 1458 prouvent d'une manière indirecte qu'à cette époque une maladie pestilentielle régnait à Lyon. Le fait se trouve pleinement confirmé par un écrit assez curieux dont nous avons eu connaissance aux Archives de la ville. Cette pièce n'est autre chose qu'un extrait des actes du chapitre de St-Jean, dont l'écriture doit être attribuée à une main du dix-septième siècle. La rubrique qu'elle porte fait présumer qu'elle était destinée à devenir matière d'un pamphlet intitulé : *Les Huguenots et la Peste.* Cette alliance d'idées, qui paraît d'abord singulière, doit nous surprendre d'autant moins que nos historiens lyonnais parlent rarement du fléau dont il est ici question, sans faire suivre et précéder leurs lamentations par des invectives contre les réformistes qui, selon eux, attiraient sur la ville le courroux et les vengeances de Dieu.

Les actes capitulaires portent qu'en 1459, il y eût dispense aux prêtres officiants de dire l'épitre à la grand-messe, à cause de la peste. En 1467, le chapitre ordonna aux custodes de Ste-Croix de dire la messe à St-Jean, les chanoines étant absents par la même raison. En 1474, nous retrouvons des ordres et des dispenses du même genre. La peste dura cette année jusqu'à la Toussaint. Nous savons d'autre part qu'à cette même époque, un riche bourgeois de Lyon, nommé Jacques Caille, et Huguette Balarin sa femme achetèrent du prieur de St-Irénée la chapelle de St-Laurent-des-Vignes, et quelques maisons contiguës hors de la ville, derrière le portail St-Georges afin d'y placer les pestiférés. La belle position du site au confluent de deux grands fleuves, sur le penchant d'un côteau si aëré, rendait ce lieu fort commode pour le traitement des pauvres malades. Ce fut là l'origine de l'ancien hôpital de la Quarantaine, ouvrage bien méritoire de Thomas de Gadagne, gentilhomme Florentin, et dont on voit encore les ruines à l'entrée des Étroits.

Nous reproduirons à dessein les expressions employées dans l'extrait des actes capitulaires de 1494. On y lit : « Dispense à deux chevaliers d'aller à Matines tant que la peste sera dans la ville qui était fort grande dans ce temps-là. » Il y a ici une équivoque sensible que l'on serait tenté de résoudre contre le sens grammatical, il est fâcheux que ce soit en faveur de la peste.

La nature de l'homme est oublieuse; aussi le séjour de Charles VIII qui survint à Lyon, dans des temps bien rapprochés de ceux-ci, ne fut-il troublé par aucun souvenir fâcheux; la population lyonnaise assista en masse à tous ces tournois, carrousels où figura le jeune Bayard; la fête royale trouva partout des spectateurs empressés et joyeux. Il est vrai de dire que le commerce dut fleurir pendant quelques jours. Plus d'un chevalier eut besoin de visiter Laurencin ou ses confrères, et les écus des tenanciers du sire de Vaudrey ne valaient pas moins que ceux de l'abbé d'Ainay.

Vingt-quatre ans après, la ville étant encore affectée d'une mortalité qui décimait sa population, les sénéchaux et les consuls vinrent au chapitre de St-Jean, le prier d'assister les pestiférés et de soulager les pauvres, comme les chanoines avaient coutume de le faire dans ces tristes circonstances. Le chapitre, vu le malheur qui pesait sur Lyon, ordonna qu'il n'y aurait point de feu de joie ni de foire la veille de la St-Jean.

Ceci se passait en 1519, quatrième année du règne de François Ier.

En 1527 et 1544 il y avait encore peste à Lyon.

« En 1564, dit Paradin, le plus naïf de nos historiens, fut envoyée une générale pestilence, la plus cruelle et la plus meurtrière dont il soit mémoire par témoignage de temps y être advenue, et de laquelle l'on dit qu'il fut mis plus de corps de citoyens en terre qu'il n'en resta dessus; ce dont pouvaient assez testifier les rues ès quelles on ne voyait que solitude, les églises où ne résonnaient que mortuaires, ès maisons plaintes et deuil; le jour tristesse et désolation, la nuit charroy et voitures de corps morts, et d'autres encore vivants.... »

Et la grande pitié était que les malades ne pouvant aller aux hôpitaux pour être soignés, allaient dans les villages où les paysans les poursuivaient à coups de pierres, ils mouraient au milieu des champs, infectaient le voisinage et devenaient la proie des bêtes. Cette peste ne dura véritablement que deux mois entiers; mais son action fut tellement vive et surprenante, qu'on vit certains individus en parlant tomber sur la place et expirer sur le champ.

Lyon était alors en butte à la guerre civile; les deux fléaux se compliquaient l'un de l'autre. Deux partis étaient en présence et s'accusaient mutuellement des malheurs qui leur étaient communs. Les catholiques, observe judicieusement le père St-Aubin, se doutèrent bien d'où venait ce vent de peste. C'eût été trop peu de contentement pour les calvinistes d'avoir jeté la contagion de leurs erreurs et de leurs révoltes en cette ville. La grâce que Dieu répandit sur un grand nombre de personnes qui abandonnaient courageusement leur parti, les piqua vivement et les irrita jusqu'à la manie; pour donc se venger de cet affront imaginaire, ils firent venir de Genève une vapeur pestilentielle, et à dessein ils entretinrent avec cette ville un commerce très-funeste. »

On pourrait prendre cette sortie du père St-Aubin, pour une hyperbole inspirée par une passion violente, mais il est démontré que son opinion était bien celle du temps, et cent soixante-quatre ans plus tard, dans une circonstance à peu-près semblable, le peuple prouva par des meurtres, qu'il croyait à ces manœuvres infâmes.

La contagion enleva plus de soixante mille

personnes; les deux tiers des pauvres artisans en moururent. La plupart des habitans aisés s'étaient enfuis dans leurs maisons de campagne, aux alentours de Lyon; la ville resta long-temps solitaire et abandonnée, au point que l'herbe croissait dans toutes les rues et sur les places publiques.

Au milieu de tant de malheurs, l'expérience avait indiqué aux autorités, certaines institutions aux effets salutaires. Ainsi toutes les fois qu'il plaisait à Dieu d'affliger la ville d'une contagion, le consulat avait coutume de députer quelques notables pour avoir l'œil à tout, et pourvoir aux besoins des malades. Ces députés étaient connus sous le nom de commissaires de la santé; leurs fonctions qui variaient suivant la nature du mal, consistaient principalement à veiller au recouvrement de la santé, par le bon ordre qu'ils savaient y mettre en coupant le chemin à l'épidémie, en séparant des autres ceux qui en étaient atteints, en leur faisant dresser des cabanes de bois hors la ville, à St-Laurent, près St-Georges, où ils tenaient aussi un certain nombre de ces huttes toutes prêtes, pour y recevoir à la quarantaine ceux qui entraient en convalescence.

Ce n'étaient point seulement les officiers publics qui se consacraient ainsi, au péril de leurs jours, à soigner les pestiférés; plusieurs religieux se firent remarquer par leur dévouement, entr'autres un jésuite célèbre, la perle de son ordre, homme de cœur et d'action qui prouva par son zèle et son humanité, qu'il oubliait dans les jours de malheurs tout esprit de corps et de parti, Edmond Auger offrit aux magistrats ses services qui furent acceptés. Fervent prédicateur de la foi, il venait d'échapper par miracle à la potence que lui destinait le baron des Adrets. La mort ne l'effrayait point. Pour sa religion il avait bravé la corde; il brava la peste pour son prochain. Son exemple excita une foule de gens à faire comme lui. Il engagea deux cents personnes du sexe, des plus distinguées de la ville, à former unanimement une pieuse association pour le soulagement des malades et des pauvres. Il visitait les pestiférés, les consolait, les servait et les instruisait dans leurs cabanes, il leur administrait les sacremens de la pénitence et de l'Eucharistie, mais ses soins tombaient également sur le catholique et le protestant. Il leur distribua à tous ou du moins employa pour leur soulagement une somme de quatre-vingt mille écus d'or dont la charité et la confiance de nos concitoyens l'avaient fait dépositaire. Dans un éloge de ce jésuite, le père Pomey rapporte une anecdote qui se rattache à ces temps de désolation. Edmond Auger par mesure sanitaire faisait brûler les habits, le linge des pestiférés et leur en faisait distribuer d'autres quand ils étaient hors de danger. Une pauvre mendiante ayant été pleinement guérie dans l'hôpital de St-Laurent, redemandait ses vieux habits avec des cris lamentables; on voulut connaître la cause de ses regrets et l'on trouva cinq cents écus d'or qu'elle avait cousus dans ses vieux haillons.

La ville fit un vœu à Notre-Dame-du-Puy; on conçut en outre le projet d'élever une chapelle, hors les portes, près St-Laurent, à St-Roch, célèbre pélerin de Montpellier, devenu le patron des pestiférés.

Le 13 juin 1564, Charles IX vint à Lyon avec sa mère. Son voyage dans le midi de la France, avait un but politique qui ne fut connu que deux ans après; les huguenots et les catholiques témoignèrent une véritable joie; son arrivée fut accueillie par de grandes fêtes, car les deux partis interprêtaient en leur faveur la présence du roi. On peut juger de l'effervescence des passions politiques et religieuses à cette époque, en songeant que malgré la peste, au milieu des morts et des mourans, il y eût dans Lyon des bals et des réjouissances de toute espèce. On jonchait de fleurs les rues et carrefours de la ville, sans-doute après les avoir nettoyées de cadavres et de malades. Charles IX, malgré la contagion, resta très-long-temps à Lyon. Il fit construire une citadelle sur la montagne St-Sébastien, et ne partit que lorsqu'elle fut terminée.

En 1581, la peste exerça de nouveau ses ravages dans Lyon. Cette fois les habitans n'en furent pas quitte à meilleur compte. Quelques auteurs ont écrit qu'elle dura tout l'été de 1581, durant le règne d'Henri III; d'autres l'étendent jusque dans l'automne, et avec raison la réveillent l'année suivante; tous pourtant demeurent d'accord que la durée en fut longue et la rigueur extrême. Le mal fut commun à bien des villes, et enveloppa presque toutes les provinces de France. On l'appelait la *grande Peste*. A Marseille elle ne laissa que trois mille habitans.

Le 25 mars il y eut une procession générale ordonnée par le gouverneur; elle partit de la cathédrale de St-Jean, se rendit à St-Just, et à son retour alla poser la première pierre de la chapelle qui en 1564 avait été vouée à Dieu, sous le nom de monsieur St-Roch.

Les actes capitulaires de cette année nous apprennent qu'il fut donné deux écus au tire-corde pour avoir toqué la cloche durant la contagion de cinq mois. Sur la fin de l'été, le fléau paraissait avoir entièrement cessé, quand tout à coup il se renouvella. Lyon se remit encore sous la protection de Marie. Le père Edmond Auger, l'historien Derubys et son ami le Custode Amyot, furent choisis pour aller faire un vœu à Notre-

Dame-de-Lorette. Ils étaient chargés d'offrir à la chapelle, un grand calice de vermeil, une patène et des burettes de même métal. Au moment où ils partaient, Henri III arriva à Lyon suivi seulement d'une vingtaine de cavaliers : il venait, disait-il, manger nos fruits et nos melons pour se recréer. C'était à coup sûr bien choisir son temps. Il ne resta cependant pas long-temps à Lyon. La peste lui fit-elle peur? on l'ignore. Peut-être trouva-t-il que les poires n'étaient pas mûres et que les melons sentaient la courge.

La contagion qui avait commencé en 1581, cessa, à ce qu'on rapporte, le jour même où les députés de la ville accomplirent leur vœu à Lorette. Cependant elle reparut et se prolongea avec plus ou moins de rigueur jusqu'en 1586.

Il existe aux archives municipales un recueil d'anciennes proclamations du seizième siècle, qu'on publiait à son de trompe dans les rues et carrefours de Lyon, qu'on fixait ensuite par placards aux murs des lieux les plus fréquentés. On trouve un grand nombre de ces affiches, concernant la peste. Toutes sont fort curieuses, renferment des documens précieux sur l'époque, et donnent une idée assez singulière des mœurs de nos ayeux. Nous en choisirons une entre vingt pour la reproduire textuellement. Elle est de janvier 1582.

De par le roi et monseigneur Mandelot, gouverneur (1) et lieutenant-général pour sa majesté, à Lyon, pays de Lyonnais, Forez et Beaujolais;

Comme il ayt plu à Dieu et à sa divine bonté, faire cesser en cette ville de Lyon la maladie contagieuse, et la restablir en sa première santé, et que pour la continuation, augmentation, conservation d'icelle, il soit besoing et requis, d'user de l'ordre, police et moyens qui peuvent être nécessaires, utiles et profitables pour cet effet; au moyen de quoi et après avoir sur ce mûrement délibéré; a été ordonné:

Premièrement, que suivant les ordonnances du roy, et arrêts de sa Cour de parlement, très-expresses inhibitions et défenses sont faites à toutes personnes de quelqu'état, qualité et condition qu'elles soient, de jurer, blasphémer et de tester le nom de Dieu, de la très-sacrée Vierge sa mère, des saints et saintes du Paradis, à peine pour la première fois d'être mis au pillorier (1), y demeurer l'espace de quatre heures, et pour la seconde fois d'avoir la langue et les lèvres percées, et en outre d'être puni d'amende arbitraire, le tiers de laquelle sera adjugé au dénonciateur.

Est enjoint aux dits manans et habitans assister au divin service les jours de dimanche et fêtes solennelles, pendant lesquelles et que le dit divin service se fera, sont faites défenses à tous maîtres joueurs de paumes, d'ouvrir leurs jeux, fournir de raquettes et paumes, et recevoir les personnes à jouer lesdits jours, à peine de trois écus et un tiers d'amende, qui sera levé sans deport, tant contre lesdits maîtres joueurs de paume,

(1) C'est celui qui renouvella à Lyon les scènes de la St-Barthélemy.

(1) Le pillorier ou pilori était un poteau auquel on attachait ceux qu'on voulait exposer à la risée du public.

que contre ceux qui seront trouvés jouant ; et sous même peine sont prohibés et défendus tous berlands, jeux de quille, cartes, detz, courtes-boulles, palle-mail et autres.

Ne seront faits dans ladite ville aucunes masques, danses ni comédies publiques, lesquelles sont expressement défendues, et à tous marchands de ladite ville de vendre lesdites masques en ladite ville, à peine de vingt écus d'amende et de prison.

Et parce que plusieurs se licentient aux dits jours de dimanches et fêtes de négotier et traffiquer et mesme faire charrier et voiturer, soit par terre ou par eau : sont faites très-expresses inhibitions et défenses, de faire telles et semblables négotiations et traffiques, mesme de charger chevaux, mulets, charrettes, batteaux, ni de faire emballer et à fin que nul n'en prétende cause d'ignorance : Est enjoint aux hôtes, taverniers, et autres tenans logis, advertir leurs hôtes marchands, de ne charger leurs dites marchandises les dits jours de dimanches et fêtes solennelles, à peine pour la première fois de dix écus d'amende, et pour la seconde de confiscation des dites marchandises, charrettes et chevaux et d'être procédé extraordinairement contre lesdits hôtes, qui auront été négligens d'avertir les marchands, et contre les emballeurs de semblables peines.

Est enjoint à tous vagabonds, gens sans aveu, cayemens (1), fainéans, mendians tant valides qu'autres, et filles de joie vuider ladite ville vingt-quatre heures après la publication des présents, à peine du fouet (2) sans

(1) Cayement est synonime de gueux, vaurien.

(2) Cette ordonnance se répète si souvent dans le recueil d'affiches d'où nous extrayons cette proclamation, qu'on pourrait croire que les cayemens, fainéans et filles de joie, ne se pressaient guère de sortir de la ville ; c'est sans doute pour les y décider que plus tard on s'avisa de les menacer de la HART au lieu du fouet.

forme ni figure de procès ; et défense aux hôteliers, cabaretiers de recevoir et loger telles gens, à peine d'amende arbitraire. Et pour le regard des pauvres qui sont demeurans et résidans dans ladite ville, leur est enjoint se contenir en leurs maisons, sans aller parmi les églises, ès portes des maisons de ladite ville mendier et quester, à quoi tiendront la main les bedeaux de l'aumône générale, à peine d'être eux-mêmes punis corporellement par faute de chasser lesdits pauvres, et iceux renvoier en leurs dites maisons.

Et d'autant que plusieurs contre les ordonnances par diverses fois réitérées, laissent leur propre ménage et famille, consomment en un jour ce qu'ils ont gagné toute la semaine, aux cabarets et tavernes : sont faites inhibitions et défenses à toutes personnes de quelqu'état, qualité et condition qu'elles soient, d'aller aux dites tavernes, cabarets, ni y fréquenter en iceux, pour y boire, manger et banquetter, et aux taverniers, cabaretiers, les y recevoir ni bailler à boire et à manger, sinon aux étrangers passans en ladite ville, à peine de trois écus et un tiers d'amende contre les contrevenans pour la première fois, et pour la seconde de punition corporelle, tant contre ceux qui seront trouvés buvans aux dites tavernes, que contre les dits taverniers qui toutefois pourront vendre du vin à pot à ceux de ladite ville.

Et d'autant que par le moyen de l'abort et fréquentation de toutes nations et marchandises en ladite ville, d'aucunes provinces, tant dudit royaume que dehors, la santé qui est en ladite ville pourrait en être altérée : est enjoint à tous ceux qui viendront dans ladite ville, d'apporter et faire apparoir de bulettes et certificats authentiques qu'ils ne viennent de lieux ni de maisons qui soient aucunement suspects de contagion, ny semblablement en lieux où ils auront passé. Autrement et à faute de faire apparoir aux commis et notables des portes, n'entreront en ladite ville ny fauxbourgs d'icelle, ains seront tenus d'en vuider à peine d'être procédé contr'eux extraordinairement, et aux dits notables y tenir la main à peine d'en être responsables, et aux commis d'être punis extraordinairement, et par grosses mulctes et amendes.

EST enjoint à tous capitaines pennons (1), quarteniers, dixeniers, de faire visitation deux fois la semaine dans leur quartier, se faire représenter toutes les personnes de leur voisinage, en tenir registre, iceluy communiquer aux députés de la santé et voyer de ladite ville, pour (si besoin fait) y avoir recours et même pour la qualité des maladies qui peuvent advenir à dites maisons, lesquelles maladies ils seront tenus déclarer sitôt qu'elles seront advenues esdites maisons, pour y être pourvu et remédié selon la qualité d'icelles.

LES médecins, apothicaires, chirurgiens, barbiers, seront tenus aussi déclarer et revéler tout incontinent audit voyer, ceux qu'ils auront trouvés être atteints ou suspects de maladie contagieuse, soit en ladite ville ou fauxbourgs, sous peine d'être déchus de tout droit de bourgeoisie, et d'interdiction de leurs charge et état, et à la charge aussi qu'ils ne seront serrés si ce n'est de leur volonté (2).

LES parens, amis et voisins des malades ne les pourront visiter, sans être bien assurés, certiorez et advertis de la qualité de leur maladie par le médecin, apothicaire

(1) Chaque compagnie bourgeoise avait un étendard appelé Pennon. Ce nom était aussi donné au capitaine du pennonage.

(2) Cette dernière partie de la phrase se rapporte aux suspects.

et chirurgien, qui sur ce seront tenus en faire déclaration et rapport, si besoing faict, à peine d'être punis comme participans avec ceux qui voudraient celer contre le bien public ladite maladie.

Et ceux qui déclareront les maisons et personnes suspectes (si aucune en advenait que Dieu ne veuille) leur sera baillé promptement par les députés de la santé de ladite ville, pour chacune fois la somme de trois écus et un tiers pour leurs peines et rémunération.

Et au contraire les récélateurs et qui sachant ladite maladie la tiendront secrète, seront bannis de ladite ville et fauxbourgs à perpétuité, et leurs biens confisqués.

Et parceque plusieurs inconveniens ci-devant sont advenus, pour raisons de la vente des hardes, meubles, linges et habits ; il est ordonné que des choses susdites ne se fera vente jusqu'aux fêtes de Paques prochainement venant ; soit par autorité de justice ou autrement. A cette cause sont faites défenses, à tous sergens crieurs et autres ministres de justice, de faire les dites ventes, à peine de nullité d'icelles et d'être punis comme contrevenans au bien et repos de ladite ville.

Sont aussi faites défenses à tous contreporteurs, frippiers, revendeurs et autres, porter par ladite ville les susdits habillemens et hardes, et auxdits frippiers d'en acheter, sous peine de prison et de punition corporelle.

Et pour aucunement soulager ceux qui ont été travaillés de ladite contagion, l'été dernier et menés en l'hôpital Saint-Laurent, ou bien aux cabanes communes de ladite ville, et obvier aux procès qui pour raisons de louages peuvent leur être intentés ; il est ordonné que ceux qui restent à payer lesdits louages, et sont de la qualité susdite, sont attermoyés pour six mois, sans qu'ils puissent être contraints ou exécutés en leurs personnes et biens.

Défenses très-expresses à toutes personnes de la présente sénéchaussée, villes, bourgs, bourgades et villages d'icelle, et à tous autres étrangers où ladite contagion pourrait être, de venir en ladite ville de Lyon, ny d'y fréquenter en façon que ce soit, à la peine du hart.

Seront les rues tenues nettes et icelles nettoyées deux fois la semaine pour le moins. Les immondices, escuvillies (1) seront portées dedans la rivière au fil de l'eau. Les maisons seront tenues nettes, et en icelles, ne seront eaux croupies, infectes, fumiers, pourceaux, couchons, connils (2), pigeons, oisons, canards, ni autre chose qui pourrait apporter corruption d'air, le tout à peine de trois écus et un tiers d'amende.

Défenses sont faites aux poissoniers et à tous autres qui se mêlent de vendre poissons et saleure, d'en vendre qui soient pourris et infects, ni de jeter l'eau des dites saleures dans ladite ville, et vendre poisson d'eau douce mort, à peine de confiscation de leur marchandise et de punition corporelle.

Est enjoint aux propriétaires et inquilins (3) des maisons, de faire nétoier les privés et puits perdus dans la huitaine, à peine tant contre les propriétaires que les inquilins de vingt écus d'amende.

Les lanternes ordonnées par ladite ville seront entretenues, et seront tenus les pennons, chacun en son quartier de fournir chandelle ou huile pour faire lumière, qui sera payée au dit pennon, par ceux dudit quartier selon et ensuyvant le département que par lui sera fait.

Et seront tenus tous habitans de quelqu'état, qualité,

(1) On retrouve ici l'origine de notre mot lyonnais EQUEVILLE.

(2) CONNIL, vieux mot qui veut dire LAPIN.

(3) INQUILIN synonime de Locataire.

et condition qu'ils soient, se retirer dans leurs maisons à huit heures du soir sonnées, que si aucuns sont trouvés parmy la ville après ladite heure, n'ayant torche ou chandelle, seront constitués prisonniers et condamnés à grosses amendes.

Est enjoint aux lieutenants de robe courte, chevalier du guet, leurs lieutenans et archers, sergens royaux, ministres, et autres officiers de justice de tenir la main à l'exécution des présentes, à peine d'êtres responsables comme fauteurs des dites contraventions.

Signé MANDELOT.

En 1586 la peste recommença, et ce malheur fut accompagné d'une famine qui fit périr ceux des habitans qu'épargnait la contagion. Enfin la colère céleste se lassa, et Lyon jouit d'une santé parfaite pendant quarante ans. Les populations oublient promptement leurs souffrances. Aussi les Lyonnais perdirent de vue tous les préceptes qu'on leur avait donnés, négligèrent toute précaution, et en 1628 quand le mal reparut, tous furent saisis à l'improviste; et chacun, au dire d'un vieil historien, ressemblait à un paisible habitant d'une cité tranquille, qu'un ennemi furibond viendrait surprendre dans son lit, au sein du repos.

La peste de Lyon en 1628, jouit d'une triste célébrité dans nos annales. J. P. Papon, ci-devant historiographe de Provence, en a fait une longue description dans l'histoire des pestes fameuses. On peut, sans exagération, la comparer à celle qui détruisit Marseille en 1720. Elle naquit, dit saint Aubin, dans nos armées d'Italie. Ayant passé les Alpes, elle descendit avec nos troupes, infecta quantité de lieux dans tout son passage, et se déclara à Vaux sur un soldat qui eu mourut; de là elle se propagea à la Guillotière et s'arrêta opiniâtrement à Lyon, d'où toutefois elle s'échappa pour faire la vagabonde dans toute la France.

Nous avons déjà parlé plusieurs fois de ces proclamations que l'on adressait assez fréquemment aux gardes bourgeoises, on y trouve à plusieurs occasions des ordres sévères pour réprimer une funeste négligence à laquelle on attribua depuis la peste de 1628. Malheureusment, la leçon fut terrible; elle coûta la vie à soixante mille personnes.

Le soldat pestiféré qui mourut à Vaux avait été enterré la nuit par ses camarades, dans un jardin à deux pieds dans terre seulement, et à l'insu du propriétaire. Quelques temps après, la pluie ayant découvert le corps, le maître de la maison le fit enlever et porter au cimetière. Le même jour ceux qui avaient effectué le transport se trouvèrent atteints de la maladie contagieuse, et avant qu'elle fut reconnue, tous les voisins de la maison l'avaient gagnée.

Aussitôt que cette nouvelle fut parvenue aux oreilles des commissaires de la santé; ceux-ci s'empressèrent d'envoyer aux malades plusieurs capucins accompagnés d'un chirurgien, et leur firent tenir tous les vivres nécessaires pour les empêcher de communiquer avec la ville.

Mais l'amour du gain rendit ces précautions inutiles. Les habitans de la Guillotière allèrent pendant la nuit prendre des denrées à Vaux pour les porter le jour aux marchés de Lyon. Le faubourg fut bientôt infecté. Les commissaires firent alors fermer les porter du pont du Rhône, et défendirent à tous les bateliers des ports qui sont aux environs de la ville de passer personne venant du Dauphiné.

Les portes restèrent fermées cinq jours; mais la disette se fit sentir parce que, vu certaines défenses du parlement de Bourgogne d'amener aucun blé à Lyon, le Dauphiné seul fournissait alors la ville. Il y eut une espèce d'émeute; les autorités furent forcées d'ouvrir, et par conséquent livrèrent passage à la maladie. Ce fut au commencement d'août que l'on découvrit une maison infectée dans le quartier St-George. Les incrédules furent convaincus à leurs dépens, car la ville se trouvant sans aucun précepte de ce qui avait été pratiqué dans les dernières maladies fut surprise avec tant de violence par la peste, qu'avant qu'on en eut constaté l'existence, et qu'on eut arrangé l'ordre nécessaire pour en arrêter les progrès plusieurs milliers de personnes moururent.

L'effroi fut tel parmi les Lyonnais que tous les officiers de judicature, des finances, de l'élection, et autres juridictions quittèrent leur exercice et se retirèrent à la campagne avec la plupart des principaux bourgeois et marchands. Les chirurgiens en firent de même, et le séjour dans la ville devint bientôt si dangereux, que messieurs les prévôts des marchands, échevins, les uns après les autres furent contraints de se retirer, de sorte qu'il ne resta dans la villle que les commissaires de la santé et les pauvres artisans.

Qu'on se figure l'affreuse situation de ces malheureux ouvriers. Le travail ayant cessé entièrement, ils se trouvèrent réduits à l'horrible nécessité de périr par la faim s'ils échappaient à la peste. Aussi vit-on plusieurs fois des hommes pleins de santé s'acheminer avec les pestiférés vers St-Laurent, risquant leur vie pour un morceau de pain, et se condamnant à passer des semaines entières dans un hôpital où ils rencontraient, au lieu de nourriture, une mort presque certaine. Pour empêcher cet horrible manége, ceux des échevins qui restèrent, ordonnèrent que les bourgeois nourriraient les pauvres, et qu'en outre on leur donnerait trois sous par jour.

Manzoni, dans son roman des Fiancés, au sujet de la peste de Milan, parle d'une race d'hommes que l'on supposait conjurés pour répandre des épidémies à l'aide de maléfices et de poisons contagieux. De tout temps et dans tous les pays on a cru à l'existence de pareils monstres. Mais c'était une opinion surtout bien accréditée à Lyon qu'il existait des enchantemens et des opérations diaboliques, à l'aide desquels on infecte une population. Cette croyance bien enracinée, il arriva que des voleurs, profitant de la calamité du temps, exploitèrent la crédulité publique, se mirent à engraisser les portes des maisons et des chambres et imprimèrent aux habitans la crainte de prendre la maladie par l'attouchement de cette graisse; ils réussirent ainsi à faire abandonner les maisons dans lesquelles ils espéraient exercer plus facilement leur coupable industrie.

Le peuple s'anima, et sa colère retomba contre les Huguenots qu'il supposait coupables de ces engraissemens. Tous ceux qu'on rencontrait par la ville furent tués, en un seul jour, il y en eut dix de massacrés. Les magistrats qui étaient restés dans Lyon s'étant saisis de quelques-uns de ces prétendus engraisseurs, furent contraints de les faire pendre. Un épinglier, nommé Jacob Marion, de la religion réformée, convaincu d'avoir engraissé des portes dans la rue Tupin, fut condamné à être conduit, la hart au cou, sur la place des Terreaux, avec un écriteau contenant ces mots : *Engraisseur de portes et infecteur public.* Et là, dit l'arrêt, en une potence qui pour cet effet y sera dressée, être pendu et étranglé jusqu'à ce que mort naturelle s'ensuive, et, après ladite exécution, son corps être brûlé et les cendres jetées au vent.

Une foule d'innocens furent tués comme engraisseurs ; de pareilles scènes se sont répétées de nos jours, sans que la justice put y intervenir, cependant les magistrats lyonnais déployèrent une grande activité, plusieurs voleurs furent pris, exécutés, et ces exemples de sévérité ramenèrent un peu de calme dans la ville.

Charles Grenier, dit *le Chat*, fut roué pour avoir volé la nuit en contrefaisant les corbeaux ; ces corbeaux étaient des hommes chargés d'enlever les corps morts, ils étaient vêtus d'un treillis noir et portaient à la main une clochette dont le bruit faisait retirer ceux qui, par mégarde, se seraient approchés. Grenier fut trouvé muni d'une clochette semblable, au moyen de laquelle il écartait les spectateurs, et commettait ses vols fort à son aise. Le même Grenier fut convaincu d'avoir assassiné un nommé Sadallet, courtier du change, sous prétexte qu'il était un engraisseur.

Pour donner une idée plus complète de l'état

de la ville pendant la grande violence de la peste, il suffira de dire que les prisons de Roanne étant infectées de contagion, on prit le parti de donner la liberté à tous les prisonniers, tant civils que criminels; on les mit dans un grand bateau sans batelier pour les conduire ; et ces malheureux s'en allèrent ainsi à leur volonté ou à la fortune de l'eau.

Plusieurs ouvrages renferment des descriptions de cette épidémie, mais entr'autres un petit livre du réverent Père Jean Grillot, écrit en latin et plein de détails fort curieux (1). J. P. Papon l'a pour ainsi dire traduit, nous lui ferons de larges emprunts, mais nous consulterons de préférence un article du *Mercure français* publié en 1631, et renfermant une multitude de faits inconnus.

Dès le commencement de la maladie, les notables firent un vœu à Notre-Dame de Lorette, et envoyèrent deux religieux minimes natifs de Lyon, offrir à la vierge une lampe de vermeil, autour de laquelle étaient inscrits les noms de MM. les prévôts, des marchands et de MM. les échevins. On en voit le dessin au cabinet de **M.** l'archiviste de la ville ; elle était d'un travail remarquable.

Il paraîtrait, d'après Papon, que la maladie cessa un instant pour réagir ensuite avec plus de fureur. « A la fin de septembre, dit-il, lorsque

---

(1) Lugdunum lue affectum.

l'automne semblait avoir ramené les beaux jours de la ville de Lyon, le ciel était pur, un petit vent frais purifiait l'air et les rayons du soleil répandaient sur la ville et la campagne une chaleur bienfaisante ; mais cette rémission n'était rien moins que trompeuse et elle ne fut pas de longue durée, car la peste ne tarda pas à reparaître et replonger dans la tristesse cette ville malheureuse qui ne pensait plus qu'à remercier le ciel de l'avoir délivrée de ce terrible fléau. Cette recrudescence inattendue ne manqua pas de produire sur le moral des habitans une influence funeste qui favorisa le développement de la contagion. La maladie se fut à peine remontrée que la frayeur et l'abattement firent place à la lueur de sécurité dont les habitans pensaient jouir pour long-temps, aussi s'empressèrent-ils de quitter ce foyer pestilentiel, emportant çà et là dans les campagnes ce qui leur était le plus nécessaire.

Quelque part qu'on fut attaqué de la peste, les accidens qui l'accompagnaient étaient formidables, le raison s'égarait, les malades fatigués par des vomissemens, épuisés par le cours du ventre, périssaient souvent dans cet état de faiblesse; il y en avait qui tombaient dans un sommeil profond dont rien ne pouvait les tirer et la mort les surprenait dans cet état ou plutôt lui servait de complément; tandis que d'autres travaillés par des insomnies perpétuelles, ne pouvaient goûter aucun repos; éprouvant des défaillances fréquentes, des douleurs vives, une ardeur brûlante. On remarqua que les maux de tête violens, les douleurs des reins étaient, pour l'ordinaire, les avant-coureurs de la mort, et que les hémorragies étaient presque toujours mortelles. Les médecins, étonnés des accidens les plus opposés, avouaient franchement qu'ils ne comprenaient rien à la maladie et l'abandonnaient au hasard, employant tour-à-tour les remèdes les plus bizarres et les plus variés, ce qui fut cause qu'une infinité de personnes se traitèrent à leur manière; il y en eut qui, dans l'ardeur de la fièvre, continuèrent de boire du vin et se guérirent. Ces succès ne manquèrent pas de mettre en vogue un moyen pour lequel d'ailleurs bien des personnes étaient naturellement portées, et son emploi poussé à un très-haut degré put devenir funeste. D'autres persuadés qu'il fallait corriger le mauvais air par quelque gaz faisaient brûler diverses matières. Un boulanger, aux premières atteintes du mal, se mit dans son four lorsqu'il était encore à une température assez élevée, et il fut guéri dans l'espace de trois jours. Un certain empirique ordonnait pour tout remède de prendre une soupe d'orge cinq à six fois par jour, ce qui lui réussit. Un religieux appliqua des cautères et des vessicatoires, et obtint du succès. Les femmes souffrirent infiniment moins que les hommes. D'où vient cette espèce de privilège?

Jean Grillot dit avoir souvent parcouru la rue Mercière en plein jour sans avoir rencontré personne; ce qui n'était pas étonnant parce que les rues étaient jonchées de cadavres et qu'on trouvait à chaque pas des chars funèbres remplis de morts ou de malades. Il y avait trois ou quatre cents personnes par heure qui recevaient le trait contagieux ou celui de la mort. On voyait six à sept malades dans la même chambre, et trois ou quatre dans le même lit.

La maladie, dit encore Papon, d'après les documens les plus exacts, était accompagnée de circonstances qui méritent d'être remarquées: les lieux infects, les maisons pleines d'immondices, étaient, pour ainsi dire, des lieux de sûreté; les rues étroites, les logemens resserrés, les quartiers étouffés, lieux si propres à recevoir les impressions de la peste en furent exempts; tandis que les collines et les lieux bien aérés, les jardins agréables y étaient plus exposés. A St-Just, à St-Sébastien, au Griffon, dans la rue Neyret, il n'y eut pas de maison épargnée; on en cite une cependant, mais, dit la chronique populaire, la peste dut y être bien attrapée, car elle ne trouva personne au logis.

Parmi les citadins fugitifs, une femme de condition et fort riche qui s'était renfermée avec ses enfans dans une maison de campagne bien aérée, spacieuse et fort commode, où elle avait fait des provisions pour plusieurs mois, mourut en peu de jours avec toute sa famille.

On sait à Lyon que la Croix-Rousse fut exempte, mais il ne faut guère s'en étonner, car il n'y avait au sommet de la colline que quelques habitations éparses qui peut-être furent abandonnées. Quoiqu'il en soit, on voyait autrefois à la montée de la Grande-Côte, au-dessus de la rue Neyret, sur la porte d'entrée d'une maison une petite statue de St. Roch dans une niche avec cette légende : *Ejus præsidio non ultrà pestis*, 1628. La statue a disparu pendant la révolution, et dernièrement en rétablissant l'inscription on a retranché ces mots : *Ejus præsidio* (1).

Les misères de la ville pendant quatre mois furent incroyables. Tout négoce avait entièrement cessé, et depuis le commencement jusqu'à la fin, les boutiques restèrent fermées. Tous ceux qui étaient guéris de la peste se faisaient hospitaliers, transportaient les malades, et enlevaient les corps. Mais comme il y avait parmi eux un grand nombre de fripons et de voleurs, pour éviter leurs visites les bourgeois cachaient les malades, enterraient les morts dans les caves, ou les exposaient dans les rues, ce qui développa tellement la maladie qu'il se trouva un jour plus de huit mille pestiférés à l'hôpital St-Laurent, et plus de quatre mille dans la ville. Il s'est peu vu de désolation sem-

(1) M. Péricaud, *Archives du Rhône*.

blable. On fut obligé d'acheter un certain nombre de chèvres pour nourrir de pauvres enfans dont les nourrices ou les mères étaient mortes. Les hospitaliers en trouvèrent plus d'une fois qui étaient encore attachés à la mamelle d'un cadavre.

Il y eut des meurtres et des vols commis jusques dans l'hôpital St-Laurent. Les hospitaliers se saisirent d'une femme de la religion réformée, qu'on accusait d'être engraisseuse, la condamnèrent au feu et l'exécutèrent sur-le-champ. Un fait bien remarquable, c'est que dans l'hospice de la Charité, sur douze cents pauvres réunis, il n'y en eut pas un qui fut atteint de la peste.

Au commencement du mois de décembre, la contagion diminua. Les commissaires de la santé publièrent alors une ordonnance que nous ne pouvons reproduire en entier, mais dont nous donnerons un aperçu.

Quatre hospitaliers, nantis de pouvoirs extraordinaires, armés de carabines (1), furent commis pour faire des patrouilles continuelles dans la ville, et y saisir les pestiférés qui ne seraient pas renfermés dans leurs maisons, et les malades non guéris qui sortiraient de chez eux.

Deux piloris avec leurs carcans étaient dressés l'un sur la place des Changes, l'autre au milieu de la place des Orangères (2). Une estrapade s'élevait

(1) Petites arquebuses.
(2) Place d'Albon.

sur le pont de Pierre, et sous peine de mort il était défendu à quiconque de toucher à ces instrumens de supplice. Tout pestiféré ou malade non guéri trouvé dans les rues était visité par un chirurgien, sur-le-champ attaché à un poteau et arquebusé par les hospitaliers sans autre forme de procès.

Tous ceux qui après leur guérison venaient à faire leur quarantaine, tous ceux qui avaient fréquenté des malades, ne pouvaient sortir et paraître en public qu'en portant à la main un bâton d'appui blanc, long de trois pieds, à la vue de tout le monde, et sans le cacher sous leur manteau ni sous leur robe.

Tous ceux qui furent trouvés dans les églises, dans les rues, marchés et autres lieux publics sans le bâton dans la forme ci-dessus indiquée, étaient pris par les Hospitaliers, et attachés au plus proche carcan pour trois heures; et s'ils avaient été plusieurs fois réfractaires on leur donnait l'estrapade; en cas de nouvelle récidive ils étaient arquebusés sans pitié. Les Hospitaliers étaient sous la sauvegarde du roi, et faisaient leur devoir d'autant plus soigneusement qu'ils avaient quarante sous par prise. Cette sévérité excessive contint les habitans dans l'observation des ordonnances de la santé, et la ville s'en trouva bien.

Sur le milieu de septembre bien des gens s'étaient aperçus de nouveau qu'on engraissait les portes et les vêtemens d'un onguent fort puant, dont on ne pouvait supporter l'odeur. Le peuple courroucé se remit à la chasse des engraisseurs, et en surprit quelques-uns qu'il assomma sur la place. Il y eut encore bien des innocens sacrifiés. On cite un pauvre diable qui portait dans sa main une chandelle dont le suif coulait sur ses vêtemens et entre ses doigts. Il fut accusé d'être engraisseur et tué devant sa propre maison. Avons-nous droit de nous étonner de ces atrocités, nous qui les avons vu se renouveller de nos jours, et dans la ville qui se flatte d'être la plus civilisée?

Au milieu de tout le désordre inséparable d'une calamité semblable, il se commit bien des brutalités sur les malades. Il y en eut qui furent enterrés vivans par les Hospitaliers et que des paysans charitables déterrèrent en passant. Un pestiféré fit tous ses efforts pour empêcher que le corbeau ne l'enlevât et le jetât sur le charriot, mais il ne put y réussir parce qu'il avait perdu entièrement la parole. Un ouvrier graveur craignant qu'on ne le mit tout nu dans le charriot, se cousit lui-même d'avance dans son linceul jusqu'au cou. Un pauvre vieillard de la campagne, après avoir enterré tous ses enfans, creusa lui-même une fosse, mit un peu de paille sur le bord et s'y coucha de manière que son corps tombât de lui-même, aussitôt après sa mort, et cela pour qu'on pût l'enterrer sans risque de prendre la peste.

Les conséquences de cette calamité qui ont pu être observées avec plus de soin que la maladie elle-même sont hideuses, effrayantes. Il y eut à la suite de la peste une démoralisation sans exemple, et nous ne nous amuserons point à citer les friponneries sans nombre et les honteuses fornications commises par ceux qui avaient échappé au fléau. On ne parla long-temps dans la ville que de visions, de spectres et de bruits surnaturels. On fit circuler les contes les plus absurdes; la frayeur des bonnes gens fut à son comble. A tous ces troubles se joignait encore le spectacle le plus horrible. Sur la fin de janvier, on trouva, dit-on, aux Brotteaux, sept cadavres à moitié mangés par les oiseaux. Durant la nuit, on voyait venir des troupes de chats, attirés par l'odeur des corps; pendant plusieurs jours de suite on aperçut un chien de monstrueuse grandeur qui grattait la terre pour découvrir les morts; malgré tous les efforts que l'on fit, on ne put l'atteindre ni le frapper. Toutes les nuits on entendait sur les bords du Rhône hurler les loups affamés.

J'ai vu souvent, dit le père Grillot, nos Hospitaliers conduire les morts et les malades au son des haut-bois, se permettant toutes sortes de railleries et d'insolences en faisant les fosses et en enterrant les corps. J'en ai vus qui portaient sur la même charrette des malades, des morts, des coq d'Inde, des épaules de moutons, des flacons des vin, et qui se mariaient et mouraient presque le même jour; car sur la fin de décembre on fit quantité de mariages, mais vers la fête des Rois la nouvelle lune ayant changé et le vent du midi ayant ranimé l'épidémie, tous ces nouveaux mariés en moururent. Il y eut des gens qui déployèrent dans ces circonstances une joie immodérée, incompréhensible, qui dansaient dans les rues à la suite des convois et qui s'abandonnaient à tous les excès de la boisson. C'était sans doute pour bannir les idées fâcheuses. Plusieurs ivrognes étendus dans les rues furent pris pour des pestiférés; ce qui donna lieu à des quiproquos fort plaisans.

Il est très-difficile de déterminer le nombre des morts; cependant on le porte en général au-delà de soixante mille, ce qui se comprendra quand on saura que d'une seule maison des Terreaux on tira un jour cent morts, et que la contagion dura quatre mois. De dix-neuf moulins qui nourrissaient la ville avant la peste, il n'y en eut plus que neuf qui travaillèrent après, et encore n'étaient-ils pas toujours occupés. A voir aujourd'hui Lyon, dit *le Mercure* (1), pendant un jour de fête, on dirait qu'il n'y a pas eu grand mal, tant la ville était peuplée.

Après quatre mois de peste, on commença à

(1) En 1632, c'est à dire quatre ans après la mortalité.

désinfecter et à blanchir les maisons où la maladie avait régné. L'ordre et la méthode ordonnés par les commissaires de la santé pour parfumer, nettoyer les lieux infects sont assez remarquables pour qu'il en soit fait mention.

Il y avait (1) dans la ville six bandes de parfumeurs composées chacune d'un religieux qui veillait aux actions des employés, d'un conducteur et ordonnateur des parfums, de deux parfumeurs, d'un maçon pour blanchir, d'un serrurier pour ouvrir et fermer les portes qui lui étaient désignées.

C'est à savoir, dit la consigne, que le premier parfum dont on usera sera de chaux vive *environ un plein chapeau* fusée au milieu de la chambre, les portes et les fenêtres fermées, avec de l'eau et fort vinaigre, après on mettra aux quatre coins de la chambre le parfum du sieur de Rochas une once et demie ou deux onces, en dernier lieu du parfum de Charbonnet, envoyé du monestier de Briançon.

Nous laissons aux amateurs de pharmacopée le soin de juger le mérite des désinfecteurs du 17e siècle.

(1) Voyez l'ordonnance de 1629. *Recueil d'affiches.*

Grâce aux moyens employés par la commission de la santé, la ville devint habitable en 1630, et jouit d'une santé parfaite jusqu'en 1631; alors le mal recommença, mais ne fit pas autant de ravages qu'en 1628, parce qu'il rencontra des personnes mieux disposées à en arrêter le progrès et servies par des moyens déjà bien éprouvés. Depuis 1632 jusqu'en 1637, Lyon fut tout-à-fait débarassé de la peste; mais l'épidémie reparut en 1638 et inspira une grande terreur. Toute la population en masse s'enfuit à la campagne. Les détails de cette nouvelle calamité nous sont inconnus, nous savons seulement qu'Alphonse Duplessis Richelieu, archevêque de Lyon, se dévoua au service des malades. St-Aubin dit que la peste se fit de nouveau sentir en 1642, mais qu'elle s'arrêta tout court. Nous avons lieu de croire que c'est encore là une de ses erreurs.

Il existe un petit traité de la peste, intitulé *Ordre public pour la ville de Lyon pendant la maladie contagieuse*, qu'on réimprimait toutes les fois qu'il y avait lieu à quelque crainte. On peut présumer que cette circonstance fâcheuse se renouvella plus d'une fois, car nous avons de nombreuses éditions du petit opuscule sanitaire (1).

Enfin nous ne connaissons plus d'autre peste à

(1) Les préfaces de ces petits livres sont habituellement curieuses. Nous en avons extrait quelques faits qui n'étaient consignés nulle part.

Lyon, à moins qu'on ne regarde comme tel certain mal dont parle Pestalozzi, qui pendant vingt-trois ans avait été médecin ordinaire de l'Hôtel-Dieu de notre ville. « J'ai vu, dit-il, en 1694, une fièvre pestilentielle épidémique dans lesquelles parurent quelques bubons, charbons et parotides. Cette maladie emporta un grand nombre des habitans de Lyon. Peu de familles furent exemptes de la mortalité, mais le mal s'en tenait à un ou deux sujets par famille. La cause générale de cette fièvre fut une année de disette de grains, pendant laquelle les aisés ne mangeaient que de mauvais pain, et les pauvres arrachaient l'herbe pour en manger les racines. Je vis un jour, dit-il encore, entr'autres cas pitoyables, un pauvre affamé expirer sur la place pour avoir avalé avec précipitation une soupe qui lui avait été donnée par charité. »

C'est une vilaine histoire que celle de la peste; et c'est sans regret que nous la terminons brusquement ici faute de documens. On aime à croire que Lyon fut pour toujours délivré de ce fléau qui s'acharnait après ses habitans, et jusqu'à preuve contraire on gardera cette bonne croyance. L'historiographe qui prend son fait dans les temps les plus reculés aime à le conduire jusqu'à nos jours : pour nous, au contraire, nous préférons de grand cœur que la peste reste confinée dans le dix-septième siècle, car une page de plus à ce récit eût été l'extrait mortuaire d'un million de personnes qui peut-être ont honoré Lyon de leurs vertus, ou l'ont enrichi de leurs talens.

P. R.-Martin.

L'ILE

DE

ROBINSON.

C'est de ce côté-ci qu'il faut voir se dérouler dans toute leur majesté ces longues suites de quais plantés d'arbres, bordés de palais, et ces lignes gracieuses de coteaux chargés de hautes maisons aux mille fenêtres. D'ici la ville étale toutes ses richesses bourgeoises : tours aigües dans le lointain, dômes superbes, vastes façades, équipages nombreux, brillantes promeneuses sur les quais, et au bas de tout cela, le Rhône aux eaux glacées, chargé de moulins et d'autres usines flottantes; fleuve inconstant dont le vagabondage grandiose charrie alternativement d'une rive à l'autre des prés, des bois, des villages entiers qu'il arrache dans sa fureur. C'est là qu'il faut le voir mordre avec rage les jetées de ses rives, obstacles souvent impuissans contre ses crues subites. Parfois il se répand dans la plaine au point de former un vaste lac de tout l'espace compris entre les coteaux sablonneux de St-Clair et les balmes de galets de Vaux et de Villeurbanne, vieilles alluvions qui lui doivent leur origine. Les saules, les peupliers du Grand Camp et des Charpennes dépassent seuls alors ce niveau, quelques toits de maisons, ou quelques murs récrepis chamarent de lignes blanches et rouges cette vaste nappe d'eau. C'est un beau spectacle à contempler du haut de Fourvières et de la Croix-Rousse. Mais les fureurs du Rhône laissent après elles de tristes circatrices. Les arbres sont cachés sous le limon du fleuve, les fossés sont comblés, et les plaines, au contraire, creusées par les courans en larges ravins. C'est ainsi qu'au milieu d'un champ fertile, se sont formés des marais ou des lacs, désespoir des agriculteurs, mais délices des patineurs qui viennent pendant l'hiver y étaler leurs graces.

L'une de ces pièces d'eau, située à peu de distance de la rive gauche du Rhône, au-dessus de pont Morand, doit sa réputation à l'île dite de Robinson, que d'ingénieux propriétaires y construisirent à une époque peu reculée, et plutôt encore à des bois de saules et de peupliers que le voisinage du fleuve a métamorphosés en bosquets épais et mystérieux.

Il y a quelques années, des soins assidus avaient paré les bords de l'îlot d'une végétation pleine de luxe. Des lits et des dômes de verdure tout autour de l'eau existaient déjà ainsi que de magnifiques touffes de joncs et de roseaux qui se réflètaient dans l'ombre. Des treilles de vignes et d'accacias grimpèrent jusqu'au dessus des toits de l'auberge, pour couvrir les amans et les buveurs ; des bouquets d'aubépines et de rosiers les défendirent des indiscrets par des haies formidables, et laissèrent flotter autour d'eux les parfums d'un printemps éternel. Bientôt s'y joignirent d'autres plantes qui aiment à courir de branche en branche, de fenêtre en fenêtre. La capucine, les pois musqués, le liscium, les belles de jour crûrent avec rapidité, se croisèreut, s'entrelacèrent dans les troncs d'arbres et sous les piliers des tonnelles, ensorte que l'île de Robinson et ses alentours étaient en toute saison ma promenade favorite, et celle de bien d'autres, je vous assure.

Il y avait là un assez bon cabaret où j'allais écouter les doux propos des amoureux du village, et les jurons énergiques des mariniers du Rhône. Force poissons frais, du bon vin, des fruits, quelques baisers par-ci, par-là, une promenade en bateau ou sous les allées des saules, voilà ce qui justifiait la vogue de l'île de Robinson.

Que de joyeuses parties entre amis jetèrent leurs élans de gaîté à travers la saulée. J'aimais à voir ces guirlandes de jeunes filles se tenant par la main, courir, se développer, se perdre derrière les arbres pour reparaître bientôt vers l'île avec de grands éclats de rire. J'aimais, quand le soleil descendait derrière les coteaux de la Croix-Rousse, suivre du regard cette foule de robes roses et de robes blanches confondant leurs couleurs et formant de folâtres quadrilles. J'aimais à écouter les gais refrains et les chants harmonieux que ses groupes jetaient sur leurs passages. Ainsi finissait presque toujours la soirée pour les amateurs de l'île Robinson. Quelques couples cependant s'échappaient au nord, couraient quelques instans sur les graviers du Rhône, puis s'éclipsaient sous les ombres épaisses des steppes de la Tête-d'Or.

Voilà le dimanche de ces gais parages.

Pendant la semaine ils changeaient entièrement d'aspect. Les magnifiques chevaux que nos mariniers emploient à la remonte des bateaux étaient les seuls habitans de la lisière du lac. Les oiseaux qui avaient fui quelques heures, effarouchés par les cris de joie et les chansons bacchiques, revenaient béqueter les baies des buissons ou les miettes oubliées du repas de la veille, ou bien encore faire la guerre aux agiles *demoiselles*. Quelquefois un paisible pêcheur jetait son innocente ligne à travers les nénuphares et les plantains d'eau, troublé seulement dans sa tranquillité mélancolique par les croassemens des grenouilles, le roucoulement des pigeons de l'auberge, ou les bruits sourds et lointains de la ville et du fleuve.

Que de fois je suis allé, dans de douces matinées, m'asseoir dans le batelet, occupé uniquement à voir fuir les poissons sous les racines baignées, ou à étudier quelques couples de canards qui se promenaient majestueusement autour de moi. Aussi je sais par cœur l'île et ses environs, et pourtant j'y reviens toujours, de même que je relis avec plaisir mes vieux auteurs classiques, dont ma fidèle mémoire me rend au besoin les morceaux les meilleurs.

Mais tout passe et tout s'use dans ce monde, comme l'ont fort bien dit Scarron et bien d'autres après lui comme avant lui. La célébrité de cette jolie petite île ne devait donc pas avoir un meilleur sort que le Colysée, les Pyramides d'Égypte, et le vieux pourpoint noir du poète. Des chantiers de bois vinrent à la longue embarrasser les détours du bosquet, de hautes piles de planches remplacèrent les touffes de mauves et les marguerites du jardin. Pour comble de malheur une muraille en lattes défendit non seulement l'accès, mais encore la vue de l'île aux amateurs de plaisirs champêtres. Les eaux croupirent au lac faute d'écoulement. L'île se dégrada elle-même ; un à un tombèrent ses gracieux atours sous les coups de la hâche qui abattait ses peupliers et ses saules. Le bateau fut coulé à fond, les talus de la rive s'écroulèrent. Pendant plusieurs hivers de suite l'absence du froid priva le lac de ses légers patineurs. De la boue au printemps et en hiver, un profond oubli le reste de l'année, tel devint le sort de cet îlot jadis si favorisé. Tel qu'il est aujourd'hui, il ne manque cependant pas de quelques attraits. Souvent encore je vais passer le nez entre le jointure de ses planches ; je regarde et je gémis en me rappelant ses charmes d'autrefois.

Adieu donc joli panier de verdure et de fleurs, qui te mirais si gentiment dans le lac! adieu la chansonnette qu'en entendait retentir sous tes arbres avec un doux bruissement de rames et de vagues murmurantes ! Plus de cliquetis de fourchettes, plus d'assiettes et de verres cassés par le plaisir, plus de folle joie sous la feuillée, plus de diner sur l'herbe, plus de tendres tristesses, plus de gais plaisirs! Plus rien, qu'un nom et des souvenirs qui s'effacent chaque jour!....

H. LEYMARIE.

Notice

sur

SAINT-NIZIER.

Il est assez difficile d'écrire l'histoire des saints qui ont vécu dans le moyen âge. La plupart des auteurs qui ont paru dans ces temps d'ignorance et de barbarie, ont semé leurs récits des fables les plus absurdes et des contes les plus ridicules. Si nous donnions la biographie de S. Nizier telle qu'elle a été rédigée par ses contemporains, on croirait lire une de ces légendes composées par le pieux romancier Jacques de Voragine, autant pour l'édification que pour l'amusement du peuple. Cependant nous avons cru devoir conserver dans cette notice quelques-uns de ces faits extraordinaires qui ne sont pas des articles de foi, mais qui peuvent servir à nous faire connaître l'esprit et les mœurs du siècle où Lyon vit à la tête de son église le célèbre prélat dont nous allons esquisser la vie.

Nizier naquit en Bourgogne, l'an 513, d'une famille très-distinguée parmi les anciens Gaulois. Il était fils du sénateur Florentius et d'Artemia. Pendant que celle-ci était enceinte, son mari lui ayant annoncé qu'il venait d'être élu évêque de Genève : « Je vous en conjure, lui dit-elle, « n'acceptez pas l'épiscopat, mon cher mari, « car je porte dans mon sein un évêque que j'ai « conçu de vous. » Florentius se souvenant alors qu'une voix divine avait dit à Abraham : *Quoique te dise Sara, écoute sa parole* (Gen., XXI, 12), se rendit aux prières d'Artemia. Le fils de Florentius reçut au baptême le nom de *Nicetius* dont nous avons fait *Nizier*. Ses parens le firent élever dans les maximes de la piété chrtienne et dans la connaissance des lettres qui, à cette époque, n'étaient cultivées que par le clergé. Nizier se fit remarquer dans son enfance par son humilité et son ardeur pour la prière. Il ne craignit point de s'occuper des travaux les plus vils, et il cédait en tout la préférence à ses frères. Il se regardait comme l'égal des domestiques de son père, et c'était un grand plaisir pour lui de leur apprendre, ainsi qu'à leurs enfans, le psautier et les chants de l'église. Il joignit à ces vertus une inviolable pureté de corps et d'esprit qui le portait à éviter avec soin tout ce qui aurait pu lui offrir la plus légère tentation. Il avait atteint sa trentième année lorsqu'il se rendit à Châlons-sur-Saône, où il fut ordonné prêtre par Agricole, évêque de cette ville ; mais il ne tarda pas à revenir dans la maison paternelle (1). Sacerdos, son oncle, fut nommé

(1) L'abbé de Marolles, dans une des remarques de sa traduction des OEuvres de S. Grégoire de Tours, tom. II, pag. 303, suppose que S. Nizier est l'archidiacre de Lyon, dont S. Grégoire de Tours a parlé sans le nommer, dans le 63ᵉ chapitre du livre qui a pour titre : *De Gloriâ confessorum;* voici la traduction de ce chapitre :

« La fille de l'empereur Léon était possédée du démon, et lorsqu'on la conduisait dans les lieux saints, le malin esprit s'écriait : « Je ne sortirai point que l'ar-« chidiacre de Lyon ne vienne et ne me chasse de ce « logement qui m'est acquis. » Alors l'empereur envoya dans la Gaule des députés pour supplier l'archidiacre de venir à Rome. Celui-ci refusa d'abord d'adhérer à leur demande, disant qu'il ne se croyait pas digne d'opérer des miracles ; mais il finit par céder aux ordres de son évêque, et suivit les députés. Après une réception honorable que lui fit l'empereur, il se rendit à la basilique du bienheureux apôtre Pierre; il y pria et jeûna pendant trois jours ; le quatrième, il exorcisa la fille qui fut enfin délivrée de l'esprit immonde. L'empereur reconnaissant, offrit à l'archidiacre 300 pièces d'or. « Si « vous désirez m'honorer de vos faveurs, lui dit ce « dernier, accordez-moi un don qui profite à tous mes

à cette époque évêque de Lyon. On sait que ce fut à la sollicitation de ce prélat, dont l'église honore la mémoire, que le concile tenu sous sa présidence, à Orléans, en 549, approuva par un de ses actes la fondation qu'avaient faite, pendant leur séjour à Lyon (vers 531), Childebert, roi

« concitoyens ; remettez le tribut à notre ville dans un
« rayon de 3,000 pas autour des murs. Quand à votre
« or, je n'en ai pas besoin ; dispensez-le aux pauvres
« pour leur bonheur et pour le vôtre. » L'empereur souscrivit à cette demande, et c'est depuis ce temps que la ville et sa banlieue sont affranchies d'impôts. Après le départ de l'archidiacre, l'empereur dit à ses ministres : « Si cet homme aime Dieu plus que l'argent,
« il faut au moins que l'église à laquelle il appartient
« soit honorée des largesses que nous lui destinions. » Alors il ordonna de fabriquer une cassette pour renfermer les saints évangiles, une patène et un calice d'or pur, enrichi de pierres précieuses. Ces objets, d'un travail admirable, furent confiés pour être portés à l'église de Lyon, à un homme recommandable. Cet envoyé, en traversant les Alpes, reçut l'hospitalité d'un orfèvre, qu'il instruisit naïvement, sous le sceau du secret, de l'objet de sa mission. « Si vous voulez m'en croire, lui dit l'orfèvre, j'entrevois un moyen de nous enrichir tous deux. » Alors le diable s'en mêlant, et les larrons, selon le proverbe, s'entendant bientôt entre eux, le messager accepta la proposition. L'orfèvre mit aussitôt la main à l'œuvre, et il exécuta en vermeil un calice et une patène tellement semblables aux autres, qu'il n'y avait de différence que dans la matière. Le porteur, arrivé à Lyon, offrit les objets faux à

de Paris, et la reine Ultrogothe, sa femme, d'un hospice bâti sur la rive droite du Rhône, et destiné aux malades et aux pélerins. Non moins recommandable par sa piété que par ses lumières, Sacerdos ayant été appelé à Paris, en 551, par Childebert, y tomba malade et y mourut. Pendant sa maladie, le roi l'honora d'une visite, et lui accorda Nizier pour successeur. Le choix qu'avait fait Sacerdos eut l'assentiment du clergé et du peuple, et Nizier monta sur le siége épiscopal de Lyon, le 16 février 552. Il assista, en 559, avec plusieurs autres prélats, à la dédicace qui se fit à Paris de l'église de S, Vincent, fondée par Saint Germain, et qui porte aujourd'hui le nom de St-Germain-des-Prés.

l'évêque, qui le récompensa. De retour dans les Alpes, il alla demander à son compagnon sa part du larcin. L'orfèvre lui répondit que le partage n'était pas prêt encore, et promit de s'en occuper pendant la nuit, Après qu'ils eurent soupé; ils se rendirent ensemble dans l'atelier où devait se faire l'opération : tout-à-coup le sol trembla, la maison s'écroula sur eux, la terre s'entrouvrant sous leurs pieds, les engloutit eux et leurs trésors, et ils descendirent vivans et blasphémans dans le *Tartare.* » J'ai vu, dit l'historien qui nous a conservé cette anecdote, les objets substitués par l'orfèvre, dans l'église de Lyon. Que cet exemple de la justice divine, s'écrie-t-il, soit un avertissement salutaire pour les peuples de ne jamais convoiter ni s'attribuer les biens de l'église! »

Nizier était l'ami de la concorde et de la paix : si quelqu'un l'avait offensé, il lui remettait aussitôt son offense, ou lui faisait insinuer par un tiers de demander le pardon de sa faute. L'anecdote suivante, racontée par S. Grégoire de Tours, qui avait été élevé par S. Nizier, son grand oncle maternel, en fournit une preuve. Le prêtre Basile ayant été envoyé vers le comte Armentarius, qui, en ce temps-là, était gouverneur de Lyon avec le pouvoir d'y rendre la justice, ce prêtre dit au compte : « Notre pontife a déjà mis fin, par la « sentence qu'il a rendue, à une contestation qui « est de nouveau portée devant vous ; c'est pour- « quoi il vous donne avis que vous ne devez pas « en connaître. » Le comte, enflammé de colère dit au prêtre: « Allez et dites à celui qui « vous envoie qu'il est beaucoup de causes portées « devant lui qui seront terminées par le jugement « d'un autre. » Le prêtre à son tour, exposa avec ingénuité ce qu'il avait entendu. Nizier, vivement ému de ce récit, dit au prêtre : « En vérité, je « vous le dis, vous ne recevrez point les eulogies « de ma main, parce que vous avez porté à mes « oreilles les paroles que la colère lui a fait pro- « férer. » Nizier était alors à table, et son petit neveu, Grégoire de Tours, était à sa gauche : « Engagez les prêtres, lui dit-il en secret, à in- « tercéder pour lui. » Lorsque Grégoire s'acquitta de cette mission, les prêtres ne le comprirent point, et ils gardaient le silence : « Lève-toi donc, « s'écria Nizier, et supplie pour lui. » Grégoire, saisi de crainte, se jeta aux genoux de son oncle, et obtint le pardon du prêtre auquel Nizier donna les eulogies.

La conduite dépravée et scandaleuse de deux prélats, nommés Salonius et Sagittarius, ayant nécessité, en 566, la convocation d'un concile qui fut tenu à Lyon, Nizier y assista en qualité de patriarche; cependant on croit que ce fut Philippe, évêque de Vienne, qui présida l'assemblée. Salonius et Sagittarius avaient été élevés au diaconat par l'évêque de Lyon, puis ordonnés évêques, le premier d'Embrun, et l'autre de Cap. Tous deux, convaincus des crimes dont ils étaient accusés, furent déposés du saint ministère.

Ce concile est l'acte le plus remarquable de l'épiscopat de S. Nizier, qui gouverna son église avec un zèle infatigable, mettant tous ses soins à répandre l'instruction dans son diocèse, et à faire disparaître les traces des ravages que les Visigoths et d'autres peuples barbares y avaient commis durant leurs invasions. Deux ans avant la mort du pieux prélat, une peste qui fut terrible s'étendit sur nos contrées, et suivant Grégoire de Tours, *Hist. de France,* liv. XXXI, ch. 4, Lyon serait une des villes qui auraient été dépeuplées; cependant il serait très-possible que notre cité eût été moins frappée que les autres par ce fléau, puisque le clerc de l'église de Lyon dont nous parlerons plus tard, et Grégoire de Tours lui-même ne rappellent point cet événement dans les vies qu'ils ont faites de S. Nizier, qui descendit au tombeau le 2 avril 573. La basilique des *Apôtres*, où il fut inhumé, perdit bientôt ce nom pour prendre celui de S. Nizier. Ce changement de titre se fit, suivant la remarque du P. de Colonia, par la voix du peuple, plus forte et plus décisive dans ces premiers temps qu'elle ne l'est aujourd'hui. S. Priscus, qui avait été chapelain de S. Nizier, lui succéda; mais les commencemens de son épiscopat n'annoncèrent point la sainteté à laquelle plusieurs auteurs veulent qu'il ait été appelé; car on a prétendu qu'il ne cessait de se répandre en invectives contre son prédécesseur, et qu'il en fut puni par la mort de sa femme et de ses enfans. Du vivant même de S. Nizier, il s'était déclaré son ennemi et lui avait suscité de misérables tracasseries; mais Nizier lui avait constamment rendu le bien pour le mal.

Ant. Péricaud.

J. J. ROUSSEAU

A LYON.

Une place était réservée, dans ce livre, au récit des circonstances qui ont accompagné les divers voyages de J.-J. à Lyon; mais la vie des grands hommes appartient à tous et celle de Rousseau, en ce qui concerne ses séjours dans notre ville, ayant été explorée par M. Collombet, il y a quelque mois à peine, on crut dès lors devoir resserrer les limites primitives de l'article et se borner à parler de la grotte *dite de* J.-J. Une charmante vignette, due au burin de M. P. Perlet, devait accompagner le texte et reproduire la grotte sous un de ses aspects les plus pittoresques. Voici l'œuvre de l'artiste ; mais l'auteur a fait défaut. Il avait terminé son travail, lorsqu'il s'est avisé, un peu tard, de se remettre en mémoire la destinée du tombeau de la fille d'Young, tombeau vide sur lequel se sont égarées tant de pieuses larmes. Il s'est demandé alors si la même destinée n'attendait pas la grotte de J.-J. et les souvenirs qu'il y rattachait. Il a relu les *Confessions* et ses craintes ne se sont point dissipées; il a revu la grotte et, mesurant le seuil de la porte unique qui s'y ouvre encore, il n'a point reconnu *la tablette de cette espèce de niche ou de fausse-porte enfoncée dans un mur de terrasse*, sur laquelle Rousseau passa une *nuit délicieuse*. Tourmenté de doutes cruels, il s'est hâté de recourir aux chroniqueurs; mais ceux-ci ne s'étaient point inquiétés pour si peu. Les uns admettent le fait sans discussion ni examen; les autres le passent sous silence ou le nient. Tous citent, à l'envi, le passage du 4e livre des Confessions, sans oublier de mentionner le misérable état de la bourse de J.-J., réduite alors à *deux pièces de six blancs*; puis, il leur semble que tout est dit, comme si la postérité devait leur pardonner d'avoir négligé volontairement une des plus belles pages de l'histoire littéraire de notre ville. Au milieu des incertitudes où ces recherches trop tardives ont jeté l'auteur, il a bientôt compris quel sacrifice lui était imposé, car il n'a voulu s'arroger un droit qu'il ne reconnaît à personne, celui de transiger avec la vérité historique. Il a craint de s'exposer au blâme d'avoir suppléé par les rêves de son imagination aux insuffisances de la chronique, et, remettant à d'autres temps la publication de son travail, il a cherché à réparer, autant qu'il était en lui, ses torts envers l'éditeur de ce livre. A cet effet, il s'est adressé à M. Péricaud, et c'est de l'extrême obligeance du savant bibliothécaire qu'il a obtenu le précieux document que les pages suivantes offriront au lecteur.

HORACE COIGNET SUR J. J. ROUSSEAU.

« J.-J. Rousseau vint à Lyon à la fin de mars 1771 (1). Je fis sa connaissance au grand concert de cette ville (c'était un vendredi saint) : on y exécutait le *Stabat* de Pergolèse. Rousseau était placé dans une tribune au plus haut de la salle, avec M. Fleurieux de la Tourette. Je montai avec empressement pour le voir. M. de Fleurieux dit à Rousseau que j'étais un amateur, bon lecteur et que j'exécuterais bien sa musique. Moi, je lui dis que je voulais lui montrer quelque chose de ma composition, pour le soumettre à son jugement : sur quoi il me répartit qu'il n'était pas louangeur. Il me donna rendez-vous chez lui pour le lendemain, à deux heures après midi. Le lendemain, à mon arrivée, Rousseau me parut fatigué ; je lui chantai l'ouverture de mon opéra, *le Médecin d'Amour*. Ma manière lui plut :

(1) Cette date n'est point exacte ; il faut lire 1770 ; rectification indiquée dans les tablettes chronologiques, publiées par M. Péricaud.

il me dit avec feu : « C'est cela, vous y êtes. » Alors il me fit chanter différens motets de sa composition, tandis qu'il m'accompagnait avec une épinette. Il m'en demanda ensuite mon sentiment. Je lui répondis qu'ils étaient chantans, mais *un peu petits :* il en tomba d'accord avec moi, ajoutant *qu'il les avait composés pour des religieuses de Dijon.* Il m'engagea à dîner avec lui : « Comment dîner avec Jean-Jacques ! lui répon- « dis-je, de tout mon cœur. » Il m'embrassa ; le dîner fut gai ; sa femme fut seule en tiers dans notre société. Nous trinquâmes, et nous en étions à la seconde bouteille, lorsque je lui dis que je craignais de m'enivrer : il me répondit en riant, *qu'il m'en connaîtrait mieux, attendu que le vin poussait en dehors le caractère.* Après le dîner, il me communiqua son *Pygmalion* et me proposa de le mettre en musique, dans le genre de la mélopée des Grecs. Nous allâmes, pour le lire, dans un petit bois, situé non loin de la ville, planté sur une colline qui descendait dans un vallon : là, nous nous assîmes près d'un arbre, sur la hauteur. Rousseau me dit : « Cet « endroit ressemble au mont Hélicon. » A peine eut-il terminé sa lecture, qu'un orage mêlé d'éclairs, de tonnerres et accompagné d'une pluie à verse, vint fondre sur nous. Nous allâmes nous mettre à l'abri sous un vieux chêne. Ce local lui plut infiniment. Le temps devenu serein, nous revînmes en ville et soupâmes ensemble; pendant le repas, il raconta à sa femme notre aventure.

Chargé de sa scène lyrique, pénétré de son sujet, je composai de suite l'ouverture que je lui apportai le lendemain ; il fut étonné de ma facilité. Il me demanda de lui laisser faire l'*andante*, entre *l'ouverture* et le *presto*, de même que la ritournelle des coups de marteau, pour qu'il y eût quelque chose de lui dans cette musique.

M. de la Verpillière, prévôt des marchands, et son épouse, femme très-spirituelle, chez qui Rousseau allait souvent, voulurent donner à M. et Mme de Trudaine, qui passaient à Lyon, le plaisir de voir, les premiers, exécuter *Pygmalion*, sur un petit théâtre qu'ils avaient fait construire à l'hôtel-de-ville, où ils logeaient. Mme de Fleurieux remplissait le rôle de Galathée ; M. le Texier, celui de Pygmalion. On compléta la soirée par *le Devin du village*, où Mme de Fleurieux jouait Colette ; M. le Texier, Colin ; et moi le Devin. Les deux pièces furent bien rendues, et Pygmalion, qu'on entendait pour la première fois, fit le plus grand effet. Après la représentation, Rousseau vint m'embrasser dans le grand salon, où la société se trouvait, en me disant : « Mon « ami, votre musique m'a arraché des larmes. »

Durant l'espace de trois mois que Rousseau est resté à Lyon, je ne l'ai guère quitté ; je dînais tous les jours chez lui ou dans ses sociétés intimes, comme chez Mme veuve Bois de la Tour, chez laquelle nous passâmes quelques jours à la campagne. Sa maison, appelée *Rochecardon*, est située dans un lieu agreste, où coule à mi-coteau un petit ruisseau, qui prend sa source à un demi-quart de lieue de là. C'est à cet endroit que Rousseau a écrit son nom sur un des rochers qui ornent cette fontaine, dont l'eau est parfaitement limpide. Au bas de la colline est un vallon, où un autre ruisseau, beaucoup plus considérable, serpente sur des cailloux couverts de mousse et bordés de grands arbres sans symétrie, ce qui forme un paysage admirable.

C'est là que nous allions nous promener un matin : les demoiselles Bois de la Tour, jeunes et remplies de grâces, nous accompagnaient et gravissaient la colline avec légèreté. Rousseau herborisait en admirant cette belle nature. Je lui chantai sa romance du *Devin du village*, en m'accompagnant du violon. Il s'écria, dans un moment d'enthousiasme, que tout ce qu'il voyait et tout ce qu'il entendait était pour lui *romantique*, que c'était un des jours heureux de sa vie.

En petit comité, il avait beaucoup de gaîté; il aimait même à railler. Nous dînions, à la campagne de Mme Delessert, lorsqu'il se mit à raconter les absurdités de sa femme, devant elle. Elle lui avait dit, entre autres, qu'un monsieur à grosse perruque était venu pour le voir, mais qu'*elle l'avait trouvé bien changé.* « *Vous le con-« naissez donc ?* lui dit Rousseau. » Elle répondit que *non ; que c'était la première fois qu'elle le voyait ; mais qu'elle l'avait jugé ainsi parce qu'il était fort pâle.* Continuant la plaisanterie sur le même sujet, il nous raconta qu'elle prétendait avoir des *vertigos* dans les jambes. Le soir, après que nous fûmes rentrés au logis de Rousseau, à la fin du souper, sa femme lui fit des reproches devant moi, de ses railleries. Il resta un moment interdit ; ensuite, lui prenant la main, il lui fit des excuses, en lui disant que personne ne connaissait mieux que lui l'excellence de son cœur. Ils s'embrassèrent.

Rousseau vint voir mon père, alors septuagénaire, qui s'attendrit jusqu'aux larmes en le voyant. Rousseau fut on ne peut pas plus sensible à cet accueil. Mon père avait ses œuvres, et lui dit, en les lui montrant, qu'il n'aurait pas cru avoir le bonheur d'en voir l'auteur chez lui. Il avait un cabinet considérable d'estampes encadrées des meilleurs auteurs. En le parcourant, Rousseau fut très-étonné d'y voir une plume encadrée qui avait servi à Voltaire pour écrire l'*histoire du frère Consorce et Bouchu,* avec une attestation signée de lui. Cette idée de mon père, qui avait beaucoup flatté l'amour-propre de Voltaire, fit l'effet contraire sur J.-J., qui aurait souhaité de rencontrer dans ce cabinet quelque monument de lui. On lui présenta plusieurs de ses portraits encadrés ; il trouva que les graveurs avaient cherché à le rendre hideux, et dit qu'*il n'aurait jamais fait son ami d'un homme porteur d'une telle figure.*

Nous étions au mois de mai : le printemps lui inspirait ses feux ; il me disait : « *Mon ami, c'est* « *à regret que je quitte le temps des amours ;* « *j'ai* 57 *ans ; je ne suis plus fait que pour inspirer des dégoûts ; cette pensée m'afflige.* » (1).

L'archevêque de Lyon, M. de Montazet, devant prêcher dans l'église métropolitaine de cette ville, Mme de la Verpilière écrivit à Rousseau pour l'engager à venir entendre le sermon. J'allai

(1) Dans un ouvrage, aussi rare que curieux, portant le titre de *Cataractes de l'imagination*, on trouve à propos de ce fait l'allocution suivante adressée à Rousseau : « *A travers ton austère manteau, tes passions* « *se décèlent ; tu portes les mêmes chaînes que le vulgaire :* « *la rebellion de tes sens me console de la supériorité de* « *ton génie. Sublime J.-J., tes petites faiblesses me rassurent et semblent diminuer un peu l'intervalle qui te sépare de tes semblables.* » Après cela, que ceux qui ont écrit sur la vie de Rousseau viennent nous parler de cette irritabilité maladive à laquelle il devait, suivant eux, des chagrins imaginaires. Dans un moment d'épanchement intime, J.-J. avoue qu'il regrette les belles années de sa vie, ces paroles sont recueillies par l'indiscrétion d'un ami et il se trouve un rhéteur pour les lui imputer à crime ! C. F.

chez Rousseau à l'heure du rendez-vous ; c'était le matin ; il en était au troisième brouillon pour répondre à la charmante épître de cette Dame : heureusement, pour le tirer d'embarras, nous entendîmes la voiture qui venait nous chercher. Aussitôt il jeta au feu toutes ses lettres commencées dont il était mécontent ; il me dit après, à ce sujet, *que son imagination était lente à se mouvoir, qu'elle ressemblait à ces décorations des théâtres d'Italie, qui, au moment du changement, paraissent s'écrouler, et finissent par nous offrir un bel optique.*

Vers cette époque, un événement tragique se passa aux environs de Lyon. Deux amans se donnèrent volontairement la mort, parce que les parens de la jeune fille ne voulaient pas leur union. Celle-ci attira le jeune homme à la maison de campagne de sa mère, d'où elle était absente ; après s'être promené long-temps et avoir pris un léger repas, ils se renfermèrent dans la chapelle de la maison. Là, au pied de l'autel, ils se jurèrent une foi mutuelle, et terminèrent leurs jours avec des pistolets qu'ils avaient attachés à leurs bras au moyen de rubans.

Je racontais à Rousseau cette scène tragique au moment où elle venait de se passer. « Mon « ami, me dit-il, je me trouve trop heureux « d'exister à présent et d'être sur les lieux où « une action si héroïque s'est passée. » Il me demanda quel âge avait le jeune homme. — 32 ans. — Eh bien! c'est à cet âge, s'écria-t-il, qu'on sait se décider, et non pas au mien où l'on est lâche, pusillanime, sans courage (1). Il m'engagea d'aller sur les lieux, d'y dessiner l'intérieur de la chapelle où les deux amans s'étaient donnés la mort, et de faire en sorte de lui rapporter quelques parcelles des rubans qui avaient servi à retenir les armes ; il ne connaissait que le trait de Pérus et Arie qui égalât ce courage.

Rousseau, voulant faire entendre, au grand concert, un motet qu'il avait composé, il y avait alors vingt ans, me chargea, à la première répétition, de conduire l'orchestre. Les musiciens en prirent de l'humeur contre lui, disant qu'il ne les croyait donc pas capables d'accompagner sa musique. Celle-ci, froide et sans effet, se ressentait du temps où elle avait été composée. Le samedi, veille du jour où l'on devait exécuter sa musique, était précisément celui qu'il avait choisi pour m'envoyer à cette maison de campagne où s'étaient donnés la mort les deux amans dont j'ai parlé. Rousseau, voulant que je laissasse

(1) Rousseau cependant avait dit : « Le suicide est « une mort furtive et honteuse. C'est un vol fait au « genre humain. » Mais la mort du philosophe fut un nouveau démenti donné par lui-même à ses propres paroles.

son motet à la disposition des musiciens, me pressa fort de partir. Il fallait aller à plus de trois lieues de Lyon; je remplis ses vœux; je dessinai l'intérieur de la chapelle et lui rendis un compte exact de ce que j'avais vu, ainsi que de ma conversation avec la fermière qui avait préparé le dîner des deux amans, qui le leur avait servi et qui me donna tous les détails jusqu'au moment où ils se renfermèrent dans la chapelle.

Enfin, son motet eut le sort que j'avais prévu : il ne réussit point. Une nombreuse réunion était allée pour l'entendre. Rousseau s'en prit aux musiciens. Le chagrin qu'il éprouva de ce mauvais succès le décida à quitter Lyon. Le lendemain, je vins lui rendre compte de ma mission; il me témoigna ses regrets de ce que je n'avais pas accompagné sa musique et dit que si j'y avais été, elle aurait été mieux rendue. Il se calma un peu en écoutant les renseignemens que je lui donnai sur l'aventure tragique, et il accepta le dessin de l'intérieur de la chapelle. Je revins chez lui, à mon ordinaire, le surlendemain : le soir, quand je le quittai, il m'embrassa avec tendresse. C'était un adieu qu'il me faisait. Il avait pour moi une amitié sensible que je lui rendais bien. Sa femme me dit, en me reconduisant, qu'il allait à Paris, et qu'il n'avait pas voulu me le dire, à cause de la peine qu'il ressentait de se séparer de moi.

Tout le temps que J.-J. est resté à Lyon, je ne passai pas un seul jour sans le voir ; ses sociétés étaient les miennes. Nous allions souvent chez M. Cornabé, dont la famille intéressante cultivait les arts; on y donnait de temps en temps des concerts ; Rousseau y assistait, de même qu'à ceux qu'on donnait chez M. de la Verpilière, où l'on jouait son *Pygmalion* et *le Devin du village*. On y représenta aussi *Mélanie* de la Harpe. J'avais composé une ouverture dans le genre pathétique, qui peignait les différentes situations de la pièce. Ce drame fut parfaitement bien rendu. Mélanie fut si bien jouée par Mlle de Fleurieux, que Rousseau répondit à ceux qui lui demandèrent s'il était content : « Voyez mon » habit couvert de larmes. »

Le jour du départ de Rousseau, je rencontrai M. Bois de la Tour fils, qui allait à la campagne de sa mère. Rousseau y était allé coucher pour partir le lendemain de grand matin. Je priai M. Bois de la Tour de lui témoigner tous mes regrets de son départ, et de lui dire que je ne m'en consolais que dans l'espoir de le voir bientôt à Paris ; en même temps, je lui remis une petite lanterne que Rousseau me donnait tous les soirs pour servir à me conduire lorsque je me retirais de chez lui. Je la lui rapportais exactement le lendemain, parce qu'il paraissait y tenir beaucoup. J'imaginais que s qu'il ne me l'avait laissée qu'afin d'en faire un monument, comme mon père avait fait de la plume de Voltaire.

A son arrivée à Paris, J.-J. écrivit à Mme de la Verpilière, en la priant de me demander la musique de son Pygmalion pour la lui faire passer. Je témoignai à cette dame ma surprise de ce qu'il ne s'adressait pas directement à moi ; en lui répondant, elle inséra dans sa lettre ma réflexion. J.-J. lui répondit que je ne devais pas en être étonné, attendu que je lui avais rendu sa lanterne : son imagination en était tellement frappé qu'il y avait sept à huit lanternes dans sa lettre, ce qui fit rire la société de Mme de la Verpilière où elle fut lue.

Peu de temps après, je lui écrivis : son humeur s'était dissipée ; je lui exprimais tout mon attachement. Il me répondit sur le même ton, en m'encourageant à cultiver les talens que la nature m'avait donnés : ce fut son expression.

On représenta chez Mme de Brionne, à Paris, la scène de *Pygmalion*. Rousseau était présent; il reçut des complimens sur les paroles et sur la musique.

Il parut une note dans *le Mercure de France*, dans laquelle on disait qu'un anglais, passant à Lyon, y avait entendu la scène lyrique de *Pygmalion*, dont les paroles et la musique étaient également sublimes, étant du même auteur. Je laissai s'écouler deux mois, comptant que Rousseau relèverait cette erreur ; ce fut inutilement. Alors j'écrivis à Lacombe, rédacteur du *Mercure*, que la musique de Pygmalion n'était pas de Rousseau, mais que j'en devais le succès aux conseils de ce grand homme, dont la présence m'inspirait. Je me décidai ensuite à la faire graver, en donnant à Rousseau ce qui lui appartenait. Il n'en fallut pas davantage pour le refroidir à mon égard. Un an après, des négocians de Lyon, qui le virent à Paris, me dirent qu'il leur avait parlé de moi avec intérêt et qu'il leur avait dit qu'il espérait me voir dans cette ville.

Tout ce narré est de la plus exacte vérité.

On trouve dans cette notice, religieusement reproduite ici sans changement ni addition, une preuve nouvelle de l'inévitable fatalité qui poursuivit J.-J., jusques dans ses liaisons les plus intimes. L'insinuation à propos de *lanterne* est un de ces mille coups d'épingle dont sa vie tout entière fut déchirée par les soins de ceux même qu'il avait honoré du titre d'amis. Il faut le dire cependant, ce naïf récit est tracé sur un ton de modération et de bonne foi, auquel ne nous ont point accoutumé les biographes de Rousseau ; et, lorsqu'on a parcouru tout ce qui fut publié d'infâmes accusations contre *le plus sociable et le plus aimant* des hommes, on se sent ému d'une singulière reconnaissance pour celui qui fut assez son ami, pour ne charger sa mémoire que d'un *plagiat* et d'un *ridicule*.   C. F.

DESCRIPTION

DE LA

PRISON DE PERRACHE.

La destinée de *Lyon vu de Fourvières* a été singulière, ce me semble. Premier ouvrage de ce genre publié en province, il a prouvé que si à Lyon il n'y a point de littérature originale, les élémens du moins en existent. Presque toutes ces pages étant écrites par des personnes qui les ont jetées là sans prétention, et qui ne font pas leur occupation principale des belles-lettres, tant s'en faut, il est clair que Lyon posséderait des écrivains très-distingués si le talent y était prisé et encouragé. Une insurrection a eu lieu, qui a fourni le prétexte de traîner en prison l'éditeur de *Lyon vu de Fourvières*. Il s'est trouvé aussi que ce recueil commencé dans la prison de Perrache par un écrivain aujourd'hui en fuite, devait être aussi terminé dans ses murs. Or, celui qu'on a bien voulu charger de sa conclusion n'a vu rien de plus à propos que de consacrer à la prison de Perrache les dernières pages d'un livre, dont sous ces verroux même il a connu une partie des rédacteurs, soit comme détenus, soit en qualité de visiteurs.

C'est du reste ici plutôt une relation de mes impressions et du mouvement et de la physionomie de cette prison pendant les deux premiers mois que j'y ai passés, qu'une description exacte de ce lieu. Car faire le tableau d'une prison est chose difficile, et d'autant plus difficile qu'elle paraît offrir moins de difficultés. La prison semble être devenue, grâce à la dynastie citoyenne, un véritable lieu commun. Et à l'inspection d'un titre comme celui-ci, par exemple : DESCRIPTION DE LA PRISON DE PERRACHE, il me paraîtrait fort naturel qu'on dît : « Bah! je sais ce que c'est : des murs épais, des grilles, des verroux, un espace étroit sans air et sans jour; voilà! — Passons.» — C'est en effet ce qui constitue l'essence des prisons. Mais cependant il faut avouer qu'elles sont construites aujourd'hui sous l'influence d'idées plus humaines que jadis, et la topographie seule de la prison de Perrache pourrait en fournir la preuve. A un quart de lieue de Lyon, elle est située dans le faubourg de Perrache, dont elle tire son nom. La grande route seule la sépare du Rhône du côté du levant; et au couchant on découvre les rians côteaux de Fourvières, de St-Just et de Ste-Foy. Il ne faut rien moins que cette position fort bien choisie, presqu'au milieu d'une plaine, pour préserver les prisonniers qu'on y entasse des maladies qu'entraîne toujours une agglomération considérable d'hommes sédentaires dont les uns sont déjà malades, les autres en proie à la lèpre de la malpropreté (*).

La prison du reste est très-vaste, et construite même avec élégance. Six bâtimens réguliers réunis par une espèce de terrasse étroite sur laquelle sont placés à des distances rapprochées des factionnaires destinés à empêcher les évasions, servent d'habitation à tous les prisonniers. Au centre est un septième bâtiment où se trouvent au rez-de-chaussée le logement du concierge, le bureau du greffier et le guichet. L'infirmerie est au premier; il y a aussi une fort jolie chapelle où les détenus entendent la messe tous les dimanches. La façade est habitée par l'économe et des religieuses de l'ordre de St-Joseph, dont les fonctions toutes mondaines quoique bien désintéressées,

(*) Voici le relevé exact de tous les détenus, au 15 juin 1834 :

Hommes, femmes ou enfans condamnés pour vol, vagabondage, etc., etc. 255
Détenus pour dettes. 16
Prévenus politiques. 171

consistent à vendre aux prisonniers pour le compte de l'administration, le vin, la bière, les comestibles et les objets nécessaires aux différens usages de la vie.

On remarque ici l'heureuse disposition de plusieurs cours où les prisonniers de différentes classes sont renfermés séparément dans les temps ordinaires. Aujourd'hui, grâce au nombre effroyable d'arrestations préventives, on est obligé de donner aux prisonniers pour dettes et aux détenus politiques comme aux voleurs, une cour commune pour leur servir de promenade. Cette promiscuité qui met sous nos yeux des figures sinistres et où se peint l'immoralité nous fait plus que toute autre chose sentir les inconvéniens de notre position exceptionnelle. Les femmes sont complètement séparées des hommes. Mais une chose fort triste est le point de dégradation où elles sont arrivées. Est-il donc vrai que la femme une fois sortie des bornes de la décence et de l'honnêteté va beaucoup plus loin que l'homme dans le chemin du crime?

Le régime pénitentiaire n'est pas mauvais, mais il exige pourtant de grandes améliorations. On obtiendra de fort heureux résultats si, comme on en a le projet, on organise les travaux d'après un plan plus vaste et plus général. Quelques détenus sont occupés aujourd'hui à carder de la laine, d'autres à piler de la moutarde, etc., etc.;

une partie est employée aux travaux intérieurs de maçonnerie de la prison, qui ne sont pas encore terminés.

Une cinquantaine d'enfans sont renfermés ici; j'ai vu avec plaisir qu'on prenait soin de donner un cours plus honnête à leurs propensions naturelles. C'est une maison de correction qu'on a voulu former. Les enfans sont divisés en trois classes. La première est composée de ceux dont les penchans semblent devoir s'améliorer, la seconde de ceux qui sont *à l'épreuve*. Les plus mauvais sujets appartiennent à la troisième. Ceux-ci n'ont aucune communication avec les autres, et en sont séparés même aux heures des repas; cette mesure, comme on le voit, est très-sage. Ces enfans sont occupés d'ailleurs à différens travaux. On construit en ce moment des ateliers où ils seront mis à même d'apprendre un état. L'administration des prisons a compris qu'elle devait être animée en cette occasion par une pensée noble et généreuse, et employer une partie des bénéfices considérables qu'elle fait à rendre dignes de la société ces enfans qui n'en sont que momentanément exclus.

Je dis que l'administration fait de grands bénéfices. On en jugera si l'on veut me suivre dans quelques détails qui, d'ailleurs, sont tout-à-fait dans mon sujet. Chaque prisonnier paie dix francs par mois pour avoir un lit. Un petit cabinet coûte vingt francs. Les quatre murs d'une chambre particulière ont été loués à un détenu vingt-cinq francs ; on lui adjoignit un autre prisonnier : la chambre leur en coûta cinquante.

On fournit à ceux qui ne peuvent rien payer, une couverture et une botte de paille qui est renouvelée tous les huit jours. Chaque prisonnier a, par jour, un pain bis qui est d'une bonne qualité et une écuelle de bouillon dont on ne peut faire le même éloge. Ceci est le régime des détenus politiques qui sont *à la paille*. Leurs chambres sont vastes, mais trop petites encore pour le nombre d'individus qu'elles renferment. Les grabats se touchent et une personne délicate ne pourrait certainement pas supporter la mauvaise odeur qui infecte ces salles. Ceux qui habitent les chambres où l'on paie dix francs par tête, ne sont guère plus à l'aise. Leurs chambrées se composent de 16 ou 18 hommes qui se rendent les uns et les autres, et sans le vouloir, le séjour de la prison insupportable.

Ce n'est donc point par lui-même un lieu fort séduisant que la prison ; car vous avez autour de vous des objets hideux, qui vous font gémir encore plus peut-être sur l'absurdité de nos lois que sur la perversité humaine. Tournez les yeux d'un autre côté, vous voyez des gens honnêtes mais peu fortunés, que le caprice du pouvoir a condamnés par un emprisonnement préventif à l'oisiveté et à l'horrible misère. Vous souffrez de ce spectacle déchirant ; vous souffrez d'autant plus qu'il vous est impossible de porter remède à tant de maux ; que faire ? Vous détournez les yeux ; vous essayez de vous étourdir.... C'est quand on pense à quelles extrémités sont réduits des frères qu'il faut de la philosophie ; il en faut pour ne pas penser à des misères si rapprochées de vous.

Je dois ici, en fidèle historien, mentionner les efforts qu'ont faits la fraternité et la philantropie pour améliorer le sort des détenus politiques les plus nécessiteux. Une commission de neuf membres, élus au scrutin secret, a été nommée par les détenus patriotes ; elle a eu pour but de régulariser et de rendre plus profitables les secours offerts par les citoyens. Elle a provoqué des dons de vêtemens qui, enregistrés sous le nom de ceux qui les délivraient, étaient distribués avec toute la justice possible. Un tronc particulier a été placé sous sa surveillance ; ce tronc était alimenté par la générosité des amis, des parens et des femmes des prisonniers les plus aisés, et par le produit des quêtes opérées dans la ville par différentes personnes, et surtout par une dame que je ne nomme pas, mais qui est assez désignée ainsi. Les recettes contrôlées par tous les membres de la commission renouvelée tous les quinze jours, étaient affectées à l'achat de la viande et du vin dont une distribution était faite trois fois par semaine. C'est tout ce qu'a pu faire cette commission réduite à ces seules ressources sorties, en majeure partie, des bourses républicaines. Jusqu'à ce jour, du reste, les détenus de Perrache, n'ont reçu ostensiblement du moins de secours que de cette commission.

La prison n'est rien pour ceux qui ont le nécessaire, et en comparant leur sort au sort affreux de tant de malheureux qui les entourent, la privation de la liberté ne doit pas leur paraître un martyre; quant à moi, si j'avais des remercîmens à faire à la noble cour des pairs, ce serait pour m'avoir donné l'occasion de connaître un grand nombre de personnes que libre, je n'eusse probablement pas rencontrées; car nous avons eu ici surtout, pendant le premier mois, belle et nombreuse société; une fois réunis, quelle gaîté! quelles piquantes saillies! que d'esprit dépensé, que de pitoyables calembourgs jetés à la face des gens et sans vergogne et sans crainte! Cette joie si communicative et si entraînante avait plusieurs causes. Les visiteurs se disaient sans doute : « Ils sont malheureux; ayons de la gaîté pour eux. » Et les prisonniers : « Soyons gais, ils ne pourront croire que nous sommes malheureux. » Les femmes sont les anges consolateurs des affligés. Elles n'ont pas failli à leur noble rôle dans cette occasion. C'est là qu'on les apprécie parce que l'hypocrite étiquette ne leur impose point ses ridicules lois. C'est là qu'elle nous font voir tous les trésors de bonté que leur cœur recèle. Là aussi peut se déployer sans contrainte tout le mordant et toute la délicatesse de leur esprit. — Mme Desbordes-Valmore nous faisait jouir du charme d'une conversation où se trahissait l'âme qui a dicté *les Pleurs*. Et quand elle nous chantait une de ses suaves romances, quelle expression dans son regard! que de mélancolie dans son sourire! Dans ces momens, à côté de moi, j'ai vu mouillées de douces larmes des moustaches noircies naguères à la fumée du canon russe. — Mme Maignaud qui a enrichi de plusieurs pages *Lyon vu de Fourvières* nous apportait ses réflexions piquantes sur la littérature *sans style*, ou ses observations malicieuses sur l'outre-cuidance d'auteur et les prétentions de certain personnage. Un de nos critiques les plus mordans, Mlle Jane Dubuisson, se laissait aller à sa gaîté spirituelle, et toutefois le mot *compassion* se lisait en même temps dans ses yeux. — Nous admirions l'ardente sympathie pour le malheur de Mme Niboyet, à qui les Lyonnaises doivent tant de reconnaissance pour la fondation du *Conseiller des Femmes*. Nous admirions aussi l'étendue de ses connaissances et la justesse de sa critique dans les jugemens littéraires. Les collaboratrices de cette dame chez lesquelles règnent les grâces décentes, l'esprit et la bonté, faisaient de notre prison un cercle brillant d'où était bannie toute morgue et que n'attristait jamais l'ennui. Jacques Arago qui ne venait ici que pour visiter les victimes du pouvoir était tout étonné d'y trouver des femmes lyonnaises qui, loin d'ignorer leur langue, ne savaient même pas ce que signifiaient le mot *agassin* et le substantif *caillette*, et chez lesquelles ne se trouvaient ni les hauteurs aristocratiques de la dame de Bellecour, ni les airs importans de l'épouse du banquier-gentilhomme, ni les petitesses de la marchande de la rue Mercière. Mme B... en qui l'on trouve un rare assemblage de bonté, de malice, d'esprit et de courage, complétait par sa présence presque continuelle que nous devions à l'odieuse détention de son mari, cette réunion de femmes toutes plus aimables les unes que les autres.

M. Ariste Potton, dont la plume a trouvé des lignes si touchantes pour peindre les misères de l'Antiquaille, venait souvent pour compâtir à des maux d'une autre espèce, mais ne trouvait chez nous qu'une folie très accommodante. Ici, légitimistes et républicains couchaient dans la même chambre, dînaient à la même table, buvaient souvent dans le même verre ; mais il faut tout dire : on ne parlait jamais politique.

Nous écoutions toujours avec un nouveau plaisir le vieux et malin M. de Servières, ajoutant quelque trait à son impertinent croquis du *subs-*

titut déjà si frappant de ressemblance, ou bien Léon Boitel dont

« Aucun fiel n'a jamais envenimé la plume, »

nous lisant quelques lignes légères destinées au *Papillon*.

M. Eugène Baune, que l'autorité a pris en haine à cause de l'indépendance de ses opinions et peut-être même de leur modération, qui n'exclut en lui ni l'énergie ni la fermeté de caractère, M. Baune a voulu faire tourner au profit et à l'instruction des citoyens renfermés ici, les persécutions même du pouvoir, et arracher quelques heures aux monotones loisirs de leur réclusion.

On nous dit tous les jours que le peuple n'est pas éclairé, et tous les moyens d'instruction lui sont enlevés par le monopole des journaux trop chers pour lui et le monopole universitaire qui laisse encore au riche seul la faculté de recevoir une éducation convenable. Si la science était mise à sa portée, soyez persuadé qu'il se précipiterait vers elle avec ardeur. M. Baune, plus libre en cette occasion qu'il ne l'eût été probablement en liberté, a eu l'excellente pensée de donner à ses co-détenus des leçons sur l'histoire de France. Il faut avoir assisté à ses leçons pour se faire une juste idée du recueillement et de l'attention de ses auditeurs, la plupart ouvriers, et appartenant à cette classe des *prolétaires*, qualification, pour le dire en passant, jetée au peuple comme une injure, et ramassée et adoptée par lui comme un titre d'honneur et de gloire. Lorsque le professeur (je choisis un exemple entre mille) en fouillant dans le chaos des premiers temps de la monarchie, trouvait dans les lois et les coutumes de cette époque, quelque disposition favorable aux libertés publiques, inspirée par l'amour de l'humanité ou par une philosophie précoce et éclairée, à laquelle ne peuvent atteindre nos législateurs du XIXe siècle, quand il s'écriait alors : « Oui, Messieurs, la liberté est vieille, c'est la tyrannie qui est d'origine récente ; » il fallait voir applaudir à ces paroles de leur sourire intelligent et du feu de leurs regards, ces hommes sur qui la vérité exprimée d'une manière vive et franche, produit toujours une impression si profonde. Le cours de M. Baune a été suivi avec une assiduité constante par un certain nombre de prisonniers, appartenant la plupart aux diverses sociétés populaires. Le désir de s'instruire est, chez ces derniers, une passion, et leur intelligence, leur bon sens, leur jugement si sain et si droit, confirment encore ceux qui les ont vus de près, dans le mépris que doit inspirer une constitution qui ne laisse à de pareils hommes aucune influence dans les affaires publiques.

S'il n'eût tenu qu'à M. Baune, la prison de Perrache se fut bientôt transformée en maison d'éducation. Mais le temps aussi manque vraiment quelquefois aux prisonniers, parce qu'ils sont obligés de le dépenser en soins de ménage, en causeries et en promenades d'autant plus prolongées qu'elles ont lieu dans un espace moins étendu. Mais si nous voulions nous reporter à quelques années en arrière et oublier un instant les mouvemens fébriles de la politique qui rugit autour de nous, il ne serait pas bien difficile de nous figurer alors que nous sommes dans les murs d'un collège. Tous les jeux d'écolier sont repris ici avec une vivacité et une ardeur fort remarquables mais très naturelles; puisque ces jeux donnent un aliment à cette activité de l'homme qui ne peut être comprimée et demande à s'exercer sur un objet quelconque. C'est pourtant un spectacle fort affligeant, au temps de civilisation où nous nous disons parvenus, que ces hommes obligés de se ravaler pour ainsi dire au rôle d'enfans. Or, à qui la faute, sinon à ceux qui prennent si peu de soin de la dignité de leurs semblables et leur arrachent d'un trait de plume toute possibilité d'exercer utilement leurs facultés physiques ou intellectuelles? La prison politique est une absurdité. Je choisis mal mon temps pour le proclamer, j'en conviens. Mais la tourmente réactionnaire qui nous entraîne aujourd'hui aura un terme, sans doute, et l'on comprendra plus tard combien il est déraisonnable d'emprisonner le corps d'un homme parce qu'on ne peut pas punir sa pensée.

Un rapprochement se présente ici que je me garderais bien de négliger. Cent fois plus humains que certains publicistes, les geôliers habitués à rudoyer et à mal mener les individus corrompus que la société retranche de son sein, les geôliers dont le caractère devrait emprunter à ces habitudes une certaine rudesse, sont toujours néanmoins de la politesse la plus grande envers les détenus politiques. Et ces hommes qui joignent à des fonctions pénibles et entraînant une immense responsabilité le triste emploi de ferrer et de déferrer les galériens dont la chaîne passe quelquefois ici, sont pleins de douceur pour les gens honnêtes ; les geôliers de Perrache particulièrement n'ont rien de cette rébarbative physionomie qu'on leur prête d'ordinaire.

Ces hommes, comme on le voit, comprennent mieux leur époque que tels personnages qui, pour s'opposer à l'émission de la pensée, reviendraient volontiers aux tortures du bon temps, et ne se sont pas fait faute dernièrement de mettre au secret les écrivains qui leur déplaisaient. Mais je ne veux pas, dans cette œuvre toute littéraire, me laisser aller à d'autres préoccupations, et d'ailleurs la prison de Perrache n'a été, à ma connaissance du moins, le théâtre d'aucune vexation de ce genre.

Nous avons bien eu nos ennuis ici. Pendant les deux mois qui ont suivi l'insurrection d'avril, c'était une profusion de nouvelles sinistres, effrayantes, contradictoires le plus souvent, mais répétées avec un tel accent de vérité et par des personnes si pénétrées que nous finissions par y croire. Il faut observer que nos amis, nos parens venus pour nous visiter étaient beaucoup plus tristes alors et plus découragés que nous. D'autres fois des incidens désagréables, des scènes sanglantes aussi jetaient le découragement ou la stupeur parmi nous. Le jour où un prisonnier fut assassiné à sa croisée par un factionnaire, la douleur, l'exaspération étaient au comble, et pendant long-temps cette funeste image assombrit nos pensées et tua notre factice gaîté. Nous avons eu du reste cette consolation qu'au milieu de la Terreur monarchique répandue dans Lyon et si bien exploitée, nul de nos amis politiques ou autres ne nous a abandonnés. Je crois pouvoir, sans craindre d'être désavoué, me rendre l'interprète de tous les prisonniers, envers les nombreuses personnes que je ne rappelle point ici par des motifs qu'elles apprécieront, en leur témoignant toute la reconnaissance qui est due à leur assiduité et au courage avec lequel elles ont fait leur cour au malheur.

Au résumé, la prison est un état forcé, et à ce titre, elle doit nous être antipathique. Et puis, si la liberté du corps y est gênée, la liberté d'esprit y manque bien plus encore. Il ne faut pas être présomptueux au point de vouloir penser ou écrire dans ce lieu. Car, au milieu d'un beau rêve philosophique ou d'une période qui commençait à s'arrondir, votre nom retentit à votre oreille : ignorant si cet appel présage votre mise en liberté ou votre translation dans une autre prison, vous vous élancez de votre chambre.... et c'est la boulangère qui vous apporte votre pain, ou un de vos commensaux qui veut savoir s'il faut acheter un *demisetier* ou une *chopine* de vin, mots que vous comprenez à peine, expressions barbares et sans harmonie! On reçoit toutes les visites en prison parcequ'elles font toutes plaisir, et qu'il serait d'un cœur mauvais de se dérober à cette marque d'une véritable amitié. Dans le monde, c'est différent ; on est bien tranquille quand on a dit à son domestique: « Je n'y suis pour personne. » Mais ici, on y est toujours et pour tout le monde ; ce n'est que soi-même, hélas ! que souvent on n'y retrouve pas! — Dans la prison, image ordinaire de la solitude et de l'abandon, je n'ai vu, jusqu'à présent du moins, que le bruit de la foule et la dissipation du monde.... Vive la liberté!

C'est avec défiance que je confie ces lignes à l'imprimeur, parce qu'à peine comprends-je moi-même leur sens, parce qu'ici dès qu'on veut assembler deux idées, le découragement s'empare de vous, que l'esprit y devient paresseux et que, malgré soi, on a une idée fixe, un cercle vicieux, dont on ne peut sortir... Je n'irai donc pas plus loin !!!! Je crois avoir dit ce que j'ai vu. Je l'ai dit comme je l'ai senti... Etait-ce la peine de le dire?...

AMÉDÉE ROUSSILLAC.

Prison de Perrache, 3 juillet 1834.

— Je relis l'épreuve de mon imbroglio qui ne m'est apportée qu'aujourd'hui. Un temps assez long s'est écoulé, je ne sais pourquoi, depuis le jour où j'envoyai mon manuscrit à l'éditeur. Je n'y changerai pas un mot. Mais je dois dire que les dernières phrases étaient sans doute le fruit d'un pressentiment. Le contentement sous les verroux ne peut être qu'à la surface, si je puis m'exprimer ainsi. D'ailleurs, dans le cas où moi et tant d'autres nous nous trouvons, on n'entrevoit pas même le terme probable de sa captivité. Le caractère s'aigrit; les passions politiques reprennent le dessus et détruisent le charme superficiel d'un rapprochement forcé entre les hommes d'opinions divergentes. Viennent les jalousies, les cachotteries; la prison a tous les désagrémens de la petite ville et n'en a pas le laisser-aller et les patriarchales habitudes. — Et puis de rudes coups ont été portés à nos sympathies. Quinze mois de prison tombés comme la foudre sur un de nos amis (1); la translation inhumaine et brutale dans un cachot d'un patriote malade et presque sur son lit de mort (2); ces choses-là tout en nous exaspérant, ont abreuvé nos cœurs d'amertume et provoqué chez nous un profond abattement.

(1) M. F.....
(2) M. Poujol.

Mais quel est donc, mon Dieu, le régime de tyrannie et de persécution sous lequel nous vivons, qu'on ne puisse essayer d'écrire quelques pages de littérature sans trouver sous sa plume, à chaque ligne, une plainte ou une imprécation!

25 Janvier 1833.

TABLE.

	Pages.
Lettre à l'Éditeur	vij
Notre-Dame de Fourvières	3
Lyon vu de Fourvières	30
Fourvières vu de Lyon	39
Le père Thomas	48
Un Concile à Lyon	57
Une Émeute aux Terreaux	73
Vos Femmes	91
Les Tilleuls de Bellecour	111
Les Pensionnats de Demoiselles	116
La Tour de la Belle-Allemande	129
Loyasse et la Madeleine	140
Charbonnières	148
La Guillotière à diverses époques	161
Bellecour, St-Clair et la rue Mercière	186
L'Antiquaille	198
La Poste restante	221
Le quartier St-Jean, le Pont-de-Pierre et la place des Célestins	229
La prison de Roanne et l'abbé Perrin	256
Souvenirs de Lyon	264
L'Ile-Barbe	284
Les Enseignes de Lyon	295
Thomas et Ducis à Lyon	312
Lyon au XVe et XVIe siècle	325

	Pages.
Une Heure de Flanerie, Divagations	339
Bayart à Lyon	365
Lyon	385
Lyon (*Impressions de voyage*)	389
La rue Juiverie, chronique de 1515	403
Un Fabricant	421
Un Canut	435
Un Feuillet de la Coalition des Chefs d'Ateliers	446
Mlle Donmartin	449
Cinq-Mars et de Thou, leur exécution à Lyon	459
Le Tombeau de la fille d'Yung	471
Lyon malade de la peste	481
L'Ile de Robinson	525
Saint-Nizier	531
J. J. Rousseau à Lyon	539
Description de la prison de Perrache	553

FIN DE LA TABLE

ORDRE

DANS LEQUEL DOIVENT ÊTRE PLACÉES

Les Lithographies

DE

LYON VU DE FOURVIÈRES.

	Pages.
Fourvières	3
Le père Thomas	48
Les Tilleuls de Bellecour	111
La Tour de la Belle-Allemande	129
Le Quai Saint-Clair	194
Le Pont-de-Pierre	250
Un Forçat	256
L'Ile-Barbe	284
Deux Maisons de la rue Saint-Jean	325
L'Ile de Robinson	525
J. J. Rousseau aux Étroits	539

FIN.

www.ingramcontent.com/pod-product-compliance
Lightning Source LLC
Chambersburg PA
CBHW060257230426
43663CB00009B/1499